Basler Stadtbuch 1998

Redaktion: Dr. Beat von Wartburg
Produktion: Claus Donau

CHRISTOPH MERIAN
VERLAG

Christoph Merian Stiftung (Hg.)

Basler Stadtbuch 1998

Ausgabe 1999

119. Jahr

Christoph Merian Verlag Basel

Beraterinnen und Berater der Redaktion

Dr. Rolf d'Aujourd'hui
Bodenforschung, Urgeschichte
Dr. Thomas Bürgi
Bildung und Erziehung
Prof. Dr. Alfred Bürgin
Industrie
Yolanda Cadalbert Schmid
Gewerkschaften, Arbeitnehmerinnen und Arbeitnehmer
Christian Fluri
Theater, Musik
Rolf Furrer
Architektur, Urbanismus
Dr. Rudolf Grüninger
Bürgergemeinde, Städtisches
Christian Haefliger
Regio, Partnerschaft
Prof. Dr. Leo Jenni
Wissenschaft
Gerhard Kaufmann
Riehen, Bettingen
Marc Keller
Gewerbe, Handwerk
Dr. Beat Münch
Universität
Dr. Xaver Pfister
Kirchliches, Religion
Max Pusterla
Sport
Prof. Dr. Martin Schaffner
Geschichte
Dr. Jürg Tauber
Basellandschaft
Dr. Géza Teleki
Wirtschaft, Arbeitgeber
Dr. Bettina Volz-Tobler
Museen, Sammlungen
Verena Zimmermann
Film

Impressum

Sophia Müller
Lektorat
giger, hartmann, bopp ag,
konzepter und gestalter, basel
Gestaltung/Satz
Thomas Kneubühler
Foto Umschlag
Mireille Gros
Vorsatzblätter
Werner Druck AG, Basel
Lithos und Druck
Buchbinderei Flügel, Basel
Einband

ISBN 3-85616-102-3
ISSN 1011-9930

Als lebendige Dokumentation und farbige Chronik widerspiegelt das Basler Stadtbuch die Meinungsvielfalt in unserer Stadt. Nicht alle in diesem Buch enthaltenen Beiträge müssen sich deshalb mit den Ansichten der Herausgeberin und der Redaktion decken. Verantwortlich für ihre Artikel zeichnen die Autorinnen und Autoren.
Die Herausgeberin

«Über die Grenzen hinweg»

Vorwort zum 119. Basler Stadtbuch

Seit langem spricht man von der Regio Basiliensis, etwas weniger lang von der Regio TriRhena und der Euregio. Doch beim Blick über die Landesgrenzen kam das Nächstliegende bisher zu kurz: die Agglomeration Basel, eine Stadt, verteilt auf drei Länder. Unser Schwerpunktthema macht deutlich, dass es im Zeitalter der europäischen Einigung neuer Strukturen in der grenzüberschreitenden Kooperation bedarf. Doch wann werden sie Wirklichkeit? Vieles wurde bereits vorgedacht, geschrieben, diskutiert. Wann aber wird gemeinsam, grenzüberschreitend geplant, gebaut, verwaltet, gewirtschaftet, politisiert? Wer nicht gewohnt oder gewillt ist, in politischen Zusammenhängen zu denken, den erfasst zuweilen eine heilige Ungeduld. Glücklicherweise ist die grenzüberschreitende Zusammenarbeit nicht nur eine Angelegenheit der Politik; in allen Bereichen können die Grenzen überschritten werden. Beispiele dafür sind die ‹Grün 99› – die Landesgartenschau in Weil –, die Zusammenarbeit zwischen den Kulturinstituten Liestals und Lörrachs, die Firmen, welche diesseits und jenseits der Grenzen tätig sind.

Veränderungen in Politik und Wirtschaft, Wechsel aber auch beim Stadtbuch selbst: 24 Jahre lang hat Josef Hodel das grafische Gesicht des Basler Stadtbuchs geprägt. Mit Sachkenntnis, Präzision und Engagement setzte er sich – immer am Puls der Zeit – für diese beliebte Chronik ein. Die CMS als Herausgeberin und ihr Verlag sind Josef Hodel zu grossem Dank verpflichtet. Nun kommt das Basler Stadtbuch in einem neuen Gewand daher, entworfen von Dieter Bopp und Lukas Hartmann von der Firma Giger, Hartmann, Bopp AG, Basel.

Einen weiteren Wechsel gab es bei der Chronik. Traurig mussten wir im Frühling 1998 von unserem langjährigen Chronisten Hans Peter Muster für immer Abschied nehmen. Wir werden ihn als unermüdlichen, liebenswerten Mitdenker und Mitarbeiter in dankbarer Erinnerung behalten. Sein Nachfolger ist Paul Roniger. Vielfach im gesellschaftlichen Leben unserer Stadt verankert, hat er sich in kurzer Zeit in seine neue Aufgabe eingearbeitet. Wir freuen uns, mit Paul Roniger einen idealen Chronisten gefunden zu haben.

Änderungen gab es auch im Gremium der Beraterinnen und Berater. Zurückgetreten sind Thomas Bally, der der Redaktion immer kompetent in städtebaulichen und architektonischen Fragen zur Seite stand, sowie Dr. Jürg Ewald, der uns mit heissen Tips aus dem Kanton Basel-Landschaft versorgt hat. Beiden Beratern möchten wir ganz herzlich für ihre wertvolle Mitarbeit danken. Neu begrüssen dürfen wir Dr. Thomas Bürgi, der den Themenbereich Bildung und Erziehung abdeckt, Rolf Furrer für das Ressort Architektur und Urbanismus, Professor Dr. Leo Jenni für den Bereich Wissenschaft sowie Dr. Jürg Tauber für das Ressort Basellandschaft.

Seit einem Jahrzehnt werden die Vorsatzblätter zum Stadtbuch von Basler Kunstschaffenden gestaltet und als Originalgrafiken in kleiner Auflage verkauft; im Jahr 2000 wird die gesamte ‹Edition Kunst der 90er Jahre› (1989–1999) in einer Sammelmappe in den Verkauf gelangen. Mit der Künstlerin Mireille Gros findet diese Grafik-Edition ihren Abschluss. Zwei weitere bemerkenswerte und exklusiv für das Stadtbuch erarbeitete künstlerische Beiträge stammen von Julian Salinas (Fotoessay) und von Edgar Hagen (Literarischer Essay).

‹Über die Grenzen hinweg› – für alle eine spannende Herausforderung! Wir wünschen Ihnen viel Vergnügen bei der Lektüre.

Beat von Wartburg

Inhaltsverzeichnis

Über die Grenzen hinweg

Basel – eine Dreiländerstadt

Basel ist nach Zürich und Genf nur noch die drittgrösste Schweizer Stadt. Doch während die Stadt unter Bevölkerungsschwund leidet, wächst die Agglomeration und ihre Bedeutung. Im Gegensatz zu Genf, das über ein eigenes Hinterland verfügt, ist der städtische Siedlungsraum in Basel von Grenzen durchzogen. Verteilt auf drei Nationen, ist dieses ‹Basel›, wie der Geschäftsführer des Vereins ‹Regio Basiliensis›, Christian J. Haefliger, unlängst hervorhob, eine Sektorenstadt. Dabei ist nicht die Undurchlässigkeit der Grenzen, wie im Berlin des Kalten Krieges, das Problem, sondern der eingeengte Handlungsspielraum bei der grenzüberschreitenden Kooperation. Hemmend wirken lange und schwerfällige Entscheidungswege, das Verhältnis Schweiz/EU, die im nationalen Kontext jeweils periphere Lage der zahlreichen Gemeinwesen, unterschiedliche Rahmenbedingungen, Sprachen, Mentalitäten und politische Kulturen.

Auf den folgenden Seiten zeigen Député Jean Ueberschlag, Maire von St-Louis, Gudrun Heute-Bluhm, Oberbürgermeisterin von Lörrach, Peter Schai, Grossratspräsident des Kantons Basel-Stadt, und Ruth Greiner, Gemeindepräsidentin von Allschwil, als Vertreterinnen und Vertreter von vier Gemeinden der Agglomeration die Notwendigkeit einer institutionalisierten grenzüberschreitenden Zusammenarbeit auf. Nach der Entstehung der grossräumigen EuroRegion am Oberrhein und der südlichen Regio TriRhena ist die politisch-organisatorische Stärkung der ‹TAB›, der ‹Trinationalen Agglomeration Basel›, dringend erforderlich.
Red.

Rundblick von der Elisabethenkirche.

Le Développement de l'Agglomération Trinationale de Bâle

Jean Ueberschlag

Vers un aménagement concerté …

De tous temps, les pays comme les régions se sont toujours organisés autour de lieux-centres, de métropoles qui, parce qu'elles ont su absorber les fonctions stratégiques, en sont devenues les locomotives.

Cela était vrai hier, et reste la règle aujourd'hui, alors que nous sommes entrés de plein pied dans le processus de la construction européenne. Et c'est précisément dans cette dernière perspective que les régions frontalières doivent nous interpeller, car elles y sont en première ligne! Participent-elles à cette évolution ou se contentent-elles de la subir?

Y a-t-il là aussi le phénomène d'entraînement, une dynamique ‹métropole›? Pour notre région, Bâle est sans conteste, *la* métropole. Mais à y regarder de près, il y a autour de Bâle une véritable agglomération transfrontalière où la communauté de destin et de problèmes est symbolisée par la continuité du tissu urbain.

Les raisons qui ont poussé de nombreuses communes composant une agglomération à se regrouper, jouent également dans le cas des agglomérations transfrontalières. Exercice déjà délicat pour des communes d'un territoire exclusivement national,

exercice d'autant plus difficile lorsque les collectivités locales appartiennent à des systèmes nationaux différents avec les écarts de réglementation, de mode de fonctionnement et de culture que cela implique. Raison de plus, donc, pour lancer ou accélérer avec résolution et sans retard ce type de démarche.

Où en sommes-nous autour de Bâle?

La coopération transfrontalière existe de façon endémique depuis longtemps entre les pays riverains des Trois Frontières, notamment dans le domaine des réseaux (électricité), des transports en commun (Tram), de la santé (Hôpital de Bâle), des ordures ménagères (incinération et stockage de scories), de la promotion de la Région des trois Frontières (association de promotion), et de la protection de l'environnement (Petite Camargue Alsacienne) ... Mais après plus de vingt années de ‹Regio Basiliensis›, l'agglomération de Bâle n'a toujours pas de projet urbain d'agglomération, pas de cadre juridicopolitique pour une coopération véritable, pas de représentation forte à l'extérieur, pas de sentiment d'appartenance partagée par ses habitants ...

Le colloque sur le ‹Développement de l'agglomération des Trois Frontières D–F–CH – Un avenir à trois› qui s'est tenu en Décembre 1995 à Bâle a posé le principe de la nécessité de travailler ensemble et solidairement à la définition d'une véritable plate-forme concertée d'aménagement de ‹l'Agglomération Trinationale de Bâle› (A.T.B.). Déjà l'on ébauchait des plans: il fallait rassembler des informations de toutes les parties ... les restituer d'une manière homogène dans une vision d'ensemble pour illustrer l'occupation et l'organisation spatiale du territoire ... faire un état des lieux pour cerner les enjeux et établir les bases d'un débat au profit d'un développement harmonieux de l'agglomération ...

Il était impensable que ce bassin de vie de 750 000 habitants, qui travaillent dans les mêmes entreprises, utilisent les mêmes réseaux aéroportuaires, routiers et ferrés, les mêmes équipements culturels ... ne conçoive pas un avenir en commun. C'est donc dans la conviction et l'enthousiasme qu'est née A.T.B. en Décembre 1995 à Bâle. Un Comité Politique de Pilotage donne les grandes orientations et stratégies, un Comité Technique de Coordination initie des idées, des formes, et conduit les études; des groupes de projet travaillent avec des bureaux d'experts privés, un dossier INTERREG dénommé ‹Concept et projet de développement de l'A.T.B.› de 320 000 Ecus est engagé sous la maîtrise d'ouvrage de la Ville de Saint-Louis, on élabore des projets sur des thèmes tels que:

- Synthèse des plans et modèles de déplacements

- Guide d'art urbain
- Plan nature et Paysage
- Projet urbain du quartier Nord-Ouest
- Coordination de l'occupation des sols
- Banque des données.

Bref, pour la première fois, est engagée une démarche pragmatique et collective orientée vers l'action concrète ...

Après presque trois ans d'expérience vient aussi le temps des premiers constats:

- La reconnaissance d'A.T.B. par les entités communales qui la constituent et par les instances du fossé Rhénan se fait difficilement;
- les membres d'A.T.B. sont engagés dans une démarche trinationale commune, mais jouent la dimension transfrontalière de façon ambiguë, puisqu'elle n'est pas systématiquement intégrée dans l'action politique;
- le concept de territorialité des investissements et du fonctionnement (maîtrises d'ouvrages multiples) risque d'empêcher la concrétisation des projets susceptibles de renforcer l'image, la cohésion et la structuration de l'agglomération;
- la structure de l'organisme A.T.B. est à repenser, elle ressemble aujourd'hui plutôt à une association à but non lucratif dont la pérennité n'est pas assurée, dans laquelle les membres ne sont engagés que le temps d'une convention où chacun met les moyens qu'il peut et qu'il veut.

Quels moyens? pour quelle organisation? pour quelle chose?

Ceux qui plaident aujourd'hui pour un groupement local de coopération transfrontalière (accords de Karlsruhe) se voient opposer le spectre du transfert de compétence, de la perte de maîtrise ou de souveraineté, ainsi que l'énorme difficulté de la représentativité politique. Ceux qui plaident pour le statu quo institutionnel sans personnalité juridique se voient opposer le caractère amateur et précaire de la démarche où les procédures d'attribution de marchés restent soumises non pas à la volonté des décideurs A.T.B., mais bien à celle des instances compétentes du maître d'ouvrage délégué. Est-il souhaitable que la commission des marchés de la Ville de Saint-Louis (ou de tout autre maître d'ouvrage) décide en lieu et place du Comité de Pilotage A.T.B.?

Ces questions sont loin d'être maîtrisées et il faudra certainement recourir à des compétences extérieures pour apurer le débat car il exige l'exhaustivité compte tenu de l'enjeu. Dans le Comité Technique de Coordination, les moyens en temps et en personnes ne sont pas les mêmes selon les partenaires; les travaux pèsent donc inégalement sur les personnes. Les actes de bonne volonté confrontés aux différentes responsabilités individuelles ne suffiront pas pour l'élaboration rapide du concept global.

Ajoutez à cela le choc des cultures et l'on comprendra mieux les nombreux discours sur la méthode qui aujourd'hui entravent l'efficacité du débat.

Quelques idées sur la Forme …

a) Donner une forme représentative de la démarche A.T.B., afin qu'elle soit perçue comme une entité efficiente et développer le sentiment d'appartenance:

- désigner un représentant politique A.T.B. dans Regio TriRhena, Conseil Rhenan, Conférence du Rhin Supérieur…
- création d'une association internationale des Maires A.T.B.?

b) Doter A.T.B. d'un noyau administratif commun, afin de professionnaliser la démarche.

c) Promouvoir les groupes de travail entre ‹voisins› transfrontaliers à l'instar de ce qui a été fait dans le cadre du Schéma de Secteur et, ainsi, éviter les informations a posteriori.

… et sur le Fond:

a) Développer un Système d'Information Géographique (SIG) trinational, véritable cordon ombilical A.T.B.; une banque de données de ce type scellerait ‹l'alliance› définitivement, car c'est un outil d'aide à la décision et un vecteur de communication essentiels.

b) Enfin, parmi les sujets traités dans A.T.B., il en est un, important, qui n'est pas abordé: celui des conséquences sociales, urbaines, économiques et politiques de l'entrée de la Suisse dans l'Union Européenne et/ou de la suppression des frontières douanières du fait d'un assouplissement législatif, tel que nous l'appréhendons depuis peu.

L'influence de ces nouvelles modalités (unilatérales, du reste) préfigure très probablement le mouvement de fond auquel l'ensemble de l'agglomération sera soumise (et qui n'a rien d'exceptionnel, toutes les agglomérations sont affectées par des mouvements de desserrement, même si, ici, les différences de coûts et de pouvoir d'achat faussent la donne). L'arrivée massive de ressortissants suisses dans la partie française d'A.T.B. s'accompagne d'un exode bâlois qui posera au moins autant de problèmes aux responsables helvétiques que français. Quoiqu'il en soit, ces quelques réflexions doivent nous conforter dans la conviction que cette démarche A.T.B. est la bonne. Et en plus, elle vient à son heure.

Si être confronté à un espace de proximité, dont le fonctionnement est hétérogène et contrasté, peut parfois être un handicap, car source de blocages, de complications – les habitudes! –, cela peut aussi être un facteur d'ouverture d'esprit, d'innovation, une chance à l'heure de la mondialisation. A condition de rester lucide et de ne jamais oublier que ce n'est pas parce que nos voisins sont géographiquement proches qu'ils sont identiques à nous et qu'ils partagent les mêmes valeurs. Ce n'est pas parce qu'ils sont nos voisins qu'on les connaît forcément bien. Ce n'est pas parce que la coopération est une nécessité que nous ne sommes pas quelquefois en concurrence. Les échanges devront toujours, qu'on le veuille ou non, se fonder sur une valeur forte: le respect, la bonne connaissance des autres.

Dreigeteilte Region oder Dreilandregion?

Gudrun Heute-Bluhm

Gemeinsame regionale Planung bedeutet mehr als Ausräumen von Unverträglichkeiten in der unterschiedlichen baulichen Nutzung und städtebaulichen Ordnung. In ihr würde das Verständnis einer Schicksalsgemeinschaft zum Ausdruck kommen, die nicht auf altem ‹Kirchturmdenken› beharrt, sondern die Notwendigkeit erkannt hat, in der Tendenz der heutigen Globalisierung Probleme nicht mehr lokal, sondern mindestens regional anzugehen.

Regio Basiliensis: Ist Anspruch auch Wirklichkeit? Sieht sich das politische Basel als Mittelpunkt der gesamten Region, wie sie durch wirtschaftliche Verflechtungen und kulturell-historische Beziehungen geprägt ist? Basel ist der natürliche Mittelpunkt unserer Region, die bis zum Zweiten Weltkrieg weitgehend ein Wirtschafts- und Bewegungsraum war. Basel hat ein schweizerisches, aber ebenso auch ein deutsches und ein französisches Umland. Wir erleben die Stadt nicht in erster Linie als Schweizer Stadt, sondern als Stadt im Dreiländereck, als Dreilandstadt, die Agglomeration nicht als dreigeteilte Region, sondern als Dreilandregion. Regelmässige Pendler- und Kundenbeziehungen sind selbstverständlich zwischen Basel und Lörrach oder Weil einerseits und dem angrenzenden Elsass andererseits,

Blick vom Schafberg, zwischen Istein und Efringen, auf Basel und die Rheinebene.

aber auch über die Schengen-offene französisch-deutsche Grenze. Dieser Arbeitsalltag prägt das Bewusstsein der Menschen vielleicht mehr als das politische Bewusstsein.

Vor diesem Alltagshintergrund ist es schwer für den Raum Lörrach, seine regionale Einbindung im Rahmen der nationalen Vorgaben zu definieren. Das durch Landesgesetz festgelegte Oberzentrum Freiburg ist zu weit entfernt, um seiner Funktion in vollem Umfang gerecht zu werden; der Raum Waldshut orientiert sich wirtschaftlich stark in Richtung Zürich und ist überdies nur unzureichend verkehrlich an den Raum Lörrach angebunden. Gelingt es hingegen, die nationalen und europapolitischen Grenzen hinwegzudenken, stellt die Stadt Basel für alle sie umgebenden Städte in unterschiedlicher Art und Intensität den natürlichen regionalen Partner dar.

Grenzen überwinden

In einem Europa der Regionen müssen wir uns zum Ziel setzen, die einschränkenden Wirkungen der nationalen Grenzen zu überwinden und die besonderen Chancen der Grenzlandregionen herauszuarbeiten. Dies gilt auf allen Gebieten und – ebenso wie im nationalen Raum – in jeweils unterschiedlicher regionaler Ausdehnung.

Vier grosse Arbeitsbereiche sollten wir uns vornehmen: die verkehrliche Infrastruktur, Wirtschaftsförderung, kommunale Kulturpolitik und Raumordnung. Die politischen Institutionen dürfen nicht Selbstzweck bleiben und nach Themen suchen, sondern müssen den Erfordernissen dieser Zusammenarbeit Rechnung tragen.

Es entspricht – und entsprach – der Realität der arbeitenden Bevölkerung in unserem Raum, erste Visionen auf dem Gebiet der Verkehrsinfrastruktur zu entwickeln und für die Pendler- und Kundenströme der Agglomeration ein leistungsfähiges öffentliches Verkehrsnetz bereitzustellen, wie es für einen mononationalen Raum dieser Ausprägung selbstverständlich wäre. Die Fertigstellung der ‹Ligne Verte› im vergangenen Jahr zeigt, dass wir auf einem guten Weg sind. Nun gilt es, die historische Binationalität des Badischen Bahnhofs für eine angemessene Stadtbahnverbindung ins Wiesental zu nutzen.

Der zweite grosse Bereich, die Wirtschaftsförderung, ist indessen bisher eher bruchstückhaft koordiniert. Die von der EU mit Interreg-Mitteln geförderte Initiative für ein BioValley ist ein Schritt in die richtige Richtung. Sie müsste beispielhaft stehen für eine Zusammenarbeit auf allen Gebieten, die einer regionalen Wirtschaftsförderung zugänglich sind. Gerechtigkeitshalber muss man jedoch einräumen, dass regionale Wirtschaftsförderung auch im nationalen Rahmen noch in den Kinderschuhen steckt. Im Zeitalter der Globalisie-

rung aber ist sie unverzichtbar. Das neue Leitbild der Regio TriRhena unternimmt den Versuch einer ersten grenzüberschreitenden Identitätsbildung. Ausbaufähig erscheinen in diesem Zusammenhang Projekte wie die Trinationale Ingenieurausbildung. Erstmals macht man sich im wichtigen Ausbildungsbereich die Grenzlage und die Zweisprachigkeit zunutze, macht aus dem bisherigen Nachteil einen Vorteil.

Auch die Region ist Basels Partner

Dies alles bleibt jedoch Flickwerk, wenn es uns nicht gelingt, Wirtschaft und Tourismus gesamthaft für unseren Raum zu entwickeln. Die Regio TriRhena hat sich dies zur Aufgabe gemacht, gerät dabei jedoch leicht in Gefahr, regionale Zusammenarbeit nur als eine Gemeinschaftsaufgabe der drei grossen Städte zu sehen. Wenn Basel nur Freiburg und Mulhouse als adäquate Partner ansieht, kann es seine Lage im Dreiländereck nicht hinreichend nutzen. Es verspielt das durchaus vorhandene Vertrauen der kleineren regionalen Akteure.

Dasselbe gilt im Bereich der kulturellen Zusammenarbeit. Die Bemühungen zur Ernennung als Europäische Kulturstadt 2001 waren gemeinsam getragen und – zumindest auf der Arbeitsebene – auch verstanden als ein Projekt, unter dessen Dach viele zusammen und dennoch eigenständig wirken können: Es ging nicht nur um finanzielle Beiträge der Region in einen grossen Topf. Es kann auch sonst nicht nur darum gehen, Kultursubventionen aus dem Umland in die Stadt zu lenken. Wegweisend wäre, wenn sich die baselstädtischen Kultureinrichtungen einer partnerschaftlichen Zusammenarbeit in gemeinsam getragenen und damit auch gemeinsam finanzierten Projekten öffneten. Beispiel geben können insoweit die trinationalen Ausstellungsprojekte ‹Nach dem Krieg› und zur Revolution 1848 der Regionalmuseen in Liestal, Mulhouse und Lörrach.

Die vor eineinhalb Jahren ebenfalls mit finanzieller Unterstützung der EU begonnene Zusammenarbeit auf dem Gebiet der Raumordnung greift wohl am weitesten über die Alltagsbedürfnisse der Menschen in unserem Raum hinaus. Das Projekt ‹Trinationale Agglomeration Basel› (TAB) konzentriert sich auf ein auch im nationalen Rahmen oft wenig sichtbares, aber für die langfristige Lebensqualität unverzichtbares kommunales Arbeitsgebiet.

Wir brauchen Strukturen, die es ermöglichen, einen gemeinsamen Blickwinkel zu entwickeln, die Stadt Basel und die umgebenden Städte und Gemeinden in ihrer Selbständigkeit zu einem gemeinsamen Raum zusammenzufügen, ohne dabei in monozentrale Denkweise zu verfallen. Das Besondere unserer Region, das Plurizentrale, ist zu erhalten.

Schritt um Schritt zur Kooperation

Wie bei der Realisierung der Regio-S-Bahn ist auch hier der Weg bis zum Erreichen dieser Vision lang und wird in kleinen Schritten gegangen werden müssen. Jeweils nationale Strukturen, Kulturen und Gesetzgebungen sind zu berücksichtigen; gegebenenfalls muss auf sie eingewirkt werden. Das sogenannte ‹Karlsruher Übereinkommen› ermöglicht zwar gemeinsame grenzüberschreitende Institutionen öffentlichen Rechts, jedoch immer nur mit den ihnen nach jeweiligem nationalem Recht zustehenden Kompetenzen. Es ist ein weiter Abstimmungsprozess, einen grenzüberschreitenden Rahmenplan für unsere Region zu erarbeiten, eine inhaltliche Kooperation über drei politische, verwaltungstechnische und rechtliche Grenzen hinweg mit unterschiedlichen Arbeitskulturen und in zwei Sprachen zu etablieren.

So wie der im Jahre 1969 als Utopie begonnene Entwurf einer regionalen S-Bahn-Planung langsam, aber sicher zur realen und bereits begonnenen Vision der Regio-S-Bahn wird, würde die Konzeption einer gemeinsamen Raumordnung der Agglomeration für die Zukunft ein gemeinsames Ziel geben.

Meine Vision der grenzüberschreitenden Zusammenarbeit zielt nicht auf Ausschaltung aller Gegensätze, sondern auf eine Kooperation und natürliche Konkurrenz in gleichem Masse, wie dies bei einem nationalen Agglomerationsraum vorstellbar ist. Es ist wichtig, möglichst viele auf diesen Weg mitzunehmen, die Arbeit nicht im stillen Kämmerlein zu leisten und dann im Schrank verkommen zu lassen, sondern damit hinauszugehen, den Prozess fortzuführen, Gremien und Bürger zu informieren und einzubeziehen.

So kann sich der Geist weiterentwickeln, die Zukunft nicht nur theoretisch, sondern auch praktisch gemeinsam zu meistern.

Notwendigkeit und Lust der Grenzüberschreitung

Peter Schai

Täglich kommen Tausende aus dem benachbarten Ausland in die Region Basel, um hier zu arbeiten, um einzukaufen, oder der reinen Lust wegen. Der umgekehrte Weg wird weniger oft beschritten – weshalb eigentlich?

Die Frage wäre legitim: Wo soll denn Platz bleiben für die Lust, wenn gleichzeitig die Notwendigkeit behauptet wird? Ein Vergleich mag nachhelfen: Die Notwendigkeit der Nahrungszufuhr für das Leben des Menschen schliesst – glücklicherweise – den Spass am Essen nicht aus.

Beim Nachweis der Notwendigkeit der Grenzüberschreitung ist man auf sicherem Terrain. Wer die Gegenposition einnehmen wollte, hätte ähnliche Chancen, wie wer den Zwang zur Kalorienzufuhr für den Menschen negierte.

Bei der Beantwortung der Frage nach der Lust fliessen dagegen viel persönliches Empfinden und biografische Umstände ein. Wer etwa gezwungen ist, täglich die Grenze zu überqueren, um zu der vielleicht gar nicht sonderlich geliebten Alltagsarbeit zu gelangen, sieht die Dinge möglicherweise anders als der Autor, der – als unverbesserlicher Regio-Freak – auch nach Aberhunderten freiwilliger Grenzübergänge einen besonderen Spass an der Grenzüberschreitung bewahrt hat.

Zur Notwendigkeit

Das Satellitenbild unserer Agglomeration (vgl. die Abbildung im Beitrag von Ruth Greiner, S. 27) sieht denkbar ‹normal› aus: ein städtisches Siedlungsgebilde wie viele andere. Im speziellen Fall ist dieses Häusermeer aber nicht nur – wie anderswo häufig auch – durch Grenzen untergeordneter Gebietskörperschaften gegliedert. Nein, in diese kompakte Struktur (vgl. die Aufnahme der Agglomeration, S. 30/31) teilen sich auch drei ‹ausgewachsene› Nationen. Unter solchen Voraussetzungen käme auch eine weniger mobilitätsbesessene Epoche als die unsere nur mit härtesten Einschränkungen ohne pausenlos strömenden grenzüberschreitenden Austausch über die Runden. Wie wäre nur schon unser modernes wirtschaftliches Leben denkbar ohne die tägliche Grenzüberschreitung durch Zehntausende von Grenzgängern! Allein in den Stadtkanton kommen gegenwärtig ja Tag für Tag über 27 000 Personen zur Arbeit.

Macht man sich solche Dimensionen bewusst, erkennt man schlagartig, dass gleichzeitig mit einer Schliessung der Landesgrenzen der Notstand ausgerufen werden müsste.

Und zur Lust

Beim Spass am Grenzübertritt ist – wie angedeutet – das Gefühl im Spiel. Doch nähren sich auch Empfindungen aus Fakten, und so soll auch nach besonderen rationalen Begründungen für das Vergnügen gesucht werden, beginnend mit dem Unterschied Schweiz – ausländische Regio.

Fahrten oder Wanderungen im Schweizer Teil der Regio oder auch in entfernteren Gebieten des eigenen Landes empfindet man glücklicherweise oft als sehr bereichernd, vor allem wenn es gelingt, die Rolle des interessierten Touristen einzunehmen. Bei aller möglichen Fremdheit der Erlebniswelt fühlt man sich aber in ganz Helvetien doch stets in einer irgendwie selbstverständlichen Verbindung mit Land und Leuten, vergleichbar einer erweiterten Familienzugehörigkeit.

Um einige spürbare Nuancen anders liegen die Dinge bezüglich der benachbarten deutschen und französischen Regio. Trotz aller Vertrautheit mit Land und Leuten sowie viel geringerer äusserer Unterschiede hinsichtlich Lebensart, ja sogar Sprache – verglichen etwa mit dem Tessin – handelt es sich letztlich um ein Territorium, über das man keine auch noch so geringe ‹Mitverfügungsberechtigung› besitzt, wie dies bezüglich der Schweiz irgendwie der Fall ist. Man ist also – enge Wahlverwandtschaft hin oder her – stets noch stärker Gast als an irgend einem Ort der Schweiz.

Selbst fünfzig Jahre nach Kriegsende dürfte sodann im Unterbewusstsein immer noch eine Art Nachholbedarf an natürlicher Bewegungsfreiheit im unmittelbaren geografischen Umfeld mitschwingen. Menschen meiner Generation und ältere erinnern sich mit Schaudern an Basels kriegsbedingt eingeschnürte Situation mit Stacheldrahtverhauen den Landesgrenzen entlang. Die Normalisierung entwickelte sich nur langsam wieder; zunächst gab es erst einmal Sonderregelungen für Bewohner einer definierten grenznahen Zone, aber mit einschränkenden Bedingungen.

Auch sonst, so denke ich, wirkt das grauenhafte Kriegsgeschehen bei älteren Zeitgenossen in einem gewissen Sinne nach: Immer noch dürfte die Erleichterung über die Beendigung des ‹tausendjährigen› Höllenspuks bei unseren Nachbarn irgendwie präsent sein. Persönliche Eindrücke spielen hier mit: Als junger Bub bekam ich den Freiburger Münsterplatz zu Gesicht, als nur das Münster selber und am Platz ein einziges Gebäude stand. Zwar waren die Trümmer weggeräumt, der Anblick aber auch so noch erschütternd genug.

Handelt es sich bei den geschilderten Elementen erst um den Wegfall negativer Faktoren, so existieren umgekehrt zuhauf positive Aspekte, die den Grenzübertritt so lohnend machen.

Als besonders angenehm wird sicher die auffallend offenere Landschaft in unserer ausländischen Nachbarschaft empfunden. Dass es in weniger als zehn Kilometer Distanz vom Basler Marktplatz ein grosses, unbesiedeltes Areal und Naturschutzgebiet wie die Petite Camargue Alsacienne gibt, ist für unsere stark verdichtete Agglomeration ein grosser Glücksfall, der sich in

Ein Glücksfall für die dicht besiedelte Agglomeration: die Petite Camargue Alsacienne.

dieser Form nur wegen der Barrierenwirkung der nationalen Grenzen erhalten konnte. Und ganz allgemein sind die Möglichkeiten für Fahrten (z.B. auch mit dem Velo!) und für Wanderungen vielfältig und attraktiv.

Als äusserst reizvoll registriert man die zahlreichen, wenn auch einzeln durchwegs nur kleinen kulturellen Unterschiede. Beginnend bei der unterschiedlichen Färbung der gemeinsamen alemannischen Sprache, der Lebensart, den Baustilen in den nahen Kleinstädten und Dörfern. Im Elsass sind gewiss auch die omnipräsenten französischen Einflüsse bemerkenswert, die mit den überkommenen regionalen Gegebenheiten verschmolzen eine besonders anziehende Ausprägung erfahren.

Die grossen, insbesondere auch kunsthistorischen Reize der nahen Städte Freiburg und Colmar sind allgemein anerkannt und geschätzt. Etwas anders scheint es sich mit der Stadt Mulhouse, während Jahrhunderten Zugewandter Ort der Eidgenossenschaft, zu verhalten. Diese nächste der grösseren ausländischen Nachbarstädte wird in ihrer speziellen Attraktivität häufig verkannt und in Basel von vielen ‹unter ihrem Wert› gehandelt. Ihrer Geschichte als bedeutende Industriestadt entsprechend liegt bis heute im Bereich der Museen das entscheidende Schwergewicht auf der Darstellung der Technikgeschichte (Stoffdruck und Tapeten, Eisenbahn und Automobile) mit teils weltberühmten Sammlungen. Eine passendere komplementäre Ausrichtung zu Basels musealen Schätzen kann man sich kaum vorstellen.

Auch durch die Küche dürfte die Sympathie zur regionalen Nachbarschaft nachhaltig positiv beeinflusst werden. Selbst wenn hier vieles aus dem Umland auch auf Basel abgefärbt hat, wirken die regionalen Gerichte in ihren Ursprungsgebieten kräftiger und authentischer. Zu den Tafelfreuden gehört natürlich auch der Wein. Auf der badischen Seite beginnt das ausgedehnte Rebgelände mit seinen feinen Erzeugnissen schon in unmittelbarer Nähe unserer Stadt, auf der elsässischen auch nicht allzuweit entfernt, nämlich beim Städtchen Thann, einem lohnenden Ausflugsziel am Fusse der Vogesen.

Die aufgezählten Elemente und noch manche andere dürften mitursächlich dafür sein, dass viele Leute aus Basel und der schweizerischen Umgebung immer wieder so gerne ihre ausländische Nachbarschaft aufsuchen, um so mehr, als die Menschen beidseits der Grenzen einander im allgemeinen leicht verstehen und auch oft auf Anhieb gut mögen.

Thann, lohnendes Ausflugsziel am Fusse der Vogesen.

‹Grün 99›, ein Geschenk an die trinationale Agglomeration

Binnen kurzem wird es in Basel eine neue zusätzliche Verlockung zur häufigen Grenzüberschreitung geben. Am 16. April 1999 öffnet die ‹Grün 99›, die Landesgartenschau in Weil am Rhein, ihre Tore, sie wird ein halbes Jahr lang einen erstrangigen regionalen Anziehungspunkt bilden. Und nach dieser Grossveranstaltung wird allen Menschen in weitem Umkreis auf unbeschränkte Dauer ein ausgedehntes Naherholungsgelände zur Verfügung stehen.

Es ist als grosser Glücksfall zu betrachten, dass unsere trinationale Agglomeration 19 Jahre nach der legendären ‹Grün 80› in Basel/Münchenstein erneut eine solche Ausweitung der Naherholungsmöglichkeiten erfährt. Grosses Lob, ja Bewunderung verdient die Gemeinde Weil am Rhein. Sie hat sich – trotz ihrer exponierten Grenzlage und trotz der relativ bescheidenen Zahl ihrer Wohnbevölkerung (28 000 Personen) – eine sehr anspruchsvolle und auch kostenintensive Sache vorgenommen.

Die Landesgartenschau umfasst auf einer Fläche von 30 Hektaren Gärten unterschiedlichster Ausprägung und naturnah gestaltete Zonen aller Art, viele Spiel- und Betätigungsmöglichkeiten, wie etwa ein begehbares ehemaliges Betonmischwerk als Kunstskulptur, eine Naturarena oder, als bleibender ‹Botschafter› des Ecomusée von Ungersheim, ein Sundgau-Haus.

Vergegenwärtigt man sich die Beliebtheit der ‹Grün 80› – bis heute im Volksmund der Name des ‹Parks im Grünen› in Brüglingen –, so kann man unschwer ermessen, welch grosse Bedeutung auch das zusätzliche neue Erholungsgebiet erlangen wird. Für Basel im besonderen ist die unmittelbare Nähe zu den überaus dicht bewohnten Kleinbasler Wohnvierteln Rosental, Matthäus, Klybeck und Kleinhüningen sowie der Anschluss an die Langen Erlen von unschätzbarem Nutzen. Zu Fuss, und erst recht mit dem Velo, kann man innert kürzester Zeit das vielseitige Areal aufsuchen.

Aber auch die gesamte Agglomeration und, in einem gewissen Umkreis, auch die übrige Region werden direkt und indirekt vom neuen Erholungsgelände profitieren: Der Nutzungsdruck auf andere ähnliche Einrichtungen und insbesondere auf empfindlichere natürliche Erholungsgelegenheiten wird sich spürbar verringern.

Ausstellungsgelände der ‹Grün 99› in Weil a.Rh.

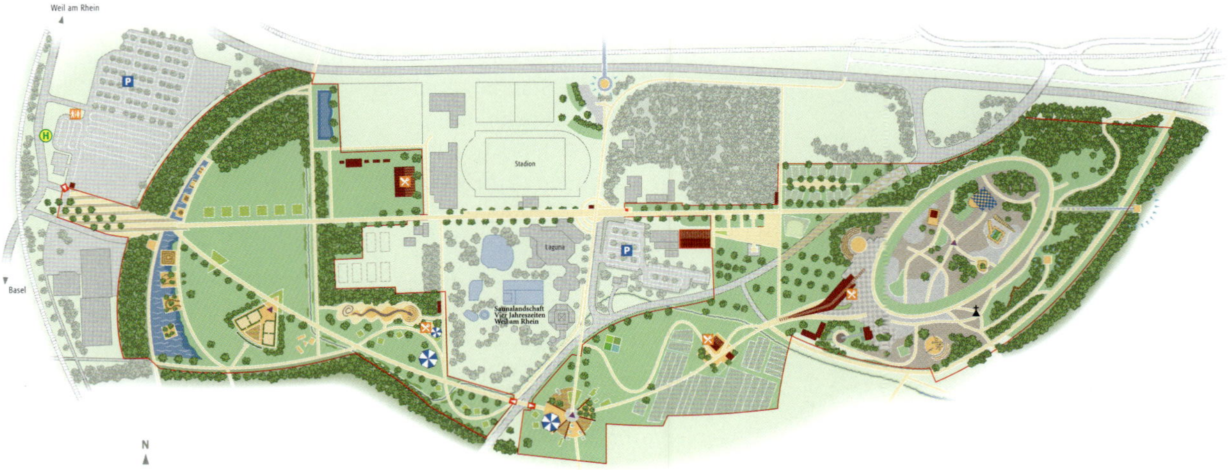

Eine Region mit Zukunft

Ruth Greiner

Die Zukunft der Regio TriRhena – im Herzen Europas gelegen – ist trinational. Kommunale, kantonale und nationale Grenzen dürfen uns je länger, desto weniger davon abhalten, unsere Probleme grenzüberschreitend anzugehen. Vieles wurde schon erreicht. Es gilt nun, den eingeschlagenen Weg hartnäckig weiter zu verfolgen.

Das Satellitenbild bestätigt es: Basel und seine Umgebung sind im Verlauf der letzten Jahrzehnte zu einer einzigen Stadt von 600 000 Einwohnerinnen und Einwohnern zusammengewachsen. Drei Kantons- und zwei Landesgrenzen haben jedoch bewirkt, dass die angrenzenden Gemeinden nicht ‹einverleibt› werden konnten, so dass eine ‹Sektorenstadt› entstand, ähnlich dem ehemaligen Berlin. Um die Kernstadt legt sich ein Gürtel, bestehend aus einem französischen (38 000 EinwohnerInnen), einem deutschen (115 000 EinwohnerInnen) und einem schweizerischen Sektor (445 000 EinwohnerInnen). Der schweizerische Sektor besteht nicht nur aus Riehen, Bettingen und den Baselbieter Vorortsgemeinden, sondern greift bis in die Kantone Aargau und Solothurn hinein.[1]

Längst werden im Alltag – beim Arbeiten und Einkaufen, bei der Freizeitgestaltung und vielem mehr – die nationalstaatlichen Grenzen mit grosser Selbstverständlichkeit überschritten. Die selben Grenzen haben jedoch als trennende ‹Linie› bis in die Gegenwart unsere Politik geprägt. Trotz geringer Distanz entwickelten sich die verschiedenen Sektoren unabhängig voneinander und nicht aufeinander abgestimmt. So platzte die Stadt Basel im Laufe der vergangenen Jahrzehnte bald aus allen Nähten, während im Elsass, gleich jenseits der Grenze, weite Flächen unüberbauten Bodens liegen und die Bevölkerungszahl in den grenznahen Dörfern höchstens ein bescheidenes Wachstum verzeichnete. Weiteres Beispiel: Das Tram wird nach wie vor nur bis an die Grenze geführt. Kurz: die Kantons- und Landesgrenzen verhinderten über lange Zeit ein gemeinsames Handeln.

Seit dem Beginn der 70er Jahre ist die Erkenntnis gereift, dass wir unsere Probleme, die durch die extreme ‹Vergrenzung› unserer Region immer gravie-

Von den 600 000 EinwohnerInnen der trinationalen Agglomeration stellt der Stadtkanton Basel 32%, während der deutsche Sektor 19%, der französische 7% und der basellandschaftliche rund 42% ausmachen.

render wurden, gemeinsam angehen müssen. Gewachsen ist auch das Bewusstsein, dass die Agglomeration Basel höchst attraktiv ist und sowohl für die Bevölkerung als auch für die Wirtschaft entscheidende Vorteile bietet. Voraussetzung ist allerdings, dass wir es fertig bringen, die Grenzen durchlässiger zu gestalten.

Die Stärken der trinationalen Agglomeration

- Der Grossraum Basel bildet geografisch und kulturell eine Einheit. Diese beruht auf einer langen gemeinsamen Geschichte. Wir sind uns nicht fremd; wir sprechen schliesslich verwandte alemannische Dialekte. Ein Dichter wie Johann Peter Hebel ist ‹unser› Dichter, auf welcher Seite der Grenzen wir auch leben.
- Im Herzen Europas gelegen, könnte unsere geografische Lage idealer nicht sein. Hervorragende Verkehrsverbindungen zu Wasser, zu Land und in der Luft bedeuten aus der Sicht der Wirtschaft ein grosses Plus.
- Die Kulturstadt Basel mit ihrem umfassenden Angebot an Zentrumsleistungen und Ausbildungsmöglichkeiten und eine landschaftlich freundliche Umgebung mit grosszügigen Naherholungsgebieten machen unsere Region auch zu einem Wohnort von hoher Lebensqualität.
- Verschiedene Wirtschaftszweige unserer Region nehmen weltweit starke Positionen ein. Einige Branchen sind in zukunftsträchtigen Tätigkeitsfeldern engagiert.

Grenzüberschreitende Zusammenarbeit

Diese Stärken können wir nutzen, wenn wir die uns hindernden Grenzen überwinden. Wir sind auf dem Weg dazu, entscheidende Schritte sind schon gemacht.

So haben die Kantone Basel-Stadt und Baselland einen partnerschaftlichen Weg eingeschlagen: Sie führen Ämter gemeinsam, z. B. die Motorfahrzeug-Prüfstation, das Lufthygieneamt und die Regionalplanungsstelle beider Basel. Weitere Schwerpunkte der Kooperation bilden die Universität Basel, die Ingenieurschule Muttenz oder die gemeinsame Spitalplanung.

Die Zusammenarbeit über die Landesgrenzen hinaus gestaltet sich verständlicherweise schwieriger. Hartnäckigkeit und Ausdauer führen jedoch auch hier zu eindrücklichen Resultaten:

- Die Regio-S-Bahn führt von Mülhausen bis nach Frick;
- der EuroAirport weiss sich heute trinational getragen. Allerdings sind auch die damit verbundenen Immissionen, denen die Bevölkerung ausgesetzt ist, grenzüberschreitend. Eine Problemlösung gestaltet sich, v. a. der komplexen Zuständigkeiten wegen, äusserst schwierig;
- die Rheinhäfen Basel und Weil arbeiten näher zusammen;
- mit Infobest Palmrain wurde eine gemeinsame Beratungsstelle für Grenzfragen geschaffen, die von Bevölkerung, Behörden und Unternehmen häufig konsultiert wird;
- die Abwässer von Neuwiller (F) werden seit 1992 über Allschwil in die ARA Basel geleitet;
- der Regio Ferienpass und der Regio Kultursommer tragen dazu bei, die Regio-Identität in der Bevölkerung zu verankern.

Trinationale Agglomeration Basel

Noch fehlt eine grenzüberschreitende Raumplanung. Diese Lücke soll mit dem Projekt ‹Trinationale Agglomeration Basel› geschlossen werden. Mit Mitteln aus dem Interreg-Programm der Europäischen Union wird ein gemeinsames Entwicklungskonzept erarbeitet, dessen Ziel es ist, die Siedlungs- und Industriegebiete sowie die Verkehrsanlagen aufeinander abzustimmen. Damit sollen auch zusammenhängende unbebaute Landschaftsflächen erhalten bleiben. Dies sind entscheidende Voraussetzungen, damit der Grossraum Basel seine Attraktivität als Wohnort und als Wirtschaftsstandort verstärken kann.

Zusammenarbeit am Oberrhein

Auch eine Kooperation im grösseren Rahmen ist längst angelaufen. Die 1975 gegründete Deutsch-französisch-schweizerische Oberrheinkonferenz deckt die gesamte Euroregion Oberrhein bis nach Karlsruhe ab. Ergänzend dazu hat sich der 1995 gegründete Regio TriRhena-Rat, eine kommunal geprägte, privatrechtliche Begegnungsplattform, zum Ziel gesetzt, am südlichen Oberrhein[2] die hemmenden Grenzen abzubauen.

Stellvertretend für viel Erreichtes seien folgende Erfolge erwähnt:

- Immer mehr Studien- und Ausbildungsgänge – auch im handwerklich-gewerblichen Bereich – werden trinational angeboten;[3]
- unter dem Begriff BioValley wird im Bereich Biotechnologie ein Netzwerk von Unternehmen und Institutionen in Industrie, Gewerbe, Dienstleistung und Forschung aufgebaut;
- die verschiedenen Messeplätze der Regio TriRhena haben sich zu einem Verein zusammengeschlossen und koordinieren ihre Aktivitäten.

Ein Modell für Europa

Der Politologe Adrian Vatter stellt in einer 1998 verfassten Studie[4] fest, dass die regionale Zusammenarbeit nirgends sonst in der Schweiz so fortgeschritten ist wie im Raum Basel. Vom Ziel sind wir jedoch noch weit entfernt. Wenn unsere Region als Forschungs- und Wirtschaftsstandort auch in Zukunft einen gewichtigen Platz einnehmen will, müssen die Koordinations- und Kooperationsbemühungen weitergeführt werden.

Auch wenn die Schweiz den Schritt in die Europäische Union bis anhin nicht vollziehen konnte, nehmen wir an einem Prozess teil, der im Hinblick auf das vereinte Europa Modellcharakter hat. Denn im überschaubaren Rahmen erproben wir die Überwindung von historischen, politischen und rechtlichen Schranken, was gegenseitiges Verständnis und Akzeptanz im weitesten Sinn voraussetzt und fördert. Oder wie es Bundesrat Flavio Cotti einmal formulierte: «Integrationspolitik, also auch das Europa der Regionen, ist immer auch Friedenspolitik»[5].

Anmerkungen

1 Bundesamt für Statistik, Volkszählung 1990. Die Raumgliederung der Schweiz, Bern.
2 Basel, Freiburg, Mulhouse und Colmar umfassend.
3 Jüngster Erfolg: die 1997 geschaffene trinationale Ingenieurausbildung.
4 Adrian Vatter, Formen der regionalen Zusammenarbeit in der Schweiz, Bern 1998.
5 In: Aufbruch der Kantone nach Europa, Schriften der Regio 16, Basel 1997, S. 26.

Literatur

Entwicklung der Dreiländer-Agglomeration D-F-CH. Eine Zukunft zu Dritt, Tagungsbericht, 8.12.1995.

Béatrice Speiser, Europa am Oberrhein, Schriften der Regio 13, Basel 1993.

Stephan Kux/Christian J. Haefliger/Danielle Bossaert (Hg.), Aufbruch der Kantone nach Europa, Schriften der Regio 16, Basel 1997.

Adrian Vatter, Formen der regionalen Zusammenarbeit in der Schweiz, Kurzstudie, Bern 1998.

Leitbild Regio TriRhena, hg. v. Rat der Regio TriRhena, Village-Neuf 1998.

Begrenzte Stadt?

Aus der Luft betrachtet, ist nur ein einziger, zusammenhängender Siedlungsraum erkennbar; die Landesgrenzen sieht man nicht. Wie aber stehen die nationalen Teilgebiete des trinationalen Stadtraumes zueinander?

Es folgt ein Problemaufriss: von der Geschichte bis zur Gegenwart, vom Städtebau über die Demografie und den Verkehr bis zur Kultur. Dieter Wronsky, langjähriger Leiter der Regionalplanungsstelle beider Basel, und Carl Fingerhuth, ehemaliger Basler Kantonsbaumeister, charakterisieren die urbane Qualität der trinationalen Agglomeration und ihre Chance für die Zukunft.
Red.

Iglu, Agglo – oder eine richtige Stadt?

Dieter Wronsky

Die Agglomeration Basel ist ein in vieler Hinsicht hochqualifizierter Lebensraum, gleichzeitig ein sehr komplexes und hochsensibles System. Dieses System muss im nationalen, internationalen und globalen Wettbewerb mithalten, wenn es Bestand haben soll. Die Anforderungen dazu sind erkannt, Lösungen müssen folgen.

Agglomeration = Anhäufung, das ist eigentlich kein gutes Wort, nur ein quantitativer Begriff. Hier ein kurzer Streifzug durch sieben Seiten dieser attraktiven, aber manchmal auch noch etwas verträumten Region, die sich als Ganzes für den härter werdenden internationalen Wettbewerb noch nicht optimal eingerichtet hat.

Wirtschaft entwickelt sich – wohin?

Kann die trinationale Agglomeration Basel ihren Rang in der Schweiz halten? Auch dann, wenn die Aufrüstung in der Region Zürich so weitergeht – nun neu organisiert unter dem Titel ‹Greater Zurich Area›? Muss und kann die Agglomeration Basel den Anschluss im Städtenetz des Oberrheingebietes verstärken?

Sicher ist, dass rückläufige oder stagnierende Wirtschaft den Wohlstand einer Region negativ beeinflusst und sie schliesslich als Zuzugs- und Bleibeort weniger attraktiv macht.

Eine Zeitlang lässt sich hoher Lebensstandard und hoher Leistungstand sozialstaatlicher Institutionen halten, vielleicht auch leben von den hier erntbaren Erträgen weltweit operierender Unternehmen. Aber auf Dauer? Die alten Griechen sagten: «Wen die Götter zerstören wollen, dem schicken sie 40 Jahre Erfolg». Neuere gewichtige Standort- und Investitionsentscheide von hiesigen Konzernzentralen können doch schon beunruhigen.

Doch die ganze Agglomeration steckt voller Möglichkeiten und Chancen. Auch Flächenreserven für Neues sind in allen drei Teilen vorhanden – anderslautendem Wettern gegen eine zu restriktive Raumplanung zum Trotz.

Soll und kann sich die Agglomeration hinwenden zu einer hochgezüchteten, aber alternativen Ernährungs-, Kosmetik- und Pharmaindustrie, von einem

Die Agglomeration Basel ist ein wichtiges Zentrum des BioValley, das viele Einrichtungen für Biochemie, Biomedizin usw. am Oberrhein mit Synergiegewinn vernetzen soll. (D. W.)

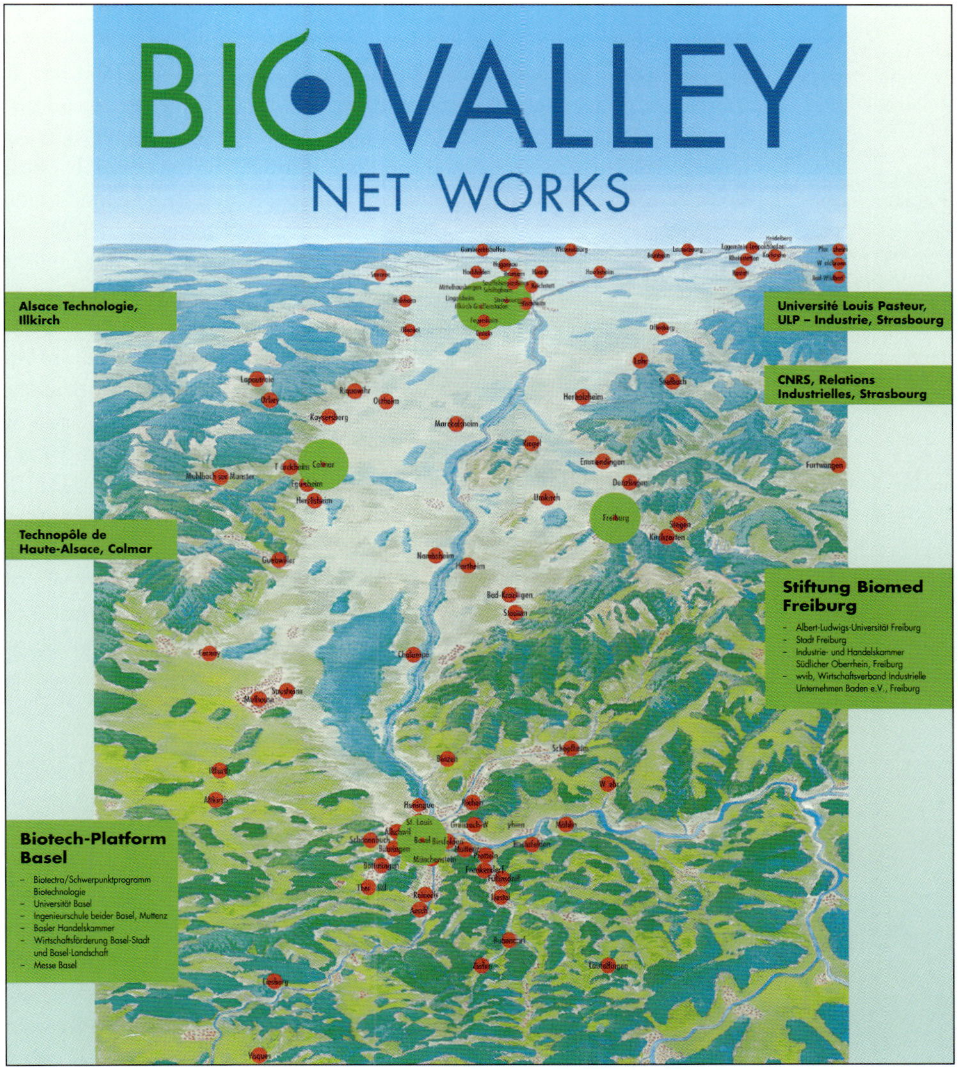

Zentrum der Umwelt-Theorie zu einem Zentrum führender Umwelt-Technik mit entsprechenden Produkten? Ganz aus sich allein heraus würde die Agglomeration nicht leben können – so schön und eingängig das Prinzip regionalen Verbrauchs von regionalen Produkten auch ist.

So ist es einerseits nötig, dass sich hier in der Agglomeration weiterhin Spitzendenken mit Spitzenunternehmertum verbindet für neues Wirtschaften und neues Arbeiten, möglichst in ‹stabiler Balance› zwischen Ökonomie und Ökologie.

Andererseits ist es nötig, die Organisation für den Lebensraum der gesamten Agglomeration zu optimieren: beispielsweise durch Senken der Staatsquoten, wenigstens auf der Stufe von Gemeinden und Regionen, schliesslich auch durch Senken der Steuern und Abgaben sowie durch mehr, faire regionale Trägerschaften und Aufgabenteilung über Landesgrenzen hinweg. Es kann auf die Dauer nicht mehr vertretbar sein, wenn öffentliche Dienstleistungen von so vielen parallelen Einrichtungen auf so kleinem Raum angeboten werden. Wieviele kommunale Werkhöfe brauchen 600 000 Menschen?

Das Grenzgefühl: Noch für manche ungewohnt sind Grenzgänge im Alltag. Im Bild die engere Agglomeration Basel (rot); aussen im gleichen Massstab der Umriss von Berlin (gelb). (D. W.)

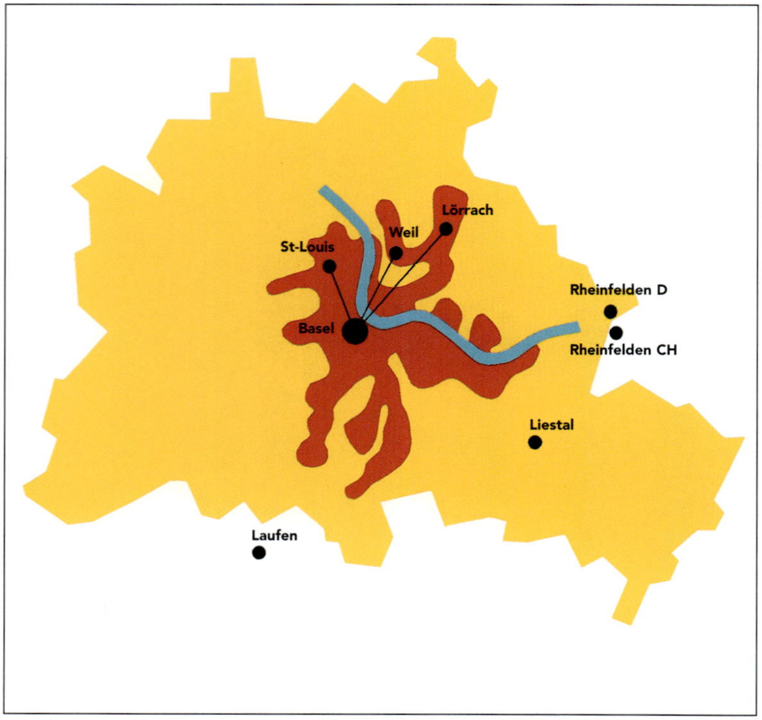

Bevölkerung verändert sich – Mehr Leute oder anders verteilt?

Die Bevölkerung der Agglomeration hat in den letzten fünfzehn Jahren nur geringfügig zugenommen. Die drei Länderecken weisen sehr unterschiedlich grosse Anteile an der Gesamtbevölkerung auf. Den grössten Anteil stellt die Nordwestschweiz mit der Stadt Basel und ihrem ‹Speckgürtel› in den Kantonen AG, BL und SO. Kleiner ist der südbadische, nochmals deutlich kleiner der elsässische Anteil.

Unterschiede weisen auch die Altersstrukturen in den Teilen auf. Sowohl der schweizerische als auch der badische Teil sind deutlich überaltert, gemessen an der statistischen Schwelle von 15% der über 60jährigen. Dagegen hält sich der elsässische Teil im Rahmen. Die Ausländeranteile sind auf deutscher und französischer Seite weniger als halb so gross wie in der Schweiz (1995: Nordwest-CH über 19%, BS sogar 26,2%).

Die ‹Stadtflucht›, als Umzug oder als stille Folge des wachsenden Flächenbedarfs pro Kopf, führt vor allem im schweizerischen Teil der Agglomeration zu einem der Kernprobleme der öffentlichen Haushalte. Dazu ergibt sich eine ganze Reihe negativer Folgen für den regionalen Lebensraum. Verglichen mit seinem grössten Einwohnerbestand (1969) leben heute im Kanton Basel-Stadt rund 40 000 Personen weniger, fast ein Sechstel. Nicht nur die Vororte haben von der Stadtflucht profitiert, auch eine Anzahl Dörfer im ländlichen Raum, vor allem im Schweizer und im französischen Teil, verzeichneten grössere Einwohnerzunahmen.

Bevölkerungsprognosen liegen nur für einige Teile der Agglomeration vor. Doch sei die Vermutung erlaubt, dass die Bevölkerungsentwicklung uns nicht so sehr Zunahmen der Gesamtzahl bescheren wird, sondern eher Verlagerungen innerhalb der Agglomeration, auch grenzüberschreitende Wohnsitzwechsel und strukturelle Veränderungen. Von grösserer Bedeutung jedoch werden sein: zunehmender Bedarf an Wohn- und anderen Nutzflächen pro Kopf, an Verkehrsleistungen, speziellen Einrichtungen für alte Leute etc.

Ebenso wichtig wie demografische Entwicklungen ist das Verhalten der Menschen. Es lässt sich feststellen, dass ein Teil der Bevölkerung möglichst viel so lassen möchte, wie es heute ist. Viele sind zum Beispiel in ihrer Freizeit vorwiegend auf ihren Winkel in der Agglomeration orientiert und nehmen die vielen versteckten Preziosen jenseits der Grenzen kaum wahr. So äusserte sich ein Gemeindepolitiker nach der Vorstellung eines doch harmlosen kleinregionalen Naherholungskonzeptes dem Verfasser gegenüber: «Ach, wissen Sie, wir sind daran nicht so interessiert. Uns ist wohl dort hinten.»

Ein ‹Iglu›-Verhalten hat Vor- und Nachteile. Letztere liegen darin, dass das breite, faszinierende Angebot der ganzen Agglomeration in vielen Bereichen nicht ausgeschöpft wird. Vorteile lassen sich darin sehen, dass nicht alles in der Kernstadt geschehen muss. So sollte die gewachsene Eigenständigkeit all der Nebenstadt- und Ortskerne in den drei nationalen Teilen nicht einfach als Aushöhlung der City Basel gesehen werden, sondern auch als bereichernde Ergänzung in der trinationalen Agglomeration. Und es gibt auch Anzeichen, dass sich eine zunehmende Anzahl von Leuten für die Zukunft der trinationalen Agglomeration interessiert.

Kulturelles Leben – im Gleichschritt oder als Dreiklang?

Kultur lässt sich nicht gängeln oder verordnen. Aber sie lässt sich lancieren, fördern, koordinieren. Ein ganz grosser und besonderer Reiz der Dreiländer-Agglomeration Basel besteht in dem Zusammenfliessen verschiedener regionaler Kulturströme, neben dem Continuo des internationalen Geschehens.

Zahlreiche bekannte, aber auch im Stillen wirkende Institutionen in den drei Länderecken haben sich dem vermehrten Grenzgang der Kulturschaffenden und der Kulturempfangenden oder dem Austausch ganzer ‹Produktionen›, Sammlungen etc. verschrieben. Nur zu nennen ist die Regio Kulturstiftung, die vor allem die ausserordentlich vielfältigen Kultursommer organisiert, oder der neue Museumspass, der weit über die Agglomeration hinaus benutzt werden kann. Eine ‹Regionale Interessengemeinschaft Theater Basel›, initiiert im für Kultur überaus verdienten Tabakskollegium, kümmert sich mit dem Theater Basel um besondere regionale Fragen in der Agglomeration. Basel, ‹Kulturstadt Europas›, bleibt ein Projekt der Dreiländeragglomeration und der Region, auch wenn dies nun offiziell nur für einen ‹Kulturmonat› gilt. Immer wieder entstehen privat getragene, neue kulturelle Einrichtungen mit weit über die Agglomeration hinaus wirkender Ausstrahlung.

Auch an Informationen über kulturelle Veranstaltungen aller Art fehlt es nicht, zum Beispiel mustergültig vermittelt durch die Dreiland-Zeitung.

1

2

3

Die Spielhäuser: in Basel (1) schon lange gut eingerichtet und mit Ausbauplänen; in Lörrach (2) das neue Haus ‹Burghof› mit 1000 Plätzen, Eröffnung 1998; in St-Louis (3) das neue Haus ‹La Coupole› mit 500 Plätzen, Spatenstich 1998. (D. W.)

Das Angebot ist weitaus dichter als in anderen Stadtregionen dieser Grössenordnung – und glücklicherweise im Dreiklang statt im Gleichschritt. Vielleicht aber lässt die Anzahl der kulturellen Grenzgänge noch Wünsche offen.

Besiedlung – willkürlich gestreut oder gezielt konzentriert?

Oberste Maxime der Planungspraxis ist, weitgehend übereinstimmend, eine konsequente Trennung zwischen Siedlungsgebieten und freier Landschaft. Es zeigt sich, dass die rechtskräftigen Bauzonen insgesamt noch beträchtliche Reserven für eine weitere bauliche Entwicklung aufweisen und zuerst verwendet werden sollen. Sind später grössere Erweiterungen notwendig, so wären sie auch mit öffentlichen Verkehrsmitteln zu erschliessen. Bis zu 80% der Siedlungsgebiete in der Agglomeration liegen heute in akzeptabler Fusswegdistanz zu Bahnhöfen und Haltestellen.

Veränderungen bestehender Siedlungsstrukturen sollten jedenfalls sorgfältig in das Bestehende eingefügt werden, funktionell ebenso wie gestalterisch. Funktionell heisst beispielsweise, dass Arbeitsplätze im Sinne des Konzepts ‹Bahnhof Plus› möglichst in der Nähe von Bahnhöfen und Haltestellen angesiedelt werden. In Lörrach oder Basel ist hierzu mit gutem Besipiel vorangegangen worden. Noch fehlt jedoch ein trinational konzertiertes Programm für die umfassende Ausbreitung dieses für die gesamte Agglomeration sehr wichtigen stadtplanerischen Prinzips. Für späteren Bedarf der Wirtschaft in allen drei nationalen Teilen muss auch die Einführung spezieller Entwicklungsgebiete als Sonderzonen und städtebauliche Schwerpunkte gewährleistet sein bzw. bleiben.

Dicht beim Stadtkern: das grosse Einkaufszentrum St-Louis. Ähnliche Zentren befinden sich in Weil am Rhein, Lörrach, Schopfheim. (D. W.)

Die Agglomeration weist neben der Kernstadt Basel zahlreiche mittlere und kleine Stadt- und Ortszentren auf, deren Entwicklung – auch aus dem Blickwinkel der Dreiländer-Agglomeration – per saldo positiv zu bewerten ist. Doch wird diese Entwicklung der innerörtlichen Zentren gestört durch das Entstehen von zu grossen Einkaufszentren an falschen Standorten, fernab, kaum zu erreichen für Nichtmotorisierte. Hier könnte die trinational gemeinsame Bezeichnung von Entwicklungsachsen und -zentren eine gute Voraussetzung für die weitere Standortpolitik in den Städten und Dörfern sein.

In allen drei nationalen Sektoren der Agglomeration gibt es Beispiele für unverwechselbar gute städtebauliche Gestaltung. Unerfreuliche Situationen sind vor allem an den ausfransenden Rändern der Siedlungsgebiete entstanden. Nicht eine Lösung für alles, sondern auch grenzüberschreitendes, noch intensiveres Befassen mit diesen städtebaulichen Aufgaben, Information und Erläuterung der guten Beispiele sowie Wettbewerbe, Auszeichnungen, Bauforen etc. können weiterführen und anregen.

Grüner Freiraum – Restflächen oder Dreiländer-Park?

Die Agglomeration weist eine ausserordentlich günstige Struktur der Freiräume auf. Da sich die Siedlungsgebiete bisher weitestgehend in den Tälern ausgebreitet haben, blieben die vom Kern Basel ausgehenden Höhenrücken als Freiräume erhalten. Diese radial vom Kern nach Norden, Osten und Süden ausgreifenden Höhenrücken – die sogenannten grünen Finger – sollen der Agglomeration erhalten bleiben. Zu erhalten sind ebenso

Naherholung über Grenzen: Nach der ‹Grün 80› in Münchenstein und der Landesgartenschau 1983 in Lörrach kommt nun der ‹Dreiländergarten› in Weil a. Rh., freundnachbarlich ‹Grün 99› genannt – ein weiterer, moderner und grosser ‹Anger› in der verstädterten Agglomeration, eine Allmend, ein kleiner, dezentraler ‹Central Park›. Die Gartenschau dient auch hier als Mittel zum langfristigen Zweck. (D. W.)

die verbliebenen grünen Querriegel in den Siedlungsbändern.

Diese Freiräume lassen sich als feine Adern mit anderen Grünflächen innerhalb des Siedlungsgebietes vernetzen, beispielsweise als Bachläufe mit Uferbereichen, als begleitendes Grün an Wegen und Strassen. Insbesondere ist zu den über Grenzen sich hinziehenden, voneinander abhängigen und ‹kommunizierenden› Naturräumen Sorge zu tragen.

Gleichzeitig hat eine Agglomerationsbevölkerung von über einer halben Million Menschen ein starkes Bedürfnis, sich in einer erweiterten Freizeit auch in der freien Landschaft zu bewegen und zu betätigen. Neben kleineren Spiel- und Sportflächen direkt innerhalb der Wohnquartiere sind regionale, schwerpunktartige Erholungsgebiete besondes beliebt. So sind in der Agglomeration vor allem entstanden: südlich von Basel in der Brüglinger Ebene das Areal der Grün 80, nördlich die Langen Erlen, nun mit dem Gelände der Grün 99 in Weil am Rhein vereint, sowie die Landesgartenschau von 1983 in Lörrach; auf elsässischer Seite die Petite Camargue Alsacienne als ein Schwerpunkt des Naturschutzes sowie die Eaux Vives, die Wildwasser-Sportanlage in Huningue.

Langfristig könnte im Westen und Osten der Agglomeration der Bedarf nach weiteren regionalen Naherholungsgebieten entstehen, im Osten vielleicht sogar in Verbindung mit dem weiteren Ausbau des Geländes des römischen Augusta Raurica zu einem Erlebnispark.

Insgesamt gilt es, die Freiräume in den drei nationalen Sektoren aufeinander abzustimmen und auf Dauer sicherzustellen. All diesen Räumen sollte die gleiche pflegende und gestaltende Sorgfalt zukommen wie einer innenstädtischen Fläche: Freiraum als ein Nebeneinander von Schutz und Nutzung, eher Dreiländer-Park statt Restfläche.

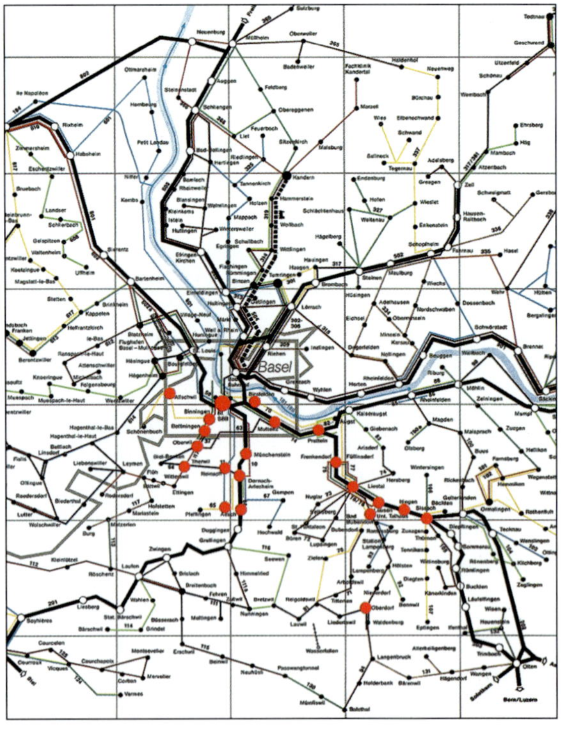

Verkehrswege plus Städtebau: Raumordnerisches Hauptgerüst der Agglomeration sind grenzüberschreitende Verkehrsnetze von Strasse und Schiene. Die Regio-S-Bahn wird darin dereinst das wichtigste öffentliche Verkehrsmittel sein. Im Bild: Massnahmen und Möglichkeiten im Schweizer Gebiet (orange). (D. W.)

Verkehr – Folgeerscheinung oder Gestaltungselement der Agglomeration?

Das dritte Hauptelement der Planung von Lebensraum hat in hohem Masse und am direktesten erkennbar grenzüberschreitende Funktion und Auswirkung. Verkehr ist im Gegensatz zu Siedlung und Landschaft am ehesten ‹systemfähig› und durch Massnahmen der öffentlichen Hand auf öffentlichem Grund am ehesten beeinflussbar. Dieses System ist jedoch gleichzeitig auf Siedlung und Landschaft auszurichten. Auch ohne Einblick in Verkehrsstatistiken ist für alle die absolute Zunahme des individuellen, motorisierten Strassenverkehrs von Personen und Gütern deutlich sichtbar. Einerseits sind Fahrten mit dem Auto quer durch die Agglomeration noch sehr gut möglich, ebenso wie das Parkieren; andererseits entstehen dadurch Probleme, und erste, leichtere Infarkte sind zu beobachten.

Dennoch weisen Basel und die Agglomeration als Ganzes überdurchschnittlich grosse Anteile am öffentlichen Verkehr auf, bei insgesamt zunehmender Mobilität. Um so mehr sind auf der Stufe der Agglomeration gemeinsame Anstrengungen für die Weiterentwicklung des Angebots beim öffentlichen Verkehr, insbesondere bei der Regio-S-Bahn, von hoher Dringlichkeit. Sogar von der Agglomeration Freiburg aus soll eine S-Bahn-Linie bis nach Lörrach gezogen werden.

Die erste ‹grüne› Linie und das gesamte geplante Netz sind das massgebliche Projekt für das Funktionieren und für eine neue Identität der Dreiländer-Agglomeration. Die Regio-S-Bahn muss sogar als ein entscheidendes Grundgerüst der weiteren räumlichen Entwicklung bezeichnet werden – ein Agglomerationsprojekt par excellence. Aber: Es gehört ebenso dringend eine Reihe flankierender Massnahmen dazu. Das reicht von genügenden und komfortablen Park+Ride-Anlagen bis zu optimierten Anschlüssen im gesamten System des öffentlichen Verkehrs. Auch hierzu ist ein gemeinsames Vorgehen in der Agglomeration notwendig.

Politik – für die gemeinsamen Interessen der Agglomeration

Die Kernstadt Basel weist Mitte 1998 rund 171 000 ansässige Personen auf. Das sind knapp 30% der trinationalen Agglomeration und allein schon ein Grund, weiterhin mit allen Nachbarn, national und international, kräftig für alle Projekte einzutreten, die für die Zukunft der trinationalen Agglomeration entscheidend sind.

Politik ist weitgehend bestimmt durch den Spielraum, den die öffentliche, mehrheitliche Meinung gewährt. Deshalb wird auch die gemeinsame Agglomerationspolitik darlegen müssen, warum und wie – über das Ideelle hinaus – bei diesem oder jenem Vorhaben, direkt oder indirekt, konkret Vorteile für möglichst viele entstehen.

Dies freilich ist bei komplexen Zusammenhängen nicht so einfach – zumal in einer sehr sensiblen Gesellschaft, in der die Vorlieben bei möglichst wenig Staat, grosser individueller Freiheit und persönlicher Wellness liegen und das öffentliche Interesse im zweiten Rang steht. Wird aber eine ‹starke Agglomeration› verlangt, so ist viel gemeinsame Politik und entsprechendes Überzeu-

Ein bisschen Dreiländer-Stadtverwaltung? In der Sache mehrstreifig und auf verschiedenen Organisationsstufen ist die grenzüberschreitende Zusammenarbeit in den letzten Jahren vorangeschritten. Sicher der kleinste und wohl der schwierigste Raum, die trinationale Agglomeration Basel (TAB), ist nun unterwegs zu einem gemeinsamen Entwicklungskonzept – vielleicht auch zu einer noch dichter organisierten Zusammenarbeit für dessen Umsetzung? (D. W.)

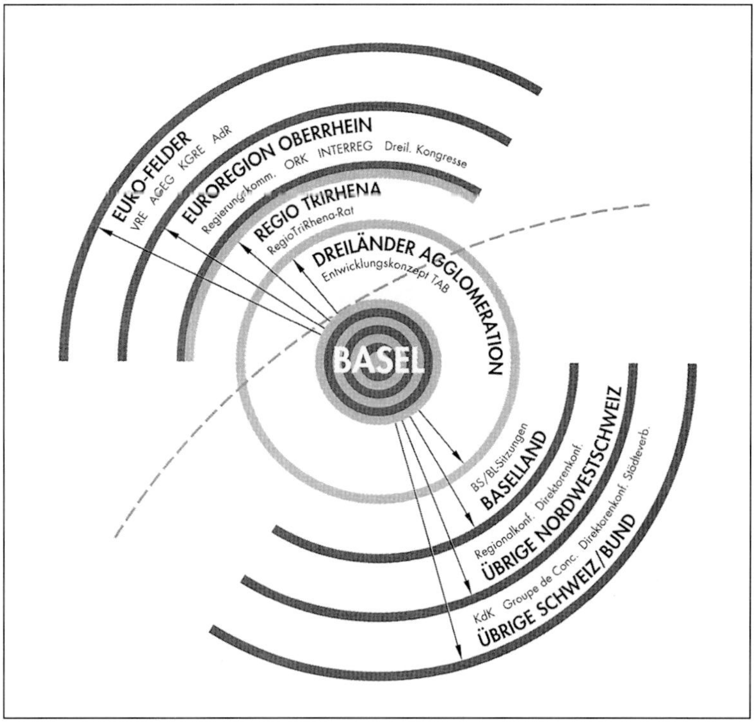

gen der Bevölkerung erforderlich. Vielleicht werden uns die Verhältnisse in Zukunft zu ganz neuen Lösungen zwingen, wie sie in anderen Stadtregionen schon gefunden werden mussten.

Visionen – alles nur Zauber, oder Zeichen zur Zukunft?

Zusammenfassend darf festgestellt werden, dass unsere Dreiländer-Agglomeration sehr gute Voraussetzungen für die Zukunft hat, ja eigentlich schon unterwegs ist zu einer ‹richtigen› Stadt mit vergleichsweise wenig Iglus und nicht nur aus drei nationalen Agglomerationen bestehend.

Auch Visionen mit konkreten Ansätzen hat diese ‹Sternstadt› mit ihrem sternförmigen Gerüst der Siedlungsbänder, ihren Verkehrslinien und den grünen Fingern. Ein Gerüst, geeignet für kleinere oder grössere Entwicklungsschübe von Wirtschaft und Bevölkerung. Visionär ist gleichfalls das ‹BioValley› an Hoch- und Oberrhein, die sich auch ‹Bio-Täler› nennen liessen, wenn in der weiteren Entwicklung die Erfordernisse der Umwelt ebenso wichtig genommen werden sollten wie die wirtschaftliche Entwicklung. Umwelt und Wirtschaft – diese beiden Welten kennen sich noch immer nicht gut genug.

Bleibt die Vision, die günstigen Voraussetzungen weiterzuentwickeln, mit einer tat- und notfalls auch schlagkräftigen, gemeinsamen und professionellen Organisation mit echten Kompetenzen in wenigen, aber massgebenden Sachbereichen.

Aber vielleicht ist auch dieser Schritt schon in Vorbereitung?

Die trinationale Agglomeration Basel aus städtebaulicher Sicht

Carl Fingerhuth

Von Goethe soll das Zitat stammen «Architektur ist gefrorene Musik». In diesem Verständnis wird die städtebauliche Gestalt zur gefrorenen Geschichte. Die Energien, die in jeder Zeit wirksam waren, haben sich in den Formen und Strukturen der Stadt kristallisiert.

Diese Formen und Strukturen liegen in Schichten übereinander. In Basel zuunterst die keltischen Ordnungssysteme, darüber die römischen, die mittelalterlichen und die neuzeitlichen Spuren. Die meisten Schichten haben die alten Ordnungssysteme aufgenommen. Einige haben gegen den Strich der Vergangenheit gebürstet und Neues und Anderes entstehen lassen.

Die städtebauliche Geschichte eines Ortes ist aber auch das Potential des Ortes für die Zukunft. Die vorhandene städtebauliche Struktur erleichtert vielleicht Neues, sie kann aber auch zum Widerstand gegen Veränderungen werden.

Ein Blick zurück

Es sollen exemplarisch drei wichtige Spuren deutlich gemacht werden, dann aber vor allem die Potentiale zur Sprache kommen, die in der vorhandenen städtebaulichen Situation liegen. Dabei interessieren hier in erster Linie die trinationalen, grenzüberschreitenden Formen und Strukturen.

Die keltische Spur

Im Vorfeld der SUN21, der ersten Aktions- und Kongresswoche für eine nachhaltige Stadtentwicklung Ende Juli 1998, luden die Veranstalter die Bevölkerung von Basel zum 21. Juni auf 05.41 Uhr ins Münster ein. Während der Sommersonnenwende fällt bei Sonnenaufgang das erste Licht in der Achse der ‹Linea Sacra› durch das zentrale Chorfenster in das Münster ein.

Diese ‹Linea Sacra› liegt genau rechtwinklig zu einem antiken Strassenzug, der in ein komplexes geomantisches Orientierungssystem eingefügt ist. Rolf d'Aujourd'hui schreibt davon, dass «die Landschaft das ‹Zifferblatt› einer topografisch-astronomischen Uhr»[1] sei. In der keltischen Zeit waren offensichtlich die wichtigen städtebaulichen Festlegungen metaphysisch bestimmt. Das städtebaulich wichtigste Element, die Strasse, welche die Menschen miteinander verbindet, war nicht nur ein funktionales Instrument, sondern es wurde auch zum Symbol eines kosmischen Bewusstseins. Es sollte physisch dokumentiert werden, dass der Mensch sich als Teil eines grösseren Ganzen verstand, das sich für ihn im präzis geordneten Lauf der Gestirne manifestierte.

Die Spur des Grossherzogs von Baden
1855 erreichte die Grossherzogliche Badische Bahn Basel. Am heutigen Messeplatz wurde der erste Badische Bahnhof gebaut, der Riehenring wurde als ‹Bahnhofstrasse› angelegt, mit einer doppelreihigen Lindenallee bis zur Sperrstrasse. Die Ecke Clarastrasse/Riehenring gestaltete sich zum ‹Wart-Eck› für die Angehörigen der Bahnreisenden. Wieder wurde durch eine ‹Linie› die städtebauliche Struktur eines Stadtteiles von Basel festgeschrieben. Es ging auch hier um die Umsetzung von Bedürfnissen der Gesellschaft in der physischen Welt. Struktur und Form des städtebaulichen Eingriffs waren primär von funktionalen Aspekten bestimmt. Im Raum stand aber auch die Inszenierung des neuen Selbstverständnisses des Basler Bürgertums. Der Plan von 1857 zeigt, wie es hätte weitergehen können. Aber die politische Kraft reichte nicht aus, um die durch die binationalen Bahnhöfe ausgelösten städtebaulichen Impulse im grösseren Kontext wirken zu lassen. So sind alle

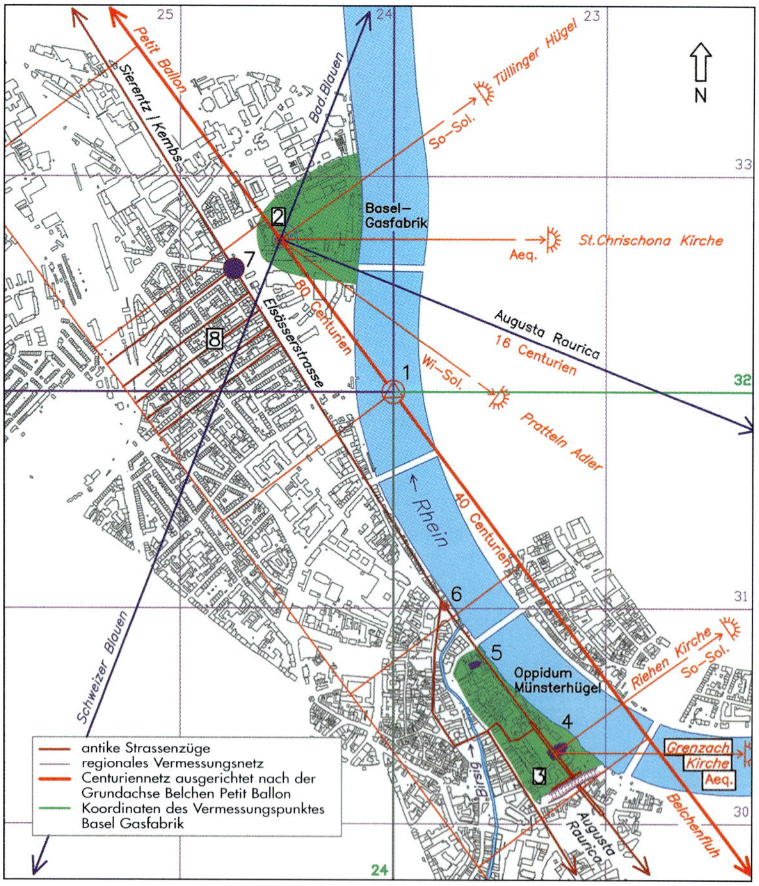

Die Achse Elsässerstrasse–Rittergasse als heutige Fortsetzung der keltischen Spur.

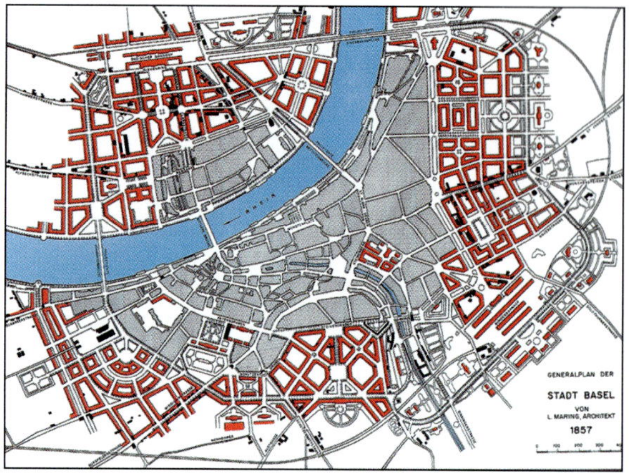

Die Spur des Grossherzogs von Baden zeigt sich im Generalplan der Stadt Basel (Ausschnitt) von Ludwig Maring (1857).

Bahnhofstandorte in Basel nie richtig an die vorhandene Stadt angebunden worden. Sie haben Verkehrslinien, aber keine in die Stadt integrierten Orte geschaffen.

Die Spur der Nationalstaaten

Auf dem Plan von Basel und Umgebung von 1850 sind zwei befestigte Orte sichtbar: Basel und Hüningen, sowie ein paar grössere Dörfer:
St-Louis, Klein-Hüningen, Weil, Riehen, Grenzach, Birsfelden, Binningen, Allschwil, Bourgfelden. Dazwischen liegen nationale und kantonale Grenzen. Es ist kein Zusammenhang zwischen städtebaulichen Strukturen und politischen Grenzen erkennbar. Diese erscheinen vorläufig als willkürlich über das offene Feld gezogene Linien. Selbstverständlich hat die grossräumige politische Situation die Entwicklung des Raumes geprägt, eine Festung Hüningen entstehen lassen, Strassen- und Bahnprojekte gefördert oder beeinträchtigt. Für jenen Zeitpunkt hat man den Eindruck, die Grenzen könnten auch anders verlaufen, ohne dass dies einen Einfluss auf die städtebauliche Struktur haben würde.

Die Landeskarte von 1997 zeigt dagegen ein ganz anderes Bild:

- Im Norden von Basel ist die Landesgrenze zu Frankreich wie zu einer neuen Stadtmauer geworden. Nördlich der Grenze liegen offene Felder und Kiesgruben, öffentliche Anlagen von St-Louis,

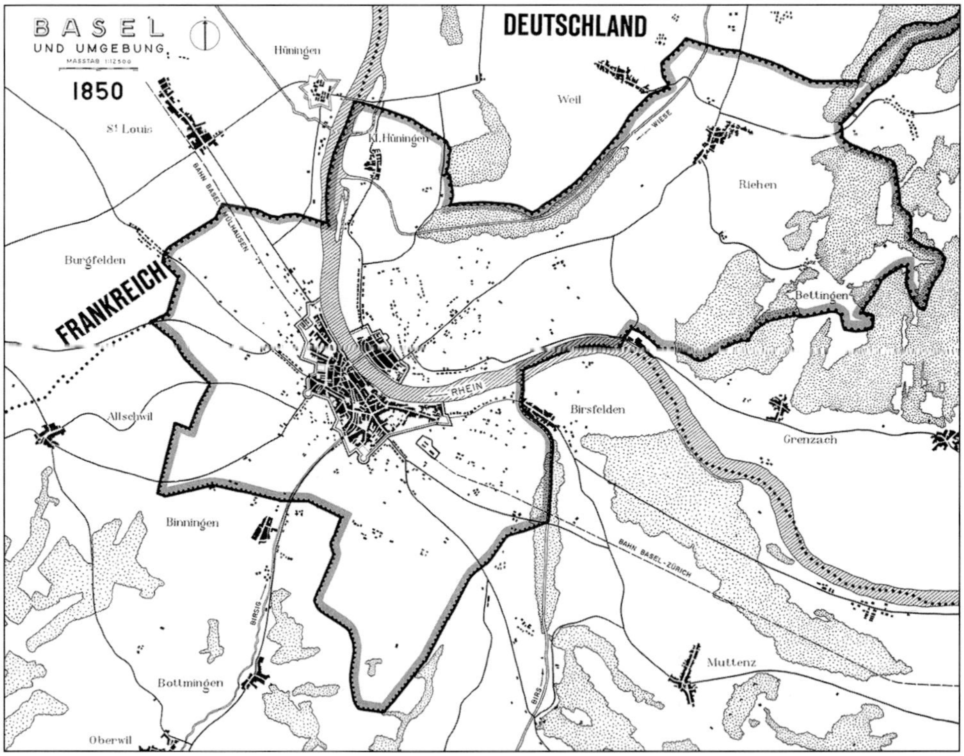

Im 19. Jahrhundert decken sich die Landesgrenzen noch nicht mit der städtebaulichen Struktur: Plan von Basel und Umgebung (1850).

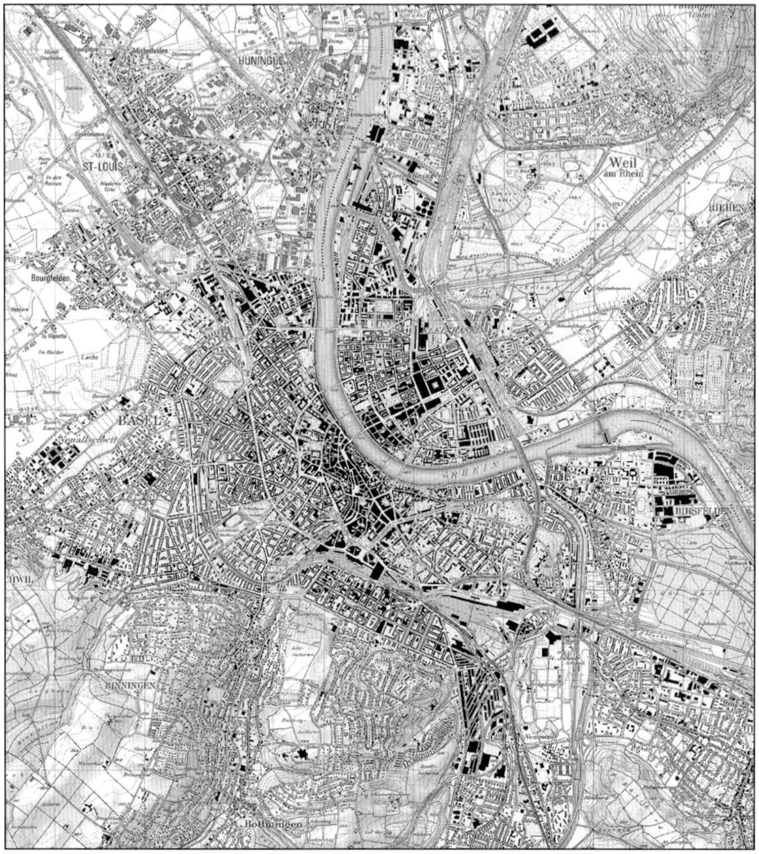

Das Bild heute: im Nordwesten, zu Frankreich hin, die Landesgrenze als neue ‹Stadtmauer›; im Nordosten, gegen Deutschland, die ähnliche Situation. Dahinter Industrieareale, Kiesgruben, offene Felder (Landeskarte 1997).

locker bebaute Industrieareale oder freie Rheinufer.

Südlich der Grenze ist das Territorium der Stadt bis auf den letzten Quadratmeter intensiv genutzt: zuerst im Westen dicht bebaute Villenviertel in Allschwil, Familiengärten in Neuallschwil, der israelitische Friedhof von Basel und dann zwischen der Burgfelderstrasse und dem Rhein dicht gedrängt und überall bis knapp an die Grenze alles, was man in der vorhandenen Stadt nicht haben wollte: Kehrichtverbrennung, Zentralwäscherei, Schlachthof, psychiatrische Klinik, Werkareale der chemischen und pharmazeutischen Industrie.

Gleiches zeigt sich uns auch längs des Rheins: auf der französischen Seite eine offene Landschaft mit begehbaren Ufern, auf der Schweizer Seite ein dicht bebauter, nicht oder nur teilweise begehbarer Hafen.

Die Stadt hat der Landesgrenze bewusst den Rücken zugekehrt und allem die Schulter zugewendet, was in der Stadt störend hätte sein können.

• Der Grenze zwischen Deutschland und der Schweiz entlang sieht die Karte anders aus, die Phänomene aber sind die gleichen:

Schon früh wurden die Langen Erlen zum Grundwasserreservoir von Basel. So ist die Landesgrenze praktisch identisch mit der Grenze des Waldbestandes längs der Wiese. Aber auch hier schweizerische Ausgrenzungen: das Zentrum für die Aufnahme von Asylanten, und ‹Grenznutzungen› auch auf der deutschen Seite: unmittelbar hinter der Grenze einige der Etablissements, die nur nachts offen sind – und vor allem von den männlichen Schweizern benutzt werden.

Im Gegensatz zu den nationalen Grenzen sind die kantonalen und kommunalen Grenzen in den städtebaulichen Strukturen von Basel fast ohne Wirkung geblieben. Offensichtlich sind die struktur- und formprägenden Kräfte auf dieser Ebene so schwach, dass sie sich im Raum nur beschränkt manifestieren. Selbstverständlich kann man beim genauen Hinsehen Auswirkungen unterschiedlicher Bau- und Zonenordnungen feststellen. Die ungleichen Steueransätze wirken sich auch auf die Sozialstruktur und damit auf die Wohnformen aus.

Vakuum zwischen Flughafen, Industrie und Gewerbe – Chance für ein Stück Stadt im 21. Jahrhundert (Landeskarte 1997).

So drastisch wie die Wirkung der Landesgrenzen sind diese Grenzen aber im Raum Basel nicht lesbar.

Ein Blick nach vorn

Alle städtebaulichen Strukturen und Formen sind Widerspiegelungen der in der Vergangenheit wirksamen Energien oder eben: die gefrorene Geschichte des Ortes. Sie leisten Widerstand gegen neue Energien, sie schaffen aber auch günstige Voraussetzungen für die Veränderung des Raumes im Hinblick auf neue Bedürfnisse, Ziele oder Visionen der Gesellschaft.

Dies scheint mir um so faszinierender, als diese trinationale Agglomeration vor grossen neuen Herausforderungen steht. Vordergründig sind es Veränderungen der Arbeitswelt, Bedeutungsverlust der nationalen Grenzen, neue Technologien der Kommunikation, vom Internet bis zum Flugverkehr. Im Hintergrund stehen aber auch Veränderungen der Menschen, die mehr und mehr anders denken und fühlen. Dies äussert sich in ökologischen Themen, in der Auseinandersetzung des Einzelnen mit kollektiven Institutionen oder seinen eigenen Bedürfnissen und Wünschen. Diese Veränderungen wirken auf die Stadt. Es wird nach einer anderen, besseren Stadt gesucht, ohne dass die neue physische Stadt schon genau definiert und gezeichnet werden könnte.

Weil mit dem Weicherwerden der Grenzen sich neue Spielräume eröffnen, könnte gerade der Grenzraum mit seinen Brüchen, aber auch seinen grossen grenzüberschreitenden Spuren zum Territorium werden für diese neue Stadt. Vier Territorien verdienen spezielle Aufmerksamkeit.

Das grosse Vakuum

Zwischen Hégenheim, Bourgfelden und Allschwil liegt ein grosser offener Raum, vorläufig ohne städtebauliche Orientierung und Prägungen, umgeben von den verschiedensten Erscheinungen der europäischen Stadt. Im Norden befindet sich der Flugplatz mit seiner extrem dynamischen Unruhe, im Osten die klassischen Industrieareale mit ihren Unsicherheiten in den Veränderungen der gegenwärtigen Arbeitswelt, im Süden eine Mischung von chaotischer Gewerbe- und altmodischer Wohnstadt und im Westen entwurzelte Dörfer.

Dieser Raum bietet eine einzigartige Chance zu zeigen, wie mit Kreativität und Intelligenz ein Stück Stadt im 21. Jahrhundert gestaltet werden könnte. Er enthält aber auch das Potential für eine grosse Banalität: das Entstehen eines weiteren Stadtraumes, wo Menschen leben, ohne das Gefühl zu haben, dass das ihre Stadt sei, ohne dass sie sich hier beim Wohnen oder beim Arbeiten wirklich wohl fühlen, ohne dass dieser Ort im Gefüge der ganzen trinationalen Stadt eine wichtige Rolle spielt.

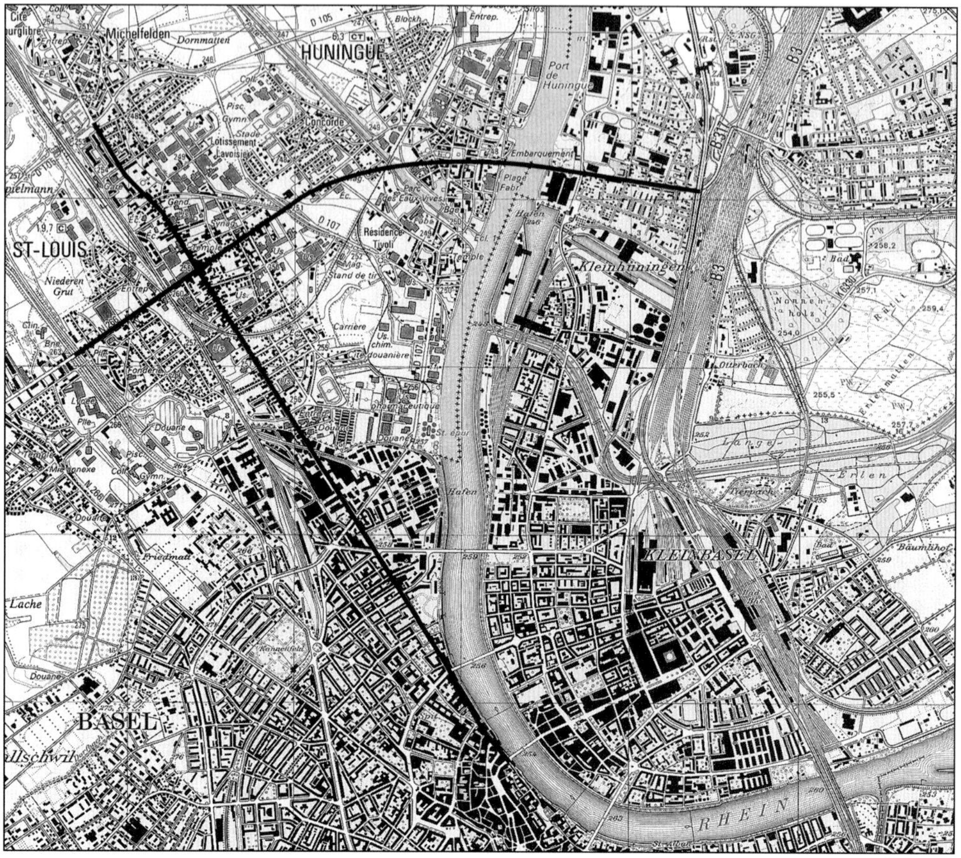

Die Verbindungen Basel–St-Louis und St-Louis–Weil a. Rh. könnten zum Symbol der Öffnung werden (Landeskarte 1997 mit den möglichen Verkehrsachsen).

Die lange Achse

Wir sind ihr schon begegnet. Es ist die keltische Spur, die sich unter dem Münster durchzieht, den Rheinsprung hinunter, Totentanz, St. Johanns-Vorstadt, Elsässerstrasse, vor St-Louis die Rue de Bâle, hinter St-Louis die Rue de Mulhouse. In anderen Schweizer Städten hat das 19. Jahrhundert neue städtische Orientierungslinien gebaut. Sie wurden von der Moderne gefordert, um die alten Eselswege zu ersetzen: in Zürich die Bahnhofstrasse, in Genf die Rue du Montblanc, in St. Gallen die Verbindung vom Multertor zum Bahnhof.

Basel hat damals die Chance verpasst, die Stadt lesbar zu machen. Die Gründerzeit erscheint im städtebaulichen Massstab nur in den neuen Wohnquartieren am Rande der historischen Stadt, als flächige Überbauungen, die nur beschränkt verständlich mit dem Rest der Stadt verknüpft sind.

Diese lange Achse könnte zum Symbol der Öffnung von Basel zu Frankreich werden. St-Louis ist dafür bereit. Das Zentrum von St-Louis hat um die Jahrhundertwende den der Bedeutung dieser Achse angemessenen Massstab ausgelegt. Der Raum ist gegenwärtig zwar etwas vergammelt, aber die grosse Ordnung stimmt. Wir können mit unseren Nachbarn sogar noch weiterdenken: Mit einer Achse, die das Zentrum von St-Louis mit Weil verbindet, über eine neue Rheinbrücke in der Verlängerung der Hauptstrasse von Friedlingen, könnte zwischen dem französischen und dem deutschen

Teil der trinationalen Agglomeration eine zweite lange Achse gebaut werden, nicht als Leistungsträger für den Motorfahrzeugverkehr, sondern als Träger für eine gemeinsame Identität – und vielleicht auch noch als Trasse für das Tram zwischen St-Louis und Weil.

Der breite Flussraum

Auf der Ebene des Städtebaus hat Basel erst in den letzten Jahrzehnten den Flussraum entdeckt. Basel kehrte nicht nur den Landesgrenzen den Rücken zu, schon viel früher hat man sich auch vom Fluss abgewandt. Die Stadt hat erst vor 15 Jahren die Kleinbasler Ufer und das Schlachthofareal zugänglich gemacht, die Christoph Merian Stiftung kümmert sich jetzt um die Grossbasler Ufer. An der Dreirosenbrücke enden aber alle Fusswege, und die heutigen Nutzungen versperren alle Öffnungen dieses Raumes. In einer trinationalen Agglomeration müsste die Chance des grossen Flussraumes, wie es ihn in der Schweiz sonst nicht gibt, besser genutzt werden können.

Bislang nur von der Schweiz aus direkt zugänglich: Dreiländereck in Kleinhüningen.

Der keltische Baumkreis von Barbara Meyer und Markus Gadient, Geschenk der Stadt Basel an die Stadt Weil a. Rh.

Der grosse Park

Im Westen der trinationalen Agglomeration Basel wird hingegen jetzt schon ein lange ungenutztes Potential der Region über die Grenzen weg realisiert. Mit der Landesgartenschau in Weil wird auf der deutschen Seite das hinter den Geleisen liegende Landwirtschaftgebiet von Weil zu einem grossen Erholungsraum umgestaltet. Es entsteht ein gemeinsamer, ausgedehnter Landschaftspark in der Mitte der Agglomeration, mit einer Grösse und Qualität, wie ihn wenige Städte besitzen.

Die Stadt Basel leistete für diesen Park schon 1989 einen grenzüberschreitenden Beitrag. Im Rahmen des Basler Kunstkredits haben Barbara Meyer und Markus Gadient als Geschenk der Stadt Basel an die Stadt Weil in jenem Gebiet einen keltischen Baumkreis entworfen und gepflanzt.[2] Er ist ein symbolisches Zeichen in Hinblick auf die gemeinsame Suche nach Veränderungen der vorhandenen trinationalen Stadt, von denen alle Teile der Agglomeration profitieren werden.

Anmerkungen

1 Rolf d'Aujourd'hui, Zum Genius Loci von Basel, Basler Stadtbuch 1997, Basel 1998, S. 125ff.

2 Siehe auch: Barbara Maria Meyer und Markus Gadient, Haingedicht, Basel 1998, S. 28.

Menschen, Arbeit, Freizeit

Ebensowenig wie die ‹Regio› ist die ‹Trinationale Agglomeration Basel› eine Kopfgeburt. Sie existiert unabhängig von allen politischen und akademischen Diskussionen und Verhandlungen. Im Alltag werden die Grenzen zehntausend Male täglich überschritten. Grenzgängerinnen und Grenzgänger wohnen dort und arbeiten hier, Konsumentinnen und Konsumenten leben hier, kaufen aber drüben ein. Und alle vergnügen sich hier und dort.

Maria Lezzi, Mitarbeiterin des Vereins ‹Regio Basiliensis›, beschreibt die Chancen für Handel und Gewerbe, die Journalistin Dora Renfer flaniert durch die Einkaufs- und Freizeitangebote, und der Publizist Alois Bischof porträtiert ‹Grenzüberschreiterinnen› und ‹-überschreiter›. *Red.*

Regionale Kooperation als Chance für Handwerk und Gewerbe

Maria Lezzi

Handwerk und Gewerbe sind ein wichtiger Bestandteil des wirtschaftlichen und sozialen Lebens am Oberrhein. Dieser Wirtschaftssektor schafft dringend notwendige Lehrstellen und Arbeitsplätze.[1]

Obwohl vom weltweiten Strukturwandel mitbetroffen, richten sich Handwerks- und Gewerbebetriebe weiterhin hauptsächlich auf die Märkte in der näheren Umgebung aus und versuchen, dort ihren Platz zu behaupten. In der Dreiländer-Agglomeration Basel, der ‹letzten Sektorenstadt Europas› (nach dem Fall der Berliner Mauer), sehen sie sich mit zusätzlichen Schwierigkeiten konfrontiert. Mitten durch die Agglomeration führen sowohl die Kantons- als auch die Landesgrenzen bzw. die EU-Aussengrenze. Grenzüberschreitungen gehören noch kaum zum gewerblichen Geschäftsalltag in unserer Regio TriRhena. Praktisch nur die grösseren Unternehmen der Bauwirtschaft verfügen über eigene Niederlassungen jenseits der Landesgrenze oder sind in der Lage, im Nachbarland (Submissions-)Aufträge auszuführen. Selbst zwischen den EU-Ländern Deutschland und Frankreich spielt die volle Freizügigkeit noch nicht. Damit liegen gewisse Entfaltungs- und Entwicklungsmöglichkeiten brach.

Hemmend wirken nicht nur sprachliche, bürokratische und rechtliche Hürden, welche die regionalen Gewerbetreibenden davon abhalten, den Blick einmal über die Grenze zu richten, es fehlt eben auch oftmals ganz einfach an Information und Hilfestellung.

Vom Stiefkind zum Kongressthema

Um diesem Nachholbedarf gerecht zu werden, veranstaltete die Regio Basiliensis im Auftrag der Kantonsregierungen beider Basel den zweitägigen 6. Dreiländer-Kongress unter dem Titel ‹Handwerk und Gewerbe am Oberrhein – Chancen und Risiken›[2]. Rund 450 Teilnehmende aus der Nordwestschweiz, dem Elsass, Baden-Württemberg und der Südpfalz folgten der Einladung am 13. und 14. November 1997 ins Kongresszentrum der Messe Basel. Einmal mehr ist es somit den regionalstaatlichen Partnern der Oberrhein-Kooperation gelungen, bei breiter Beteiligung von Akteuren aus den Wirtschafts- und Sozialbereichen sowie aus der Wissenschaft ein Generalthema konstruktiv-kritisch zu vertiefen. Zwar scheinen die Zeiten der flammenden Appelle und grossen Visionen vorbei zu sein – dies zeigt die von den politischen Spitzenvertretern unterzeichnete Gemeinsame Schlusserklärung. Um so mehr sind Impulse für den Kooperationsalltag gefragt und mit ihnen Arbeit in zahlreichen kleinen Projekten, die denn auch in der Summe beachtliche Fortschritte erkennen lassen.[3]

Impulse weitergeben

Bereits drei Wochen nach dem Kongress übertrug die Deutsch-französisch-schweizerische Oberrheinkonferenz (ORK) das gesamte Ideen- resp. Forderungenpaket zum Follow-up an ihre permanente dreiseitige Arbeitsgruppe ‹Wirtschaftspolitik›. Nachfolgende Spotlights skizzieren, was seither geschah.

Nach dem eidgenössischen EWR-Nein von 1992 hiess die trotzige Losung: Oberrheinischer Wirtschaftsraum (OWR) statt Europäischer Wirtschaftsraum (EWR). Doch der seither eingeschlagene Weg dorthin gleicht zuweilen einem regelrechten Hürdenlauf. Nur gerade einzelne gröbere ‹Grenzstörungen› werden publik, wie zum Beispiel das hohe Bussgeld für ausländische (auch schweizerische) Firmen, die den im kurzfristig eingeführten deutschen Arbeitnehmer-Entsende-Gesetz verankerten Mindestlohn auf der Baustelle nicht garantierten oder nicht belegen konnten. Die regionalen Partner sind daher aufgerufen, ihre Probleme systematisch aufzulisten und auszuwerten, um sie dann selbstbewusst in Brüssel, Bonn,

Grenzen sollen für das Gewerbe keine unüberwindbaren Schranken mehr darstellen.

Bern und Paris vorzubringen. Ein Anfang wurde inzwischen gemacht: Seit kurzem existiert eine oberrheinische ‹Schnellreaktionsliste› offizieller Ansprechpartner, die gleichsam als dezentral organisierte Clearingstelle für grenzüberschreitende Wettbewerbsfragen im Bereich Handwerk und Gewerbe fungieren. Im weiteren soll der im Hinblick auf den Kongress erarbeitete ‹Leitfaden für grenzüberschreitend tätige Unternehmen› in den kommenden Monaten auf Internet abrufbar sein – stets aktuell und mit der Zeit weitere Wirtschaftsfragen umfassend.

Der Kongress verlangte auch einmal mehr die Förderung der Zweisprachigkeit in der handwerklich-gewerblichen Berufsausbildung sowie die gegenseitige Anerkennung der Abschlüsse. Der ORK-Expertenausschuss ‹Berufsbildung› bleibt in dieser Sache am Ball. Möglicherweise können hierfür neueste europäische Konzepte mit relativ geringem Aufwand für die EuroRegion Oberrhein adaptiert werden. Als Stichworte seien nur der ‹Europass Berufsbildung› der EU-Kommission und das ‹Sprachenportfolio› des Europarates erwähnt.

Mode kann ebenfalls trinational sein. Dies bewies der Arbeitskreis ‹Creative Mode› mit seinem eigens für den Kongress angefertigten europäischen Modecocktail. Waren in diesem Arbeitskreis bis dato nur Damenschneiderinnen aus Süddeutschland und aus dem Elsass freiwillig zusammengeschlossen, um Erfahrungen auszutauschen und euroregional voneinander zu lernen, so konnten dank der Kongressvorbereitungen auch noch die Nordwestschweizerinnen dazugewonnen werden. Im vergangenen November legten zudem Unternehmensfrauen weiterer Branchen den Grundstein für ihre künftig engere Kooperation

Unternehmen sollen grenzüberschreitend …

dies- und jenseits des Rheins. Ein oberrheinischer Handwerksfrauentag ist bereits angedacht …

Trinationale Ereignisse lösen nicht immer, aber des öfteren Neuerungen im eigenen Land aus. Als anschauliches Beispiel hierfür ist die Entstehungsgeschichte der IMMOFAIR zu nennen, einer publikumswirksamen Immobilienmesse, die vom 15. bis 18. Mai 1998 erstmals auf dem Barfüsserplatz in Basel stattfand. Der organisierende Gewerbeverband Basel-Stadt, einer der Hauptakteure des Dreiländer-Kongresses, war im Verlaufe von Gesprächen mit den Grenznachbarn auf diese zündende Idee gekommen.

Gemeinsam agieren statt gegenseitig blockieren

Der 6. Dreiländer-Kongress ‹Handwerk und Gewerbe am Oberrhein› hat neben all den sachlichen Erkenntnissen und zukunftsgerichteten Projektideen vor allem eines deutlich vor Augen geführt: Unabdingbar für die erfolgreiche, nachhaltige Entwicklung des einzelnen Unternehmens und der gesamten EuroRegion ist – auch in diesem Wirtschaftszweig – eine weltoffene Geisteshaltung sowie ein innovatives, risikofreudiges Unternehmensklima. In Zeiten leerer Kassen und zunehmender Globalisierung besteht die Gefahr, wieder in einen nationalen Protektionismus zu verfallen. Diese Gefahr ist bei den (noch) nicht an einen EU-Binnenmarkt gewöhnten Schweizern möglicherweise grösser. Der Stadtkanton und die ganze Nordwestschweiz haben heute ihre euroregionale Pionierrolle wiederaufzunehmen und allen Tendenzen zur Selbsteingrenzung Gegensteuer zu leisten.

Neben den staatlichen Instanzen und ihren oberrheinischen Gremien sind in erster Linie die

… tätig sein können.

Wirtschaftskammern und Arbeitnehmerorganisationen gefordert. Der Mehrwert der grenzüberschreitenden Kooperation muss für Unternehmen, Konsumierende, Bürgerinnen und Bürger sicht- und erfahrbarer gemacht werden. Kooperation darf dabei nicht mit Uniformierung, mit Einmütigkeit (Unanimité) oder gar mit Abwesenheit von gesundem Wettbewerb verwechselt werden. Im Gegenteil: Unsere Regio TriRhena, ja die ganze EuroRegion Oberrhein ist ein gelungener Modellfall für ein lebendiges Zusammenwirken von Gegensätzen und Unterschiedlichkeiten, getreu dem Motto des französischen Philosophen Paul Valéry: «Mettons en commun ce que nous avons de meilleur et enrichissons-nous de nos différences».

Anmerkungen

1 Im Jahr 1997 etwa 23,7% aller Beschäftigten. Nach: EuroRegion Oberrhein, Statistische Zahlen 1997, hg. v. Statistische Ämter der Arbeitsgruppe ‹Wirtschaftspolitik› der Deutsch-französisch-schweizerischen Oberrheinkonferenz, Basel 1997.

2 Handwerk und Gewerbe am Oberrhein – Chancen und Risiken, Kongressunterlagen hg. v. Regio Basiliensis, Basel 1997.

3 Karl-Heinz Fesenmeier, Fortschritte am Oberrhein, in: Badische Zeitung 15. November 1997.

Kooperation in der trinationalen Agglomeration heisst nicht, auf den Wettbewerb zu verzichten.

Die Freuden des kleinen Grenzverkehrs

Dora Renfer

Geniessen – Staunen – Einkaufen – Flanieren

Die Baslerinnen und Basler werden oft von der übrigen Bevölkerung der Schweiz beneidet: Gleich zwei Länder sind mit einem blossen Katzensprung erreichbar und vermitteln mit ihren unterschiedlichen Kulturen schon wenige Meter nach dem Zollübergang ein komplettes Feriengefühl mit anderen Düften, anderen Leuten, einer anderen Architektur und dem Charme einer anderen Lebensart.

Der Sprung über die Grenze wird täglich tausendfach vollzogen, aus verschiedensten Motiven, nicht zuletzt auch zur Schonung des Portemonnaies. Familien mit Kindern vergnügen sich im Wasserparadies des Lagunaparks, man fährt nach Bellingen oder in die Kassiopeiatherme nach Badenweiler, um sich gesund zu baden, wandert oder radelt durch die Landschaft, um danach in einer gemütlichen Beiz im Elsass oder im Badischen einzukehren. Geheimtips werden ausgetauscht, über preisgünstige Gasthöfe und Weinstuben ebenso wie über exklusive Gourmetsrestaurants – Kultstätten für verwöhnte Gaumen, in denen man gesehen werden muss.

Nicht nur zur Pflege des leiblichen Wohls begeben sich die Baslerinnen und Basler über die Grenze. Das nahe Ausland lockt auch mit Volksvergnügen wie dem Klausmärt in Pfirt, dem Kathrinenmarkt in Altkirch. Man pilgert nach Laufenburg zur grenzenlosen Narrenfreiheit oder an den Hexensabbat nach Waldkirch, zu Wein- und Käsemärkten im Elsass, zu Winzerfesten. Man fährt zu den Festspielen in Staufen oder auf der Burg Rötteln, zu Literaturlesungen und Konzerten. Das ganze Jahr über gibt es fast täglich Vergnügliches, Unterhaltendes, Ernstes, Anregendes zu erleben, ob gen Westen im Elsass oder gen Norden im Badischen.

Auf Einkaufsbummel

Doch wovon hier berichtet werden soll, sind nicht die sporadischen Ausflüge, sondern die ‹alltäglichen› freiwilligen Grenzüberschreitungen in unsere Nachbargemeinden und die Menschen, die dies regelmässig tun. Unter meinen Freundinnen gibt es leidenschaftliche freiwillige Grenzgängerinnen. Sie wissen genau, wo was zu welchem Preis, zu welcher Qualität zu haben ist – keine fünfzehn Fahrminuten von der Stadt entfernt.

Monika studiert an der Universität Basel. Seit die Basler Buchhandlungen Studierenden keinen Bücherrabatt mehr gewähren, fahren sie und ihre Kolleginnen nach Lörrach. In einer dortigen Buchhandlung bestellen sie ihre Bücher, die nicht nur günstiger, sondern meist auch schneller geliefert werden als in Basel. Sie versorgen sich danach am Fischstand mit frischen Seelachsbrötchen oder einem saftigen Schwarzwälderschinken-Semmel und sonnen sich bei Schönwetter auf dem grossen Platz in Lörrach – und fühlen sich unendlich weit weg von der Alma Mater.

Laura geht einmal pro Woche mit ihren Freundinnen zum ausgiebigen Schwimmen nach Rheinfelden, fährt dann über die Grenze nach Deutschland und macht dort ihre Einkäufe für den täglichen Bedarf. Hie und da erlaubt sie sich den Luxus einer Schachtel spezieller Schokoladekugeln. Laura hält sich ganz korrekt an die Zollbestimmungen und beschränkt ihre Einkäufe konsequent auf umgerechnet höchstens hundert Franken total. Ihr würde jeder Zollbeamte schon auf Distanz das schlechte Gewissen ansehen … Brav kauft sie nur ein halbes Kilo Frischfleisch, einen Liter Rahm, hie und da eine Flasche Campari oder Vermouth, manchmal Gemüse und Obst. Ihre Beeren für die Konfitüre besorgt sie sich alle in Lörrach – und bezahlt nur halb so viel, wie wenn sie die Früchte in der Schweiz im ‹Pflückland› selber ernten würde.

Da ist Sophie anders veranlagt. Ohne Skrupel lässt sie im Badischen die Brillen für ihre Söhne, die Kontaktlinsen für sich und ihre Töchter anpassen. Die Distanz vom Optikerladen bis zur Grenze reicht vollauf, dass die neue Brille auf der Nase ihres Kindes so schmutzig ist, als sei sie seit Wochen keiner Putzaktion mehr unterzogen worden, und schief liegt, als ob sie schon etliche Monate in Gebrauch sei. Durch diese Grenzgänge kann meine

Tanken, wo's am billigsten ist.

Freundin das Familienbudget erheblich schonen. Ihr Jüngster kauft, seit er ein kleines Sackgeld hat, bei solchen Gelegenheiten kostenbewusst sein Mickey-Mouse-Heftchen für DM 3.20 statt für Fr. 3.40 an einem Kiosk in Basel. Vorsichtiger ist Sophie bei Produkten wie Alkohol. Ordentlich verzollt sie den Wein und das Kronenbourg-1684-Bier. Niemals würde sie – wie eine andere Freundin – unverfroren auf zwei Flaschen Cognac oder Whisky sitzen und mit dem Kleber auf der Rückscheibe ‹Nichts zu deklarieren› die Grenze passieren.

Im Gourmetparadies

Anna ist verschleckt und anspruchsvoll. Sie fährt regelmässig die fünf Kilometer ins Elsass zu einem der stadtbekannten Comestible-Geschäfte. Dort, wo zahlreiche Basler an der Bar jeweils am Freitagabend und am Samstag sich quer durch das französische, spanische oder italienische Weinangebot durchdegustieren. Wer immer einen speziellen Wein, einen speziellen Jahrgang sucht, darf sicher sein, dass ihm nicht nur eine einzige Flasche geöffnet, sondern gleich von jedem Angebot eine offeriert wird – zusammen mit Käse-Crackers und Brot. Anna bringt dem benachbarten Metzger ihre handbemalten Terrinen, die er nach Wunsch mit einer Geflügel- oder Wildfarce oder einer nach der Art des Hauses füllt: etwas ganz Spezielles, für sich selbst oder als Geschenk. Köstlichkeiten und legendär sind auch die elsässischen Schneckennudeln, der Ardennenschinken, die Pâtés, Apérohäppchen, Quiches und anderen Wähen in allen Grössen zum Nur-noch-Warmmachen. Weniger bekannt ist, dass auch Lieferungen in die Schweiz für Parties gang und gäbe sind. – Doch zurück zu Anna: Genüsslich flaniert sie durch Super Marchés, deckt sich mit laufend frisch gebackenen Baguettes ein, bestaunt am Fischstand die reiche Auswahl

Neben den niedrigeren Preisen locken Spezialitäten, aber auch ein riesiges Warenangebot über die Grenze.

an Meerfischen und skurrilen Krustentieren und freut sich, immer wieder neue Arten auszuprobieren. Das Schönste aber für sie ist, an einem Samstagmorgen im Sommer auf den grossen Markt in St-Louis zu pilgern und dort das ‹Frankreich, wie es leibt und lebt› zu spüren, die Farbenpracht von Obst, Gemüse zu bewundern, die Produkte der Bauern von nah und fern zu kosten und das friedliche Beieinander des bunten Völkergemisches zu erleben.

Schnäppchen und andere Vorteile

Und dann ist da auch noch das befreundete Paar, das noch für ganz andere Angebote über die Grenze fährt. Barbara ist die Schnäppchenjägerin par excellence. Sie kennt alle Fabrikläden rund um Basel und ist beim Ergreifen günstiger Gelegenheiten nicht zu bremsen. Das zeigen allein schon ihre dreissig Paar Socken oder ihre Frottéwäsche, die mindestens noch für zwei weitere Generationen ausreicht. Ihre Tafel schmücken prachtvolle Baccaratgläser – dass sie nur ein Fünftel des in Basel üblichen Preises bezahlt hat, erfüllt sie mit besonderem Stolz. Die Schnäppchenführer und -Guides informieren über fast alles, was für Haushalt, Mode, Magen, Sport und Bau benötigt wird.

Bei ihren ‹Touren› entdeckt Barbara nebenbei Gärtnereien mit Pflanzen, die sonst nirgends in unserer Region zu finden sind. Sie kennt Orte, wo sie aus fast fünfzig Sorten Mohn, aus gegen 180 Sorten grosser, mittlerer und kleiner Taglilien oder aus rund siebzig Sorten Staudenpaeonien ihre Lieblingsblumen auslesen kann. Aber auch ausgefallenere Pflanzen, wie eine schwarze Zwergprimel, Herzlilien, die Hostas, mit ihren variantenreichen Blättern, stöbert sie im benachbarten Deutschland auf – während ihr Freund Joggi seinen kostbaren Oldtimer beim Elektrospezialisten

Der Erotikmarkt ist Teil des grenzüberschreitenden Freizeitvergnügens.

überholen lässt und sich im nächsten Supermarkt am so viel grösseren Angebot an Produkten erfreut und seinen Frust über das stets kleiner werdende Sortiment der Basler Grossverteiler abreagiert.

Nichts zu verzollen

Die Beamten am Zoll können einem leid tun: Es wird getrickst, geschwindelt, freundlich lächelnd gelogen und überzeugend dargelegt, dass die Fahrt nach Schopfheim ins Badische oder nach Pfirt ins Elsass ging, an Orte, die über den kleinen Grenzverkehr hinausgehen, wodurch grössere Mengen zollfrei eingeführt werden dürfen. Quittungen und Belege werden auf dem Körper versteckt, oder man lässt sie mit der Post nach Hause schicken. Die zulässigen Waren liegen offen auf, der Rest verschwindet irgendwo im Dunkeln. Die Zöllner wissen darum, doch sind nur Stichproben möglich bei den endlosen Autokolonnen nach Basel.

Aber auch die ehrlichen Grenzgänger der Region haben es nicht leicht, sich in den oft wechselnden Zollbestimmungen auszukennen. Allein schon das Blatt der Zollkreisdirektion Basel, Sektion Tarif und Veranlagung betreffend die ‹Einfuhr von Lebensmitteln im Reisenden- und Grenzverkehr für den privaten Verbrauch im eigenen Haushalt› ist so kompliziert, dass der Inhalt erst allmählich und nach eingehendem Studium begreifbar wird. Eines allerdings ist klar und deutlich und zudem erfreulich: Fleisch von Schildkröten darf nicht eingeführt werden!

Wer unsicher ist und sich nicht einfach durchschummeln möchte, kann sich in Basel auch schon per E-mail auf der Zollkreisdirektion erkundigen: unter *kdbsd.zentrale@evz.admin.ch*, im Internet nach *http://www.zoll.admin.ch* surfen oder, einfacher, sich die Merkblätter per Telefon bei der Zolldirektion bestellen.

Jenseits der Freuden des kleinen Grenzverkehrs: der Zoll.

Andere Länder, andere Sitten

Es ist nicht nur das ‹prickelnde Gefühl› beim Schmuggeln, das viele Baslerinnen und Basler zum Einkauf im Badischen oder im Elsass veranlasst, ebenso wenig allein die günstigeren Preise. Viele schätzen die Grosszügigkeit und die Freundlichkeit unserer Nachbarn. Etwas, das bei uns oft zu wünschen übriglässt. Man bekommt ein rechtes Stück Käse zum Probieren und nicht nur ein hauchdünnes Schnitzelchen, was nach gar nichts schmeckt. Früchte werden aufgeschnitten. Findet man in einem Grossmarkt etwas nicht, weist einen das Personal nicht nur mit vagen Bewegungen über fünf Reihen zu dem gesuchten Produkt hin, sondern begleitet bis zum Standort. So macht Einkaufen Spass – zusammen mit dem Gefühl, weit weg vom Alltag zu sein, in einem anderen Land, wo es immer wieder Neues zu entdecken gibt …

Les Frontaliers – die Grenzgänger

Alois Bischof

Grenzen sind Reibungsflächen, Berührungsstellen, Übergänge. Sie trennen politisch, bisweilen wirtschaftlich, im schlimmsten Fall auch menschlich. Doch hinter dem vermeintlich Starren der Grenzen lebt – zumindest in Mitteleuropa – viel Diffuses, Übergreifendes. Transit ist möglich. Und notwendig für die vielen Menschen, die über die Grenzen zur Arbeit gehen.

Ein niesliger Morgen, weiss dampft der Rauch aus den Kaminen beim Schlachthof. Es ist Viertel vor sieben. Die Serviertochter in der ‹Landesgrenze› hat flachsblondes Haar, hantiert an der Kaffeemaschine. Wenn sie spricht, purzeln die Wörter im Elsässer Dialekt aus ihrem Mund.

Das Restaurant ‹Landesgrenze› befindet sich wenige Meter vor dem Grenzübergang Basel-St-Louis. Auf einem der Tische liegt die Zeitung ‹l'Alsace›, im hinteren Teil des Restaurants ragt ein Hirschkopf mit stattlichem Geweih von der Wand.

Hat ein Gast gerade «Sonja» zur Serviertochter gesagt? Bin mir nicht sicher. Auf jeden Fall ist Sonja um halb fünf Uhr in der Nacht weit jenseits der Grenze aufgestanden, hat sich ins Auto gesetzt, ist durch die Nacht in Richtung St-Louis gefahren. So wie seit dreizehn Jahren.

Die Landesgrenze

Vor dem Fenster des Restaurants rollen die Autos im Schrittempo vorbei. Eins nach dem andern. Meist sitzt nur eine Person darin. Fussgänger eilen vorüber. Dann stoppt ein Bus vor den beiden Zöllnern. Jetzt, um diese Zeit, ist er voll. Manchmal winken die beiden Zöllner ein Auto aus der Kolonne.

In der Nacht und am Morgen brechen die Leute in irgendwelchen Dörfern und Weilern des Sundgaus und des Badischen auf, hetzen auf den Zug in Mulhouse oder Freiburg im Breisgau, strömen Basel entgegen. Stehen im morgendlichen Stau, verschwinden später in Bäckereien und chemischen Labors, im Schlachthof und in Warenhäusern, Büros und Fabrikhallen.

Täglich rollen Tausende von Autos über die Grenzübergänge in Allschwil und Weil, passieren die Autobahnzollämter.

Annähernd 28 000 Menschen gehen jeden Tag zur Arbeit in die Stadt Basel. Zwei Drittel von ihnen kommen aus dem Elsass, ein Drittel aus dem Badischen. Darunter sind 10 300 Frauen.

Grenzgebiet

Vermutlich ist es kein Zufall, dass es mich aus der Ostschweiz nach Basel verschlagen hat. Von Grenzgebiet zu Grenzgebiet. Ich wuchs am Bodensee auf, wo sich Österreich, Deutschland und die Schweiz berühren. Als ich klein war, gingen die Kinder der Eisenbahner immer über die Grenze ins Vorarlbergische, um dort Butter zu kaufen. Meine Mutter fluchte dann über die Bähnler, die sich mit ihren verbilligten Billetten im Ausland billige Butter besorgen könnten, während wir die teure, von der es in der Schweiz willsgott genug gebe, kaufen müssten.

Die Grenzgänger kamen vor allem aus dem Vorarlberg, sie wurden geringschätzig ‹Groschli› genannt. Die deutschen kamen mit den Ausflugsschiffen über den See, und die Ladeninhaber waren froh, wenn die D-Mark stark war, die ‹Schwoben› dann mehr einkauften. Als Teenager wunderte ich mich über die Schweizer Männer, die nach Konstanz ins Puff oder in die Spielbank gingen. Wir Jugendlichen dagegen verbrachten lange Nächte in den vorarlbergischen Tanzlokalen, die um einiges länger geöffnet blieben als unsere. Oft wurde ein Gauner, der in den drei Ländern polizeilich gesucht wurde, in meiner Heimatstadt gefunden.

Grenzgebiet – im Grenzgebiet überwuchern Sträucher und Hecken Bunker und vergangene Kriege, davor und dahinter gibt es, im Gegensatz zur vermeintlich starren, trennenden Linie der Grenze, viel Diffuses, schwer Fassbares, auch Illegales.

An der Oberfläche sind es verschiedene Dialekte oder Sprachen, verschiedene Bräuche und Sitten, andere Währungen und Rechtssysteme. Und darunter wuchert zum Beispiel ein Gefühl von Freiheit, von der Möglichkeit zum schnellen, vor der Haustüre gelegenen Wechsel in ein anderes Land.

Ausländerausweis G

Edi ist Grenzgänger. Geht über die Grenze zur Arbeit. Bricht jeden Morgen in seinem Dorf im Badischen auf. Fährt 32 Kilometer nach Basel. Der Arbeitsweg ist schön. Der Blick seiner braunen, vifen Augen auf die Strasse. Der Schmuck an Edis linkem Ohrläppchen verrät seinen Beruf: Zimmermann. Genauer: Zimmermeister.

Edi ist 51, baut im Moment ein altes Haus um. Er machte die Lehre in Deutschland, auch die Meisterprüfung. Seit 1967 arbeitet er in der Schweiz. Er erinnert sich an die Zeiten, als eine Tafel an der Strasse jeweils ‹Zollgrenzbezirk› verkündete. Für die Bewohner in diesem Grenzbezirk gab es Spezialbewilligungen, für Tabak, für Kaffee. Für das Pfund oder das Kilo Kaffee gab es Marken, die am Zoll abgestempelt werden mussten.

Schon Edis Vater hatte in der Schweiz gearbeitet, war Chefmonteur beim Liftbau. Zimmermänner sind in der Regel kräftige Leute. Edi erinnert an einen Bären. Der grauweisse Bart, der beinahe das ganze Gesicht verdeckt.

Edi führt wie alle Grenzgänger 4,5 Prozent Quellensteuer an die Schweiz ab. Und er würde überhaupt liebend gerne alle seine Steuern in der Schweiz bezahlen – in Deutschland muss er rund 30 Prozent dem Staat abliefern. Die an die Schweiz bezahlte Quellensteuer wird angerechnet. Aber schliesslich hat Edi sich in Deutschland ein Haus gebaut.

Edi kauft viel in der Schweiz ein. Sagt sich, dass er in der Schweiz sein Geld verdiene, also auch hier einkaufe. Auf jeden Fall die Teigwaren. Sicher das Brot. Auch Kleider.

Edi will auch seine letzten fünfzehn Jahre Arbeit bis zur Pensionierung in der Schweiz ‹machen›.

Was Edi an der Arbeit in der Schweiz immer geschätzt hat: Es wird sauber geschafft. Wenigstens früher.

Edis Dialekt hat sich in all den Jahren abgeschliffen.

Es ist Abend, und Edi verstaut sein Werkzeug, Hammer und Beil, Stemmeisen und Handfräse. Fährt in Richtung Grenze, wo er früher oft eine

Stunde im Stau stand. Noch heute fühlt er sich manchmal von den Zöllnern schikaniert. Von den deutschen. Die Schweizer Zöllner findet er humaner.

Vielleicht muss Edi seinen Ausländerausweis G vorweisen. Er muss ihn nächstens für ein Jahr erneuern, das kostet ihn 54 Franken. Im Ausweis heisst es: «Der Grenzgänger ist verpflichtet, täglich an seinen Wohnort im Ausland zurückzukehren.»

Le loisir

Während der Grenzübertritt für die einen Arbeit meint, bedeutet er für die andern ‹loisir›. Raus aus der Stadt, hinaus aufs Land. Zu Fuss, mit dem Velo, dem Auto. Die Weite der Felder im Elsass, die Kühle der Wälder im Badischen. Im ‹Ochsen› in Oetlingen vielleicht eine Schorle oder ein Pils und einen Schinkenspeck, im ‹Les Bains› in Hagenthal ein Viertele Edelzwicker und eine Portion Münster. Manche haben ein Pferd jenseits der Grenze, andere spielen Golf. Die einen fischen an ihrem Weiher im Elsass, und die andern durchkämmen den Schwarzwald nach Pilzen. Viele gehen einkaufen. Auf dem Markt in Lörrach frisches Gemüse von den Bäuerinnen. Auf den Märkten in St-Louis oder Mulhouse geht man zu den Arabern.

Andere kaufen gleich Häuser. Vor allem alte Bauernhäuser im Elsass. Zum Beispiel jenes einer Bauernfamilie in Ferrette, von deren fünf Kindern vier in der Schweiz arbeiten. Die mit dem verdienten Geld am Fortschritt teilhaben wollen, sich ein Häuschen in den ‹Lotissements› erwerben. Das elterliche Bauernhaus verkaufen sie an einen Schweizer, der – Ironie der Geschichte – im Elsass keine qualifizierten Handwerker mehr findet, weil die alle in der Schweiz arbeiten. Und so beauf-

Edi, Zimmermeister, fährt jeden Tag 32 Kilometer aus dem Badischen nach Basel und kehrt jeden Abend nach Deutschland zurück.

tragt er Schweizer Handwerker, sein Haus in Ferrette instand zu setzen.

Der Grenzübertritt. Die Architektur jenseits ist eine andere, die Währung, der Wein, die Landschaft; vor allem sind aber die Geschichten andere: Mon père, il a fait l'Algérie. Mein Vater starb vor Stalingrad. Und die verschiedenen Geschichten prägen unterschiedliche Mentalitäten. Da die Badenser, bodenständig, Häusle bauend und freundlich. Dort die Elsässer, deren Identitätsproblem ihre Identität auszumachen scheint. Sie sind Elsässer und sicher keine Franzosen, sprechen immer noch von den Franzosen als den ‹gens de l'intérieur›, und müssen sich, wenn sie zum Beispiel in die französischen Kasernen einrücken, als ‹boche› beschimpfen lassen.

Und wir ausflügelnden Schweizer Grenzgänger, wir kehren abends wieder über die Grenze zurück in die Stadt, und der Zöllner will vielleicht wissen, ob wir etwas zu verzollen haben. Mit uns gehen junge Franzosen oder Deutsche über die Grenze, die ins Kino, nach Basel in den Ausgang gehen, ihrem abendlichen ‹loisir› frönen.

Château lapin

Carole hat soeben ihre Schuhe ausgezogen, schlüpft in die schwarzen Sandalen. Die Schuhe steckt sie in einen Plastiksack, den sie in einer Schublade neben dem Buffet verstaut.

In der ‹Hasenburg›, wie das ‹Château lapin› zu deutsch heisst, setzt sich ein junger, schmaler Mann mit pflotschnassen Hosen neben mich. Hosen, an denen seitlich des Geschlechts zwei Reissverschlüsse zum Bund hochgehen: ein Handwerker.

Carole, die Serviertochter, die im Elsass wohnt und mit ihrem ‹Deux-Chevaux› in die Stadt gegon-

Carole, Serviertochter aus dem Elsass, arbeitet gerne in Basel, lebt gerne in Frankreich, kauft gerne in der Schweiz ein.

delt ist, stellt mir den dunklen Becher auf den Bierdeckel. Carole kommt nie in den Stau. Hat sie Frühschicht, beginnt sie um sechs Uhr, hat sie Spätschicht, ist es nach Mitternacht, wenn sie nach Hause fährt. Sie ist 29, wohnt mit ihrem Kind bei ihren Eltern. 5 000 Leute leben im Dorf, und Carole würde sagen, dass ‹une sacrée majorité› von ihnen in der Schweiz arbeitet.

Der Mann mit den pflotschnassen Hosen heisst Marc, ist 31, hat gerade oben das Dach beim ‹Schönen Haus› am Nadelberg repariert. Er ist Spengler, hat ein lustiges, offenes Gesicht, eine schräge Nase und aufgeweckte Augen.

Marc arbeitet gerne in der Schweiz. Nicht nur wegen des Geldes. Nein, auch die Arbeit gefällt ihm. Wenn er bei sich daheim dieselbe Arbeit machen wollte, müsste er beinahe nach Paris gehen. Draussen, im Elsass, diese neuen Einfamilienhäuser, diese Arbeit macht wenig Spass. So ein Haus macht er samt Fallrohren in einem Tag fertig. Aber hier in der Stadt ist die Arbeit vielfältig, gibt es eigentliche Kunstarbeiten: da eine Kamineinfassung, dort kupferne Dachausbauten, dann wieder ein Falzdach. Marc hofft, dass es in der Schweiz nicht so weit kommt wie in Frankreich: «Die Qualität ging vor die Hunde.»

Carole bringt zwei neue Becher.

Carole mag das Landleben. Neulich schaute sie auf einer Weide einer Kuh beim Kalbern zu. Aber abends, da ist es ihr zu ruhig. Und in Mulhouse fühlt sie sich um zehn nicht mehr sicher. Überhaupt, sie mag die Schweizer Mentalität. Also geht sie, wenn sie ausgeht, in Basel in den Ausgang. Wie alle tankt Carole in der Schweiz, kauft ihre Zigaretten in der Schweiz. Besonders gut findet sie in der Schweiz die Milch, das Brot, le chocolat.

Marcs Urgrossvater lebte am Bielersee, einer seiner Söhne heiratete ins Elsass. Baute dort ein Maurergeschäft auf. Marcs Vater lernte Metzger in der Schweiz, arbeitete beim ‹Bell›, hatte dreissig Stifte unter sich. Jetzt ist er pensioniert. «Die Malaria. Il a fait l'Algérie.»

Marc verbringt einen grossen Teil seiner Freizeit in der Schweiz. Er denkt, man könne nicht nur holen, sondern müsse auch etwas dalassen, denkt, die Schweizer glauben, alle Elsässer kämen nur, um Kohle zu holen. Dies wirft er auch seinen elsässischen Landsleuten vor. Er fühlt sich daheim in der Schweiz. Auch wenn sie denken, dass er nur ein Grenzgänger ist. Nein, er hat noch nie etwas gestohlen und arbeitet hart im Geschäft.

Marc wird auch heute wieder Überstunden machen. Danach wird er mit dem Auto in sein Dorf fahren, zum Haus mit einer Hektare Land, zu seiner Tochter und all den Tieren, um die sich sein Vater kümmert: den fünf Schweinen, den fünfzig Hühnern, den Truthennen, den hundert Tauben, den Hasen …

Und Carole wird nach Mitternacht, wenn die Stühle in der ‹Hasenburg› auf den Tischen stehen und der Boden sauber gefegt ist, wieder über die Grenze gondeln.

Coop Klybeckstrasse

Und plötzlich realisiere ich, wie viele Grenzgänger und Grenzgängerinnen meinen Alltag prägen. Kein Wunder – die Statistik vermeldet 114 500 Vollzeitstellen und 28 000 Grenzgänger.

Nicht, dass ich sie bisher nicht wahrgenommen hätte. Der Dialekt des elsässischen Metzgers ist ebenso unüberhörbar wie derjenige der badischen Kassiererin.

Die Grenzgänger sind mir weder fremd noch nah, sie sind einfach da. Manchmal kommen sie mir vor wie früher als Kind die Heinzelmännchen. Sie tauchen im Dunkeln auf, machen ihre Arbeit, und verschwinden wieder im Dunkeln.

Zum Beispiel in ‹meinem› Coop im Kleinbasel an der Klybeckstrasse. Von den 27 Personen, die hier arbeiten, stammen acht aus dem Elsass. Legen das Gemüse in die Tablare, schneiden Fleisch von den Knochen, packen Ladungen aus, sitzen an der Kasse.

Gerade ist Mittagspause, und ein Teil der Angestellten verpflegt sich in einem hinter dem Laden gelegenen Raum. Gemeinsam sitzen sie am Tisch. Dabei ist auch der Filialleiter, Herr Griess. Auch er: Grenzgänger. Fährt jeden Tag aus der Nähe von Mulhouse mit dem Auto nach Basel. Morgens um sechs Uhr ist er an der Klybeckstrasse, abends um halb acht Uhr verlässt er den Laden.

Auch die Floristin, Madame Flühr, sitzt am Tisch. Zwei Stunden täglich verbringt sie in ihrem Auto. Sechzig Kilometer sind es von ihrem Zweihundert-Seelen-Dorf in die Stadt. Und ihr Bruder ist neidisch auf sie, weil sie hier jene Franken verdient, die sich in Frankreich vervierfachen.

Wie steht es mit dem berüchtigten Lohndumping? Der Filialleiter schüttelt den Kopf. Nein, das wisse er nicht genau, aber was zähle, sei doch einzig die Leistung. Eine Schweizer Kassiererin wirft ein, dass es nicht ganz gerecht wäre, wenn die Grenzgänger gleich viel verdienen würden; schliesslich hätten die viel geringere Lebenskosten.

Die Frage, ob es einen Unterschied von vielleicht 100 Franken gebe, bleibt im Raum stehen.

Der Filialleiter schneidet andere Themen an. Die Sprache: Wie wird das mit seinen Kindern sein? Die sprechen nur noch französisch. Es könnte so kommen, dass sie in Frankreich keine Arbeit finden, aber dort, wo es Arbeit hätte, die Sprache nicht verstünden. Seine eigene Sécurité sociale hat Griess bei einer privaten Versicherung abgeschlossen. Müsste er das auch für die Kinder machen, dann käme ihn das viel zu teuer. Damit seine Kinder versichert sind, muss seine Frau in Frankreich arbeiten.

Le mot du Frontalier

In St-Louis an der Place Ste-Barbe steht ein unansehnliches würfelartiges Gebäude. Dahinter weitet sich ein staubiger Platz, auf dem sich Männer verlieren. Der Ton aufeinanderprallender Pétanque-Kugeln: mitten in Frankreich.

Herr Griess, Coop-Filialleiter, verlässt morgens um fünf Mulhouse, kommt abends um halb neun zurück.

Im Gebäude hat das ‹Comité de Défense des Travailleurs Frontaliers du Haut-Rhin› (C.D.T.F.) seinen Sitz. Das CDTF hat 12 000 Mitglieder.

Auf dem Tisch des Wartezimmers stapeln sich Nummern der Illustrierten ‹Point de Vue›, von deren Titelseiten Prinzen und Prinzessinen lachen.

Daneben liegen blaue Zettel zum Ausfüllen. ‹Je désire des renseignements concernant:› Das Kreuz kann bei einem der folgenden Punkte angebracht werden: Licenciement/Maladie/Invalidité/Chômage/Accident du travail/Muta-Santé/Impôts/Retraite/Autres.

Im Büro nebenan sitzt der ehrenamtliche Präsident des CDTF, Monsieur Johaneck. In seinem Rücken hängt ein Monet-Druck an der Wand: zwei Frauen in ihren weissen, rüschenbesetzten Kleidern in einem Boot. Auch Monsieur Johaneck ist Grenzgänger, arbeitet beim SMUV in Basel.

Madame Flühr, Floristin, verbringt auf dem Weg zur Arbeit täglich zwei Stunden im Auto.

Im Moment sind Kündigungen das Hauptproblem. Ältere Menschen werden entlassen, finden keine Stelle mehr, und erhalten, wenn sie in Frankreich stempeln, ganze vierzig Prozent ihres bisherigen Lohns.

Das CDTF wehrt sich nach zwei Seiten. Auf der einen Seite versucht der französische Staat, die gutverdienenden Grenzgänger zu melken, auf der andern Seite ergeben sich viele Probleme mit den schweizerischen Arbeitgebern.

Der Präsident mag nichts von privilegierten Grenzgängern hören. «Zwölf Stunden von zu Hause weg – ist das ein Privileg?» Auch den Neid der Schweizer Arbeitskollegen auf die Häuschen der Elsässer kann er nicht verstehen. «Das ist unsere Mentalität. Es wird mehr in die Wohnung, ins Haus investiert. Vieles wird selbst gemacht, und viele Grenzgänger sind wegen ihrer Häuser hoch verschuldet.»

Auch die Lohndrückerei, die den Grenzgängern unterstellt wird, verneint er. Schliesslich würden in den meisten Branchen auch für die Grenzgänger die Gesamtarbeitsverträge gelten. Natürlich gibt es Versuche: Er erinnert an jene Elektrofirma, die den Lohn der Schweizer Angestellten um 4,5 Prozent, jenen der Grenzgänger aber um 9 Prozent kürzte.

Monsieur Johaneck drückt mir einige Exemplare des ‹Le mot du Frontalier› in die Hand. In der drei Mal jährlich erscheinenden Zeitschrift werden all die Fragen und Probleme, die das Leben der Grenzgänger betreffen, behandelt: Steuern und Steuerabzüge, Versicherungen und Rechte, Renten und Ansprüche.

Herbst

Das Wetter wird oktoberlich kühl, auf den Gehsteigen rascheln die Blätter. Meine Ausflüge über die Grenzen werden jetzt rar werden: Ich werde das Motorrad in die Garage stellen.

Gehe deshalb zu Volker, meinem Töffmechaniker. An einer Kette um seinen Hals baumelt eine kleine BMW K 100 RS. Volker ist 38, drahtig, trägt seine langen Haare zu einem Rossschwanz zusammengebunden. Im Sommer braust er mit dem

Töff zur Arbeit, im Winter kommt er mit dem Auto. Wollte er die öffentlichen Verkehrsmittel nehmen, müsste er um fünf Uhr aufstehen, damit er um halb acht in der Werkstatt ist.

Volker wohnt in einem Dorf in der Nähe des badischen Rheinfelden. Früher, als er in Lörrach wohnte, steckte er oft im Stau und staunte, «mein Gott, sind das alles Grenzgänger?»

Volker dachte nie daran, in der Schweiz zu arbeiten. Aber dann, der Zufall, und jetzt arbeitet er seit elf Jahren hier. Sein Markenzeichen, sozusagen seine Visitenkarte, ist das Einstellen des Motors. War mein Motorrad bei ihm im Service, dreht der Motor rund, säuselt so, wie er säuseln muss.

Volker fühlt sich in der Schweiz wohler als ‹drüben›. Er würde gerne nach Basel ziehen. Obwohl er doch auch schon als ‹Nazi› und ‹Sauschwob› beschimpft wurde. Passiert ihm das, so reagiert er nicht, denkt sich, dass die Ausnahme nicht die Regel bedeutet.

Seit zehn Jahren nimmt Volker während der Basler Fasnacht eine Woche Ferien. Lässt sich in den langen Nächten durch die fasnächtliche Stadt treiben.

Volker, Mechaniker, aus dem badischen Rheinfelden, würde gerne nach Basel ziehen.

Stadt und Gesellschaft

Das grösste Puppenhaus Europas…

-minu

Das kleine Mädchen macht grosse Augen. Seit einer Viertelstunde drückt es die Nase am Schaufenster platt. Und ist nicht mehr von der Scheibe wegzukriegen – dahinter sind die Bären los. Und machen Badeferien. Bärenbadeferien.

Wir schreiben einen ziemlich kühlen und vermieften Juli-Sommer-98 in Basel – am Barfüsserplatz jedoch scheint auch noch aus dem grausten Himmel die Sonne: Eine Bärenfamilie spaziert zum Meeresstrand (jawohl – Basel liegt nur zwei Tramstationen von der Nordsee entfernt). Puppen-Mütter überwachen die Brummer. Packen Picknick-Körbe aus. Und arrangieren die Liegestühle zurecht. Die Bärenkinder aber haben ihre Blech-Eimerchen und -Schaufeln ausgebreitet. Und pampen riesige Sandburgen auf den Boden. Einige tollen auch nur in Badehosen herum. Oder linsen nach den Honig-Schnitten, die im Picknick-Korb bereitliegen.

Der bärenstarke ‹Bade-Sommer› in den Schaufenstern des Puppenhausmuseums ist nur eine der zahlreichen Szenen, mit denen man respektive frau hier Gross und Klein in eine andere Welt entführt.

Nach einer zweijährigen Planungs- und Bauphase, die dann durch einen Brand während der Bauarbeiten einen Rückschlag erlitt, wurde das alte Haus von ‹Teppich Mori› am Barfüsserplatz seines geheimnisvollen Stoffkleids enthüllt. Und wurde zum Puppenhausmuseum – dem grössten seiner Art in Europa.

Am 30. März öffneten sich für die Basler die Tore ins Puppen- und Bärenreich – zwei Tage vorher waren Medienleute und TV-Crews aus allen Ländern herbeigeeilt. Basel wurde zur Metropole der Puppenwelt. Und war wieder einmal um ein Museum reicher – um ein Museum mitten in der Stadt.

Sammlerin dieser grössten Bärensammlung der Welt und Initiantin der verspielt-witzigen Puppen-Bären-Szenen ist Gigi Oeri. Inspiriert wurde die gelernte Physiotherapeutin durch die Basler Herbstmesse – genauer: durch den Petersplatz und seine kleinen Ständchen: «Ich spazierte da vor zwanzig Jahren von Stand zu Stand – und war von der Vielfalt der Farben und der Dinge, die da angeboten wurden, fasziniert. Zu Hause versuchte ich einen der Messestände en miniature nachzubilden – das war der Anfang ...»

Ein Bär, dann zwei, dann viele ...

Natürlich habe sie als Kind mit Bären und Puppenhäusern gespielt – «genau wie viele andere Kinder auch», räumt sie ein. Aber: «Wie ich zu meiner Sammlung gekommen bin, kann ich nicht genau sagen. Es begann mit einem Bären und zwei Puppen. Und es wurden immer mehr – das Interesse wuchs. Ich wollte bei den Puppenhäusern auch die Geschichte erfahren, wie und wann sie wo entstanden sind, womit man sie einrichtete, wer sie

Eine ganze Bären-Welt hat Gigi Oeri am Barfüsserplatz einrichten lassen.

konzipierte – so wurde ich zur Zeitreisenden. Und lernte das Leben und die Geschichte des späten 18. Jahrhunderts bis heute in Kleinstformat kennen. Das war spannend. Je mehr man sich in eine Sache und in eine Zeit vertieft, um so mehr will man darüber wissen. Als sich bei mir dann Geschichte und Gegenstände zu türmen begannen, kam die Idee, dies alles auszustellen. Ich suchte nach einem Haus – und das Haus am Steinenberg 1 aus dem Jahre 1867 hatte genau das richtige Alter, den richtigen Rahmen und die richtige Ausstrahlung …»

Einige waren skeptisch, rümpften (echt baslerisch) die Nase: «Die mit ihren Puppen … das wird mir auch etwas geben!» Es wurde auch etwas, das selbst die lautesten Stänkerer verstummen liess: ein Museum auf vier Stockwerken und mit 1000 Quadratmetern Ausstellungsfläche – dies alles mit auserlesenem Geschmack eingerichtet. Und absolut professionell gestaltet.

Teddies und Puppen beim gemeinsamen Flanieren, Kaufen, Lernen …

Die prächtigen Treppengeländer des Gebäudes wurden erhalten, die alten Parkettböden geölt (nicht lackiert) und daneben die modernste Technik angewendet. So hat sich Gigi Oeri geschwungene Vitrinen aus Glas und metallfarbigem Holz wie schwebende Seifenblasen ausgedacht und: «… Architekt Willy Walker hat sofort kapiert, wie ich das möchte, und alles genial umgesetzt.»

Zauberwelt der kleinen Welten

Hinter den Vitrinen aber sind die verschiedensten ‹Szenen› aufgebaut – da werden die Exponate nicht ermüdend nach Fabrikation, Herstellungsland oder Alter auf herkömmliche Art ausgestellt. Nein. Man bringt die 6000 Objekte mit den 2000 Bären sowie den 220 Puppenhäusern, -stuben und -läden durch verschiedene Szenen zum Leben: Da werden beispielshalber im Bärenspital die kranken Brummer von den Puppen-Schwestern gesund gepflegt …, in der grossen Puppenküche wird von den Teddies genascht, gekocht, Teig gewallt, während die Puppen (zumeist in den Rollen der Mütter) die Zutaten mengen und aufpassen, dass da nicht zuviel Bärenunfug getrieben wird. Es gibt aber auch die grosse Schule, wo alle das Bären-ABC auf den Holzbänken erlernen – und natürlich gibt's Kaufläden, deutsche, französische, englische, ja gar chinesische und amerikanische Geschäftsstrassen mit Boutiques jeglicher Art, wo sich Tausende von Szenen und Episoden aus sämtlichen Jahrzehnten der letzten 100 Jahre abspielen – nicht das einzelne Spielzeug steht im Vordergrund, vielmehr: die ganze Szenerie …

Schwierig war es, die Vitrinen gut auszuleuchten, ohne dass ein heisses oder grelles Licht den kostbaren Exponaten schaden konnte. Auch hier machte es die moderne Technik und ein gewaltiger Aufwand möglich: Man tüftelte eigens eine Beleuchtungsmaschinerie aus mit unzähligen von Glasfaserlämpchen, die keine Hitze abgeben. Ein technisches Wunder wurde auch die Klimatisierung, die nicht auf herkömmlicher Air-Condition basiert. Die konstante Raumtemperatur wird vielmehr durch eine umweltfreundliche und nicht gesundheitsschädliche Wasserkühlung, die in den Zwischenböden der einzelnen Stockwerke zirkuliert, erreicht.

Das Prächtigste aber für die Kinder: Sie können durch Lichtschalter verschiedene kleine Welten in Bewegung setzen – da lebt die alte Basler Herbstmesse mit dem Riesenrad, dem Marroni-Stand, den Schiessbuden und der ‹Schotten-Bahn› (originalgetreu nachgebaut!) wieder auf. Da setzt sich aber auch ein holländischer Jahrmarkt mit Achterbahn, Skooters, ‹Tintenfisch› und Ketten-‹Rytty› in Bewegung – Tausende von Glühbirnchen leuchten wie ein festliches Feuerwerk auf.

Wen die Geschichte der Puppen oder Bären näher interessiert, kann diese über den Computer abfragen und erfahren, dass Basel das einzige Museum hat, wo man den ersten und ältesten Steiff-Bären aus dem Jahre 1904, aber auch die komplette Steiff-Sammlung bewundern kann.

220 alte sowie 150 ‹neue› Puppenhäuser werden vorgeführt. Eine Anzahl der neuen Häuser, die zumeist in diesem oder im letzten Jahrzehnt gebaut worden sind, bieten Skurriles: etwa ein Freudenhaus mit Rotlicht-Ambiance oder Frankensteins Experimentier-Werkstatt.

Kaum hatte das Museum seine Tore geöffnet, stiess es auch schon auf weites und grosses Interesse. Aus allen Ländern und Regionen reisen die Bären- und Puppenfans an. Wer nicht zu lange Schlange stehen will, kann im Museums-Café oder -Shop die Wartezeit verkürzen oder sich die Schaufenster anschauen, die immer wieder je nach Saison – wie etwa zum Thema Messe oder zu Weihnachten – neu gestaltet werden.

Zwanzig Leute beschäftigt Gigi Oeri in ihrem Museum – darunter auch Spezialistinnen in der hauseigenen Werkstatt, welche die Exponate restaurieren können, oder Techniker, die bei Pannen sofort zur Stelle sind.

Immer wieder ist über Aufwand und Preis des Museums, für das die gemeinnützige ‹Steineck-Stiftung› gegründet wurde, spekuliert worden. Die (Schwieger-)Tochter der Mäzenen-Familie Oeri (Hoffmann-La Roche), die Basel schliesslich nicht nur *ein* Museum geschenkt hat, überhört solche Fragen und Spekulationen vornehm: «Es geht nicht um irgend eine Geldsumme. Es geht darum, dass ich mit meiner Sammlung auch anderen Menschen Freude bereiten möchte…»

Eine eigens ausgetüftelte Beleuchtungsmaschinerie bringt Licht in die geheime Welt der Bären.

‹Unser Bier› für Stadt und Land

Istvan Akos

Jahrzehntelang sank die Zahl der Basler Bierbrauer kontinuierlich. Am Bierkonsum wird es kaum gelegen haben – eher schon an den ‹Tendenzen zur Konzentration der Märkte›. Seit 1998 hat Basel nun wieder eine neue Brauerei: die ‹Unser Bier AG›.

Festakt zum ersten Anzapfen.

Zufall – oder Ironie des Schicksals? An der Laufenstrasse, dort, wo vor 100 Jahren die Brauerei Feldschlösschen ihr Bierdepot Basel errichtete, steht seit Oktober 1998 eine neue Brauerei. Damit nimmt die Zahl der Brauereien in Basel seit 1870 erstmals nicht ab, sondern zu. Gab es damals noch neunzehn Biersieder, so schrumpfte ihre Zahl kontinuierlich, bis schliesslich nur die vor fünfundzwanzig Jahren gegründete Gasthausbrauerei Fischerstube übrig blieb.

Ihre Existenz verdankt die Brauerei ‹Unser Bier› der Initiative einiger Bierliebhaber, die im Sommer 1996 bei einer privaten Brausession von einer kleinen Brauerei träumten und dann den Traum mit Unterstützung weiter Bevölkerungskreise Schritt für Schritt realisierten. Mitgeholfen hat dabei – allerdings unfreiwillig – auch die Brauerei Feldschlösschen, die mit der Schliessung regionaler Brauereien (Hürlimann, Gurten) landesweit für einigen Unmut sorgte.

Die neue Brauerei, in deren Mittelpunkt eine computergesteuerte 22-hl-Anlage steht, ist vorerst auf eine Jahreskapazität von 2500 hl ausgelegt. Mit zusätzlichen Gär- und Lagertanks kann sie auf 5000 hl erweitert werden. Dies entspricht rund einem Prozent des Bierverbrauchs von Basel und Umgebung.

Das dunkelblonde, naturtrübe Bio-Bier, das seit März 1997 in den Basler Coop-Centers und bei den Getränkehändlern der Region erhältlich ist, wird von Meister Udo Remagen gebraut. Die Abfüllung erfolgt jedoch bis zur Anschaffung einer eigenen Abfüllanlage, die rund eine halbe Million Franken kostet, ausser Haus.

1,3 Millionen Franken hat die Brauerei ‹Unser Bier AG›, die sich im Besitz von rund 1000 Aktionärinnen und Aktionären befindet, bis heute investiert. Darin inbegriffen ist auch die kleine 100-Liter-Anlage, die der ‹Verein Unser Bier› mit Erfolg ein Jahr lang an der Klybeckstrasse betrieben hat. Der Verein, der 230 Mitglieder zählt, ist nun ebenfalls an der Laufenstrasse domiziliert. Dort bietet er weiterhin Braukurse an, und nach wie vor können dort Kunden und Kundinnen ihre 50 oder 100 Liter eigenes Bier brauen.

An die Brauerei angeschlossen ist eine kleine ‹Braustube› mit dreissig bis vierzig Plätzen, wo es neben frischem Bier auch Kleinigkeiten zum Essen gibt. Geöffnet ist sie jeden Freitagabend ab 17 Uhr.

Seit Oktober 1998 hat Basel eine neue Brauerei. Zustande gekommen ist das Unternehmen nicht zuletzt mit Unterstützung weiter Bevölkerungskreise.

Hans Peter Muster (1927–1998)

Rudolf Suter

Nachruf auf einen unermüdlichen Chronisten

Am 15. April 1998 verstarb nach schwerer Krankheit der langjährige Chronist des Basler Stadtbuches, Hans Peter Muster. An der Trauerfeier auf dem Friedhof Hörnli erinnerte der einstige Stadtbuch-Redaktor Rudolf Suter an einen unermüdlichen Forscher und Autor.

Mit Hans Peter Muster ist wieder einer jener Stillen im Land dahingegangen, die, unbeachtet von einer weiteren Öffentlichkeit, bedeutende und nützliche Leistungen erbringen – Leistungen, die weit über den Tag hinaus wirken und deren ganze Tragweite erst viel später voll erkannt oder anerkannt wird.

Dass ein gelernter Laborant, ehemaliger Polizeibeamter und sachkundiger Antiquitätenhändler gleichsam nebenamtlich kulturtragende Werke schafft, ist sicher nicht alltäglich; ungewöhnlich vollends ist die enorme Breite des Themenspektrums!

Am Anfang der Werkreihe steht ein Handbuch über die europäischen Handfeuerwaffen aus allen Jahrhunderten, das den Autor bereits auf der Höhe seiner lexikografischen Meisterschaft zeigt. Dieses Buch fand in den Kreisen der Waffenspezialisten und -sammler alsbald die ihm gebührende internationale Beachtung, die es bis heute nicht eingebüsst hat – die dritte Auflage ist schon längst vergriffen.

Zu einem regelrechten und folgenschweren Glücksfall wurde zu Anfang der 80er Jahre die Begegnung Hans Peter Musters mit der Christoph Merian Stiftung beziehungsweise mit dem Christoph Merian Verlag. Ich war eben im Begriff, das Manuskript des Baseldeutsch-Wörterbuches abzuschliessen, als mich eines Tages ein mir noch unbekannter Herr Muster anrief und um ein paar Auskünfte über Dialekt-Orthografie bat. Am Ende des Gesprächs fragte ich ihn beiläufig, wozu er diese Auskünfte benötige. Seine Antwort war, er arbeite an einem Baseldeutsch-Wörterbuch. «Ich auch», sagte ich. Die beidseitige Verblüffung war natürlich gross. – In der Folge stellte er mir seine bereits stattliche Wörtersammlung uneigennützig zur Verfügung. Sie erwies sich als höchst ergiebig, vor allem im Vulgärbereich, mit dem das einstige Mitglied der Hermandad natürlich weit besser vertraut war als ich. Anschliessend half er mir beim Korrekturenlesen, und zwar mit einer bewundernswerten Akribie, um die ihn jeder Druckereikorrektor hätte beneiden können ... Aus dieser ersten Zusammenarbeit erwuchs eine permanente – und zudem eine lebenslange Freundschaft.

Nach dem Tod des bisherigen Betreuers der Jahreschronik im Basler Stadtbuch übernahm Hans Peter Muster nach kurzer Bedenkzeit das verantwortungsvolle Amt, jeweils das Wesentliche des Basler Jahresgeschehens für das Stadtbuch herauszudestillieren – als eine erstrangige Quelle für die späteren Historiker. Er erfüllte diese Aufgabe mit grösster Kompetenz und mit nie erlahmendem Willen zu Sachlichkeit und Präzision, während voller zwölf Jahre, bis zu seinem Ableben.

Noch vor dem Eintritt in die Chronistenfunktion hatte ihn ein Lausanner Verlag auf mein Anraten gebeten, im Rahmen einer Reihe von gediegen ausgestatteten Kantonsmonografien für den Band über die beiden Basel Wesen und Geschichte jeder der über siebzig Gemeinden in knappster Formulierung zu schildern. Mit gewohnter Gründlichkeit ging er auch hier zu Werke. Er besuchte jedes einzelne Dorf, orientierte sich eingehend durch Augenschein, Gespräche mit kundigen Gemeindevertretern und Literaturstudium, ehe er – wie immer termingerecht – die druckfertigen Typoskripte ablieferte. Das Buch erschien 1989 unter dem Titel ‹Die Gemeinden beider Basel und ihre Wappen›.

Der sogenannte ‹Fluch der guten Tat› blieb nicht aus: Hans Peter Muster hatte während der Vorarbeiten auch alle gedruckten Dorfgeschichten, einige Dutzend an der Zahl, konsultiert und dabei die oft eingefügten Abschnitte über die mundartlichen Eigenheiten der einzelnen Dorfgemeinschaften mit stets wachsendem Interesse gelesen und unter anderem festgestellt, dass gleiche Objekte je nach Gegend mit unterschiedlichen Dialektwörtern bezeichnet werden. Und schon sprang der zündende Funke ins Pulverfass: Der Unermüdliche durchpflügte in einem heroischen Marathonlauf von nur etwa drei Jahren das gesamte erreichbare Baselbieter Schrifttum von Jonas Breitenstein bis in unsere Tage und hielt jedes einzelne Wort

Hans Peter Muster (1927–1998).

auf einer Karteikarte fest – es waren weit über 20 000 –, und zwar samt detaillierten Quellenangaben und standardsprachlicher Übersetzung, häufig auch mit Beispielen zur syntaktischen Verwendung. Das Ganze ist eine unschätzbare Grundlage für ein umfassendes Baselbieter Wörterbuch, von ihm liebevoll-scherzhaft ‹Rammel-Glossar› genannt. Kein Wunder übrigens, dass die Herausgeber der neuen grossen Traugott-Meyer-Ausgabe ihn mit der Schaffung des Glossars für den ‹Gänneral Suter›-Roman betrauten. Noch kurz vor seinem Tod beglückte ihn die Nachricht, dass schon in den nächsten Wochen die wissenschaftliche Bearbeitung des von ihm gesammelten Materials beginnen könne, vor allem dank der Initiative der Christoph Merian Stiftung.

Da in die Christoph Merian Stiftung auch die Stiftung ‹Sammlung Karikaturen und Cartoons› inkorporiert ist, konnte es nicht fehlen, dass Hans Peter Muster, der ohnehin immer schon Karikaturen gesammelt hatte, auch hier Feuer fing: angeregt durch den Karikaturisten und damaligen Kurator der Sammlung, Jürg Spahr, schuf er, wiederum in unheimlich kurzer Zeit, ein in seiner Art einzig dastehendes dreibändiges Lexikon ‹Who's Who in Satire and Humour›, dessen erster Band ebenfalls 1989 erschien und das über die bedeutendsten Karikaturisten und Cartoonisten des 20. Jahrhunderts gründlich und prägnant orientiert.

Auch der arbeitsfreudigste und unermüdlichste Mensch braucht gelegentlich Ferien. Hans Peter Muster verbrachte seine sogenannt freien Wochen am liebsten in Seelisberg, im eidgenössischen Kernland Uri gelegen. Daselbst wurde er im Lauf der Jahre mit Leben, Denken, Treiben, Handwerk und Kunsthandwerk der Älpler eng vertraut. Verschiedene Male führten ihn die Ferien auch in die bayerischen Alpen; dort stellte er zu seiner Überraschung fest, dass die Fachbezeichnungen für Geräte der Viehzucht und Milchwirtschaft sehr oft den schweizerischen entsprachen oder gar identisch mit ihnen waren. Später entdeckte er für das österreichische Alpenland dasselbe Phänomen, und die zunächst vage Vermutung verdichtete sich zur überzeugenden Gewissheit, dass es einst eine gemeinsame alpenländisch-alemannische Terminologie gegeben haben muss. In dieser Gewissheit schuf er sein letztes grosses Werk, nämlich eine umfassende Zusammenstellung von alp- und viehwirtschaftlichen Termini samt ausführlichen fachlichen Erläuterungen. Es ist zu hoffen, dass auch diese Arbeit einen Verleger findet; sie dürfte für Volkskundler und Sprachwissenschaftler ein äusserst wertvolles Instrument werden.

Sollten banausische Akademiker – es gibt deren allzuviele – die immense Lebensleistung unseres Freundes abschätzig als dilettantisch bezeichnen, so müsste ‹dilettantisch› einen besonders ehrenvollen Klang bekommen. ‹Dilettieren› hat ja die wörtliche Bedeutung von ‹etwas mit Liebe tun›. Hans Peter Muster hat alles, was er an die Hand nahm, mit Liebe, aus Liebe zur Sache getan. – Nach der Definition eines meiner einstigen Universitätslehrer ist der Wissenschaftler ‹ein Mann, dem etwas auffällt›. Dem Verstorbenen ist vieles aufgefallen, und er ist ihm jeweils mit aller Gründlichkeit nachgegangen. So war er denn durchaus ein richtiger Wissenschaftler. Dementsprechend war seine Arbeitsweise geprägt durch Bienenfleiss, äusserste Gewissenhaftigkeit und ein bewundernswertes Assoziationsvermögen. Zugleich aber wies er gebührende Anerkennung in hartnäckiger Bescheidenheit zurück. Solche Bescheidenheit, gepaart mit einem unverwüstlichen Humor (gewiss manchmal auch mit Galgenhumor), ist ein bezeichnendes Merkmal solcher Persönlichkeiten, wie Hans Peter Muster eine war. Für ihn, sagte er, sei die Arbeit weder Fron noch Mühsal, sondern Quelle der Freude und Zufriedenheit, zumal wenn er andern damit einen Dienst leisten könne. Und er hat uns allen wahrhaftig viele Dienste geleistet; unsere Dankbarkeit reicht deswegen weit über diese Abschiedsstunde hinaus!

Gerhard Kaufmann, Gemeindepräsident von Riehen

Michael Raith

«... mehr als nur Liegestühle rücken auf dem Deck der Titanic»

Gerhard Kaufmann trat 1998 nach einem Drittel Jahrhundert im Dienste einer nachhaltigen Entwicklung Riehens als Gemeindepräsident der zweitgrössten Stadt in der Nordwestschweiz zurück.

Gemeinderat Riehen 1966–1970: Rudolf Rinklin, Albert Abt, Wolfgang Wenk, Gerhard Kaufmann, Max Ott, Ernst Feigenwinter, Hans Seckinger (v. l.).

Planen und Gestalten den Menschen zuliebe, ökonomisch und ökologisch verantwortlich, so kann man in wenigen Worten die politische Maxime Gerhard Kaufmanns zusammenfassen. Vor hundert Jahren gestaltete sein Urgrossvater als Anstaltsgärtner des Diakonissenhauses den Park der Psychiatrischen Klinik Sonnenhalde; sein Grossvater, ebenfalls Gärtnermeister, führte einen der damals für Riehen typischen Gartenbaubetriebe. Es drängen sich Vergleiche mit der Arbeit der Vorfahren auf: Man muss erst säen und giessen, bevor man ernten kann. Oder etwas anspruchsvoller: Il faut cultiver son jardin. Gerhard Kaufmann formulierte sein Programm allerdings in alemannischer Übersetzung: Schaffe, schaffe, Häusle baue.

Der berufliche Weg

Das entsprach zunächst einmal seinem Beruf als Architekt. Er erlernte und studierte ihn von der Pike auf, eröffnete bereits in jungen Jahren in Riehen ein eigenes Bureau und zeichnete verantwortlich für Ein- und Mehrfamilienhäuser, Schul- und

Geschäftsgebäude, Ställe, Um- und Anbauten sowie Renovationen in grosser Zahl. Bevor er Präsident wurde, nahm er auch Aufträge der Gemeinde an. Für sie erneuerte er das Wettsteinhaus vorbildlich und schuf den modernen Zweckbau des Werkhofes. Gelobt werden seine hausfrauen- und familienfreundlichen Wohnbauten. Der denkmalpflegerischen Werten Verbundene dankt ihm die Wiederinstandstellung von Gotteshäusern wie der Dorfkirche Riehen, der Chrischonakirche in Bettingen und der Martinskirche in Basel. Gerhard Kaufmann war und ist vor allem in den baselstädtischen Landgemeinden architektonisch tätig und hinterlässt dort – was eigener Darstellung wert wäre – weithin sichtbare Spuren. Es erstaunt deshalb ein wenig, wenn ihn politische Gegner als grossen ‹Verhinderer› apostrophieren.

Die Verbindung von Bauen und Politik hat in Riehen Tradition: Die Präsidenten Otto Wenk (Vater), im Amt 1906 bis 1935, und Wolfgang Wenk (Sohn), im Amt 1945 bis 1970, waren ebenfalls in beiden Bereichen engagiert. Gerhard Kaufmann, geprägt durch die soliden Tugenden eines rechtschaffenen Elternhauses und die auf ein pragmatisches Christentum der Tat hinwirkende Frömmigkeit der CVJM-Bewegung sowie durch eine für seine Generation keineswegs selbstverständliche ernsthafte Auseinandersetzung mit neuen Fragestellungen des Umweltschutzes, stellte sich den Aufgaben seines Amtes mit hohem Verantwortungsbewusstsein. Er nahm die Meinung politischer Grössen und des Mannes von der Strasse zur Kenntnis, konnte sich aber auch, wo es ihm notwendig schien, mutig darüber hinwegsetzen.

70 Jahre Elektrifizierung der Wiesentalbahn: Heinz Buber, Präsident der Bundesbahndirektion Karlsruhe überreicht Gerhard Kaufmann (r.) ein Zugrichtungsschild des Jubiläumszuges. In der Mitte Klaus Falk, Beauftragter der Deutschen Bundesbahn für Strecken auf Schweizer Gebiet.

Der politische Weg

Hans Renk, Riehener Pädagoge und Gemeinderat, erteilte hervorragenden und das Kommunale mitberücksichtigenden Staatsbürgerkunde-Unterricht, was den zukünftigen Präsidenten mitformte. Vor allem aber zog der begeisterte und begeisternde Sporterzieher Otto Schäublin in der CVJM-Turnbewegung eine ganze Generation später auf politischen, wirtschaftlichen und kirchlichen Gebieten aktiver und leistungsfähiger junger Männer heran. Durch zähe und geschickte Arbeit führte der ehemalige Liberale die Vereinigung Evangelischer Wähler (VEW, früher auch in Riehen Evangelische Volkspartei, EVP) zur Position der lokalpolitisch stärksten Gruppe Riehens. Kaufmann, geboren 1931, trat ihr als junger Mann bei und kandidierte 1960 für das Gemeinde- und Kantonsparlament.

Als 1964 im damaligen Weiteren Gemeinderat ein VEW-Sitz frei wurde, rückte er nach. Schon zwei Jahre später erkämpfte er seiner Partei einen zweiten Sitz in der Gemeindeexekutive, dem siebenköpfigen Gemeinderat. Eine Amtsperiode lang gehörte er diesem als Chef des Ressorts Hochbau an. Nach einem wenig spannenden Wahlkampf wurde er 1970 durch ein überzeugendes Votum der Wählerschaft Gemeindepräsident. Riehen war eines der wenigen Dörfer und die mit Abstand volksreichste Ortschaft der Eidgenossenschaft unter VEW/EVP-Vorsitz. Um ein Mandat im Grossen Rat bewarb sich Kaufmann nach seinem Eintritt in die Riehener Politik nicht mehr, wohl aber – seiner Partei zuliebe – um ein solches im Nationalrat, was aber bei der geringen Stärke der Vereinigung Evangelischer Wähler in der Stadt Basel chancen-

Gerhard Kaufmann unterzeichnet den Wärmeexport-Vertrag zwischen Riehen und Lörrach (1996).

los blieb. Dafür wurde er sechs Mal als Gemeindepräsident klar bestätigt.

‹Gewissen über Interessen› und ‹Alltag als Auftrag› waren für Gerhard Kaufmann nicht nur Werbeslogans seiner Partei, sondern Selbstverpflichtung, heute und morgen im Bemühen um Gerechtigkeit und Bewahrung der Schöpfung das Gebotene zu tun. Sie wiesen dem langjährigen Präsidenten den Weg.

Die Themen

Gerhard Kaufmann trat als Planer an. Riehens Süden hatte eine wenig phantasievolle Überbauung erfahren, und es gab Vorstellungen, nach gehabtem Schema an anderen Peripherien so weiterzumachen, um die Zahl der Einwohnerinnen und Einwohner vervielfachen zu können. Kaufmann erkannte rasch, dass auf diese Weise weder Wohnwert und Lebensqualität noch fiskalisch befriedigende Resultate zu haben waren. Sein Kampf um die Freihaltung des Riehen umgebenden Grüngürtels – etwa um die Areale Bäumlihof, Hinter Engeli und Mittelfeld – erhitzte die Gemüter. Er erhielt Schelte von Berufs- und Gewerbekollegen sowie von Bauherrschaften, bei Abstimmungen aber hohe Zustimmung der oftmals schweigenden Mehrheit.

Obwohl er zu sagen pflegte, Riehen sei ‹gebaut›, setzte er sich doch für eine Verdichtung im Innern ein, was von ihm teils politisch geförderte, teils architektonisch selbst realisierte Projekte – Arnikastrasse/Im Niederholzboden, Gehrhalde, Schützenrainweg, Fischerhäuser etc. – belegen. Bereits zu Beginn seiner politischen Wirksamkeit hatte er sich für die Erstellung eines Gemeinde- und eines Dorfkernmodells von Riehen engagiert.

Viel verdanken ihm auch die Wohngenossenschaften, die zu Riehen gehören wie Wettstein, der Schlipfer und die Kirschen. Die bestehenden erfuhren Förderung, neue – insgesamt vier sind aus der VEW selbst hervorgegangen – erhielten kommunale Bausubventionen. Zu dieser Politik der Unterstützung von Projekten mit möglichst hohem gemeinschaftlichen Nutzen gehört auch der Bau des Alters- und Pflegeheims ‹Zum Wendelin›.

Vom Anhänger der Umfahrungsstrasse wandelte sich Gerhard Kaufmann zum Gegner der Zollfreistrasse: Statt des ökologisch unverantwortlichen Ausbaus des individuellen Motorfahrzeugverkehrs sei der öffentliche Verkehr zu stärken. Kaufmann warb für die Benutzung des Autobahnzubringers über die Lucke als einer bereits gebauten Entlastung für Lörrach, Riehen und Weil. Er setzte sich für Kleinbuslinien und die Regio-S-Bahn ein. Seinem Engagement für Umwelt und Lebensqualität entsprang auch der Einsatz für Geothermie und Wärmeverbund, ein Pilotprojekt, das weitherum Beachtung und Bewunderung fand – wie der von ihm geförderte Bau des Museums der Fondation Beyeler.

Das Ziel

Gerhard Kaufmann war ein Vertreter der ‹Nachhaltigkeit›: Was wir heute in der Gemeinde schaffen, muss auch für unsere Kinder und Enkel akzeptabel sein. «Wir wollen», wie er sich in einer Abschiedsrede ausdrückte, «nicht einfach Liegestühle rücken auf dem Deck der dem Untergang geweihten Titanic, sondern Dinge tun, die auch kommenden Generationen zu leben erlauben, selbst wenn diese Dinge uns im Moment ein wenig Verzicht punkto Geld und Bequemlichkeit abnötigen. Bei allem politischen Handeln darf nicht aus den Augen geraten, wohin die Reise geht».

Die Umsetzung dieses Anspruchs verlangte Sachkenntnis, Bereitschaft zu intensiver Arbeit und Liebe zu den Menschen. Man mag darin Gerhard Kaufmanns eigene Wertungen erkennen und seine biografische und emotionale Bindung an Riehen, das Dorf, das sich, eingeengt zwischen Landesgrenze und sich zu oft mit dem Kanton gleichsetzender Stadt, für seine Eigenständigkeit wehren muss. Die Gemeindeautonomie fand in Gerhard Kaufmann einen kompetenten und konsequenten Fürsprecher und erfuhr während seiner Amtszeit eine starke Ausweitung.

Werkstadt Basel – Initiative zur Stadtentwicklung

Esther Maria Jenny

Der Kanton Basel-Stadt verliert seit Jahren Einwohner, Stimmbürgerinnen, Steuerzahler. Ende 1997 lancierte die Regierung die ‹Werkstadt Basel› und rief die Bevölkerung auf, Ideen zu entwickeln, wie die Wohn- und Lebensqualität in der Stadt und ihren beiden Landgemeinden Riehen und Bettingen zu verbessern wären. Oberstes Ziel ist die «langfristige Sicherung der Steuereinnahmen von natürlichen Personen».

‹Quartierzentrum Breite› mit Baudirektorin Barbara Schneider (vierte v. l.); neben ihr PMD-Chef Jörg Schild.

‹Butik› nannte mein Grossvater seine Werkstatt, seine persönliche Stätte körperlichen Werkens und geistigen Wirkens in Appenzell. Mein Grossvater lebt längst im Jenseits, seine Butik gibt es nicht mehr, und von Boutique ist meist nur noch im Zusammenhang mit Mode die Rede.

Diese Gedanken gingen mir durch den Kopf, als 1997 Basel zur ‹Werkstadt› ausgerufen wurde. Das ‹Projekt zur langfristigen Sicherung der Steuereinnahmen von natürlichen Personen› war im November 1996 vom Regierungsrat initiiert worden. Das fast eine Million Franken teure Projekt war von Anfang an umstritten und wurde vom Grossen Rat mit einer Mehrheit von nur zwei Stimmen gutgeheissen. Unter dem Slogan ‹Durch Kommunikation zum Konsens› war die Bevölkerung aufgerufen, sich für die «Aufwertung der Stadt und seiner beiden Landgemeinden Riehen und Bettingen als Wohnorte» einzusetzen. Projekte mit ähnlichen Zielsetzungen gab es in Basel bereits in den 70er und 80er Jahren, ohne Erfolg. Die Abwanderung finanzkräftiger

Haushalte aus dem Kanton – das heisst primär aus der Stadt – blieb nach wie vor anhaltend.

Die Regierung stellte denn auch erneut für die Finanzlage des Kantons sehr kritische Wanderbewegungen fest: Gute Steuerzahler würden durch schlechtere ersetzt; der Anteil der Stimmberechtigten sinke; die Kosten für die sozialen Ausgaben stiegen an. Als Hauptursache für die Abwanderung guter Steuerzahler war eine teilweise bedrohliche Umweltsituation eruiert worden, von der in der Stadt speziell Familien mit kleinen Kindern betroffen seien.

Der A-Befund

Der wissenschaftliche Befund Mitte der 90er Jahre lautete: Basel ist eine A-Stadt, das heisst eine Stadt mit einem überdurchschnittlichen Anteil von Alten, Armen, Alleinstehenden, Alleinerziehenden, Abhängigen, Auszubildenden, Ausländern, Arbeitslosen, Ausgesteuerten und Aussteigern. Was also brauchte die Stadt? – Eine konsensfähige Vision der Stadtentwicklung. Doch wer hatte eine solche? Offensichtlich weder die Regierungs- noch die Parlamentsmitglieder. Vielleicht die Bevölkerung? Wie die Vision aussehen könnte, sollte in einem koordinierten Prozess eruiert werden, damit dann auf Quartiers-, Orts- und Stadtebene sowie in Zusammenarbeit mit den Nachbargemeinden nach konkreten, konsensfähigen Konzepten und Problemlösungen gesucht werden könnte. Mit der Durchführung dieses Prozesses beauftragt wurde das Kommunikationsbüro ‹Oekomedia›.

Kurz vor der Jahrtausendwende ist also eine Reurbanisation angesagt, eine ‹Renaissance› der Stadt. Wer einst zurückblickend darüber lesen wird, könnte leicht einen falschen Eindruck erhalten. Wohl ist an einigen Orten eine Verslumung sichtbar; auch die zunehmende Gewalt, sogar unter Schülern, lässt sich nicht mehr negieren. Und die Probleme konnten nicht gelöst werden, obwohl ein Präventionprogramm nach dem anderen geschaffen, ein multikulturelles Fest nach dem andern veranstaltet wird. Dennoch ist Basel noch immer eine höchst lebendige Stadt.

Basel teilt das Schicksal vieler zentraler Städte, die Landflucht hat sich in eine Stadtflucht gewandelt. In Basel war und ist sie besonders leicht realisierbar, da meist kein Verzicht auf das grossstädtische Kultur-, Bildungs- und Dienstleistungsangebot droht. Der Arbeitsplatz kann beibehalten werden, der Verdienst bleibt gleich, doch die Steuerlast ist in den umliegenden – auch den kantonszugehörigen – Gemeinden geringer. Das einfachste Mittel wäre also, die Steuern in Basel-Stadt zu senken, doch davor schrecken die Politiker angesichts der leeren Staatskassen zurück. Die Steuern sollen aber auch nicht erhöht werden, also werden sukzessive neue oder höhere Gebühren eingeführt. Eine andere Möglichkeit wäre, eine Wiedervereinigung mit dem Kanton Basel-Landschaft anzustreben. Dieser Vorschlag wurde auch im Zusammenhang mit der Werkstadt Basel wiederholt gemacht, doch auch damit mag sich niemand befassen. Verdrängt wird, dass die Abhängigkeiten beidseitig sind, und so behelfen sich die beiden Halbkantone unter dem Etikett ‹Partnerschaft› mit einer Vielzahl bilateraler Vereinbarungen und Abkommen. Ob und wie nachhaltig diese patchworkartige Politik sein kann, wird sich weisen. Die Absage an eine Wiedervereinigung im Jahre 1969 hat Basels Stolz gebrochen, die Stadt tritt oft nur noch als Bittstellerin auf und lässt dann vergessen, dass sie noch immer eine sehr reiche Stadt ist.

Das Wort dem Volk

Die regierungsrätliche Initiative verfolgt wegen der seit Jahren prekären Staatsfinanzen primär rein wirtschaftliche Ziele. Die Sparmassnahmen vermochten wohl das Ausgabenwachstum zu bremsen, nicht aber die Abwanderung und somit die Verringerung der Steuereinnahmen zu verhindern. Und da die Regierung nicht wusste, wie sie den Turnaround schaffen sollte, baute sie auf die Bevölkerung. Sie sollte die Ideen zu Mitteln und Massnahmen liefern, dank denen gute Steuerzahler nach Basel geholt respektive hier gehalten werden könnten.

«Sie haben das Wort!» Mit dieser Ankündigung wurde die Bevölkerung aufgerufen, sich für die Aufwertung von Basel, Riehen und Bettingen als Wohnorte zu engagieren. Sie wurde am 17. November 1997 also zu einer Auftaktveranstaltung ins Kongresszentrum der Messe Basel geladen. Zwischen 400 und 500 Personen kamen, und sie hörten von Politikern und Experten viel von ‹Innovation›, ‹Prozess›, ‹Lebensqualität›, ‹Heimatbindung›, ‹multikultureller Urbanität›, ‹politischem Dialog›, ‹Heterogenisierung›, ‹Nachhaltigkeit›, ‹Kreativität›, ‹Phantasie›, ‹Motivation›, ‹Problemlösung›, ‹Win-Win-Situation›, ‹Konsensfindung› usw. Die Begeisterung hielt sich in Grenzen, nebst einigen zustimmenden waren meist kritische Voten zu hören. Das Malaise-Gefühl schien ein kollektives zu sein, basierte allerdings auf persönlichen Befindlichkeiten.

Die Zielsetzung

«Der Regierungsrat des Kantons Basel-Stadt hat sich verpflichtet, die Projekte, die aus dem Prozess der Werkstadt Basel resultieren, anhand folgender Ziele zu beurteilen:

1. Langfristige Sicherung der Steuereinnahmen von natürlichen Personen.
2. Steigerung der Lebens- und Wohnqualität im Kanton Basel-Stadt.
3. Stärkung der Bedeutung der Stadt Basel als attraktives und lebendiges kulturelles und wirtschaftliches Zentrum der Region und als zweitgrösste Stadt der Schweiz.
4. Annähern der Bevölkerungsstruktur Basels, was Alter und Einkommen betrifft, so dass sie sich dem gesamtschweizerischen Durchschnitt angleicht.
5. Integration von ausländischen Einwohnerinnen und Einwohnern in Basel.

Auftakt zur ‹Werkstadt Basel› in den Räumen der Messe Basel.

6. Vertiefung des gegenseitigen Verständnisses zwischen Basel und seinen umliegenden Gemeinden, inner- und ausserhalb der Kantons- und Landesgrenzen.»

Die Werkstadt Basel begann mit Innovationswerkstätten in den einzelnen Quartieren und in den beiden Landgemeinden. An den insgesamt 38 Veranstaltungen nahmen rund 900 Personen teil. Erst wurde kritisiert, dann phantasiert, und schliesslich wurden innovative Ideen, Utopien und Visionen zum Wohle möglichst aller entwickelt. Insgesamt wurden 338 Projektideen aufgelistet, die meisten zu verkehrstechnischen und sozialen Themen. Der nächste Schritt war deren Auswertung und die Aushandlung mit Vertretern der Verwaltung und Interessengruppen an Konsens-Konferenzen.

Ein paar Beispiele der primär quartierbezogenen Themen, über die konferiert wurde, sind: ‹Orte der Begegnung› (Bachletten-Quartier), ‹Nutzung und Erhaltung des hochwertigen Wohnraums› (Bruderholz), ‹Flanieren, Einkaufen und Wohnen› (Grossbasler Innenstadt). In Kleinhüningen wünscht man eine ‹Riviera an der Wiese›, im Unteren Kleinbasel ‹Einwohnernahe Verwaltung – verwaltungsnahe Einwohner›.

Gut Ding muss nicht immer Weile haben. Anfang Mai 1998 kündigte der Lenkungsausschuss der Werkstadt Basel an, dass kleinere Projektideen, die direkt umsetzbar sind, rasch verwirklicht werden sollen. Im Juni bereits wurde die Erfüllung einiger Wünsche in Aussicht gestellt: Die Andlauerstrasse wird eine Wohnstrasse. Ab September 1998 wird mit dem Einsammeln des Haushalt-Abfalls nicht mehr wie bisher um 6.15 Uhr, sondern erst um 7.15 Uhr begonnen. Dank dieser Massnahme werden «über 90 Prozent der Bevölkerung erst ab 8 Uhr gestört». Übergeordnetes Ziel dabei ist, «den Kanton Basel-Stadt durch Verbesserung der Lebensqualität als attraktiven Wohnort für den Mittelstand zu erhalten». Keine der Massnahmen, weder die bessere Pflege des Fussballfeldes auf dem Jakobsberg noch die stärkere Förderung und Unterstützung ‹integrativer Anlässe›, noch Quartier-Stammtische, an denen Vertreter und Vertreterinnen der Regierung teilnehmen, sind spektakulär. Viele der Postulate sind auch nicht neu; sie sind nur im Rahmen der Werkstadt wieder aufgenommen worden und finden endlich Gehör. Das lässt hoffen, dass sie vielleicht in nicht allzu ferner Zukunft als einzelne Puzzleteile zu einem Ganzen zusammengesetzt werden. Dass die Themen, die an den gesamtstädtischen Konsens-Konferenzen diskutiert werden, dieselben wie auf Quartiersebene sind, erstaunt daher nicht: Wohnen, Steuern, Ausländer-Integration, Jugend-Treffpunkte, Spielplätze, Öffentlicher Verkehr, Sauberkeit, Bildung.

Basel schrumpft

Just in die Phase der Konsens-Konferenzen platzte die Meldung des Bundesamtes für Statistik: Basel ist nicht mehr die zweit-, sondern nur noch die drittgrösste Stadt der Schweiz; Genf hat ihr den Rang abgelaufen. Laut Angaben des Statistischen Amtes des Kantons zählt die Stadt Basel Ende Juni 1998 noch 170 916 Einwohner und Einwohnerinnen, der Kanton 192 846. Das sind 1173 respektive 1280 weniger als Ende 1997. Vor vier Jahren, im Juni 1994, betrug die Kantons-Bevölkerung knapp über 200 000 Personen. Ein Teil der unter Punkt 3 festgehaltenen Zielsetzungen ist also hinfällig. Doch warum ziehen die Leute aus Basel aus? Sie sagen es zwar, doch wollte es bisher offenbar niemand hören: hohe Steuern, schlechte Schulbedingungen, steigende Kriminalität, mangelnder Wohnraum, miese Luft, zunehmender Lärm und Verkehr. Anzunehmen ist, dass noch mehr der Stadt den Rükken kehren würden – wenn sie nur wohlhabend genug wären. Die Regierung will nun doch wirklich wissen, wer aus welchen Gründen fortgezogen ist. Ergänzend zum Werkstadt-Unternehmen soll eine Umfrage die Antworten liefern, aus denen politische Schlussfolgerungen gezogen werden können.

Was die hier lebenden und Steuern zahlenden Menschen gut und schön und bereichernd an und in dieser Stadt finden, dies herauszufinden und entsprechende Projekte zur ‹Stärkung der Stärken› zu entwickeln ist im Rahmen der Werkstadt Basel der Universität übertragen worden. Arbeitgeberverbände und Gewerkschaften haben die Ausarbeitung von Empfehlungen zum Thema ‹Wirtschaft und Lebensqualität› zugeordnet bekommen.

Erste Resultate und Vorschläge

Ende November 1998 wurden erste Resulte der Konsenskonferenzen vorgestellt. Im Unteren Kleinbasel zum Beispiel soll ein Quartiersekretariat die Verbindung zwischen der lokalen Bevölkerung und der Verwaltung sicherstellen. Im Gundeldinger-Quartier hat sich der Fokus auf die Güterstrasse gerichtet: sie soll als Boulevard gestaltet werden. Auf dem Bruderholz werden die Einrichtung einer Wohnberatung und -börse sowie die Zusatznutzung von Einfamilienhäusern durch Um- oder Anbauten vorgeschlagen. In Riehen möchten die Konferenzteilnehmer das Dorfzentrum fussgängerfreundlicher gestalten, den Gemeindeparkplatz für Märkte und andere Veranstaltungen nutzen. Obwohl es bereits eine Vielzahl manchmal fast schon prohibitiver Bauvorschriften gibt, soll für Leute mit Bauvorhaben oder Verkaufsabsichten eine Koordinations- oder Beratungsstelle geschaffen werden, die «Anreize zu bewusstem, in die Umgebung passendem Bauen» bietet. Bei einer ‹Einigung› sind Steuerermässigungen für die Hausbesitzer respektive die Bauherrschaft vorgesehen. Eine der Konferenzen war dem ‹Parkieren› gewidmet. Die bestehenden Parkmöglichkeiten sollen optimal genutzt werden, indem zum Beispiel private, geschäftlich genutzte Parkplätze in die öffentliche Nutzung integriert werden. Parallel dazu sollen die Fussgängerzonen erweitert werden, ebenso soll der öffentliche Verkehr ausgebaut werden.

Die Vorschläge werden erst nach Vorliegen aller Konsens-Resultate ausgewertet. Eine der Konferenzen immerhin wird den Rahmen der lokalen Nabelschau sprengen; sie greift das Thema der Wiedervereinigung beider Basel als geopolitische Vision auf: in einem Kanton Nordwestschweiz. Regierung und Parlament werden entscheiden, was das aus der Werkstadt resultierende ‹Aktionsprogramm Stadtentwicklung› beinhalten wird. Sie haben sich dabei an den vorgegebenen Zielen zu orientieren.

Aids

Die Präventionskampagnen haben Aids im öffentlichen und im privaten Alltag verankert. Aids ist so ‹alltäglich› geworden, dass die Krankheit und – schlimmer noch – die an Aids Erkrankten in Vergessenheit zu geraten drohen. Im Februar und März 1998 fand in den Räumen des ehemaligen Museums für Gestaltung eine stark besuchte Ausstellung mit Porträts von HIV-Positiven und Aids-Kranken statt. Mit Bildern und Texten rückte sie nicht nur die Virulenz und die Gefahr von Aids wieder ins Bewusstsein, sondern zeigte auch, welche Lebenskraft eine tödliche Krankheit auszulösen vermag.

Im folgenden stellt zunächst Peter Bläuer den Fotografen Ruedi Weber, seine Arbeitsweise und seine Motive vor. Dem Beitrag folgt eine Auswahl aus den Fotoporträts, die vom 22. Februar bis zum 29. März 1998 in der erwähnten Ausstellung mit dem Titel ‹Verdammt positiv› zu sehen waren. In einem Interview von Urs Frei erzählt anschliessend Peter Lack von seinen Erfahrungen und Begegnungen als katholischer Aids-Seelsorger.
Red.

Auf Leute zugehen

Peter Bläuer

Der Fotograf Ruedi Weber

Der Basler Fotograf Ruedi Weber porträtierte schwule Männer, die HIV-positiv oder an Aids erkrankt sind. Seine Arbeit ist eine persönliche – nicht eine Dokumentation des Leidens.

Vor sieben Jahren begann Ruedi Weber mit dem Fotoprojekt ‹Verdammt positiv›. Er porträtierte Freunde, die HIV-positiv oder bereits an Aids erkrankt waren. Für ihn war es damals eine ganz persönliche Form, mit dem Verlust von Freunden und mit der Bedrohung durch Aids aktiv umzugehen. Die Porträtierten bat er jeweils, zu ihrem Bild und zu ihrer Situation einen kurzen Text zu schreiben. (Die eindrücklichen Texte waren in der Ausstellung in einem separaten Raum präsentiert.)

Beim Fotografieren wurde ihm bald klar, dass seine künstlerische Arbeit keine Dokumentation des Leidens an Aids werden sollte. Auch wenn in seinen Porträts das Leiden nicht im Vordergrund steht, weiss Ruedi Weber um dieses Leiden. Er sah aber, dass es noch ganz andere Seiten im Drama um HIV+ und Aids gibt. Er lernte auch Menschen kennen, die durch die Konfrontation mit dieser Krankheit an Lebenskraft und Selbstverwirklichung gewonnen, im Auflehnen gegen die Bedrohung durch den Tod intensives Leben entwickelt haben. Er traf selbstbewusste Männer, die bereit waren, mit ihrem Porträt in die Öffentlichkeit zu treten, sich zu ‹outen› als von HIV+ oder Aids Betroffener. So schafft Ruedi Weber mit seinem Fotoprojekt einen anderen, erweiterten Blick auf HIV+ und Aids. Er zeigt uns vor allem die Lebendigkeit schwuler Lebensgestaltung in Zeiten von Aids.

Ruedi Weber gehört zu den Fotografen, die in ihrem Schaffen vor allem schwules Leben thematisieren. Die schwul geprägte Fotografie hat Tradition, sie war immer ein Teil der Auseinandersetzung mit unserer eigenen Identität. Besonders seit Stonewall – Ende der 60er Jahre – hat sie schwules Leben ausserhalb der Ghettos sichtbar gemacht. Bekannte schwule Fotografen wie Hujar, Pedriali, Mapplethorpe, Baldiga haben ihren Beitrag dazu geleistet.

Innerhalb der schwulen Welt interessieren Ruedi Weber vor

allem die Minderheiten. Er ist fasziniert von Menschen, die sich selbst erfinden, ihren eigenen, inneren Welten nachgehen – Menschen, die ihren Träumen folgen. Für seine Arbeit hat er in den letzten sieben Jahren rund fünfzig schwule Männer im In- und Ausland fotografiert und von jedem mindestens hundertfünfzig Bilder aufgenommen. Von Anfang an habe ich das Projekt begleitet. Es ist auch für einen Ausstellungsmacher wie mich selten, dass er an einem solch langen Prozess teilhaben darf, vor allem auch in schwierigen, verletzlichen Phasen. Diese Chance war nicht zu trennen von unserer grossen Freundschaft. Wir haben also gemeinsam Kontaktbögen nach den interessantesten Bildern durchgesehen. Auch für mich war es Trauerarbeit – es entstand Wut gegen diese Krankheit –; aber wir haben auch sehr viel gestaunt und uns gefreut über die Lebenskraft, den Reichtum an gelebtem Leben.

Ruedi Weber versucht bei seiner Arbeit, das, was ihn an einer Person besonders fasziniert, mit der Kamera festzuhalten. Er will ausschliesslich seine persönliche Ansicht von diesem Menschen zeigen. Es ist ein Sich-nach-vorne-Kämpfen, an das Bild heran, das er ahnt, das er spürt. Dabei ist es seine Aufgabe, das Modell zum Verzicht auf Posen zu bringen und dahin zu lenken, dass es ihm zeigt, was er vermutet und ablichten möchte.

Bei der Arbeit hat Ruedi Weber etwas Verbissenes, Fanatisches. Er weiss, was er will, und er bekommt es (meistens). Dafür gibt er sein Letztes. Er ist ein leidenschaftlicher Fotograf. Er sagt: «Ich weiss, dass ich den Mann schon dazu bekomme, dass er mir das zeigt, was ich sehen will. Und dann: Klick.» Ruedi Weber will keine Schnappschüsse. Er will zwar Alltag zeigen, aber er inszeniert diesen Alltag. Seine Fotos kommen wie unbeschwert, zufällig daher, sind aber sehr sorgfältig und präzise komponiert. Es war ihm wichtig, die Modelle in ihrer vertrauten Umgebung zu zeigen, in ihrer Wohnung, im Park, wo sie nachts ‹cruisen›, im Bett, wo sie sich infiziert haben. So beginnen die Fotos, Geschichten zu erzählen. Sie lassen ‹voyeuristisch› in fremde Leben hineinschauen, lassen sich kulturell und sozial einordnen. Ruedi Weber interessiert natürlich auch das Erotische an seinen Modellen. Er will ihre Erotik bewusst zeigen. Sicher provoziert er zum Teil seine Modelle, diesen Anteil von sich freizugeben, um ihn dann für die Bilder einfangen zu können. – Erotik als Antrieb, als Bindeglied, als stimulierendes Moment zwischen Modell und Künstler hat grosse Bedeutung in der Kunstgeschichte.

Für Ruedi Weber ist die Kamera ein Mittel, um auf Leute zuzugehen, sie anzusprechen, sie kennenzulernen. Über seine Kamera dringt er in Welten vor, die er ohne die Legitimation des Fotografierens vielleicht nie kennenlernen würde. Es ist seine Form, die eigene schwule Welt zu erweitern. Damit lernen wir über die Fotografien natürlich auch den Künstler kennen: Ruedi Webers Arbeit ist keine dokumentarische, sondern eine sehr persönliche. Er zeigt uns, was ihn fasziniert, ihn erotisiert, worauf er neugierig ist. Er zeigt seine Wünsche und Sehnsüchte. Letztlich ist Ruedi Webers Arbeit eine Offenlegung seiner selbst.

Die Auswahl der Bilder auf den folgenden Seiten vermittelt einen subjektiven, aber um so eindringlicheren Einblick in schwule Welten. Nicht jeder Schwule wird sich da wiedererkennen. Die schwule Welt, das ist ganz sicher, ist noch viel, viel reichhaltiger.

Literatur

Ruedi Weber, Verdammt positiv, Basel 1998.

Verdammt positiv

Ruedi Weber

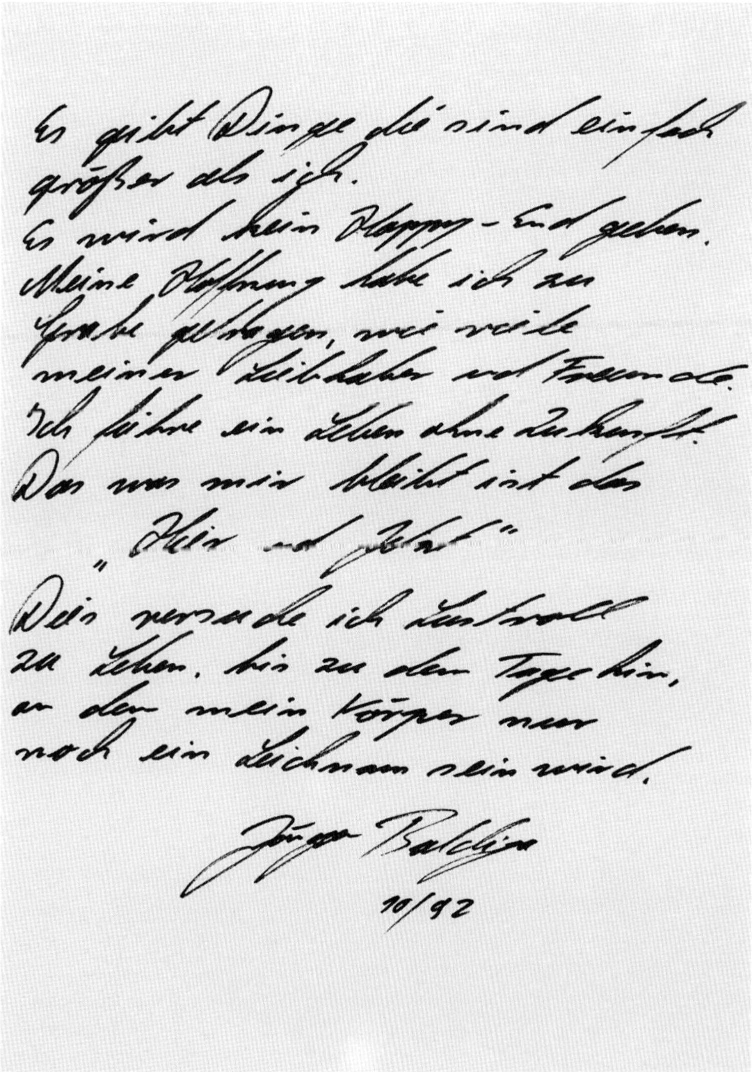

Es gibt Dinge die sind einfach
größer als ich.
Es wird kein Happy-End geben.
Meine Hoffnung habe ich zu
Grabe getragen, wie viele
meiner Liebhaber und Freunde.
Ich führe ein Leben ohne Zukunft.
Das was mir bleibt ist das
„Hier und Jetzt"
Dies versuche ich lustvoll
zu leben, bis zu dem Tage hin,
an dem mein Körper nur
noch ein Leichnam sein wird.

Jürgen Baldiga

10/92

«Es gibt Dinge, die sind einfach grösser als ich.» Aufzeichnung von Jürgen Baldiga, einem der Porträtierten (1992).

Bis heute habe ich rund fünfzig schwule HIV-positive Männer im In- und Ausland fotografiert. Ich habe sie kennen und schätzen gelernt. Einige wenige dieser Männer sind gestorben. Noch immer ist auch dies eine Realität von Aids. Ihre Porträts sollen die Erinnerung an sie lebendig erhalten. Andere der hier Porträtierten leben, kämpfen weiter, amüsieren sich, arbeiten und lieben.

Das Reden über Aids ist in den letzten Jahren selbstverständlicher geworden. Das Reden über die eigene Infektion ist es nicht. Dazu gehört Mut. Der Mut der von mir porträtierten Männer, diese Infektion als etwas zu ihrem Leben Gehörendes nicht zu verheimlichen, hat seine Wurzeln sicher auch in dem wieder erstarkenden Selbstbewusstsein, das in der schwulen Identität nach Stonewall wurzelt. Damit geben sie dem abstrakten Begriff ‹Aids› weitere Gesichter.

Max Buess, 1991

Paolo Ducoli, 1996

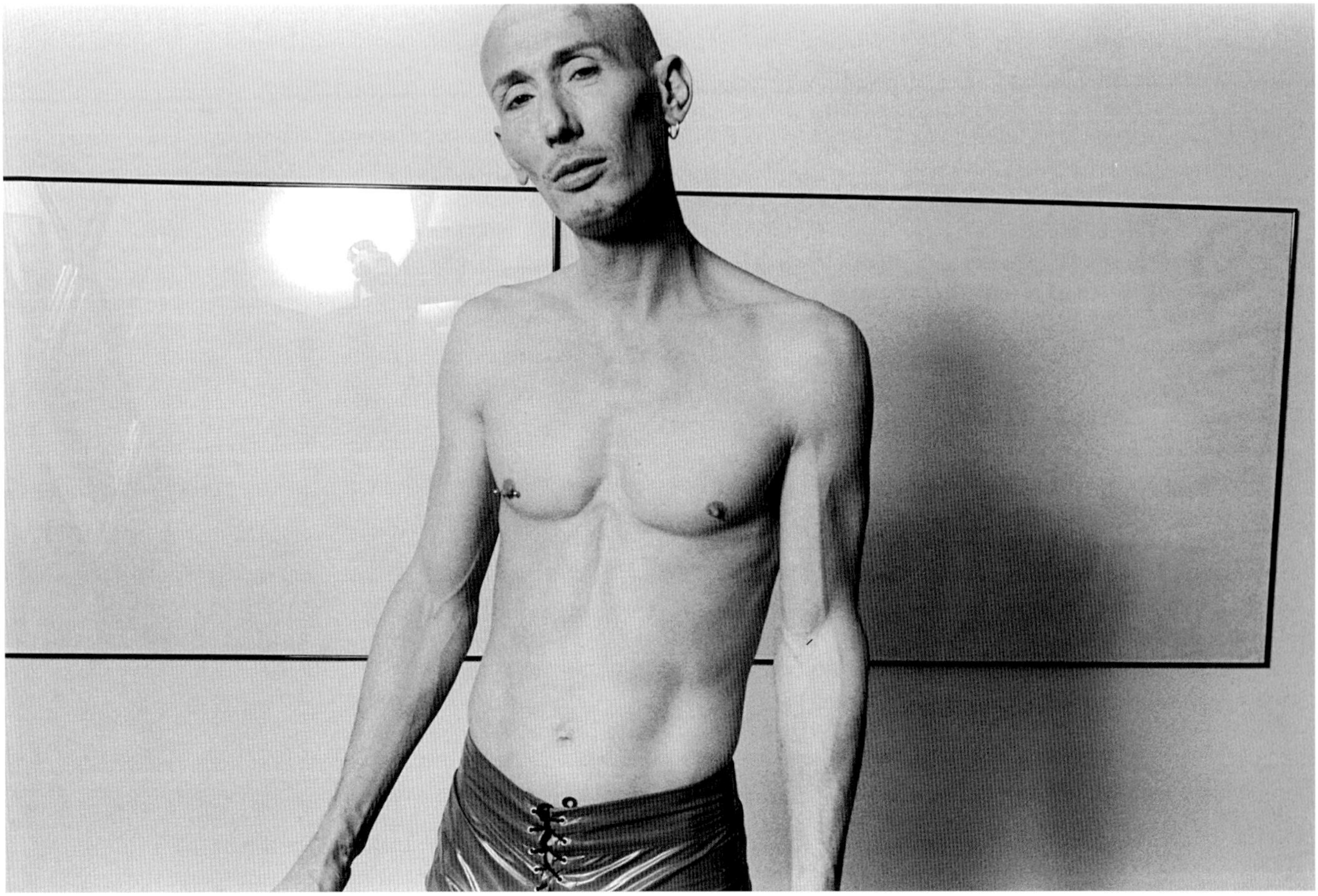

Norbert Salcher, 1997

Antonio Guirado, 1997

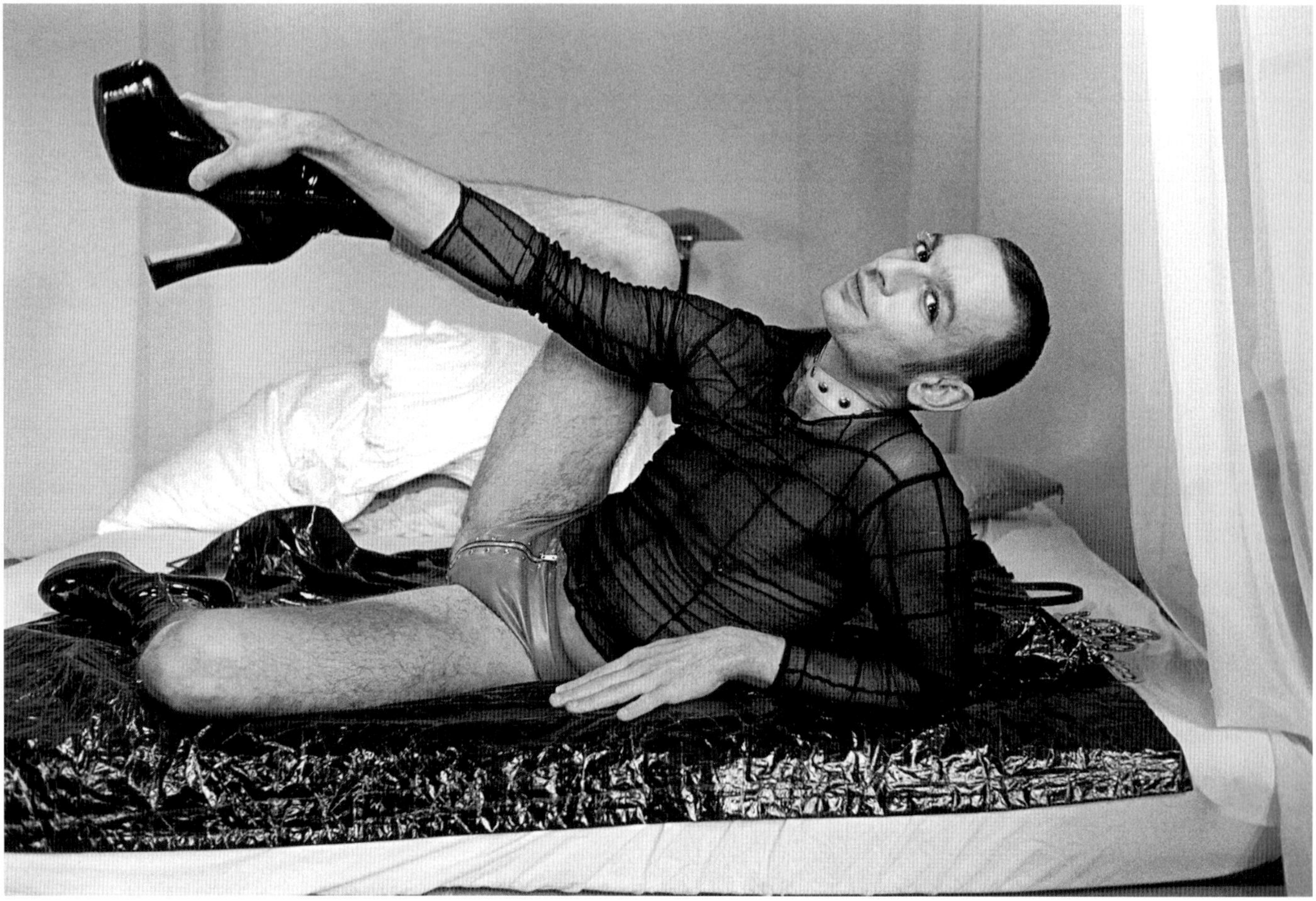

Christian Reymond, 1997

Michel Max, 1997

Holger Hartwig, 1996

Alexander Rys, 1993

Adrian Muff, 1996

Hunter Reynolds, 1996

«Aids heisst leben – je länger, je mehr!»

Urs Frei

Interview mit Aids-Pfarrer Peter Lack

Noch vor fünf Jahren war Aids das Medienthema. Seither ist die tödliche Immunschwäche aus den Blättern und von den TV-Schirmen verschwunden. Zu Unrecht: Seit rund zwei Jahren verändert sich das Leben für die rund fünfhundert HIV-Positiven in der Region Basel dramatisch. Gespräch mit dem Aids-Pfarrer Peter Lack.

Urs Frei: Woran denken Sie spontan, wenn Sie den Slogan ‹Think Positive!› – Denke positiv! – hören?

Peter Lack: An den Versuch, mit der Herausforderung des Lebens positiv umzugehen.

Und woran denken Sie spontan, wenn Sie ‹Live Positive!› – Lebe positiv! – hören?

Eigentlich bedeutet es für mich das Gleiche. Von meiner Arbeit her beziehe ich automatisch auch die Leute ein, die HIV-positiv sind und damit leben müssen.

Also sind diese beiden Slogans verknüpft miteinander?

Ich glaube schon. Für viele Leute, die HIV-positiv sind, heisst das, im täglichen Leben möglichst positiv mit dieser Situation umzugehen. Das erlebe ich jeden Tag.

Das Positive zu vermitteln, sehen Sie darin Ihre Aufgabe als Aids-Pfarrer?

Sagen wir mal so: Ich versuche das Positive, das Wertvolle im Leben zu sehen und zu fördern. Wenn man erfährt, dass man HIV-positiv ist, ist das immer ein Schock. Es kommen wahnsinnig viele Ängste auf. Es stellen sich Fragen: Was passiert mit mir? Wie wird sich meine Gesundheit entwickeln? Was wird im Bereich Arbeit passieren? Wie entwickeln sich meine freundschaftlichen Kontakte? Viele Unsicherheitsfaktoren treten auf. Diese Leute suchen einen Gesprächspartner und kommen deshalb zum Beispiel zur Aids-Hilfe beider Basel oder zu uns ins Aids-Pfarramt.

Was können Sie diesen Leuten in einem derart schwierigen Moment anbieten?

Ich versuche, mit ihnen über ihre Situation nachzudenken. Sie müssen akzeptieren, dass HIV oder Aids von nun an ein Teil ihres Lebens ist. Das ist der erste Schritt. So kann man wieder Tritt fassen.

Im Laufe der Zeit gibt es dann immer wieder Knackpunkte, bei denen wie am Anfang alle Ängste wieder da sind. Gestern abend zum Beispiel unterhielt ich mich mit einem Mann, mit dem ich bereits vor zwei Jahren intensiven Kontakt hatte. Sein grosses Thema damals war: Wie kann ich als HIV-Positiver eine Beziehung anfangen? Jetzt ist er mit einer Frau zusammen, gemeinsam möchten sie ein Kind. Jetzt kommen alle Ängste, alle Fragen wie vor zwei Jahren wieder auf. In derartigen Situationen merkt man, dass der vermeintlich stabile Boden unter den Füssen, den man sich aufgebaut hat, gar nicht so stabil ist, sondern sehr, sehr fragil.

Und was haben Sie ihm geraten?

Für solche Fragen habe ich nicht unbedingt eine Lösung. Wichtig ist vor allem, dass ich als Gesprächspartner da bin, dass man zusammensitzt, und zwar in einem vertraulichen Rahmen, wo eine gewisse Sicherheit besteht, um diese Fragen anzugehen. Ich kann mithelfen, dass der Boden wieder solider wird. Denn: Auch wenn du HIV-positiv bist, lebst du. Und zwar je länger, je mehr!

Sie sprechen die neuen Medikamente an?

Ja. Dank diesen Medikamenten, die seit 1996 auf dem Markt sind, verlangsamt sich der Krankheitsverlauf. Die Virusvermehrung wird eingedämmt. Seit zwei Jahren ist die Zahl der Aids-Toten deutlich zurückgegangen. 1996 verzeichneten wir in der ganzen Schweiz 442 Aids-Todesfälle. 1997 waren es 192. 1998 rechnet man mit rund 90 Toten.

Seit zwei Jahren heisst es nicht mehr: Aids gleich Sterben, sondern noch viel stärker als früher: mit HIV oder Aids leben!

Sind diese Medikamente nicht auch gefährlich?

Wie meinen Sie das?

Ich frage mich, ob sie nicht gefährlich für die öffentliche Wahrnehmung von Aids sind. Aids könnte seinen Schrecken verlieren. Schliesslich gibt es nun diese Medikamente.

Ganz klar: Aids hat in den letzten Jahren in der öffentlichen Wahrnehmung grosse Veränderungen durchgemacht. Lassen Sie mich etwas ausholen. An der Aids-Konferenz in Vancouver 1996 wurden die neuen antiviralen Medikamente vorgestellt. Ohne Zweifel, ein Meilenstein in der Geschichte von Aids. Von den Forschern wurde das Ganze so gepusht, dass man in den Medien den Eindruck gewinnen konnte: Aids ist nun heilbar. Wir Aids-Hilfen waren da etwas skeptisch. Die Aids-Konferenz in Genf 1998 hat dies bestätigt. Diese Medikamente haben massive Nebenwirkungen, wie Übelkeit, Müdigkeit oder Nierenschädigungen. Die ersten Erfahrungen zeigen nun: Einem grossen Teil der Aids-Kranken geht es wirklich besser. Einem kleineren Teil ist es schlicht unmöglich, zwanzig bis dreissig Tabletten am Tag zu schlucken. Die Nebenwirkungen sind zu stark. Selbst mit den Medikamenten muss man sagen: Aids ist nicht heilbar!

Das führt uns zurück zu Ihrer Frage. Aids ist in der Tat kein riesiges Medienthema mehr. Nicht zuletzt wegen der Medikamente hat es sein Faszinosum verloren, eine Krankheit zu sein, gegen die die Menschheit machtlos ist. Zudem machen sich in der Öffentlichkeit gewisse Ermüdungserscheinungen breit. Die Leute wollen es nicht mehr hören.

Wie hat sich denn nach Ihren Erfahrungen der Umgang der Leute mit Aids verändert?

Die Veränderungen sind je nach sozialer Gruppe sehr verschieden. In schwulen Kreisen ist Aids für Männer ab 35 eine Art Lebensform geworden. Man könnte es sogar eine ‹soziale Realität› nennen. Bei den Heterosexuellen ist das nach wie vor nicht der Fall. Dort ist Aids, obwohl eine deutliche Zunahme feststellbar ist, nach wie vor eine Ausnahmeerscheinung. Und die Angst zum Beispiel, am Arbeitsplatz mitzuteilen, dass man HIV-positiv ist, ist gleich gross wie eh und je. Da hat sich nicht viel verändert.

Diese Angst hat also nach wie vor einen realen Hintergrund?

Ja, das hat sie – leider. Es ist nicht die Angst, dass man den Job verlieren könnte, es ist die Angst vor den ganz subtilen Diskriminierungen.

Können Sie Beispiele nennen?
Zum Beispiel, wenn plötzlich über einen getuschelt wird. Dann kommen immer wieder diese Fragen: Wie hat er oder sie sich wohl angesteckt? Du kommst sofort in ein schiefes Licht. Irgendwas an deinem Lebensstil ist anrüchig. Du bist entweder schwul, nimmst Drogen, oder du bist ein regelmässiger Freier. Unterschwellig deuten all diese Fragen in eine Richtung: Wer HIV-positiv ist, ist selbst schuld!

Muss man denn nicht ein gewisses Verständnis für solche Fragen haben? Die Ansteckungsgefahr in diesen Gruppen ist statistisch gesehen immer noch am grössten.
Achtung, jetzt nähern wir uns einem ganz wichtigen Punkt. Man kann nicht einfach sagen, jetzt weiss man doch, wie man sich schützt, und diejenigen, die sich heute noch anstecken, sind selbst schuld. Die ganze Sache ist viel komplexer. Die meisten Leute wissen mittlerweile im Kopf, wie man sich vor Aids schützen kann; dennoch ist es sehr schwierig, sich in jedem Moment genau so zu verhalten. Das ist das Problem.

Ein Beispiel: verliebte Jugendliche. Natürlich wissen die über Aids Bescheid. Aber gleichzeitig sagen sie sich auch, der oder die hat bestimmt noch nie mit einer HIV-positiven Person sexuellen Kontakt gehabt.

Prävention setzt eine grosse Gesprächsbereitschaft voraus. Bahnt sich bei zwei Leuten spontaner Sex an, müssen sie miteinander besprechen: Haben wir jetzt einen ‹Gummi› da? In so einer Situation ist es verständlicherweise sehr schwer, auf Sex zu verzichten.

Heisst das, die Aufklärungskampagnen haben versagt?
Die Aufklärungskampagnen haben eine gute Wirkung erzielt. Die anfängliche Hysterie, wie zum Beispiel bei Ärzten, die Aids-Kranke nicht mehr behandeln wollten, ist verflogen. Auch bei der Solidarität hat man viel erreicht. Da ist die Aufklärung im Sinne von Wissensvermittlung gelungen. Beim anderen Teil der Aufklärung, der Prävention, ist das nur zum Teil der Fall. Gerade bei jüngeren Leuten ist zwar das Wissen, dass man sich mit Kondomen vor einer Ansteckung schützen kann, gross. Die Umsetzung aber ist, wie ich gerade gesagt habe, nach wie vor sehr schwierig.

Nach all den Jahren Aufklärungsarbeit sind es immer noch eine bis zwei Personen, die sich in der Schweiz täglich anstecken.

Muss man infolgedessen nicht ehrlicherweise sagen, dass sich die Ansteckungsrate mit den genutzten Mitteln nicht noch mehr senken liesse?
Genau das ist die Frage, die wir uns stellen. Man muss hier aber auch folgendes bedenken: Die Ansteckung bei homosexuellen Kontakten hat kontinuierlich abgenommen, die Ansteckung bei heterosexuellen Kontakten hat zugenommen. Das ist das Gros der Bevölkerung, keine klar greifbare Szene mehr und entsprechend schwierig anzusprechen.

Und jetzt kommt nochmals die Aids-Konferenz 1996 von Vancouver ins Spiel. Im Zuge der Vorstellung der neuen Medikamente kam mancherorts die Meinung auf, Prävention ist jetzt nicht mehr nötig, wir haben ja jetzt Medikamente. Daraufhin wollte man Budgetkürzungen bei der Prävention vornehmen.

Abgesehen von moralischen, menschlichen Bedenken geht diese Rechnung rein rechnerisch wohl kaum auf, oder?
Von den Kosten her gesehen ist Prävention immer noch die günstigste Methode, Aids zu verhindern. Zudem: Die neuen Aids-Medikamente kosten pro Person zwischen 20 000 und 25 000 Franken jährlich.

Eine ganz andere Frage: Sie kennen die Schweizer und die Basler Aids-Szene sehr gut. Was fällt Ihnen an der Basler speziell auf?
Basel hat sehr früh die Gassenzimmer geschaffen. Sie haben heute ihren festen Platz in der Stadt. Für die Aids-Arbeit war dies sehr wichtig. Die Drogensüchtigen konnten betreut werden und erhielten saubere Spritzen. Das war in anderen Städten erst

viel später und nur gegen sehr grossen politischen Widerstand möglich.

Ein weiterer wichtiger Punkt: der gute Kontakt zwischen der Aids-Hilfe beider Basel und den Schulen. Zudem fällt mir auf, wie viele verschiedene soziale Institutionen im Bereich Aids tätig sind. Diese Vielfalt hat Vor- und Nachteile. Es ist toll, wie viele spezifische Angebote es gibt. Es besteht aber die Gefahr, dass man den Überblick verliert. Wer ist wofür zuständig? Ich frage mich in mancher Situation, welche Anlaufstelle für diese spezielle Person die richtige ist.

Aber verstehen Sie mich nicht falsch. Wichtig ist, dass es diese verschiedenen privaten Initiativen gibt!

Was würden Sie sich von den Nicht-Aidskranken wünschen?

Die Basler haben eine offene Mentalität, das finde ich gut. Weniger gut ist, dass Aids immer mehr verdrängt wird. Das Problem Aids ist nicht gelöst! Aids darf seinen Platz im öffentlichen Bewusstsein nicht verlieren, nur weil es keinen Neuheitscharakter mehr hat, kein Tabubrecher mehr ist, weil es Alltag wird. Das gilt vor allem auch für die Medien.

Ist Ihnen eigentlich aufgefallen, dass wir ein Gespräch über Aids geführt haben und kaum je auf den Tod zu sprechen gekommen sind. Sie strahlen viel Zuversicht aus!

Das belegt nur, was ich früher schon gesagt habe: Aids heisst leben – je länger, je mehr!

Stadtsprache – Sprachen in der Stadt

Christoph Grolimund

Die Stadt ist ein komplexer Lebensraum. Ebenso komplex ist das Entstehen und Funktionieren der Sprache in diesem Raum. Ein Forschungsprojekt der Universität untersuchte die Mundart Basels[1] und kam zu interessanten Ergebnissen.

Sprachforschung im Alltag: Ein Funkmikrofon begleitete die Teilnehmenden des Forschungsprojekts im Kaufhaus, im Grossbetrieb, in der Schule.

Die Mundart Basels war in den vergangenen hundert Jahren immer wieder Gegenstand wissenschaftlicher Untersuchungen und Publikationen. Den Grundstein legten Andreas Heusler (1888) und Eduard Hoffmann (1890) mit Beschreibungen des Lautstandes, Gustav Binz (1888) mit einer Darstellung der Syntax sowie Gustav Adolf Seiler (1879) mit einem Baseldeutschen Wörterbuch. Neben Arbeiten Ernst Erhard Müllers zur Sprache Basels im Mittelalter sind in jüngerer Zeit vor allem der ‹Sprachatlas der deutschen Schweiz› (SDS), der Basel als Ortspunkt ‹Ba1› führt, und die Grammatik und das Wörterbuch Rudolf Suters zu erwähnen.[2]

Variationslinguistik

Die Sprache Basels hat sich seit Heusler und Hoffmann natürlich verändert; mit dem SDS sowie mit der Grammatik und dem Wörterbuch Suters liegen jedoch aktuelle dialektologische Beschreibungen vor. Das Projekt der Universität ‹Stadtsprache – Sprachen in der Stadt am Beispiel Basels› ist deshalb auch kein weiterer Beitrag zur Mundartforschung. Gegenstand der Untersuchung sind vielmehr die vielen Sprachen – die sogenannten Varietäten – in ein und derselben Stadt, die unter dem Begriff ‹Stadtsprache› zusammengefasst werden. Der zentrale theoretische Begriff heisst ‹Variation›.

Die Dialektologie ist aus der Einsicht heraus entstanden, dass Sprache sich von Ort zu Ort verändert, das heisst, dass sie variiert. Variation wird in der traditionellen Dialektologie aber nur in Abhängigkeit vom Raum wahrgenommen. In der Soziolinguistik wird Variation als soziales Phänomen verstanden. Sprache variiert in dieser Betrachtungsweise in Abhängigkeit von sozialen Grössen wie ‹Schicht›, ‹Alter›, ‹Geschlecht› usw. Überspitzt könnte man formulieren, dass die Sprachgeografie sprachliche Variation nur in der Vertikalen, nämlich im Raum, und die Soziolinguistik nur in der Horizontalen, nämlich als soziale Schichtung, wahrnimmt und untersucht. Die Fragestellungen, Modelle und Erhebungsverfahren der Dialektologie und Soziolinguistik haben sich in den letzten zwanzig bis dreissig Jahren jedoch weiterentwickelt. Variation wird nun viel weitergefasst: neben topografischen und sozialen Grössen wird neu auch die Situation, in der gesprochen wird, miteinbezogen. Neben der Qualität der Sprache an und für sich werden jetzt auch die Regeln des Sprachgebrauchs und der Sprachverwendung (linguistisch: der Pragmatik) untersucht. Mit anderen Worten: Neben das *Wie* der Variation tritt nun auch das *Warum*. Damit ist eine eigentliche Variationslinguistik entstanden, die je nachdem geografische, soziale oder pragmatische Fragestellungen in den Vordergrund stellt.

Sprachraum Stadt – die Untersuchungsanlage

Die Stadt ist ein komplexer Lebensraum und folglich auch ein komplexer Sprachraum. In der Stadt kommen Eingesessene, Zugezogene und PendlerInnen sowie Menschen unterschiedlichster Ethnien zusammen; Alt trifft auf Jung, Mann auf Frau – und alle bringen ihre eigene Sprache mit. In der Stadt findet sich Arbeit neben Freizeit, Schule neben Supermarkt, Stadtfest neben Sportverein – und jede Situation hat ihre eigene Sprache. Die Liste mit situativen, sozialen und geografischen Merkmalen, die in einer Stadt zusammenkommen, liesse sich beliebig verlängern.

Ein Forschungsprojekt kann nur einen Teil dieses komplexen Raumes erfassen. Für ‹Stadtsprache – Sprachen in der Stadt am Beispiel Basels› wurden vier Ausschnitte des Sprachraumes ausgewählt, das heisst, es wurden vier verschiedene grobe situative Rahmen festgelegt: ‹Schule›, ‹Grossbetrieb›, ‹Kaufhaus› und ‹Fasnacht›. Da in diesen Bereichen Sprache die Funktion einer sozialen Währung hat, wurden sie Sprachmärkte genannt.

Das Forschungsprojekt hatte drei Ziele: den Anschluss an die frühere Forschung zum Baseldeutschen, insbesondere den SDS; die Erfassung der gesamten individuellen Variation der Gewährspersonen; die Erhebung von Einstellungen gegenüber ausgewählten Varietäten des Baseldeutschen.

Bei der Auswahl der 71 Gewährspersonen, also jener Personen, deren Sprache beobachtet und beschrieben wurde, wurde grösstmögliche Vielfalt angestrebt: Möglichst viele Dialekte und Wohnorte, verschiedene Alters- und Berufsgruppen sowie Männer und Frauen sollten vertreten sein. Einzige Einschränkung: Die Hälfte der Gewährspersonen sollte hier in Basel zur Schule gegangen sein. Dies war die ‹Gruppe der BaslerInnen›, während die andere Hälfte als die ‹Gruppe der Zugezogenen und PendlerInnen› bezeichnet wurde. Als Vergleichsgrösse fungierte eine kleine Gruppe von Gewährspersonen, die bewusst ein traditionelles Baseldeutsch pflegten (5 Personen).

Dialektologische Erkenntnisse

In der ersten Phase wurden alle Gewährspersonen in einem Interview mit rund 150 Fragen auf lautliche, morphologische und syntaktische Merkmale des Baseldeutschen sowie auf ihre Verbundenheit mit der Stadt getestet. Dem formellen Interview schloss sich ein formloseres Gespräch über die Biografie und die Arbeit der Gewährsperson an. Mit einem Rollenspiel (‹Marktbesuch als Frau Sarasin›) und mit Übersetzungen in und aus dem Basel-

Die zu erwartenden Sprachunterschiede zwischen ‹BaslerInnen› und ‹Zugezogenen/PendlerInnen› wurden je nach Situation und Person weiter differenziert.

deutschen wurde getestet, was die Gewährspersonen über die Baseldeutschen Varietäten wissen.

Die Erhebung zeigt die erwarteten Unterschiede zwischen den beiden grossen Gruppen ‹BaslerInnen› und ‹Zugezogene und PendlerInnen›. Das umfangreiche Material zeigt aber auch sehr deutlich die individuelle Variation sowohl innerhalb der gleichen Situation als auch von Situation zu Situation – also beispielsweise innerhalb des Interviews und zwischen Interview und formlosem Gespräch.

Insgesamt zeigte sich, dass das anlautende, unverschobene *k* (wie in *khind*) sich über die Stadt hinaus ausbreitet. Die entrundeten Formen von *ü*, *ö* und *öi* (wie in *finf* für *fünf*, *scheen* für *schöön* und *baim* für *böim* sind kaum mehr vertreten, während die entrundete Variante von *üe* (*grien* für grün) sich gehalten hat. Der Basler Einheitsplural ist fast verschwunden: statt *mir sin, ir sin, si sin* oder *mir sind, ir sind, si sind* heisst es jetzt *mir sin, ir sind, si sin*. Ebenfalls selten geworden ist das unflektierte Adjektiv: *e scheen/schöön huus* heisst jetzt meistens *e schööns huus*. Die weibliche Endung *-ere* wird kaum mehr verwendet: *d'Baslere* hat *dr Baslerin* Platz gemacht.

Einstellungen zu Varianten des Baseldeutschen

In einer zweiten Phase des Projektes wurden die Einstellungen der Gewährspersonen gegenüber verschiedenen Varianten des Baseldeutschen erhoben. In einem sogenannten ‹matched-guise-Verfahren› wurde ihnen derselbe Text, gelesen von derselben Stimme, in sechs verschiedenen Varietäten vorgespielt: traditionelles Baseldeutsch, heutiger Stadtbasler Dialekt, Basler Dialekt der städtischen Agglomeration, Basler Dialekt der ländlichen Agglomeration, ein Baselbieter Dialekt und ein Elsässer Dialekt. Die Unterschiede betreffen zum Teil nur einzelne Laute, wie unverschobenes *k* für den Stadtbasler Dialekt und verschobenes *k* (also Reibelaut) für die städtische Agglomeration. Die Gewährspersonen mussten ein semantisches Differential erstellen, indem sie für 15 Adjektivpaare ankreuzten, ob die vorgespielte Sprechprobe mehr oder weniger ‹städtisch›, ‹auffällig›, ‹sympathisch› usw. wirkte.

Der Stadtbasler Dialekt wurde von allen Gewährspersonen, sowohl von BaslerInnen als auch von Nicht-BaslerInnen, am positivsten bewertet, gefolgt von demjenigen der städtischen Agglomeration. Die beiden ländlichen Varietäten bilden das Mittelfeld, traditionelles Baseldeutsch und Elsässisch schnitten am schlechtesten ab. Beide wurden als ‹auffällig›, ‹deplaziert› und ‹unzeitgemäss› eingestuft. Aufgrund der teilweise minimalen linguistischen Differenz zwischen den getesteten Varietäten kann der Einfluss einzelner sprachlicher Merkmale auf die Bewertung nachgewiesen werden: das unverschobene *k* beispielsweise ist für die positivere Einschätzung in 9 der 15 Adjektivpaare verantwortlich. Die Frage, was noch als Stadtdialekt akzeptiert wird, kann mit diesen Daten ebenfalls, einigermassen überraschend, beantwortet werden: traditionelles Baseldeutsch, Stadtbasler Dialekt und der Basler Dialekt der städtischen Agglomeration gelten noch als städtisch. Interessant sind hier die Implikationen für die einzelnen Merkmale: Bei der Aussprache des anlautenden *k* besteht eine Variationstoleranz (städtische Agglomeration wurde mit verschobenem *ch* realisiert), bei der Variablen *r* hingegen verträgt es keine Abweichungen: dentales *r* wird, zusammen mit verschobenem *k*, als ‹ländlich› eingestuft.

Sprachlich-kommunikative Tagesläufe

In der dritten Phase wurden von rund zwanzig Gewährspersonen Tagesläufe aufgenommen: ein kleines Funkmikrofon begleitete ausgesuchte Gewährspersonen im Kaufhaus, im Grossbetrieb und in der Schule durch den ganzen Arbeitstag. Die von den Aufnahmen hergestellten Übersichtsprotokolle liefern für die einzelnen Personen das sprachlich-kommunikative Profil eines Arbeitstages: Zahl, Art und Länge der einzelnen Gespräche. Einiges davon ist sprachmarkttypisch: Verkäuferinnen führen eine grosse Zahl von relativ kurzen Gesprächen, teilweise auch in Fremdsprachen, mit KundInnen und eine kleinere Zahl von langen Gesprächen mit KollegInnen. In der Schule (7. Klasse) sprechen – mit Ausnahme von Pausengesprächen – vor allem die LehrerInnen.

Die beliebteste baseldeutsche Mundart-Varietät ist der heutige Stadtbasler Dialekt, gefolgt von demjenigen der städtischen Agglomeration.

Hochdeutsch spielt, im Widerspruch zum Lehrplan, eine eher untergeordnete Rolle.

Die Tonbandaufzeichnungen ermöglichen Analysen und Interpretationen ganz im Sinne der Variationslinguistik: Zusammen mit den Daten aus der ersten Phase ermöglichen sie eine differenzierte Darstellung des *Wie* und des *Warum* individueller sprachlicher Variation. Dazu ein abschliessendes Beispiel.

Zum *Wie*: Eine nicht-Basler Verkäuferin realisiert, in Übereinstimmung mit ihrer Herkunft, im Interview 13mal ein verschobenes *k*. Während des ungezwungenen Gespräches produziert sie in einem der vier ausgezählten Fälle ein unverschobenes, also baseldeutsches *k*. Während ihres Arbeitstages variiert sie deutlich: in 29 von 158 Fällen, das sind rund 20%, realisiert sie die Stadtbasler Variante.

Zum *Warum*: Das anlautende *k* betrifft in 78 Fällen das Verb ‹können›, das insgesamt 67mal als *chasch du*, *mr chönne* usw. realisiert wird. Verschiedene Faktoren, wie zum Beispiel die lautliche Umgebung, das Thema oder die GesprächspartnerInnen, müssen für die Erklärung der 11 Fälle, in denen die Gewährsperson *khasch du*, *khanny* usw. realisiert, herangezogen werden. Eine feste Wendung dieser Person zur Eröffnung eines Verkaufsgespräches ist: «*Channy iine hälfe?*» In einem einzigen Fall sagt sie aber: «*Khanny iine hälfe?*», um sich bei einer unfreundlichen, aggressiven Kundin («*Schafft niemerts do bi öich*?») mit der prestigeträchtigeren Stadtbasler Variante Respekt zu verschaffen.

Anmerkungen

1 ‹Stadtsprache – Sprachen in der Stadt am Beispiel Basels› war der Titel eines vom Schweizerischen Nationalfonds finanzierten Forschungsprojektes am Deutschen Seminar der Universität Basel in den Jahren 1994 bis 1997. Unter der Leitung der Proff. Annelies Häcki Buhofer und Heinrich Löffler arbeiteten Beatrice Bürkli, Lorenz Hofer und Petra Leuenberger. Die Forschungsarbeit wurde 1997 abgeschlossen. Zur Zeit wird noch an der Schlusspublikation gearbeitet, die aus vier Bänden bestehen wird:
• Annelies Häcki Buhofer/Heinrich Löffler (Hg.), Zur Dynamik urbanen Sprechens, Basel [in Vorbereitung].
• Lorenz Hofer, Sprachwandel im städtischen Dialektrepertoire. Eine variationslinguistische Untersuchung, Basel 1997.
• Beatrice Bürkli, Sprachvariation im Grossbetrieb. Eine individuenzentrierte Analyse anhand sprachlicher Tagesläufe, Basel [in Vorbereitung].
• Petra Leuenberger, Ortsloyalität als verhaltens- und sprachsteuernder Faktor. Eine empirische Untersuchung, Basel [in Vorbereitung].

2 Andreas Heusler, Der alemannische Consonantismus in der Mundart von Basel-Stadt, Strasbourg 1888; Eduard Hoffmann, Der mundartliche Vokalismus von Basel-Stadt in seinen Grundzügen dargestellt, Basel 1890; Gustav Binz, Zur Syntax der basel-städtischen Mundart, Stuttgart 1888; Gustav Adolf Seiler, Die Basler Mundart: Ein grammatisch-lexikalischer Beitrag zum schweizerdeutschen Idiotikon, zugleich ein Wörterbuch für Schule und Haus, Basel 1879; Ernst Erhard Müller, Die Basler Mundart im ausgehenden Mittelalter, Bern 1953; Ernst Erhard Müller, Wortgeschichte und Sprachgegensatz im Alemannischen, Bern 1960; Sprachatlas der deutschen Schweiz, 8 Bde., Bern 1962–1998; Rudolf Suter, Baseldeutsch Wörterbuch, 2. Aufl., Basel 1995; Rudolf Suter, Baseldeutsch Grammatik, 3. Aufl., Basel 1992.

Wirtschaft und Arbeit

Lehrstelle oder Leerstelle

Lehrstellen bilden das Scharnier zwischen Schule und Beruf. Wer keine Lehrstelle, keinen Lehrabschluss hat, wird sich im Berufsleben nicht qualifizieren können. Wenn Jugendliche nicht ausgebildet werden, fehlen der Wirtschaft früher oder später die notwendigen Fachkräfte. Noch bis vor kurzem war in Basel die Situation auf dem Lehrstellenmarkt mehr als beunruhigend. Dank einer breit abgestützten Lehrstellenkampagne hat sich die Lage 1998 verbessert. Heidi Hügli, Erwachsenenbildnerin, Christoph Marbach vom Arbeitsamt und Beda Zweifel vom Gewerbeverband Basel-Stadt beschreiben den Lehrstellenmarkt und die Initiativen zu einer Verbesserung des Lehrstellenangebots.
Red.

Wer eine Lehrstelle sucht, hat nichts zu lachen

Heidi Hügli

Die Arbeitslosigkeit belastet die Gesellschaft immer stärker. Das Problem beginnt nicht erst mit der Entlassung: Jugendliche finden immer schwerer einen Ausbildungsplatz, vielen bleibt die Qualifikation für eine sichere Zukunft verwehrt. Intensive Investition in Ausbildung und Lehre ist nötiger denn je.

Seit Frühjahr 1996 ist die prekäre Situation auf dem Lehrstellenmarkt nicht nur ein baslerisches, sondern ein nationales Thema. Unter dem wirtschaftlichen Druck der letzten Jahre sind neben unzähligen Arbeitsplätzen auch Lehrstellen abgebaut worden. Der Gesamtbestand an Lehrverträgen in BIGA-Berufen sank in Basel von 4503 Ende 1993 auf 4232 Ende 1996. Die Folge davon: Eine zunehmende Zahl von Jugendlichen bewirbt sich um eine abnehmende Anzahl Lehrstellen. Das Nachsehen haben die weniger Qualifizierten, unter ihnen vor allem die fremdsprachigen Schülerinnen und Schüler. Im Laufe der letzten Jahre blieben am Schuljahresende jeweils bis zu 200 junge Leute ohne Lehrstelle oder Job. Die erschreckend hohe Zahl der fürsorgeabhängigen jungen Erwachsenen – Ende September 1998 waren es unter den Jahrgängen 1973 bis 1980 insgesamt 955 Frauen und Männer – erstaunt deshalb nicht.

Besonders schwer haben es die jungen Frauen. Dies liegt vor allem daran, dass auch heute noch traditionelle Vorstellungen sowohl die Berufsbildungsangebote wie die Berufswünsche prägen. Noch immer wählen die meisten Mädchen ihren zukünftigen Beruf in den Bereichen Büro, Verkauf, Gastgewerbe, Hauswirtschaft und Gesundheit, einem engen Spektrum von 24 Berufen. Nicht so die jungen Männer, deren Wahl sich auf 111 Berufe erstreckt. Ein weiterer geschlechtsspezifischer Unterschied zeigt sich darin, dass sich nur gerade 14% der jungen Mädchen für eine vierjährige Ausbildung entscheiden, im Gegensatz zur Mehrheit der jungen Männer.

Das grosse Malaise der Jugendlichen betrifft uns alle

«Bildung stellt nicht nur den Schlüssel zum wirtschaftlichen Wohlstand dar», wie die Bildungsökonomin Prof. Heidi Schelbert-Syfrig hervorhebt, «sie ist auch die zentrale Voraussetzung, damit unsere Demokratie im heutigen komplexen Umfeld richtig funktionieren kann.»[1]

Staat und Wirtschaft sind gefordert. Der Staat investiert in die Hochschulausbildung einer Studentin oder eines Studenten ein Mehrfaches dessen, was er sich die Berufsausbildung eines Lehrlings kosten lässt. Die Mittel und damit die Chancen sind also höchst ungleich verteilt.

Von den baselstädtischen Unternehmen und Betrieben bilden nur 25% Lehrlinge oder Lehrtöchter aus. Viele Firmen und Betriebe sind Trittbrettfahrer in der Lehrlingsausbildung.

Gerade in Zeiten des Wandels und des Umbruchs jedoch muss in die Berufsausbildung ideell und materiell mehr investiert werden, denn eine möglichst breite Ausbildung ist der beste Schutz vor Arbeitslosigkeit und deren für den Einzelnen wie für die Gesellschaft zerstörerische Folgen. Länder, die über ein gut entwickeltes Berufsbildungssystem verfügen, weisen generell eine tiefere Jugendarbeitslosigkeit auf.

Erwachsene, was tut ihr für uns?

Mancher junge Mensch fragt, ob denn nichts unternommen wird, um die prekäre Situation auf dem Lehrstellenmarkt zu verbessern. Im April 1997 sprachen die eidgenössischen Räte einen Kredit von 60 Mio. Franken für Massnahmen zur Verbesserung des Lehrstellenangebots. Diese ‹Finanzspritze› betrifft aber leider nur die BIGA-Berufe. Und bekanntlich verläuft die Trennlinie zwischen BIGA-Berufen und Nicht-BIGA-Berufen noch immer zwischen sogenannten Frauen- und Männerberufen.[2] Berufe und Chancen haben auch

Wurden in letzter Zeit seltener: Werbeplakate für Lehrstellen.

heute noch ein Geschlecht! Bis Ende 1998 soll nun auf Bundesebene in einer Botschaft zur Revision des Bundesgesetzes über die Berufsbildung (BBG) das gesamte Berufsbildungswesen einheitlich geregelt werden. Dies ist besonders auch für junge Frauen wichtig.

Im Kanton Basel-Stadt haben die Regierung und die für die Berufsbildung verantwortlichen Institutionen bereits mit verschiedenen Massnahmen im nachschulischen Bereich reagiert. Jugendliche mit schulischen Defiziten erhalten seit 1994 in Vorlehrklassen an der Berufs- und Frauenfachschule (BFS) und an der Allgemeinen Gewerbeschule sowie im Projekt Vorlehre ‹Berufswahl› der Berufswahlschule (vormals ‹Kelmö›-Projekt) die notwendige Unterstützung und Vorbereitung für eine Lehre oder Anlehre. Die Erfolgsquoten sind ermutigend.

Heute arbeiten im fakultativen 10. Schuljahr die beiden Basel zusammen. Mit ‹Brücken-Angeboten› sollen die Jugendlichen beider Kantone im 10. Schuljahr besser auf die Berufsausbildung vorbereitet werden.

Die erfolgreiche Basler Lehrstellenkampagne ‹L+› erweiterte schon im ersten Jahr das Lehrstellenangebot um 16%. 1999 sollen weitere Anstrengungen unternommen werden, mit besonderem Augenmerk auf Lehrstellen für schulisch Schwächere.

Kampagne für Mädchen

Zwei Pilotprojekte der Gleichstellungsbüros BS und BL richten sich an junge Frauen vor der Berufswahl. Im ersten Projekt geht es darum, Schülerinnen im letzten obligatorischen Schuljahr auf eine Berufslehre in Informatik vorzubereiten. Im zweiten Projekt sollen Immigrantinnen bei der Zukunftsplanung Unterstützung erhalten.

Die Schweizerische Konferenz der Gleichstellungsbeauftragten (SKG) will, gestützt auf den Lehrstellenbeschluss der Bundesversammlung, das Lehrstellenangebot für junge Frauen deutlich erweitern. Im Lehrstellenprojekt ‹16+› versucht sie, eine von Rollenclichés unabhängigere Berufswahl zu fördern, um damit die Berufsaussichten junger Frauen zu verbessern. Im ‹LENA-Girl›-Projekt können sich Betriebe mit offenen Lehrstellen direkt über Internet an die Lehrstellensuchenden wenden.[3]

Die Rolle der Schule

Entscheidende Orte, an denen Lebensmuster und -ziele geprägt werden, sind nicht nur das Elternhaus, sondern auch die Schule. Je selbstverständlicher Kinder Frauen und Männer in ganz verschiedenen, nicht geschlechtsspezifischen Rollen wahrnehmen und erfahren können, desto weiter wird auch ihr zukünftiges Berufs- und Lebensspektrum.

Die Schulen des Kantons Basel-Stadt stehen mit ihren 40% auf dem Arbeitsmarkt besonders benachteiligten fremdsprachigen Schülerinnen und Schülern vor einer zusätzlichen und besonders

Eine Lehrstelle zu haben ist eine wichtige Voraussetzung für das Selbständigwerden.

schwierigen Aufgabe. Das Unterrichten in stark durchmischten Klassen ist überaus anspruchsvoll. Es erfordert gut ausgebildete und hoch motivierte Lehrkräfte, aber auch angepasste Schulstrukturen: z. B. kleinere Klassen, einen Lektionenpool zur Förderung der einzelnen Kinder und integrative Schulen, in denen die jeweilige Muttersprache der Kinder und die Landessprache vermittelt werden. Das alles kostet Geld. Doch die Mittel sind sinnvoll investiert; denn sie reduzieren oder erübrigen gar zusätzliche, über die obligatorische Schulzeit hinausgehende Massnahmen.

Umdenken erfordert Mut von Seiten der jungen Generation, vor allem auch der Mädchen.

Mutige Leute wählen bewusster

Strukturelle Hilfe für die Berufswahl, ein insbesondere auch junge Frauen gezielt integrierendes Berufsbildungssystem, eine veränderte Einstellung bei Lehrmeisterinnen und Lehrmeistern, Eltern und Lehrkräften tragen dazu bei, Rollenclichés zu überwinden. Den entscheidenden Schritt aber müssen die angehenden Frauen und Männer selbst tun – im Wissen darum, dass Berufswahl ein Teil der Lebensplanung ist. Ausbildungen in zukunftsträchtigen Berufen erhöhen die Berufschancen und verbessern die Verdienstmöglichkeiten. Dies wiederum ist Voraussetzung dafür, dass Frauen und Männer Beruf und Familie leichter vereinbaren können.

Anmerkungen

1 ‹Effizienz und Bildung›, Basler Zeitung 28.4.97.
2 Agnes Weber, Pressedienst der SPS, Nr. 502, 2.10.98.
3 Lehrstellenprojekt der Schweizerischen Konferenz der Gleichstellungsbeauftragten: *www.LENA-Girl.ch.*

Literatur

Zahlenspiegel der Schweiz 1997/1998, hg. v. Gesellschaft zur Förderung der schweizerischen Wirtschaft, Zürich 1998.

Statistisches Jahrbuch des Kantons Basel-Stadt, Basel 1996.

‹Familienfragen›, Informationsbulletin der Zentralstelle am Bundesamt für Sozialversicherung, 2/1996.

Mehr Lehrstellen für Jugendliche im Kanton Basel-Stadt

Christoph Marbach

Die Zukunft der Berufsausbildung hängt wesentlich vom Umfang und der Breite des Lehrstellenangebotes ab. Mit einem Lehrstellenprojekt soll die Situation für Jugendliche verbessert werden. Schon im ersten Jahr zeigt ‹L+› rundum positive Ergebnisse.

Seit Beginn der 90er Jahre verschlechterte sich die Lage auf dem Lehrstellenmarkt. Am 30. April 1997 verabschiedete die Bundesversammlung den Bundesbeschluss über Massnahmen zur Verbesserung des Lehrstellenangebotes für die Ausbildungsjahre 1997, 1998 und 1999 (Lehrstellenbeschluss). Mittels der gesprochenen Gelder wurden die Kantone in die Lage versetzt, entsprechende Projekte durchzuführen. Diese bisher einmalige Gelegenheit nutzte das Amt für Berufsbildung und Berufsberatung Basel-Stadt, um zusammen mit den Wirtschaftsverbänden die Lehrstellenkampagne ‹L+› zu lancieren.

Die Lehrstellensituation im Kanton Basel-Stadt

Verschiedene Faktoren bestimmen die Situation auf dem Lehrstellenmarkt. Auf der Seite der Nachfrage spielt die Zahl der Schulabgängerinnen und Schulabgänger sowie deren Fähigkeiten und Präferenzen für einen nachfolgenden Ausbildungsabschluss auf der nachobligatorischen Sekundarstufe II eine Rolle (Lehrabschluss, Diplom, Matur etc.). Dabei steht die Berufslehre in Konkurrenz zu den allgemeinbildenden Schulungsmöglichkeiten. Auf der Seite des Lehrstellenangebotes sind es unter anderem konjunkturelle und strukturelle Veränderungen in der Wirtschaft sowie die staatlichen Rahmenbedingungen, die den Lehrstellenmarkt beeinflussen. Die aufgetretenen Schwierigkeiten widerspiegeln sich gesamtschweizerisch in der Quote der Abschlüsse auf der Sekundarstufe II: Bei sinkender Gesamtquote stieg die Quote der allgemeinbildenden Abschlüsse (z.B. Diplommittelschule, gymnasiale Matur) im Zeitraum von 1988/89 bis 1995/96 von 15%

auf 20%, diejenige der Berufslehrabschlüsse hingegen sank von 74% auf 65%.[1]

Der Kanton Basel-Stadt als Stadtkanton ohne Hinterland weist im Vergleich zu anderen Kantonen einige Besonderheiten auf, die sich auch auf den Lehrstellenmarkt auswirken. Als regionales Zentrum erbringt Basel Leistungen im Bildungsbereich, die zu einem wesentlichen Teil von Personen mit ausserkantonalem Wohnsitz in Anspruch genommen werden, im Bereich der Berufsbildung z.B. rund 50% der in Basel-Stadt jährlich angebotenen Lehrstellen.[2] In ‹guten› Zeiten stellt dies kaum ein Problem dar, in Zeiten eines mangelnden Lehrstellenangebotes jedoch wird es für Jugendliche mit schulisch weniger guten Voraussetzungen schwierig, auf dem Lehrstellenmarkt zu reüssieren. Als städtisches Zentrum hat Basel einen vergleichsweise hohen Anteil solcher Jugendlichen. An der Weiterbildungsschule (8. und 9. Schuljahr) beträgt beispielsweise der Anteil der nicht deutschsprachigen Schülerinnen und Schüler rund 50%.

Die zahlenmässige Entwicklung der Nachfrage entspricht dem gesamtschweizerischen Verlauf: Die Zahl der im Kanton Basel-Stadt wohnhaften Schülerinnen und Schüler der nicht gymnasialen Klassen der Sekundarstufe I (5.–10. Schuljahr) sank in den 80er Jahren ab und erreichte im Schuljahr 1990/91 mit rund 4900 einen Tiefstand. Geburtenstärkere Jahrgänge und Einwanderung führten danach zu einem starken Anstieg auf rund 6700 Schülerinnen und Schüler im Schuljahr 1996/97.[3] Die Zahl nahm im folgenden Schuljahr nochmals zu. Für die kommenden Jahre zeichnet sich jedoch eine Stabilisierung der Schülerzahlen in den Abgangsklassen ab. Bezüglich der Anzahl

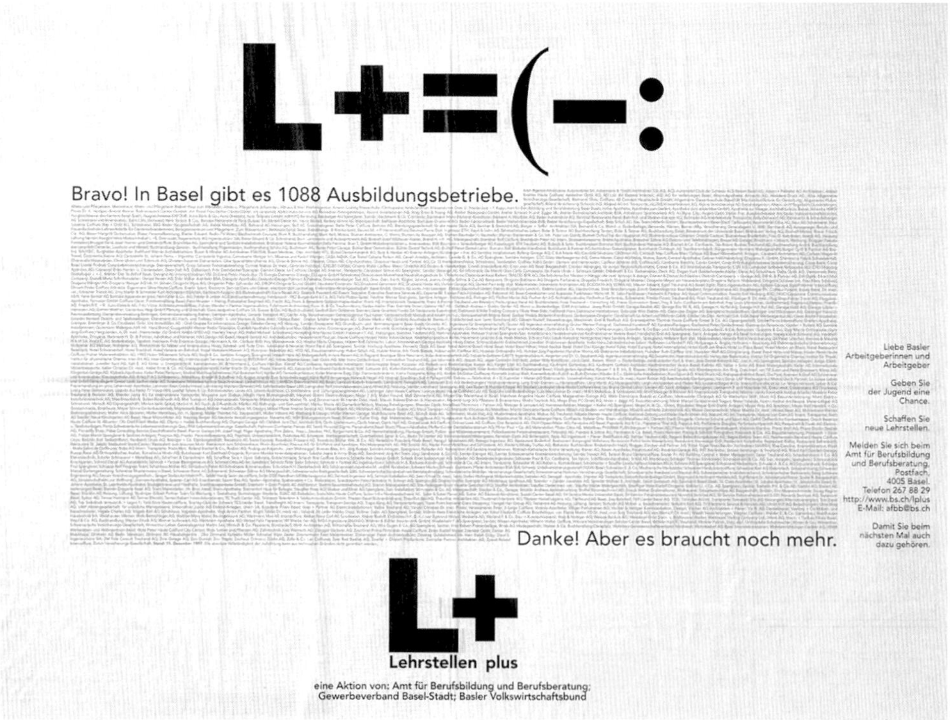

Alle Lehrbetriebe namentlich erwähnt und belobigt: Mit diesem Inserat startete im Januar 1998 die Lehrstellenkampagne ‹L+›.

Jugendlicher, die eine Lehrstelle suchen, weisen die Jahre 1998 und 1999 Spitzenwerte auf.

Einen Indikator für die problematische Entwicklung auf dem baselstädtischen Lehrstellenmarkt liefern die Zahlen der als offen gemeldeten Lehrstellen:[4] Im Juni 1990 waren es über 800 Lehrstellen in etwa 80 Berufen, im Juni 1996 noch 122 und in den Jahren 1997 und 1998 im gleichen Monat lediglich 109 in nur noch rund 40 Berufen. Die Zahlen sind eine Folge sowohl der steigenden Nachfrage als auch der wirtschaftlich bedingten Angebotseinschränkung. Engpässe bildeten sich in den kaufmännischen und in gewissen technischen Berufen. Ebenso besteht seit langem ein zu geringes Angebot in den gestalterischen Berufen. Im Zunehmen begriffen ist der Bedarf an Ausbildungsplätzen für junge Leute mit bescheideneren schulischen Voraussetzungen (Bürolehre, Anlehren in verschiedenen Berufsfeldern) sowie an sogenannten ‹Brücken›-Angeboten, die auf den Einstieg in eine Berufsausbildung vorbereiten, wie Vorlehren, Vorkurse, Integrationskurse.

‹Brücken›-Bau

Die Behörden haben bereits zu Beginn der 90er Jahre auf die sich abzeichnende krisenhafte Situation reagiert. So wurden im Jahr 1994 auf Initiative der damaligen Ämter für Gewerbe, Industrie und Berufsbildung sowie für Berufsberatung zusammen mit den Berufsschulen und der Berufswahlschule Basel zwei Vorlehrprojekte eingerichtet: Ein Vorlehrmodell, das auf eine Lehre in einem bestimmten Berufsfeld vorbereitet, sowie eine allgemeine Vorlehre ‹Berufswahl›, die in erster Linie fremdsprachige Jugendliche bei der Berufsfindung unterstützen soll. Zudem hat die Allgemeine Gewerbeschule Basel ihr bereits seit längerem bestehendes Angebot an gewerblichen Vorkursen der Richtungen ‹Holz›, ‹Metall›, ‹Elektro›, ‹Naturkunde› und neu ‹Ernährung› stark erweitert. Die Berufs- und Frauenfachschule bietet auch einen Vorkurs ‹Verkauf› an. Im Schuljahr 1994/95 besuchten 107 Jugendliche aus den Kantonen Basel-Stadt und Basel-Landschaft solche einjährigen baselstädtischen ‹Brücken›-Programme, im Schuljahr 1997/98 waren es bereits 170.

Die Lehrstellenkampagne ‹L+›

Eine gute Voraussetzung dafür, dass auch schulisch weniger leistungsfähige Jugendliche eine Lehrstelle finden, ist ein genügend grosses Lehrstellenangebot. Dank dem Lehrstellenbeschluss des Bundes stehen dem Kanton Basel-Stadt seit September 1997 und noch bis Ende 1999 Bundesmittel in der Höhe von 936 000 Franken zur Verfügung für Massnahmen zur Verbesserung des Angebots an Ausbildungsplätzen.

Das Hauptprojekt mit budgetierten Gesamtkosten von 542 500 Franken über drei Jahre ist die vom Amt für Berufsbildung und Berufsberatung zusammen mit der jungen Basler Firma ‹Buser, Loeb Kommunikation GmbH› konzipierte Lehrstellenkampagne ‹L+›. Sie besteht einerseits aus einer Publizitätskampagne für die Lehrbetriebe, andererseits aus einer darauf abgestimmten aktiven Lehrstellenakquisition.

Die erste Kampagne von Januar bis Juli 1998 war ein voller Erfolg und übertraf bereits das für die zwei Kampagnen 1998 und 1999 gesteckte Ziel, total 200 neue Lehrstellen zu gewinnen. Für den Lehrbeginn im August 1998 wurden 262 neue zusätzliche Lehr- und Anlehrstellen geschaffen, was einer Angebotserweiterung um 16% entspricht. 108 neue Lehrbetriebe konnten gewonnen werden.

Dieses erfreuliche Ergebnis ist an erster Stelle den insgesamt 214 Basler Firmen zu verdanken, die den Kampagnenaufruf des Wirtschafts- und Sozialdepartementes, des Gewerbeverbandes Basel-Stadt und des Basler Volkswirtschaftsbundes in positivem Sinne aufgenommen haben. Zum Erfolg beigetragen hat sicher auch der Abbau eines Informationsdefizites. Eine vom Amt für Berufsbildung und Berufsberatung herausgegebene und im Januar an rund 3200 Nichtlehrbetriebe verschickte Broschüre mit dem Titel ‹Lehrstellen statt Leerstellen. Ein Leitfaden für Unternehmen, die Lehrlinge und Lehrtöchter ausbilden wollen›, führte zu rund zweihundert Rückmeldungen. Ein weiterer Erfolgsfaktor bestand in der sehr qualifizierten und engagierten Arbeit der Lehrstellen-Akquisiteurinnen und -Akquisiteure. Ihren profunden Branchenkenntnissen, ihrer engagierten Motivationsarbeit und ihrem Prestige ist ein guter Teil der neugeschaffenen Ausbildungsplätze zuzuschreiben. Und schliesslich haben auch die vom Regierungsrat im November 1997 beschlossene Abschaffung der Lehrvertragsgebühr, die Senkung des Kursgeldes für den obligatorischen Lehrmeisterkurs sowie die bessere Konjunkturlage zu einem günstigeren Klima für die Schaffung von Lehrstellen verholfen.

Für den Lehrbeginn im August 1998 wurden im Kanton Basel-Stadt 1757 neue Lehr- und Anlehrverträge abgeschlossen. Das waren 157 mehr als 1997, was eine Zunahme um 10% bedeutete. Damit der zu erwartenden hohen Zahl von Lehrstellensuchenden auch im Jahr 1999 entsprochen werden kann, wird die Lehrstellenkampagne ‹L+› fortgesetzt.

Für jede neue Lehrstelle eine bunte Fahne: der ‹L+›-Turm auf dem Barfüsserplatz.

Anmerkungen

1 Die Abschlussquoten geben die Anzahl Abschlüsse auf der Sekundarstufe II auf 100 Personen im theoretischen Abschlussalter an. Vgl. Bundesamt für Statistik, Ausgewählte Bildungsindikatoren, Bern 1997, S. 22.

2 Rund 40% der baselstädtischen Lehrstellen sind von Jugendlichen mit Wohnsitz in Baselland besetzt. Umgekehrt nehmen Jugendliche aus Basel-Stadt rund 8% der basellandschaftlichen Lehrstellen ein. Dieses Verhältnis ist, mit wenigen Ausnahmen, seit Jahren stabil.

3 Statistisches Jahrbuch des Kantons Basel-Stadt, Basel 1997; Tabelle ‹Schüler in öffentlichen Schulen nach Elternwohnort und Schultyp›, verschiedene Jahre.

4 Das Lehrstellenangebot wird vom Amt für Berufsbildung und Berufsberatung vier Mal im Jahr mittels schriftlicher Umfrage bei den Lehrbetrieben erhoben. Es besteht keine Meldepflicht. Deshalb geben die Zahlen nicht die Gesamtheit des Lehrstellenangebots wieder.

Literatur

Bundesamt für Statistik, Ausgewählte Bildungsindikatoren Schweiz, Standardisierte Kennziffern 1995/96, Bern 1997.

Bundesamt für Statistik, Berufsbildung in der Schweiz. Beteiligung gestern und heute – neue Herausforderungen, Bern 1996.

Bericht des Bundesrates über die Berufsbildung, Bern 1996.

Basler Lehrstellenmarkt – Herausforderung für die Wirtschaft

Beda Zweifel

Wie in den meisten Kantonen bilden auch im Stadtkanton Basel leider nur rund ein Viertel der Unternehmen Lehrtöchter und Lehrlinge aus. Mit gezielten Aktionen in den Medien, an der MUBA und mit Direct Mailing sollen bis zum Jahre 2000 rund 200 zusätzliche Lehrstellen geschaffen werden.

Dieses hochgesteckte Ziel will man sowohl bei den bisherigen Lehrbetrieben wie auch bei Unternehmen, die es noch nicht sind, erreichen. Bei der grossen Zahl der nicht ausbildenden Firmen können diese zusätzlichen Lehrstellen nur durch eine aktive Lehrstellen-Akquisition geschaffen werden. Eine Gruppe von aktiven oder ehemaligen Berufsbildungsverantwortlichen aus Betrieben, Verbänden, der Expertenschaft und Berufsschulen wird sich persönlich mit Betriebsinhabern und Ausbildungsverantwortlichen um neue Lehrstellen und Lehrfirmen bemühen.

Aber auch die rund 1000 heutigen Lehrbetriebe sollen nicht vergessen werden. Durch verschiedene Aktionen wurden die bisherigen Leistungen in der Lehrlingsausbildung erwähnt und gewürdigt. Im Rahmen der ‹L+›-Kampagne erhalten Lehrmeister und Lehrmeisterinnen auf Wunsch die ‹L+›-Card; sie werden dadurch Mitglied im ‹L+›-Club und profitieren von verschiedenen Vergünstigungen.

Grosse Anstrengungen werden für die Gruppe der schulisch schwachen Jugendlichen unternommen. Durch schulische und fachliche Vorbereitungskurse soll diese Gruppe auf eine Anlehre oder Berufslehre vorbereitet werden.

Mit der Lehrstellenkampagne konnte das Ziel schon nach einem Jahr erreicht und mit rund 250 neuen Ausbildungsplätzen gar übertroffen werden. Dieser Erfolg basiert auf der offenen Zusammenarbeit aller involvierten Stellen und Verbände. Auf der Arbeitgeberseite besonders zu erwähnen ist die Unterstützung durch den Basler Volkswirtschaftsbund. Der Verband übernimmt die Kosten des Lehrmeisterkurses, den neue Lehrmeister zu absolvieren haben.

Mit seinem eigens dafür ausgearbeiteten interaktiven Berufswahl-Programm ist der Gewerbeverband im Internet präsent. Auf der Adresse *www.gewerbe-basel.ch* können auch aktuelle Angaben zur Lehrstellen-Situation in den verschiedenen Berufen abgerufen und Kontakte zu Lehrbetrieben hergestellt werden.

Den interessierten Jugendlichen und Schulklassen stellt der Gewerbeverband Basel-Stadt schon seit Jahren die Berufswahlbroschüre ‹Mein Weg zum Beruf› unentgeltlich zur Verfügung.

Der Berufsinformation dient schliesslich auch die Schnuppertour in über vierzig Berufen, die der Gewerbeverband jedes Jahr für die Schüler der Stadt und der Region durchführt. Alle Aktivitäten zum Thema Berufsinformation und Berufswahl erfolgen in enger Zusammenarbeit mit den Berufsverbänden und den Schulen.

Die Genschutz-Initiative bewegt Basel

Mathis Brauchbar

Am Abend des 7. Juni 1998 waren viele überrascht. Es war der Tag, an dem das Stimmvolk die Genschutz-Initiative ablehnte. Von 1 874 881 Schweizer Stimmberechtigten sprach sich nur gerade ein Drittel für die Intiative aus.

Junge Wissenschaftler des Biozentrums bekämpfen die Genschutz-Initiative.

Nicht die Tatsache, dass die Initiative gescheitert war, erstaunte, sondern die Deutlichkeit des Verdikts. «Glasklares Nein zur Genschutz-Initiative», titelte die Basler Zeitung tags darauf.

Der Abstimmungskampf war mit grosser Heftigkeit und aussergewöhnlichem finanziellen Aufwand ausgetragen worden, das Thema in den Medien in den Monaten vor dem 7. Juni allgegenwärtig. Die Abstimmung wurde zur Schicksalsfrage hochstilisiert. Dabei standen sich zwei unversöhnliche Lager gegenüber: Auf der Seite der Initianten waren vor allem Verbände aus Umweltschutz, Tierschutz, Entwicklungszusammenarbeit und Konsumentenschutz zu finden. Ausserdem engagierten sich die gentech-kritische Organisation ‹Basler Appell gegen Gentechnologie› und der Verband der kleineren und mittleren Bauern VKMB für die Initiative. Von den Parteien hatten die Grünen und die SP Schweiz die Initiative unterstützt. Auf der Gegenseite waren der Bundesrat, sämtliche bürgerlichen Parteien, Wirtschafts- und Gewerbeverbände, Universitäten, Forschungsvereinigungen und die wissenschaftlichen Akademien auszumachen.

Der Initiativtext bestand im wesentlichen aus drei Verboten. Nicht mehr erlaubt sein sollten:

- Herstellung, Erwerb und Weitergabe von gentechnisch veränderten Tieren;
- Freisetzung von gentechnisch veränderten Organismen in die Umwelt;
- Erteilung von Patenten für gentechnisch veränderte Tiere und Pflanzen sowie deren Bestandteile, für die dabei angewandten Verfahren und für die Erzeugnisse.

In anderen Bereichen der Anwendung der Gentechnik müssten Nutzen und Sicherheit, das Fehlen von Alternativen und die ethische Verantwortbarkeit darlegt werden.

Argumente, Akzeptanz und Ablehnung

Untersuchungen über die Wahrnehmung der Gentechnik durch die Bevölkerung zeigen ein differenziertes Bild, das sich in ganz Europa gleicht. Dabei lassen sich drei Felder der Akzeptanz respektive der Ablehnung ermitteln:

- Grosse Akzeptanz: Medikamente, Impfstoffe, Gentests für die Diagnose werden von den meisten als nützlich, mit einem mittleren Risiko behaftet und moralisch vertretbar empfunden. Diese Anwendungen der Gentechnik sollten nach Ansicht der Mehrheit der Bevölkerung gefördert werden.
- Schwache Akzeptanz: Resistente Kulturpflanzen oder Tiere für Laborversuche werden zwar als nützlich, aber auch als riskant und moralisch ambivalent wahrgenommen. Daher sollten sie eher nicht gefördert werden.
- Keine Akzeptanz: Auf starke Ablehnung stossen gentechnisch veränderte Nahrungsmittel, die Xenotransplantation, also die Verwendung von Organen aus gentechnisch veränderten Tieren für die Transplantation bei Menschen, sowie das Klonen von Tieren. Sie werden als unnütz, riskant und moralisch nicht vertretbar beurteilt.

Mit Verboten von Tierversuchen und der Freisetzung von Kulturpflanzen versuchte die Genschutz-Initiative, den Bereich mit schwacher Akzeptanz zu regulieren. Die Gegner der Initiative behaupteten, mit dem neuen Verfassungsartikel würde auch der – stark akzeptierte – gentechnische Fortschritt in der Medizin verhindert. Die Initianten dagegen machten geltend, dass mit den Verboten von transgenen Tieren und der Freisetzung gentechnisch veränderter Pflanzen auch der allseits ungeliebte Gen-Food gestoppt würde.

Beobachterinnen und Beobachter des Abstimmungskampfes sahen sich hin- und hergerissen zwischen dem Wunsch, am medizinischen Fortschritt teilzuhaben, und dem Bedürfnis, der Verbreitung gentechnisch veränderter Lebensmittel einen Riegel vorzuschieben.

Die eigentlichen Gegenstände der Initiative – transgene Tiere und Pflanzen – standen kaum mehr zur Debatte. Interessanterweise hatten deshalb die Argumente, die in den frühen 90er Jahren zur Formulierung der Initiative geführt hatten, im Abstimmungskampf keine Bedeutung mehr.

Eng verbunden mit den Hauptstossrichtungen in der Argumentation wurde ein negativer Einfluss auf den Forschungsplatz Schweiz: Die Schweiz könnte mit der Initiative und dem damit verbundenen Verbot von transgenen Tieren ihren Spitzenplatz in der biomedizinischen Forschung verlieren. Obwohl die Arbeitslosigkeit derzeit gemäss Umfragen die grösste Sorge der Schweizer Bevölkerung ist, hielten sich die Wirtschaftsverbände und die Pharmaindustrie während der Abstimmungskampagne zurück, die Gefährdung von Arbeitsplätzen zu thematisieren. Denn in Zeiten der Rationalisierung, der Globalisierung, der Fusionen und dem damit verbundenen Arbeitsplatzabbau hätte sich dieses Argument leicht gegen die Industrie wenden können.

Ein weiteres Argument dürfte Stimmen gegen die Initiative mobilisiert haben, vor allem in linken Kreisen und bei EU-Befürwortern: Die Initiative werde die Schweiz in Europa noch mehr isolieren, ohne aber die Weiterentwicklung der Gentechnik ausserhalb der Schweiz in irgendeiner Weise zu beeinflussen.

Die Argumentation der Initianten, die Gentechnik sei wegen Umweltrisiken und Tierleid einzuschränken, konnte sich im Abstimmungskampf nicht durchsetzen.

Starke Basler Vertretung

Dass die Initiative in Basel hohe Wellen schlagen würde, war schon bei der Lancierung 1992 klar gewesen. Im Visier der Initianten waren damals vor allem die multinationalen Basler Konzerne Ciba, Sandoz und Roche. Dass neben ihnen auch das Basler Institut für Immunologie, das Friedrich Miescher-Institut, das Biozentrum der Universität und weitere Universitäts-Institute betroffen sein würden, stand seinerzeit kaum zur Debatte.

Nicht nur die Anwender der Gentechnik waren in Basel stark vertreten: Im November 1988 war in den Räumen der Mensa der Universität der ‹Basler Appell gegen Gentechnologie› gegründet worden. Mit der Nationalrätin Ruth Gonseth war zudem eine Baselbieterin Präsidentin des Intitiativ-Komitees.

In Basel wurde der Abstimmungskampf denn auch intensiver geführt als in der übrigen Schweiz. Initianten wie auch Industrie, Forscher und Politiker machten mobil: Zahlreiche Podiumsdiskussionen und Standaktionen fanden in den Monaten vor dem Urnengang statt. Die sonst eher zurückhaltende Universität engagierte sich gegen die Initiative, was ihr den Vorwurf einbrachte, andere Meinungen würden unterdrückt. Das Biozentrum und das Friedrich Miescher-Institut organisierten Tage der offenen Tür. Die betroffenen Forscherinnen und Forscher, sonst gesellschaftlichen Debatten eher verschlossen, setzten sich öffentlich für ihr Anliegen ein: Für eine Demonstration der Forscher und Studentinnen und Studenten am 28. April organisierte das Biozentrum einen Extrazug nach Zürich.

SP Basel-Stadt gespalten

Während die Bürgerlichen wie auch die Grünen nie einen Zweifel an ihrer Stimmempfehlung liessen, sah sich die Sozialdemokratische Partei der Schweiz vor einer Zerreissprobe: Feministische und ökologisch motivierte SP-Mitglieder traten klar für die Initiative ein; Teile der Gewerkschaften sowie technik- und fortschrittsfreundliche Mitglieder wandten sich umso deutlicher dagegen.

Obwohl im Vorfeld der Abstimmung und in den parlamentarischen Beratungen noch über die Parteigrenzen hinweg debattiert worden war, bildete sich während des Abstimmungskampfes das herkömmliche Links-rechts-Muster heraus: Die SP-Fraktion im Bundeshaus und die Parteileitung gaben mit deutlichem Mehr die Ja-Parole heraus, ebenso auch die SP-Delegiertenversammlung in Basel-Stadt.

Das klare Basler SP-Votum überraschte, war doch zu erwarten gewesen, dass in der von der Initiative stark betroffenen Stadt zumindest eine Stimmfreigabe beschlossen würde. Doch die Ja-Parole hatte eher politische als inhaltliche Gründe: In einem Interview hatte die Basler SP-Regierungsrätin Veronica Schaller dargelegt, dass sie persönlich grosse Vorbehalte gegenüber der Gentechnik hege und daher die Anliegen der Initiative unterstütze. Die bürgerlichen Parteien warfen ihr daraufhin vor, sie stelle ihre persönliche Skepsis über die Interessen der Stadt. Ihre Einstellung war zum Politikum geworden, das in ihrer eigenen Partei eine deutliche Gegenreaktion provozierte. Gerade *weil* die Regierungsrätin stark angegriffen worden war, galt es nun, sich mit ihr zu solidarisieren und die Ja-Parole zu beschliessen.

Die Gegner der Initiative hingegen fanden in der eigenen Partei zu wenig Unterstützung, um sich durchzusetzen. Zuvorderst kämpfte Ständerat Gian-Reto Plattner gegen die Initiative. Mit seiner flammenden Rede in der kleinen Kammer erntete er den Applaus der Bürgerlichen und der Wirtschaftsvertreter, was ihm eine Schelte von Fraktionskollegen in Bern einbrachte. Dadurch liess er sich aber nicht beirren: Zusammen mit dem Gewerkschaftssekretär Mathias Bonert organisierte Plattner wenige Wochen vor der Abstimmung in einer ‹Feuerwehraktion› das nationale Komitee ‹Linke gegen die Genschutz-Initiative› und zog so noch mehr den Unmut von Parteikollegen auf sich.

Stimmbeteiligung und Resultate

Trotz des intensiven Kampfes um die Stimmen konnte die Initiative in Basel – wie in der übrigen Schweiz – nicht die ganz breiten Massen mobilisieren: Mit einer Stimmbeteiligung von 54% wies Basel zwar nach Schaffhausen, wo Stimmzwang herrscht, die höchste Quote auf; sie fiel aber gegenüber anderen Abstimmungen deutlich ab: Die Beteiligung an den Abstimmungen ‹für eine Schweiz ohne Armee› und zum Bundesbeschluss über den Europäischen Wirtschaftsraum EWR hatte wesentlich darüber gelegen.

Die Stimmbeteiligung erreichte keine Spitzenwerte, weil die Initiative nicht auf ein Thema ausgerichtet war, sondern drei sehr verschiedene Teilbereiche der Gentechnik zu regulieren versuchte. Zudem waren viele von der Abstimmung nicht unmittelbar betroffen, und die Frage, welche die Bevölkerung am meisten interessierte, nämlich nach der Einführung von sogenanntem ‹Gen-Food›, stand nicht zur Abstimmung.

Deutlicher als die restliche Deutschschweiz lehnten die beiden Basel die Initiative ab. Mit einer Zustimmung von 33% lag Basel-Stadt genau im gesamtschweizerischen Schnitt, während Basel-Landschaft mit 29% um einiges darunter lag.

Wie das Bundesamt für Statistik mitteilte, ähnelte das Abstimmungsprofil in der Schweiz stark jenem bei den Tierversuchs-Initiativen von 1985, 1992 und 1993: Je höher bei diesen Vorlagen in einem Kanton die Ja-Stimmenanteile waren, desto grösser war die Zustimmung zur Genschutz-Initiative. Dieselbe Parallele lässt sich zur Abstimmung von 1984 über die Atom-Ausstiegsinitiative ziehen, bei der es ebenfalls um die Risiken einer Technologie gegangen war.

Die Vox-Analyse der Universität Zürich untersuchte die Ursachen für die Abstimmungsresultate. Danach waren das zersplitterte rot-grüne Lager sowie eine geschlossene gegnerische Front mit erfolgreichem Themenmanagement für das Nein massgebend. Ausser bei den Mitgliedern von Um-

Zu den Befürwortern der Genschutz-Initiative gehörten neben dem ‹Basler Appell gegen Gentechnologie› auch zahlreiche (Bio-)Bauern.

weltschutzorganisationen wurden in keiner der untersuchten gesellschaftlichen Gruppen Ja-Mehrheiten erreicht. Obwohl Frauen der Gentechnik gegenüber generell kritischer eingestellt sind, lag der Ja-Stimmen-Anteil in dieser Gruppe nur leicht über dem Mittel.

Die Vox-Analyse belegt auch, dass die Kampagne der Initiativ-Gegner sehr erfolgreich war. Die Stimmbevölkerung nahm den Schutz-Gedanken des Pro-Komitees kaum wahr, sondern vor allem die Charakterisierung als ‹Gen-Verbots-Initiative›. Dass die «Gentechnologie neue Methoden zur Bekämpfung von Aids, Krebs und anderen Krankheiten» ermöglichen könne, erwies sich als das schlagkräftigste Argument der Initiativ-Gegner.

Angeführt von der pharmazeutischen Industrie, unterstützt und getragen von Universitäten und wissenschaftlichen Organisationen, hatten die Gegner der Initiative eine konsistente, aufwendige und über mehrere Jahre angelegte Kampagne geführt, in der vor allem sie die Themen des Abstimmungskampfes bestimmten. Die Initianten – zwischen den Interessen der Tierschützer, der Umweltverbände und des Konsumentenschutzes aufgerieben und auch von den finanziellen Möglichkeiten her beschränkt – konnten darauf nur schlecht reagieren.

Kaiseraugst und Schweizerhalle wirken nach

Die Basler Auseinandersetzung um den Urnengang war wesentlich durch die jüngere Geschichte geprägt. In den 80er Jahren begann die chemische und pharmazeutische Industrie in der Schweiz, sich für Bio- und Gentechnologie zu interessieren. 1986 wurde das Verhältnis zwischen der Basler Chemie und der Bevölkerung nachhaltig gestört: Der Brand in Schweizerhalle und seine ökologischen Folgen führte zu einem neuen Klima der Opposition und einer neuen Risikowahrnehmung.

Bürgerbewegungen wie die ‹Aktion Selbstschutz› entstanden und forderten einen besseren Bevölkerungsschutz. Sie konnten von den Erfahrungen einer anderen Bewegung profitieren, die eben erst erfolgreich gewesen war: Die Anti-AKW-Bewegung hatte erreicht, dass das AKW Kaiseraugst nicht gebaut wurde. Nach zehn Jahren Kampf gegen das AKW wussten die führenden Köpfe dieser Bewegung, wie Widerstand zu mobilisieren und zu organisieren war.

Doch: «Es gibt keinen Grund, gegen Atomtechnologie und nicht auch gegen Gentechnologie zu sein. Gentechnologie als Schlüsseltechnik der Zukunft ist ein zentraler Baustein der gesellschaftspolitischen Macht», formulierten Anita Fetz, Florianne Koechlin und Ruth Mascarin, die Herausgeberinnen des Buches ‹Gene, Frauen und Millionen› 1988, in jenem Jahr also, in dem der ‹Basler Appell gegen die Gentechnologie› gegründet wurde. Noch heute ist die Gentech-Kritik oft auch als Kritik am herrschenden Wirtschaftssystem zu verstehen. Dies wurde nicht zuletzt an der Debatte zur Genschutz-Initiative deutlich.

Die Themen liegen auf dem Tisch

Auch nach der Abstimmung wird die Gentechnik und ihre Chancen und Risiken ein Thema bleiben. Denn das Resultat ist keineswegs als ‹Ja› zur Bio- und Gentechnik zu werten. Weitere Anwendungen der Gentechnik – etwa die Gendiagnostik oder die Xenotransplantation – bergen ein grosses gesellschaftliches Konfliktpotential, wurden bisher aber kaum diskutiert. Initiativen bringen immer wieder Themen auf das Schweizer politische Parkett, die von der Regierung oder den Behörden nicht als dringlich erkannt werden: So ist es das Verdienst der Genschutz-Initiative, mögliche Gefahren der Freisetzung gentechnisch veränderter Pflanzen und tierrechtliche Aspekte der Gentechnik zur Diskussion gebracht zu haben. Dass nun entsprechende Normen eingeführt werden, ist eine Folge der Initiative.

Initiativen eignen sich aber letztlich nicht dazu, aktuelle Fragen und Probleme vertieft zu diskutieren. Wie bei allen Abstimmungen war bei der Genschutz-Initiative nur ein ‹Ja› oder ein ‹Nein› an der Urne gefragt – die Polarisierung der Debatte lag bereits in der Frage auf dem Abstimmungszettel begründet.

Kunstschaffende im Basler Stadtbuch

Mireille Gros: Blüten Blätter

Rudolf Velhagen

Vorsatzblätter

Mireille Gros, geboren 1954 in Aarau. 1977–1981 Schule für Gestaltung Basel. 1981 Cooper Union New York (Vito Acconci, Hans Haacke). Lebt in Basel und Paris.

Ausstellungen (Auswahl): 1994 ‹Réserves Naturelles›, Kunsthalle Basel. 1997/98 ‹77 Bücher›, Kupferstichkabinett Kunstmuseum Basel.

Auszeichnungen (Auswahl): 1988 und 1998 Basler Künstlerstipendium. 1983 Honorarium New York State Council for Arts. 1986 Reisepreis Kunsthalle Basel. 1996 Förderpreis der Stiftung für die Graphische Kunst in der Schweiz.

Technik der Grafikblätter: 4farbige/3farbige Offset-Lithografie, gedruckt auf BFK-Rives 270 g/m^2. Atelier Nik Hausmann, Séprais. Titel: Blüten Blätter

«Wie sieht der Anfang aus?» – In den jüngsten Arbeiten der 1954 in Aarau geborenen, heute in Basel und Paris tätigen Malerin Mireille Gros nimmt das Thema des ‹Anfangseinfangens› einen zentralen Platz ein: «Es geht mir darum, etwas zu visualisieren, das an Anfänge erinnert. Wie formiert sich etwas, bevor es zu pulsieren beginnt, wie beseelt es sich?» Überblickt man das Œuvre von Mireille Gros, welches Arbeitsbücher, Zeichnungen, Gemälde, Fotografien, Videos, Kleinplastiken und druckgrafische Werke umfasst, wird deutlich, dass sämtliche Werkgruppen – man denke beispielsweise an die Serien ‹Eaux vives› (1996) oder ‹Jardins suspendus› (1997/98) – Bilder eines Anfangs sind. Immer wieder stösst man auf Darstellungen von Wasser (Meer- und Quellwasser) sowie von Gesteins- und Zellformationen, auf Samenkapseln, Pollen und Blüten. Das Werk zeugt von einer langjährigen, intensiven Auseinandersetzung mit archetypischem Material sowie von einer umfassenden Kenntnis unterschiedlicher Schöpfungsmythen. Besonderes Interesse gilt dem Initiationsritus, der in allen Kulturen auch ein Sinnbild der Wiedergeburt ist.

Die Original-Lithografien der Vorsatzblätter zum diesjährigen Stadtbuch zeigen das Herausdrängen von safrangelben Staubfäden vor einem ebenfalls safrangelb gezeichneten Blütenstaub (vorderes Blatt) sowie die Entfaltung und Öffnung eines weissen und hellorangen Blütenkelches (hinteres Blatt). Die ‹duftenden› Blüten verbreiten eine erotische, warme Atmosphäre und scheinen auf exemplarische Weise daran zu erinnern, dass Anfänge – auch schmerzliche – ebenfalls sinnlich verführende, zum Blühen bringende Momente sein können. «Es heisst: ‹Aller Anfang ist schwer›. Ich hingegen mache den Anfang zu einer Leichtigkeit, zu einer Liebesbotschaft», erklärt die Künstlerin. Dabei spielt es im weiteren keine Rolle, um welche Anfänge es sich handelt. Für Mireille Gros sind Entfalten und Entblättern einer Blüte und das Öffnen und Blättern in einem Buch verwandte Vorgänge.

Die Frage nach dem Anfang schliesst die Frage nach der Zeit ein. Mit sprachlichen Paradoxen arbeitende Ausstellungstitel wie

‹Auf Verderb und Gedeih› (1997) oder ‹damALS ALS WIR WERden› (1998) weisen programmatisch auf das Zeitverständnis der Künstlerin hin. Sie verdeutlichen, dass für Mireille Gros das Vergangene untrennbar mit dem Zukünftigen verknüpft ist, und dass Sterbensprozesse nicht zu einem endgültigen Abschluss führen, sondern den Anfang, den Keim neuen Lebens in sich bergen. In diesem Sinne ist ‹Anfangseinfangen› von Mireille Gros letztlich nichts anderes als ein künstlerischer Versuch, sich der Zeitlosigkeit oder, wie sie selbst es formuliert, der ‹Ausserzeit› anzunähern. Ob dies mittels einer kurzen Bleistiftnotiz, eines in einem Arbeitsbuch eingeklebten Bildausschnitts (den sogenannten, inzwischen 71 Exemplare umfassenden COLOR-Büchern, von denen das Kunstmuseum Basel 1997/98 eine Auswahl präsentierte) oder eines mit von ihr selbst hergestellten Farben erschaffenen Ölgemäldes geschieht, ist für Mireille Gros zweitrangig: «Mich faszinieren alle Medien. Ich versuche, möglichst offen und vielseitig zu bleiben. Wichtig bleibt die innere Eigenschaft eines Mediums. Malerei als Malerei, Video als Video, Litho als Litho. Technik ist ein Vehikel, mehr nicht ..., das ‹innere Universum› ist mir weit wichtiger als irgend ein Medium.»

Edition Kunst der 90er Jahre: die Vorsatzblätter im Basler Stadtbuch 1989–1999

Die Arbeiten von Mireille Gros schliessen die ‹Edition Kunst der 90er Jahre› im Basler Stadtbuch ab. Wie bisher sind beide Vorsatzblätter auch als Originalgrafiken (Format 60 x 80 cm) erhältlich. Pro Grafikblatt wurde eine limitierte Auflage von 100 Stück hergestellt. Die Nummern 1 bis 50, arabisch numeriert, sind für den sofortigen Verkauf bestimmt. Die Nummern I bis L, römisch numeriert, werden in eine Editionsmappe gelegt, die alle Grafiken von 1989 bis 1999 enthält und im Jahre 2000 erscheinen wird.
Red.

Ertrinkende und Verbrannte

Edgar Hagen

Literarischer Essay

Eine Frage, die ihn wirklich beschäftige, sagte Igor, der Velomacher, bei einer unserer letzten Begegnungen, sei, warum es Menschen gebe, die Geschichten erleben und diese Geschichten weitererzählen, und andere, die ihre Geschichten gleich wieder vergessen, die nichts zu erzählen haben. Genauso gut, wie er Velomacher ist, könnte Igor auch Wissenschaftler, Künstler oder Schriftsteller sein. Igor ist ruhig, neugierig und hält den Blick auf sein Gegenüber gerichtet. Er betrachtet seine Umgebung, lebt mit ihr und folgt sichtlich seinem eigenen, inneren Rhythmus. Igor ist einer der seltenen Menschen, denen ich während der letzten Jahre im Quartier, wo ich wohne, begegnet bin, der hartnäckig er selbst ist.

Igor öffnet seinen Veloladen erst am Nachmittag, etwa zwischen 15 und 16 Uhr, um ihn frühmorgens wieder zu schliessen. Igor lebt in die Nacht hinein. Der Laden befindet sich im Hochparterre eines dreistöckigen Vorstadthauses, ist vielleicht zwanzig Quadratmeter gross, vollgestopft mit Velos jeder Preisklasse und den entsprechenden Ersatzteilen. Das Schaufenster reicht über die gesamte Breite des Ladens. Von hier aus lässt sich die Strasse überblicken. Ich sitze auf dem niedrigen Heizkörper vor dem Fenster. Kataloge für Velozubehör dienen als Kissen. Igor repariert mein Velo, schon den ganzen Abend lang.

Manchmal sitzt er auch im hinteren Teil des Ladens unter einem hohen Regal mit Ersatzteilen auf einem Schemel vor seiner Werkbank und erzählt. Oft winkt Igor Vorübergehenden zu, und sie winken zurück. Manche von ihnen betreten auch den Laden und setzen sich auf den Heizkörper. Die Tür ist geöffnet, bis Igor Feierabend macht, das heisst bis in den Morgen hinein. So wird unser Gespräch auch regelmässig von Kundinnen und Kunden unterbrochen, die spät abends noch einen Wunsch haben. Nicht alle, die hierher kommen, wollen ein Velo kaufen oder reparieren lassen. Aber das Velo ist sehr oft ein Anlass, Geschichten zu erzählen.

Auch der Besitzer der angeblich ersten Panorama-Kamera in Basel kam an diesem Abend. Wir hatten uns noch nie zuvor gesehen, und er wollte die Gelegenheit gleich beim Schopf packen, um ausführlich von seinem Goldstück zu erzählen. Igor schickte ihn weg. Heute wolle er selbst erzählen. Er sagte: «Ich habe Besuch.» Doch der andere war schlaflos und unruhig und kam immer wieder. Draussen in den umliegenden Strassen sah man die Stapel für die Altpapierabfuhr am nächsten Tag. Er durchstöberte die Papierbündel und kehrte mit einem Buch zurück, das er gefunden hatte. Daraus wollte er uns vorlesen. Auch eine Frau um die Fünfzig kam vorbei. Es war gegen Mitternacht. Sie wollte die Reifen ihres Velos aufpumpen lassen. Igor sagte zu ihr: «Madame, Sie kommen viel zu selten hierher.» Er nahm die grosse Tretpumpe, ging hinaus in den Vorgarten und pumpte der Frau die Reifen auf. Zehn Minuten später kam ein Koch von der Arbeit, um mit glänzenden Augen das neueste Mountainbike zu studieren, das bei Igor im Laden stand. Der Rahmen bestand im wesentlichen aus einem verchromten Verbindungsträger zwischen Gabel und Hinterrad. Vorderrad, Hinterrad und das Rohr, auf dem der Sattel sass, waren hydraulisch gefedert. Die Räder hatten anstelle von Speichen drei dicke Streben. Die Bremsen funktionierten mittels Öldruck. Eine Fahrt auf diesem Gerät durch steiniges Gelände wäre sicherlich wie ein Gleitflug. Der Koch wollte das Velo sofort mitnehmen, aber zum halben Preis. Igor entgegnete ihm: «Schon der Rahmen allein ist so viel wert, wie für das ganze Velo angeschrieben ist.» Der Koch schlug vor, in monatlichen Raten zu zahlen. Doch bei Igor gibt es keine Ratenzahlung. Er antwortete dem Koch: «Entweder, du legst das Geld auf den Tisch, oder du verschwindest aus dem Laden.» Die beiden spielten ein Spiel, wie sie es wohl öfter miteinander spielen. Ich spürte, wie Igor dagegen ankämpfte, das Velo nicht gleich zum Spottpreis dem Koch mitzugeben.

Überhaupt habe ich mich schon oft gefragt, wovon Igor eigentlich lebt, obwohl es, vor allem in der Vorabendzeit, in seinem Laden zu- und hergeht wie in einem Bienenhaus. Wenn jemand dringend eine Reparatur haben möchte, kann es schon einmal vorkommen, dass Igor sagt: «Kommen Sie morgen wieder.» Möchte jemand ein Schloss kaufen, so sagt er: «Ich kann Ihnen das Schloss natürlich verkaufen. Aber Sie erhalten es billiger im Warenhaus.» Igor will nicht um jeden Preis verkaufen. Als ich das erste Mal herkam, weil mein altes Velo gestohlen worden war und ich ein neues brauchte, hatte Igor mich mit der Frage überrascht: «Monsieur, was sind Sie von Beruf?» Als ich sagte, dass mein Interesse auf Menschen ausgerichtet sei, dass ich Geschichten schriebe und Filme mache, folgerte er: «Dann verdienen Sie wohl nicht allzu viel Geld, Monsieur!» Das mag sein, doch ich wollte ja auch nur ein altes Velo kaufen. Igor hatte kein gebrauchtes Velo, wie ich es suchte, nur ein neues, eine Spezialanfertigung, die er gerade für sich selbst fertiggestellt hatte. Er bestand darauf, dass ich dieses Velo nähme, zum halben Materialwert, wie ich seinen Äusserungen entnehmen konnte, erster Service selbstverständlich gratis.

An diesem Tag kam auch eine stadtbekannte Person in Igors Laden. Das Gesicht des Mannes ist durch schwere Verbrennungen entstellt, und er trägt immer einen Kampfanzug. In der Hand hat er ein Kofferradio, und an seinen beiden Handgelenken trägt er fast ebenso viele Uhren wie der Uhrenbaron Nicolas Hayek bei seinen Werbeauftritten. Jeder hier im Quartier kennt diesen Mann, doch niemand weiss, wer er ist. Vielleicht mit einer Ausnahme. Igor fragte den Verbrannten, in dessen Gesicht ich noch nie ein Mienenspiel hatte entdekken können, obwohl er mir schon unzählige Male begegnet war: «Wie geht es dir?» Der Verbrannte antwortete: «Mir geht es heute nicht gut.» Dann schwieg er. Plötzlich sah ich, dass er weinte. Tränen rannen ihm über die Wangen. Nach einer Weile bat er Igor: «Könntest du mir ein Päckchen Tabak spendieren?» Igor gab ihm fünf Franken. Der Verbrannte hörte auf zu weinen. «Ich mache dafür ja auch Werbung für dich, in der ganzen Stadt. Ich schicke alle Leute, die ein Velo brauchen, zu dir.» Igor nickte und bedankte sich. Der Verbrannte bedankte sich ebenfalls. Ein Geschäft war vollzogen.

Igors Laden wirkt wie ein Magnet auf Eigenwillige und Problembeladene. Das mag verschiedene Gründe haben. Zum einen, dass solche Leute weniger Geld haben als andere und bei Igor alles billiger ist als anderswo. Aber Igor interessiert sich auch für die Geschichte eines jeden seiner Kunden. So fragte er zum Beispiel eine junge Frau, die ein gebrauchtes Velo für hundertachtzig Franken kaufen wollte, hundertsiebzig Franken in Scheinen hervorholte und wegen der restlichen zehn Franken lange in ihrem Kleingeld kramte: «Madame, sind Sie Studentin?» Die Frau schaute erschreckt auf: «Nein, nicht mehr.» – «Was haben Sie studiert, Madame?» fragte Igor. «Physik.» – «Oh, Madame, dann haben Sie ein ganz schweres Leben.» Er wollte auf die restlichen zehn Franken verzichten, jedenfalls tat er so. Denn als sie das Kleingeld zusammengekramt hatte, nahm er es doch an. «Die Physiker wissen unglaublich viel», sagte er. «Verglichen mit dem, was Sie wissen, kommt mir absolut banal vor, was ich mache: Velos reparieren.» In diesem Moment erinnerte er sich an einen seiner Freunde, einen Physiker und grossen, kräftigen Mann, der an seinem Wissen zerbrochen war. Er war vor drei Jahren am Alkoholismus gestorben, weil er sich, wie Igor sagte, zu viele Gedanken gemacht hatte. Er habe immer nach dem Sinn des Ganzen gefragt. «Passen Sie auf mit dem Alkohol, Madame.» Igor setzte seine Bierflasche an. Er hat einen starken Zug beim Trinken. «Die Physiker», fügte er hinzu, «haben es ganz schwer. Passen Sie auf, Madame, seien Sie vorsichtig, nicht, dass es Ihnen ergeht wie meinem Freund.» Die junge Frau fühlte sich nicht gerade aufgemuntert durch Igors Ratschlag. Sie lachte gezwungen, nahm die Quittung für ihr neues Velo entgegen und verschwand in der Nacht. «Haben Sie ihre Augen gesehen?» bemerkte Igor, nachdem sie gegangen war. «Sie waren glasig und übermüdet. Keine Freude in den Augen. Die Frau macht sich zu viele Gedanken. Ich habe sofort gesehen, dass etwas nicht stimmte mit ihr. Genau das gleiche Problem wie bei meinem Freund.»

An diesem Abend war ich zu Igor gekommen, weil ich ihm sagen wollte, dass ich ein paar Seiten über ihn und seinen Laden geschrieben hatte. Ich hatte mich im Verlaufe eines unserer nächtlichen Gespräche dazu entschlossen und ihm dies auch gesagt. Er hatte nur geantwortet, ich solle auf keinen Fall seinen Namen erwähnen, er selbst sei schon auffällig genug. Die Leute im Quartier würden über ihn sagen, er sei ein ‹Original›. An diesem Abend war ausser mir noch ein Freund Igors im Laden. Er heisst Josef. «Warum», fragte Igor, «schreiben Sie über mich? Schreiben Sie doch über Josef. Ich bin nichts besonderes. Sie könnten genausogut über Josef schreiben. Jeder Mensch ist eine Geschichte wert.» Josef sass auf der Heizung, wo sonst ich sass, und nickte. Auch ich war mit dieser Äusserung einverstanden. Natürlich kann man über jeden Menschen eine Geschichte erzählen. Aber weil Igor sich für die Geschichten aller Leute interessiert, denen er in seinem Leben begegnet, ist gerade er mir eine Geschichte wert. Josef fand das einleuchtend: «Normalerweise haben die Leute gar keine Zeit, einander Geschichten zu erzählen. Sie sind nur damit beschäftigt, zu arbeiten und Geld zu verdienen. Das Gespräch ist von der Arbeit getrennt. Während sie arbeiten, findet keine Kommunikation statt. Das ist hier anders.»

So habe ich dem Velomacher den Namen Igor gegeben. Er selbst hätte sich Juan genannt. Doch Juan ist spanisch, und ich finde, dass der Velomacher auf jeden Fall aus dem Osten kommen muss. Igor könnte ein Russe sein oder ein Rumäne. Auf jeden Fall kommt er aus dem Osten. Er ist im Kommunismus gross geworden und knapp sechzig Jahre alt. «Eine gute Geschichte», sagte Igor, «kann überall auf der Welt spielen. Ich könnte auch Spanier sein.» – «Aber», erwiderte ich ihm, «wenn du nicht im Osten aufgewachsen wärest, hättest du dich nach dem Abitur niemals dazu entschlossen, Matrose auf der Donau zu werden.» Igor erzählt oft von seiner Zeit als junger Matrose auf der Donau. Auch heute, meinte er einmal, würde er wieder als Matrose aufs Schiff gehen, um die Welt zu sehen. «Ja», entgegnete ich, «aber damals blieb dir nichts anderes übrig, als aufs Schiff zu gehen, um die Welt zu sehen.» – «Du willst also von meiner Zeit als Matrose auf der Donau erzählen?» fragte er mich entsetzt. – Ja, ich muss davon erzählen, denn sonst könnte ich gar nicht von Igor erzählen.

Die paar Geschichten, die mir Igor von seinen neun Jahren als Matrose auf der Donau erzählte, hätten tatsächlich überall passieren können, auch hier im Quartier, wo die Leute sich auf der Strasse nicht guten Tag sagen und weniger wissen, was mit den Nachbarn los ist als mit Bill Clinton.

Eine der Geschichten ereignete sich in Rumänien. Igors Schiff hatte irgendwo am Unterlauf der Donau neben anderen Schiffen angelegt. Es war gegen Abend, und Igor kam von einem Landgang zurück. Von weitem sah er auf einem der Schiffe fünf, sechs Personen wie gebannt ins Wasser starren. Er wusste sofort, dass etwas nicht stimmte. Er eilte zu ihnen hin und sah einen Ertrinkenden in einiger Entfernung vom Ufer um sein Leben kämpfen. Keiner der Zuschauer rührte sich, sie sahen nur immer weiter dem Schauspiel zu. «Und was hast du gemacht?» fragte ich Igor. Er sah mich überlegen an und meinte lapidar: «Ich bin ins Wasser gesprungen und habe ihn rausgeholt.» Das sei nicht einfach gewesen, denn es war Frühjahr, und das Wasser war kalt. Der Ertrinkende hätte um sich geschlagen. Trotzdem sei es ihm gelungen, ihn aus dem Wasser zu holen. Die Zuschauenden hätten ihm gedankt, weil er den Mann unter Einsatz seines Lebens gerettet hatte. Er habe sie gefragt, warum sie nichts unternommen hätten. Sie hätten ihn irritiert angeschaut und geantwortet, sie seien nicht auf die Idee gekommen. «Warum», fragte mich Igor, «sind die Menschen so gleichgültig? Kannst du mir das erklären?»

Eine ähnliche Geschichte erzählte er mir aus einem Städtchen in Ungarn. Auf einer Brücke, die einen Kanal überquerte, fand ein Markt statt. Am Geländer hatte sich eine Traube von Menschen gebildet, die wie gebannt ins Wasser starrten. Igor sah die Menschen, und auch diesmal sah er einen Ertrinkenden im Wasser. Alle sahen ihn, und niemand machte Anstalten, etwas zu tun. Auch hier sei er ins Wasser gesprungen. Es sei an dieser Stelle nicht einmal sehr tief gewesen. Er habe stehen können und den Mann, einen Betrunkenen, aus dem Wasser geholt. Und wieder fragte mich Igor: «Warum sind die Menschen so gleichgültig? Kannst du mir das erklären?» Diese Frage habe ich öfter aus seinem Mund gehört, und noch viele andere Fragen, die er sich auf Grund seiner Beobachtungen der Menschen stellt. «Warum», fragte er weiter, «sind Menschen bereit, für einen Anzug einen anderen Menschen zu töten? Kannst du mir das vielleicht erklären?» An einem anderen Ort in Rumänien sei er nachts von zwei Prostituierten und einem Zuhälter in einen Park gelockt worden. Der Mann hätte den Frauen auf russisch erklärt, was er vorhatte: Sie sollten Igor an die entlegenste Stelle des Parks führen. Dort sollten sie ihn vernaschen. Er könnte ihn dann töten und ihm den Anzug abnehmen. – Igor hätte verstanden, worüber der Zuhälter mit den Frauen sprach, doch er hätte sich nicht anmerken lassen, dass er auch nur ein einziges Wort verstand. Er stellte sich dumm. Igor ist froh, dass er viele Sprachen kann. Dass er Russisch kann, hatte ihm das Leben gerettet. Igor kann kein Spanier sein.

«Warum ist ein Mensch dazu bereit, für einen Anzug einen anderen Menschen zu töten? Erkläre mir das», sagte Igor. «Weil sie arm sind ...», versuchte ich zu antworten. Doch er lachte nur. Nein, das alles hätte mit Armut und Reichtum gar nichts zu tun. Und schon war er mit einer neuen Geschichte in Leningrad. Damals verdiente er sich seinen Lebensunterhalt unter anderem als Schmuggler. Im Freihafen hatte er eine schöne Frau getroffen. Er war gerade mit einer Kiste voll Plastikregenmänteln unterwegs, die damals ein Vermögen wert waren. Und weil er am nächsten Tag Leningrad wieder verlassen musste, brachte er die Kiste zu der Frau nach Hause, in ihren armseligen Bretterverschlag. Ihr Mann, ein schwerer Alkoholiker, lag im Bett und schlief wie ein Stein. Unter dem Bett verstaute Igor die Kiste mit den Regenmänteln. Die Frau und der Mann lebten in bitterer Armut. Ein Regenmantel sei damals so viel wert gewesen wie ein Monatseinkommen. Als er nach zwei Monaten wieder nach Leningrad zurückgekehrt sei, hätte die Kiste noch immer unter dem Bett gestanden. Die Leute hätten sich dafür entschuldigt, dass sie einen der Regenmäntel verkauft hätten. – «Der Mann war schwerster Trinker», gab mir Igor zu bedenken. «Einen einzigen Regenmantel! Er hätte die ganze Kiste verkaufen und alles versaufen können. Hätte ich es ihm übelnehmen können? Warum hat er es nicht getan? Kannst du mir das erklären? Solche Menschen gibt es.»

Die ganze Zeit über, während wir im Laden sassen und Igor erzählte, ging der Verbrannte in seinem Kampfanzug draussen auf der Strasse auf und ab, als ob er Wache schieben würde. Igor zeigte hinaus und sagte: «Ich habe sogar eine Leibgarde. Kommt sie in deiner Geschichte auch vor?» Ich bejahte. Er trat vor seinen Laden in die Nacht hinaus und fragte den Verbrannten: «Fritz, wie geht es dir?» Der kam herbei und fragte, ob es möglich sei, einen Vorschuss zu bekommen, er sei pleite. Ob ein Fünfer genügen würde, fragte Igor. Der Verbrannte war einverstanden. Er würde sich damit wieder ein Päckchen Tabak kaufen. Igor kramte in seiner Tasche das Kleingeld zusammen, das ihm die Physikerin zuvor gegeben hatte. Der Verbrannte bedankte sich und verschwand in der Nacht.

Basel liegt in einem Kessel. Fast überall, wo das Auge hinschaut, stösst der Blick an Grenzen. Doch Igors Laden liegt an einer flach nach Frankreich ausfallenden Strasse, mit offenem Horizont. Es könnte die Hauptstrasse einer amerikanischen Kleinstadt sein, ausgestorben, traurig und leer wie auf einem Bild von Edward Hopper, mit einem kleinen Unterschied: Igors Laden, dessen Fenster die ganze Nacht über hell erleuchtet ist. Unter dem kühlen Licht der Neonlampe, zwischen Velorahmen, Felgen und Zahnrädern, wird gearbeitet, gehandelt, geredet, erzählt, diskutiert und getrunken. Es wird das Leben verhandelt. Vor dem Laden geht vielleicht die Leibgarde auf und ab, darum herum werden die Häuser zur Kulisse, und am Ende der Strassenflucht glüht der Abendhimmel. Ich hatte einen Fotografen gefragt, von dem ich wusste, dass er dieses Bild mit der Kamera ‹malen› könnte. Ich wollte Igor nur noch den Termin bekanntgeben, an dem ich vorbeikommen würde. Aber ich hatte nicht damit gerechnet, dass Igor über meine Absicht dermassen erschrecken würde, dass er sich einem Foto vor seinem Laden verweigerte. Zum ersten Mal sah ich in ihm eine Wut aufsteigen. Ein Foto von seinem Laden, das war zuviel. Ein Foto im Innern schon gar nicht. Igor gab mir ein Glas und schenkte Rotwein ein. Er forderte mich auf, mit ihm anzustossen. Ich stiess mit ihm an, trank und setzte mich mit dem Glas auf die Heizung. Er füllte mir immer wieder nach. Ich hätte ihn völlig falsch verstanden, erklärte er. Von seinem Laden bräuchte es keine Fotos. – Während ich dasass und Igor schon wieder mitten im Geschichtenerzählen war, wurde mir klar, dass er sein ganzes Leben lang jeden Versuch, von irgend jemandem für irgend etwas vereinnahmt zu werden, abgewehrt hatte. Dies war wohl der Grund für meine Faszination. Und ich erinnerte mich an eine Geschichte aus seiner Militärzeit in der kommunistischen Armee. Sie handelte davon, wie er sein Gewehr benutzte. Gemeinsam mit einem Freund zog er damals durch die Wälder um die Kaserne, um Vögel zu schiessen. Das Kantinenessen reichte nie aus, ihren Hunger zu stillen. Und während die anderen auf den Märschen immer das Gewehr geschultert hatten, trug er einen schweren Holzknüppel mit sich. Wenn jemand ihn schikanieren wollte, dann hätte er ihn mit dem Knüppel durch die slawischen Wälder gejagt. «Wie war so etwas möglich, in einer kommunistischen Armee, Ende der 50er, Anfang der 60er Jahre?» fragte ich ungläubig. «Alles ist möglich, Monsieur, nur Courage brauchen Sie.»

Als Igor mir verbot, seinen Laden auch nur aus der Ferne und bei Nacht zu fotografieren, wurde mir klar, was dieser Laden für ihn bedeutet und wie eng er mit seinem Leben verbunden ist. Alle Geschichten, die er mir bis heute erzählt hat und denen ich stundenlang zugehört habe, handeln davon, wie er sich allen Einmischungen in sein Leben widersetzt.

Igor spricht nie über Politik. Er klagt nie jemanden an. Er behauptet nur seinen Raum, seinen Stil, seinen eigenen Rhythmus. Als er vor mehr als fünfundzwanzig Jahren sein damals noch kommunistisches Land verliess, ging er nach Westdeutschland. Dort wollte er sich nicht von den Behörden als Flüchtling in irgendeine x-beliebige Stadt verpflanzen lassen. Er wollte dorthin, wo es ihn hintrieb. Ich habe Igor noch nie ein Urteil über den Sozialismus abgeben hören. Er spricht immer nur von einzelnen Menschen, nicht von Systemen. Die Systeme unterläuft er. So macht er es auch hier. Dafür steht sein Laden. Ein schützenswertes Gebilde, das kein Foto verträgt.

Igor ist ein Bücherleser, jedenfalls spricht er viel über Literatur, von grossen Schriftstellern. Vielleicht fängt das Geschichtenerzählen und der Eigensinn mit dem Bücherlesen an. Igor erinnert sich, dass er während seiner Schulzeit immer zwei Tüten voller Bücher mit sich herumtrug. Er hatte in all diesen Büchern gleichzeitig gelesen. Einer der ganz grossen Schriftsteller ist für ihn der Isländer Halldór Laxness. Igor ist fassungslos und enttäuscht darüber, dass auch sogenannt gebildete Leute bei uns diesen grossen Nobelpreisträger von 1955 nicht kennen. Auch ich kannte Halldór Laxness nicht, bis Igor mir von ihm erzählte. Laxness hatte Bücher wie ‹Sein eigener Herr› geschrieben. In der Bibliothek fand ich ein Buch von ihm, das ich in einem Zug durchlas: ‹Zeit zu schreiben›. Darin schildert Laxness unter anderem, wie er 1932 als dreissigjähriger Sozialist zum ersten Mal in die Sowjetunion reiste, voller Hoffnungen, das Sowjetsystem habe eine Lösung gefunden für das grösste Menschheitsproblem: die Armut und den Hunger. Laxness reiste viel. Er verliess seine Insel, um den Anschluss an die Weltgeschichte zu finden. Bevor er zum ersten Mal in der Sowjetunion eintraf, war er längere Zeit in Luxemburg, auf Sizilien und in den USA gewesen. Als er in Leningrad ankam, war er erschüttert über die Armut der Menschen, eine Armut, wie er sie zuvor noch nie gesehen hatte. Immer, wenn Laxness über seine Reisen, die er bis zum Beginn der 60er Jahre in die Sowjetunion unternahm, schreibt, schreibt er auch über die Armut, der er dort begegnete. Davon erzählte ich Igor. War es dieser Laxness, den er als Schriftsteller so sehr bewunderte? Nein, Igor meinte ganz andere Bücher von Laxness, Bücher, in denen dieser von den Bauern auf entlegenen Höfen in Island und von den Fischern erzählt. Über die Armut in Russland zu schreiben, sagte Igor, dafür hätten Laxness vielleicht der Blick und die Erfahrung gefehlt. Würde er, Igor, ein Buch über Russland schreiben, so wäre das ein anderes Buch, als Laxness es jemals hätte schreiben können. Und er erzählte mir, was er im Tanzlokal ‹Zur blauen Donau› an der rumänisch-russischen Grenze erlebt hatte. Die Menschen, die dorthin kamen, waren alle mausarm, so wie das alte Ehepaar auf der Tanzfläche: er in hohen Gummistiefeln und Arbeitskleidung, sie klein und zerbrechlich. Die Menschen waren arm, sehr arm, aber sie tanzten, er in den Gummistiefeln, wie Igor in der Schweiz noch nie Menschen hatte tanzen sehen. Und sie waren fröhlich und ausgelassen, wie er in Basel noch nie Menschen gesehen hatte. «Im Unterschied zu Laxness würde ich die armen Leute in Russland vom proletarischen Standpunkt aus betrachten.» Er würde nicht über das System schreiben, sondern über die Menschen. Er würde bestimmt von dem alten, tanzenden Paar schreiben, von der Kapelle, die spielte, insbesondere von Volodja, dem Klarinettisten. Volodja spielte bis zum Umfallen, und die beiden Alten tanzten bis zum Umfallen. Bei jedem Schritt klatschten die Gummistiefel des Alten auf den Boden. – Ich höre sie in die verschlafene Basler Nacht hineinklatschen.

Wie Igor in die Schweiz kam, weiss ich nicht. Er erzählt dazu verschiedene Geschichten. Die phantastischste berichtet darüber, wie er über den Rhein in die Schweiz schwamm. Ich bin ihm dafür dankbar. Igor sagt, er habe immer gerne gearbeitet, erst im Basler Rheinhafen, dann als Matrose auf dem Rhein. Später habe er Heizungskessel montiert. Er habe seine Arbeit immer gerne gemacht, aber er habe es nie ertragen, wenn er als Ausländer anders behandelt und schlechter bezahlt wurde als andere. Wenn ihn jemand schikanierte, habe er seine Konsequenzen gezogen. Igors Laden erscheint mir wie die Konsequenz aus seinem Leben. Der Veloladen ist ein Freiraum, ein Kunstwerk, das er sich geschaffen hat. Der Veloladen ist ein Ort, wo Broterwerb und Kommunikation ineinanderfliessen. Geschichten sind hier erwünscht. Erst als Igor mir untersagte, ein Foto von seinem Laden zu machen, wurde mir bewusst, wie wichtig dieser Ort für ihn ist: Es ist *sein* Ort. Es ist der Ort, den er sich selbst geschaffen hat. Jeder kann hierher kommen, aber es soll kein Foto davon geben. Igor braucht das nicht.

Spät nachts standen wir vor dem Laden, mein Kopf war voll, und Igor sagte zu mir: «Ist das nicht ein guter Ort?» Es ist ein guter Ort. Ich hatte mich entschlossen, darüber zu schreiben. Dass ich eine Geschichte erzähle über einen Ort, der überall auf der Welt liegen könnte, kann mir ein Geschichtenerzähler doch wohl nicht verbieten.

Am Rhein *Julian Salinas*

Fotoessay

In jeder Stadt dieser Welt begegnet man einer Vielzahl von Gesichtern und Charakteren. Selten jedoch nehmen wir uns die Zeit, sie genauer zu betrachten. Nach den Auffallenden und Ausgefallenen drehen wir uns um, doch die ‹Normalbürger› nehmen wir oft nicht wahr, obwohl gerade sie einiges über eine Stadt und ihre Region aussagen könnten.

In Basel ist der Rhein nicht nur Transportweg, sondern auch Erholungsraum und Anziehungspunkt für Bewohner und Gäste. An seinen Ufern begegnet man Menschen, die der Stadt ihr Profil geben. In meiner fotografischen Arbeit für das Basler Stadtbuch 1998 habe ich daher den Rhein als zentralen Ort gewählt, um dort Menschen zu begegnen und sie zu fotografieren. Am Dreiländereck, am Unteren und am Oberen Rheinweg habe ich mich mit meiner Kamera postiert. Um die zentrale Rolle der Porträtierten zu unterstreichen, habe ich die Hintergründe abgedunkelt und die Personen im Vordergrund künstlich beleuchtet. So ist ein subjektives Bild der Menschen in dieser Stadt entstanden.

Die Fotoarbeit ‹Am Rhein› war natürlich nur mit kooperativen Personen möglich. Meine Arbeiten haben mich schon in viele Länder dieser Welt geführt – die Offenheit der Menschen in Basel überrascht mich immer wieder. Alle – seien es nun Schweizer oder Ausländer, Bewohner oder Besucher – lassen sich mehr oder weniger leicht dazu überreden, für ein Foto zu posieren, das sie vielleicht nie sehen werden. Wahrscheinlich liegt es an der offenen und heiteren Stimmung in dieser Stadt, dass mir die Leute so spontan ihr Vertrauen entgegenbringen …

Erika

Claudia, Ignacio, Nicolas

Anaï, Sarah

Jürg

Edith, Peter

Koen, Eli

Vanessa, Urva

Cirene, Gino

Julio

Maria, Alessandra, Georges

Susanna

Robin, Sebastian

Arlette, Kilian

Kultur

Vom virtuellen Kino zur konkreten Blackbox

Michael Sennhauser

Das neue Basler Stadtkino

Basel hat ein Kunstmuseum, ein Papiermuseum, ein Puppenhausmuseum. Ein Antikenmuseum, eine Musikinstrumentensammlung, rund drei Dutzend weitere Museen. Das Basler Amerbach-Kabinett, eröffnet im 17. Jahrhundert, gilt als erstes öffentlich zugängliches Museum der Welt. Ein Haus zur Pflege der cineastischen Kunst fehlte bislang.

Seit rund hundert Jahren kennt die Welt die siebte Kunst: das Kino. Seit dem 4. September 1998 hat diese Kunst nun auch in Basel ein Zuhause: das Stadtkino. Die Idee, das Prinzip und den Namen gibt es schon seit 1981. Aber das Kino, der Saal, die Spielstelle, der Ort: die wollten erkämpft werden, erlitten und erstritten.

«Hundert Jahre Hundehaare» spottete ein – im übrigen durchaus cinephiler – Freund vor mittlerweile vier Jahren. Das war 1995, als die halbe Welt sich anschickte, den hundertsten Geburtstag des Kinos zu feiern. Sein Spott galt dem Umstand, dass die Geburtsstunde der sogenannten ‹siebten Kunst› relativ umstritten ist, und der Beflissenheit, mit der sich für einige wenige Monate Medien und offizielle Öffentlichkeit auf die Filmkunst stürzten.

Der vom Basler Architekturbüro Morger & Degelo konzipierte Saal ist ganz in Schwarz gehalten, völlig schmucklos, mit Konzentration auf die Leinwand, die auch als indirekte Beleuchtung dient.

Damals wurde man nicht müde, immer wieder darauf hinzuweisen, dass die auf eine Basler Initiative zurückgehende Cinémathèque suisse, eine der weltweit anerkanntesten Filmsammlungen, seinerzeit nur wegen der Engstirnigkeit und der Knickerigkeit der Basler Regierung nach Lausanne abgewandert sei ...

1995 wurde der hundertste Geburtstag des Kinos vor allem dafür verwendet, auf Versäumnisse hinzuweisen, auf die kommerziellen Schweizer Kinos, die sich nicht zu einem Festakt zusammenraufen konnten oder wollten, auf den Niedergang des Kinos schlechthin und auf die Diskrepanz zwischen der massenwirksamsten Kunst in der Geschichte der Menschheit und ihrer Anerkennung durch den arrivierten, subventionierten, institutionalisierten Kunstbetrieb.

Mit Leidenschaft für das Kino

Während die Diskussionen mehr oder weniger schriftstark geführt wurden, und somit in jener Öffentlichkeit, die das geschriebene Wort eben noch zu mobilisieren vermag, arbeiteten zwei Frauen im Hintergrund mit aller Hartnäckigkeit auf jenes Ziel hin, das ‹Le Bon Film›, der ‹älteste noch aktive Filmklub der Schweiz›, seit seiner Gründung als ‹Kino-Ausschuss der Studentenschaft› im Jahre 1931 anstrebte: Kino als Kunst möglichst öffentlich erfahrbar zu machen.

Corinne Siegrist-Oboussier und Rosemarie Jenni, Co-Leiterinnen des seit 1982 städtisch subventionierten, aber sechzehn Jahre lang sozusagen ‹virtuell› betriebenen ‹Stadtkinos›, hielten sich nicht damit auf, die Debatten am Leben zu halten und die Versäumnisse früherer Generationen anzuprangern. Sie machten Kino, unter Einsatz aller verfügbaren Mittel, mit beträchtlicher Sachkenntnis und weitgehend ohne Rücksicht auf eigene Verluste.

Sie machten Kino, in Untermiete im Kleinbasler Kino Camera (das seinerseits ebenfalls aus den Aktivitäten von ‹Le Bon Film› herausgewachsen war), sie zeigten Filme, die zu zeigen sich andere Kinos nicht leisten konnten oder wollten, sie programmierten thematische Reihen, Filme zu anderen Veranstaltungen in der Stadt und cineastische Kostbarkeiten. Und auch die Spezialprogramme zum hundertsten Geburtstag der Filmkunst in jenem ominösen 1995 wurden weitgehend vom Stadtkino bestritten.

Seit dem 4. September 1998 hat Basel ein Stadtkino zum Anfassen. Die Idee, das Prinzip und den Namen gab es schon lange. Aber das Kino, der Saal, die Spielstelle, der Ort – sie wurden jetzt plötzlich freudig empfangen, von den Institutionen, der Politik, der Presse und dem Publikum. Für einmal hat eine überraschend glückliche Zusammenarbeit zwischen Politik, Institutionen und persönlichem Engagement zu etwas geführt, auf das alle Beteiligten und selbst die Unbeteiligten stolz sein können. Das ist kein allzu häufiges Ereignis in Basel, jener Stadt, die sich in den letzten Jahren bei allen grösseren Errungenschaften – vom neuen Museum der Fondation Beyeler bis zum Tinguely-Museum – vorwerfen lassen musste, einzig private Initiativen und privates Geld hätten das Unmögliche möglich gemacht.

Als es 1992 gelungen war, den Subventionsvertrag mit der Stadt Basel auf 200 000 Franken pro Jahr zu erhöhen, trotz Sparrunden und zum Teil verblüffend kleinlichen Gegenargumenten im Parlament, hätten sich die Verantwortlichen mit dem Erreichten durchaus begnügen können. Aber der gewählte Name ‹Stadtkino› war Programm, und das Programmieren von Filmen in der vom Publikum nicht sonderlich geliebten Dienstagsnische im Camera oder in thematischen tageweisen Blöcken, welche die cinephilen Interessierten jedesmal für eine Woche oder zwei in Zeitnöte stürzten, trug immer den Stempel einer Sisyphus-Arbeit: Die Filme waren aufzutreiben, aus Archiven und Lagern in der halben Welt. Das Publikumsinteresse war meist leicht zu wecken – aber sehr schwer über die verstreuten Termine hinweg zu erhalten.

Kunsthalle statt Lohnhof

So ging die Suche nach einer eigenen Spielstätte für das Stadkino weiter – mit der tatkräftigen Hilfe von Persönlichkeiten aus Politik und Institutionen.

Eingang zum Stadtkino beim Kunsthallengarten. Das Foyer kann vom Stadtkino und von der Kunsthalle als Ausstellungsraum genutzt werden.

Diverse Vorschläge wurden geprüft, bis schliesslich 1994 im Gespräch mit der Christoph Merian Stiftung (CMS) die Möglichkeit erwogen wurde, im Lohnhof, dem ehemaligen Untersuchungsgefängnis der Stadt Basel, einen festen Saal einzurichten. Daraus wurde nichts (für den Lohnhof gab es noch viele andere Pläne: unter anderem – ein Museum), aber die Kontakte mit der Basler Stiftung blieben bestehen und kamen wieder zum Tragen, als Peter Pakesch, Leiter der Kunsthalle Basel, den ehemaligen Skulpturensaal im Seitenflügel der Kunsthalle ins Gespräch brachte. Die CMS erklärte sich bereit, einen Kinoeinbau in der Kunsthalle zu finanzieren, die Basler Regierung gab dem Projekt ihren Segen. Der Basler Architekt Reinhard Morger entwarf das minimalistische, äusserst funktionale, völlig in Schwarz gehaltene Kino, das mittlerweile liebevoll und allseits anerkennend als ‹Blackbox› bezeichnet wird, eine durchaus beabsichtigte Reverenz an das fotografische Urprinzip.

Ein neues Konzept für das Stadtkino

Corinne Siegrist-Oboussier und Rosemarie Jenni machten sich ans Rechnen. Keine einfache Aufgabe, denn es galt, viele Kaninchen in einen einzigen kleinen Zylinder zu packen. 99 Plätze würde das Kino bieten und theoretisch die ganze Woche zur Verfügung stehen. Die bisherige Saalmiete für das Kino Camera würde zwar wegfallen, aber die städtischen Subventionen von 200 000 Franken pro Jahr sind fix bis zum Ende dieses Jahrtausends. Zugleich wurde ein Personalausbau nötig (Operateure, Kasse, Billettkontrolle). Wie viele Eigenmittel konnten mit welcher Formel zusätzlich erwirtschaftet werden?

Dazu kam eine weitere Knacknuss: Le Bon Film, die Ursprungsorganisation, verzeichnete in den letzten Jahren Zuschauerschwund. Nicht etwa, weil weniger Leute Filme sehen wollten, sondern eher, weil die jahrzehntelange engagierte Programmarbeit das Basler Publikum daran gewöhnt hatte, gezielt für ganz bestimmte Filme ins Kino zu gehen und nicht mehr ein ganzes Saisonprogramm zu buchen. Es galt also, das Bon-Film-Publikum mit seinen veränderten Gewohnheiten ins neue Konzept zu integrieren. Dies geschieht mit der ‹Sélection Le Bon Film›, die wie bisher Festivalentdekkungen und andere spezielle Filme umfassen wird. Die Vorstellungen stehen jetzt auch Nichtmitgliedern offen – sofern sie das Glück haben, einen der 99 Plätze zu ergattern: die Mitglieder haben hier nämlich den Vortritt.

Die neue Stadtkinoformel sieht eine Steigerung beim Filmangebot um 50% vor, bei den Vorstellungen gar um 100%. Zusätzlich zu den 200 000 Subventionsfranken soll der gleiche Betrag pro Jahr an der Kasse erwirtschaftet werden, weitere 100 000 Franken sollen Werbung, Mitgliederbeiträge und Sponsorenzuwendungen einbringen (für die ersten Betriebsjahre des Stadtkinos im eigenen Kino haben die Gesellschaft für das Gute und Gemeinnützige (GGG) und die L. & Th. La Roche-Stiftung Unterstützungsbeiträge zugesichert).

Den Schwerpunkt des Programms bilden mit rund zehn Filmen pro Monat auch zukünftig die thematischen Reihen; dazu kommen eine bis zwei Reprisen oder aber auch ein neuer Film, der im regulären Kinoprogramm der Stadt sonst untergehen würde. Jeweils am Mittwoch wird die Kunsthalle experimentelles Film- und Videoschaffen präsentieren. Am Dienstag, dem bisherigen ‹Stadtkinotag›, finden keine Vorstellungen statt.

Ein Gewinn für die Stadt Basel

Zur Eröffnungsfeier am 4. September erläuterte Felix Moppert seitens der CMS, was die Stiftung zum grosszügigen Kulturengagement bewogen habe, obwohl der Stifter Christoph Merian, hätte es zu seiner Zeit schon Kino gegeben, kaum unter den Besuchern zu finden gewesen wäre – hatte er doch für Zerstreuungen gar nichts übrig. Die Hauptargumente der befürwortenden Kommission hätten, meinte Moppert, aber sowohl Christoph Merian wie auch dessen Frau Margarethe bestimmt mitgetragen:

- Die Stadtkinoprogrammierung sei stark auf nicht-kommerzielle Minderheitenprogramme ausgerichtet, Programme mit deutlichen sozialen Anliegen. Diese sozio-kulturelle Ausrichtung habe überzeugt, sei sozusagen eine «conditio kino qua non» gewesen;

- das Zusammenwirken des Stadkinos mit verschiedenen Kulturinstitutionen Basels, etwa mit der Kunsthalle, habe ebenfalls überzeugt;
- die Leidenschaft, der Enthusiasmus, das echte Engagement und die Professionalität der Stadtkinoregisseurinnen Corinne Siegrist-Oboussier und Rosemarie Jenni habe der CMS die Gewissheit gegeben, dass das Stadtkino in guten Händen sei und etwas Wertvolles für Christoph Merians «liebe Vaterstadt Basel» geboten werde.

Mit der Eröffnung des schmucken Stadtkinos und mit seinem attraktiven, vielfältigen Programm hat ein erfreulich hoher Zuschauerstrom eingesetzt, der von weit mehr als blosser Anfangsneugier geprägt scheint. Denn eine der seltsamen, aber zutiefst menschlichen Basler Gewohnheiten besteht darin, vom einmal Erreichten (von wem und gegen welche Widerstände auch immer) ohne falsche Scham auf ewige Zeiten Besitz zu ergreifen, wie vom Münster oder dem Rheinknie. Solche Sofortgewohnheit wird auch das Parlament berücksichtigen dürfen, wenn der jetzige Subventionsvertrag im Jahr 2000 zur Erneuerung fällig wird. Christoph Merian hatte seine Stiftung auf sehr viel Zukunft hin angelegt. Und das neue Stadtkino hat zwar seine Wurzeln im letzten Jahrhundert, lebt aber wie jedes Kino von der Projektion, vom Verwandeln von Geld in Licht.

Entwicklung des Vereins ‹Le Bon Film› und seiner öffentlichen Veranstaltungen ‹Stadtkino Basel›

1931	gegründet als ‹Kino-Ausschuss der Studentenschaft›, seit 1938 unter dem Namen ‹Le Bon Film› aktiv
1957–1977	Vorführungen im Kino Royal (beim Badischen Bahnhof)
1977	Beginn der Vorführungen im Kino Camera beim Claraplatz, seither immer wieder auch punktuell öffentliche Vorstellungen
1981	feste Subvention für die öffentlichen Vorstellungen, die von da an unter dem Namen ‹Stadtkino Basel› im Kino Camera präsentiert werden
1987	leichter Ausbau der Aktivitäten; Übergang vom Milizsystem zu einer festen Teilzeitstelle (35%)
1992	weiterer Ausbau des Programmangebots (65%-Stelle, gleichbleibend bis heute); Vorführungen vorstellungs-, tage- oder wochenweise
1994	prüft die Christoph Merian Stiftung die Möglichkeit, im Lohnhof für das Stadtkino einen festen Saal einzurichten
1996	Rückzug der CMS aus dem Lohnhof-Projekt; weiterführende Gespräche führen schliesslich zum Projekt Stadtkino in der Kunsthalle
1997/98	Planung und Bau des Kinos
1998	am 4. September Eröffnung des Stadtkinos in der Kunsthalle für das Basler Filmpublikum. Für die Leitung teilen sich Corinne Siegrist-Oboussier und Rosemarie Jenni eine 90%-Stelle, weitere 200 Stellenprozente verteilen sich auf drei festangestellte und vier stundenweise beschäftigte Mitarbeiterinnen und Mitarbeiter.

Mäzenatentum als Bürgerpflicht

Dominique Spirgi

Kultur-Mäzenatentum hat in Basel beinahe schon den Status einer Bürgerpflicht. Der finanzgeplagte Stadtkanton wird zum Jahrtausendende mit Kulturgeschenken geradezu überhäuft: zwei international bekannte Museen, Sammlungen, schliesslich sogar ein halbes Schauspielhaus.

Nach den herausragenden Schenkungen und Stiftungen der Vorjahre, dem Museum Jean Tinguely und der Fondation Beyeler, haben sich die Mäzene und Sponsoren auch 1998 äusserst aktiv gezeigt: Anfang Jahr öffnete das Puppenhausmuseum seine Tore, im Sommer folgten Schlag auf Schlag der Ankauf einer Tibetsammlung für das Museum der Kulturen, die Schenkung eines Cézanne-Gemäldes für die Öffentliche Kunstsammlung und die Finanzierung neuer Ausstellungsräumlichkeiten für das Antikenmuseum. Am meisten Aufmerksamkeit erregte aber das Engagement für den Neubau eines Basler Schauspielhauses.

Frauen-Power rettet Schauspielhaus-Neubau

Auf der Bühne würde ein Operettenschluss dieser Güte wohl Kopfschütteln auslösen: Ratlos und frustriert steht die Kulturstadt Basel nach einem langen und zermürbenden Streit um ein neues Schauspielhaus vor einem Scherbenhaufen. Da erscheint plötzlich – Deus ex machina gleich – eine anonyme Gruppe von Frauen auf der Bildfläche, legt ein paar Millionen auf den Tisch. Und alle, die bereits zum Grabesgesang über die Zukunft der Theaterstadt Basel angestimmt haben, stehen verblüfft vor einem Happy-End. Dies ist wahre Hilfe in der Not. Das Theater braucht eine neue Bühne für das Schauspiel, der hochverschuldete Kanton kann einen Neubau alleine nicht bezahlen. Mit dem Mietvertrag für die Komödie ist 2001 aber Schluss. An eine Weiterbespielung des Hauses an der Steinenvorstadt ist nicht zu denken, betont die Theaterdirektion. Die Bau- und Feuerpolizei gibt ihr recht.

Aus dem Nichts hervorgetreten waren sie, die Spenderinnen, die ihre Namen nicht verraten wollen. Ihr Auftritt löste einen wahren Sturm der Begeisterung aus. Den siebeneinhalb Millionen Franken, die sie hinblätterten, folgten flugs weitere Spenden: eine Million aus der Novartis-Sponsoringkasse, eine sechsstellige Summe vom Tabakskollegium, je 250 000 Franken von der Bürgergemeinde und vom Theaterverein. Erinnerungen an den legendären Einsatz der Bevölkerung für die beiden Picasso-Bilder ‹Arlequin assis› und ‹Les deux frères› im Jahre 1967 wurden wachgerufen. Vergessen und verdrängt waren die Unstimmigkeiten innerhalb der Regierung und der Bevölkerung, die in der Schauspielhausfrage beinahe zum Debakel geführt hätten.

«Wir hoffen, dass mit unserer Aktion etwas mehr Schwung in die zerfahrene Stimmung kommt», liess die Spenderinnengruppe durch ihre Sprecherin Gisela Kutter verlauten. Das ist allzu bescheiden. In Tat und Wahrheit haben die Frauen mit ihrer Stiftung ‹Schauspielhaus Ladies First› die Kulturstadt vor einer grossen Blamage bewahrt. Über einen Neubau war nämlich schon lange zuvor diskutiert worden, auch Spendeversprechen waren schon dagewesen: 1993/94 hatte das Basler Tabakskollegium bekanntgegeben, fünf Millionen Franken aus privaten Kassen aufzutreiben, wenn der Kanton auf dem Ganthausareal an der Steinentorstrasse ein neues Schauspielhaus bauen würde. Was damals vielversprechend begann, endete im Frühling 1998 mit einem Scherbenhaufen. Das Baudepartement hatte einen Alternativstandort auf dem Theaterplatz vorgeschlagen und damit eine hitzige Diskussion über Städtebau, Sinn und Unsinn von Kulturausgaben und dergleichen mehr entfacht – eine Diskussion, die unweigerlich in die Sackgasse führen musste. Im Mai 1998 stellte die Regierung resigniert fest, «dass die Zeit für einen definitiven Standortentscheid nicht reif ist». Um das ursprüngliche Geldsammel-Versprechen war es zuvor bereits sehr still geworden.

Um so überraschter war man dann im Oktober 1998, als sich die Regierung erneut umentschied. Über die Sommerferien hatte sie sich plötzlich auf die Ganthausvariante einigen können. Nur gerade drei Wochen vor Bekanntgabe der Spende präsentierte die Basler Exekutive eine entsprechende Vorlage – allerdings versehen mit einer bis anhin noch nie dagewesenen Bedingung: Innerhalb von nur sechs Monaten müsse garantiert sein, dass rund die Hälfte der Baukosten von rund 22 Millionen Franken durch «Beiträge Dritter» gedeckt wird. Was die Öffentlichkeit damals nicht wusste, war die Tatsache, dass die ‹Schauspielhaus Ladies First› bereits im Mai mit ihrer Sammlung begonnen hatten – just in dem Moment, als die Stimmung auf dem absoluten Tiefpunkt angelangt war.

Ob und wie detailliert die Regierung über die Sammelaktion im Bilde war, bevor sie mit ihrer Vorlage an die Öffentlichkeit trat, darüber herrscht Stillschweigen. Mit den ‹Schauspielhaus Ladies First› hat sie auf jeden Fall die richtigen Adressatinnen gefunden. Der Staat solle helfen, aber nur, wenn die Gesellschaft von sich aus einen Teil der Verantwortung übernehme, sagte Gisela Kutter vor der Presse. «Theater ermöglichen, Theater machen, Theater besuchen ist nicht eine Aufgabe

Mit einer Spende von 7,5 Millionen Franken hat eine anonyme Gruppe von Frauen Basel ein neues Schauspielhaus gesichert.

des Staates, sondern des Publikums.» Solche Worte hört man gerne. Dem Kanton bleiben Mehrausgaben erspart, er kann seinen Beitrag auf die Summe beschränken, die sich aus der Kapitalisierung der jetzigen Komödienmiete erzielen lässt.

Das ist wahrer Bürgerinnensinn. Eine «Win-Win-Situation», wie Walter von Wartburg, Präsident des Theaterverwaltungsrats, bemerkt. Ueli Vischer, sparbeflissener Vorsteher des Finanzdepartements, zeigt sich «überwältigt». «So etwas gibt's nur in Basel», frohlockt Stefan Cornaz, der für Kultur zuständige Vorsteher des Erziehungsdepartements. Und das Theater freut sich, sein neues Schauspielhaus aller Voraussicht nach doch noch und beinahe rechtzeitig beziehen zu können. Die Frauen wollen weiter Geld sammeln. Aus der regierungsrätlichen Minimalvariante Ganthaus soll eine Maximalvariante entstehen mit Tunnelverbindung zu den Werkstätten im Stadttheater und bequemen Sitzen. Auch Männer sollen Geld geben, «Ladies First» heisse nicht «Ladies only». Dennoch sei die Aktion, so Gisela Kutter, von der Überzeugung geprägt, «dass für einmal nicht nur die Männer mit ihren Institutionen, Stiftungen und Firmen etwas beitragen sollen, sondern dass dies Frauen aus eigenen Mitteln ebenso gut tun können».

Tradition und Zukunft

Die private Kulturförderung in Basel ist schon lange von Frauen-Power geprägt. Die einzigartige Mäzenaten-Tradition Basels ist fest mit einem Namen verbunden: Maja Sacher, die 1989 verstorbene Hauptaktionärin des Pharmakonzerns Hoffmann-La Roche, hat zusammen mit ihrem zweiten Gatten, Paul Sacher, wie niemand sonst das Kunstverständnis der Stadt geprägt. In vielen Museen finden sich Zeugnisse ihrer von grossem Sachverstand geprägten Fördertätigkeit. Basel kann sich glücklich schätzen, dass ihre mehrheitlich weiblichen Nachkommen und Erbinnen diese Tradition weiterführen, sei es durch die Verwaltung der Emanuel-Hoffmann-Stiftung oder durch neue Initiativen. So hat die Wohltätigkeit der Familie Sacher/Oeri/Hoffmann auch 1998 Spuren hinter-

Mandala der Vajravarahi aus dem Tibet-Legat von Catherine Oeri an das Museum der Kulturen. Tibet, um 1900. 65 x 41 cm.

lassen. Gigi Oeri, Schwiegerenkelin von Maja Sacher, konnte zu Beginn des Jahres ihr Puppenhausmuseum eröffnen. Und die Sacher-Enkelin Catherine Oeri schenkte dem staatlichen Museum der Kulturen die bedeutende Tibet-Sammlung von Gerd-Wolfgang Essen.

Die Kollektion Essen gehört zu den drei grössten Tibet-Sammlungen der Welt. Mit ihren 759 Bildern, Statuen, Büchern, Musikinstrumenten, Möbeln sowie religiösen Kultgegenständen bietet sie ein umfassendes Bild religiöser Kultur des tibetischen Buddhismus. Die Kollektion ist nicht nur für das Basler Museum von Bedeutung. Wenn die Mäzenin nicht so rasch reagiert hätte, wäre die zum Verkauf stehende Sammlung Gefahr gelaufen, auseinandergerissen zu werden. Über den Kaufpreis herrscht Stillschweigen, die Rede ist von einem Betrag in der Höhe von mehreren Millionen Franken. Die Öffentlichkeit wird sich im Jahre 2000 ein Bild von den tibetischen Kunst- und Kultgegenständen machen können. Dann sollen die Objekte im neu überdachten Innenhof des Museums ausgestellt werden.

Auch die Öffentliche Kunstsammlung konnte 1998 eine Schenkung entgegennehmen: Die Max-Geldner-Stiftung vermachte dem Kunstmuseum das 1871 entstandene Bild ‹La Route› von Paul Cézanne. Museumsdirektorin Katharina Schmidt war an der Kunst- und Antiquitätenmesse Tefaf in Maastricht darauf aufmerksam geworden, dass das Landschaftsgemälde aus dem Nachlass eines amerikanischen Sammlers zum Verkauf stand. Mit Hilfe der Basler Stiftung, die dem Kunstmuseum in den vergangenen Jahren bereits Werke von Degas und Giacometti vermacht hatte, konnte das Basler Museum anderen Interessenten zuvorkommen. Auch in diesem Fall wurde der Kaufpreis nicht verraten. Sicher ist indes, dass es sich im Minimum um eine siebenstellige Summe handelt.

Eines ist den zahlreichen Schenkungen und Stiftungen gemein: Man tut Gutes und redet nicht darüber. In einer Stimmung, die traditionell von persönlicher Zurückhaltung geprägt ist, haben es Sponsoren, die ihr Engagement werbemässig ausschlachten möchten, verständlicherweise nicht

Paul Cézanne: ‹La Route›. Um 1871. Öl auf Leinwand, 59,8 x 72,4 cm.

gerade leicht. Entsprechend spielt das Kultur-Sponsoring am Rheinknie im Vergleich etwa zu Zürich eine eher untergeordnete Rolle.

Eine Ausnahme macht das Basler Antikenmuseum, das regelmässig über grosse Sponsoren-Beiträge verfügen kann. Im Sommer 1998 gab das Basler Antikenmuseum bekannt, dass die UBS den Bau neuer Ausstellungs-Räumlichkeiten für die Ägyptensammlung finanziert. Aussergewöhnlich ist, dass das Museum einen Sponsor gefunden hat, der sich nicht mit einer öffentlichwirksamen Ausstellung zu profilieren versucht, sondern einen Infrastruktur-Beitrag zur Verfügung stellt.

Mit dem neuen Ausstellungsraum kann sich der Direktor des Museums, Peter Blome, einen lange gehegten Wunsch erfüllen, nämlich die Ausweitung des Ausstellungsschwerpunkts von der klassischen griechischen Antike auf die ägyptische Kunst. An Ausstellungsobjekten herrscht kein Mangel, zumal es viele private Sammler gibt, die bereit sind, ihre Werke als Leihgaben zur Verfügung zu stellen.

Probleme bereitete bislang einzig der Platzmangel. Mit einer Unterkellerung des Innenhofs kann nun Abhilfe geschaffen werden. Bei der Finanzierung des Projektes – von Anfang an war klar, dass der Kanton kein Geld geben würde – kamen dem Museum die guten Beziehungen zum UBS-Konzernchef Marcel Ospel zugute, der als Mitglied der Kommission des Antikenmuseums dem Haus am St. Alban-Graben naturgemäss nahesteht. 3,6 Millionen Franken stellt die neue Schweizer Grossbank für den Bau des rund 600 Quadratmeter grossen unterirdischen Kunstlichtsaals zur Verfügung. Bereits im Herbst 2000 soll die neue Ägypten-Abteilung ihre Tore für das Publikum öffnen können.

Aussergewöhnliches Sponsoring: Die UBS finanziert statt einer werbeträchtigen Ausstellung einen unterirdischen Kunstlichtsaal für die Ägypten-Abteilung des Antikenmuseums.

‹Wrapped Trees› von Christo und Jeanne-Claude

Christian Lichtenberg

Baumschule des Sehens

Mit 55 000 Quadratmetern Polyestergewebe verhüllten Christo und Jeanne-Claude im Park der Fondation Beyeler 178 Bäume. Ein perfektes Verkehrsleitsystem, eine Begleitausstellung im Museum und die Phantasie zahlreicher Kleinunternehmer machten aus der Kunstaktion ein kleines Weltereignis. Am ersten Wochenende kamen 30 000 Neugierige, am Ende hatten 300 000 den Weg nach Riehen gefunden.

«... scheint in Basel allgemein nur wenig Interesse für Literatur zu herrschen»

Paul Schorno

Die ‹Literaturfreunde Basel›

Am 3. Juni 1997 starb in Basel E. Max Bräm – fast auf den Tag genau achtzig Jahre nach der Gründung des ‹Vereins schweizerischer Literaturfreunde›, dessen Basler Sektion der Verstorbene in den 40er Jahren als Vorstandsmitglied und später über Jahrzehnte hinweg als Präsident angehört hatte.

Dass Autoren und Autorinnen vor Publikum lesen und auftreten, bei Gesprächsrunden mitmachen und Lesetourneen durch die Schweiz und im Ausland bestreiten, war im Gegensatz zu heute vor wenigen Jahrzehnten noch eine Rarität. Was sich in gewissen Kreisen der Bevölkerung zu Anfang unseres Jahrhunderts zu regen begann, der Wunsch nämlich, Schriftstellerinnen und Schriftsteller unseres Landes und damit die einheimische Literatur näher und besser kennen zu lernen, fand im Jahre 1917 seinen faktischen Niederschlag in der Gründung des gesamtschweizerischen ‹Vereins schweizerischer Literaturfreunde› (VSL). ‹Zweigstellen› entstanden quer durch das Land hindurch in verschiedenen grösseren und kleineren Orten – neben Basel auch in Bern, Biel-Bözingen, Chur, Lugano, Locarno, Rüti/ZH, Thusis, Thalwil, Wettingen, Wülflingen, Zug und Zürich.

Aus welchen Gründen auch immer: Im Laufe der Zeit lösten sich nach und nach alle Sektionen auf, übrig blieb als einzige diejenige in unserer Stadt.

Die grossen Verdienste von E. Max Bräm

Dass dem so ist, darf in hohem Masse dem langjährigen und unerschütterlichen Engagement von E. Max Bräm, Doktor der Philosophie und ehemaliger Lehrer für Deutsch und Englisch an der Kantonalen Handelsschule in Basel, zugeschrieben werden. Ab 1944 stand er dem Basler Verein der Literaturfreunde mehr als drei Jahrzehnte als Präsident vor, bis ihn ein zusehends schlechter werdendes Sehvermögen zwang, sich vom aktiven Geschehen allmählich zurückzuziehen. Solange es möglich war, nahm er jedoch, betreut von seiner Frau, weiterhin an Lesungen teil.

Bücher, Akten, Dokumente

Nach dem Tode Bräms vertiefte sich der Schreibende – auf Wunsch und Anfrage von dessen

Sohn Thüring – über Wochen hinweg in die reichhaltige Hinterlassenschaft von Vereinsakten, Protokollen, Kassabüchern, Rezensionen von Tageszeitungen über Lesungen. Erwähnung verdient auch eine Sammlung von Plakaten, mit denen auf die Veranstaltungen hingewiesen wurde. Dass all diese Dokumente nachher von der UB, der Universitätsbibliothek Basel, übernommen wurden, dürfte Studierende, Germanisten, Literaturhistoriker und -wissenschafter und Chronisten freuen und interessieren, machen sie doch ein spezielles Stück Stadt- und Literaturgeschichte Basels in unserem Jahrhundert aus. Auch mit Büchern konnte die UB angereichert werden, denn Bräm hinterliess eine Sammlung von Werken, die ihm im Laufe der Zeit von Autorinnen und Autoren geschenkt worden waren.

E. Max Bräm, ab 1944 Präsident der Basler Sektion des Vereins schweiz. Literaturfreunde (um 1974).

Aus der Geschichte des VSL

Jahresberichte und Protokolle von Vorstandssitzungen sind zumeist verlässliche Fundgruben, um Bewegendes und Bewegungen aus der Geschichte von Vereinen in Erfahrung zu bringen. So konnte beispielsweise angesichts der Tatsache, dass ausser in Basel alle Literaturfreunde-Sektionen verschwunden sind, Neugierde aufkommen, wie es bei uns im Verlaufe der Jahre um die Mitgliederzahl bestellt war. In einem Protokoll vom 19. April 1950 stiess ich auf folgende Stelle: «Das Pensum der verschiedenen Anlässe in Basel war derart überfüllt, dass es nicht gelang, trotz eingehender und sorgfältiger Datenauswahl für unsere Vorträge anderweitig oder nur schwach belegte Abende zu finden.» Und weiter hiess es noch: «Überdies scheint in Basel allgemein nur wenig Interesse für Literatur zu herrschen, was sich nicht nur an unseren Anlässen, sondern ebensosehr an denjenigen des PEN-Club zeigt.» (Die Diskussion, ob Basel eine Literaturstadt sei, taucht bis heute immer wieder mit schöner Unregelmässigkeit auf.)

Ganz anders liest man es in zahlreichen Berichterstattungen über die Lesungen in den Zeitungen Basler Volksblatt, National-Zeitung und Basler Nachrichten. Da tönt es zumeist so: «Die Hofstube im Bischofshof war gedrängt voll»; «vor einem zahlreichen Publikum» – oder ähnlich positiv.

Erstaunlich alles in allem die Zahl der Mitglieder. In den 60er bis hinein in die 70er Jahre bewegte sie sich um die dreihundert herum. Erst in der darauffolgenden Zeit setzte ein Mitgliederschwund ein, was nicht zuletzt damit zu tun hatte, dass die ausscheidenden Bräm-Anhänger nicht durch jüngere Leute ersetzt wurden. Zudem verlor der VSL zusehends seine monopolartige Stellung als Anbieter literarischer Veranstaltungen. Solche gab es nun auch im ‹Totentanz›, im Realgymnasium, bei den legendären Lesungen um Walter Widmer herum, im Literarischen Forum, in der ARENA in Riehen und in Buchhandlungen.

Die Lesungen im Bischofshof

Unvergesslich bleiben dürfte vielen Autorinnen und Autoren sowie den Zuhörerinnen und Zuhörern der Bischofshof als Ort der Lesungen über viele Jahre hinweg.

Hierzu eine Protokoll-Passage aus dem Jahre 1950: «Seine Atmosphäre wird von Vortragenden und von Zuhörern gleichermassen geschätzt. Ja, die Kunde von der Schönheit dieses Saales beginnt bei Schriftstellern der ganzen Schweiz die Runde zu machen.» Auch nach dem Rückzug Bräms als Vereinspräsident konnten die Lesungen etliche Jahre noch in diesem beliebten Raum an der Rittergasse durchgeführt werden. Im Jahre 1967 fand dort noch eine grosse Jubiläumsveranstaltung ‹50 Jahre VSL› statt, mit einem Festvortrag von Professor Georg Thürer zum Thema ‹Schweizer Autoren in Schriftsprache und Mundart›.

Autorinnen und Autoren

Der Name des erwähnten Referenten bringt uns auf die Frage, was für Schriftstellerinnen und Schriftsteller im Verlaufe der Jahre und Jahrzehnte vorgestellt worden sind. Aus dem Ausland wurde nur in ganz seltenen Fällen jemand eingeladen, was sich mit den Satzungen der Vereinsstatuten aus dem Jahre 1930 erklären lässt. Da heisst es: «Der Verein schweiz. Literaturfreunde (VSL) vereinigt seine Mitglieder zur Pflege und Förderung von Literatur, Kunst und Volkstum der Schweiz und ist bestrebt, für die Schweizer Schriftsteller in den weitesten Volkskreisen Interesse und Verständnis zu wecken.»

Seltsamerweise haben Frisch und Dürrenmatt beim VSL nie vorgelesen, obwohl sich Bräm darum bemühte. Dürrenmatt sagte einmal zu, konnte dann jedoch im letzten Moment nicht kommen. Von Max Frisch gibt es in den Vereinsunterlagen aus dem Jahre 1945 einen höflichen Absagebrief, in dem es unter anderem heisst: «… und ich möchte mich durch freundliche Gelegenheit nicht dazu verleiten lassen, zu reden, ohne dass ich etwas zu sagen habe.»

Einige Empörung löste einstens eine Absage von Hermann Hesse aus dem Jahre 1946 aus. Im Protokoll der Vorstandssitzung vom 5. September wird vermerkt: «Der Präsident teilt einleitend mit, dass er bis zur Stunde mit seinen Bemühungen, schweizerische Autoren als Vortragende zu gewinnen, keinen sehr guten Erfolg verzeichnen kann. … Die absagende Antwort Hermann Hesses erregt die allgemeine Empörung des Vorstandes: anonym, Kitschkarte, Maschinenschrift.»

Ansonsten erscheint die Liste der Autorinnen und Autoren, die beim VSL zu Gast waren, beachtenswert: Cécile Lauber, Traugott Vogel, Raffael Ganz, Hans Boesch, Walter Matthias Diggelmann, Paul Nizon, Walter Vogt, Adolf Muschg, Hermann Burger, Gerhard Meier, um wenigstens einige zu nennen. Im weiteren natürlich die hiesigen Poeten: René Regenass, Rainer Brambach, Dieter Fringeli, Elisabeth Meylan, Christoph Mangold, Hanni Salfinger, Rudolf Peyer u. a.

Betrugen die Honorare für die Lesenden in den 40er und 50er Jahren noch so um die fünfzig Franken, erhielt ein Autor im Jahre 1964 hundert, und in unseren Tagen sind es fünfhundert Franken.

Und wenn schon von Geld die Rede ist, soll nicht unerwähnt bleiben, dass der VSL anno 1964 erstmals einen staatlichen Zuschuss von tausend Franken erhielt, ein Beitrag, mit dem der Verein in den darauffolgenden Jahren mehr oder minder regelmässig rechnen konnte.

Überleben in Zeiten des Wandels

Es ist schon angetönt worden: die Zeiten für einen Verein wie den VSL wurden schwieriger. Die Anzahl der alten Mitglieder schrumpfte, und Neueintritte erfolgten nicht im gleichen Ausmass.

Arnold Sigrist, selber Autor von zwei schmalen Prosabänden, der das Präsidium ab 1976 bis zum Jahre 1988 innehatte, liess sich allerdings nicht verdriessen und führte weiterhin Lesungen mit jüngeren und noch wenig bekannten Autorinnen und Autoren durch. Dies zwar teilweise vor einer nicht allzu grossen Zuhörerschaft, aber dafür ergaben sich im Anschluss an die Veranstaltungen des öfteren spannende und interessante Gespräche.

Auch Sigrists Nachfolger, Christoph Wiesler, heute als Berufsschullehrer und Erwachsenenbildner im Bündnerland tätig, setzte die Tradition, aufstrebenden Vertretern der schreibenden Zunft

Bedeutende Schweizer Autoren und Autorinnen haben im Rahmen der VSL-Veranstaltungen in Basel gelesen.

ein Forum zu bieten, in engagierter Weise fort. Er entwickelte viel Spürsinn bei der Autorensuche, was durch Namen wie Gabrielle Alioth, Isolde Schaad, Kristin T. Schnider, Friederike Kretzen, Nicolas Lindt, Flurin Spescha und andere belegt wird.

Nach dem Weggang Wieslers sah der Verfasser dieser Zeilen durchaus einen Sinn darin, den Verein weiterzuführen. Und dies, obwohl einiges in der Entwicklung der Medien und des kulturellen Verständnisses der Menschen dazu angetan schien, zu kapitulieren.

Nachdem bereits unter Christoph Wiesler die Lesungen in den Atelier-Keller des GS-Verlages verlegt worden waren, musste nun erneut ein anderes Lokal gesucht werden. Es fand sich im Café-Restaurant Lipresso auf der Lyss bei Edwin Dörflinger, der in seinem Betrieb von allem Anfang an Leseecken, Buchhandlung und Gastronomie zu vereinen wusste. In der Folge wurde manches unternommen, um neben den Vereinsmitgliedern auch eine breitere Öffentlichkeit für die Veranstaltungen zu interessieren, was nicht ohne Erfolg blieb.

Ungebrochen jedenfalls ist der Wille zum Weitermachen – mit neuen Ideen, Mitgliedern und Enthusiasmus. Was über achtzig Jahre Bestand hatte, soll mit Wagemut den Schritt ins nächste Jahrtausend noch tun dürfen. Erste Veränderungen sind erfolgt. Der Name des Vereins, dessen Statuten unserer Zeit angepasst wurden, lautet nun sinnvollerweise ‹Literaturfreunde Basel›.

Kirchen und Religion

200 Jahre RKK
Römisch-katholische Kirche Basel-Stadt

Man könnte es beinahe als Ironie der Geschichte bezeichnen, dass eine Institution ihre Existenz in Basel gerade jenen verdankt, die sie bekämpfte: der Aufklärung und der Französischen Revolution. Die Helvetische Republik garantierte in ihrer Verfassung erstmals in der Schweizer Geschichte die Religionsfreiheit. Damit war die Römisch-katholische Kirche, seit der Reformation aus Basel verbannt, 1798 wieder zugelassen.

In den letzten 200 Jahren hat sich Katholisch-Basel stark gewandelt: Aus einer Diasporakirche wurde eine öffentlich-rechtliche Institution, aus einer Volkskirche im Zuge der Entkonfessionalisierung eine Kirche im Umbruch. Heute sieht sich die RKK Basel-Stadt mit einem im Landesvergleich überproportionalen Mitgliederschwund konfrontiert. Ihr Jubiläum beging sie mit einer «ehrlichen Bestandesaufnahme», zahlreichen Veranstaltungen und einem grossen Fest, das nicht nur die Internationalität, sondern auch die Lebendigkeit der Kirche unter Beweis stellte.
Red.

Die Römisch-katholische Kirche in Basel 1798–1998

Patrick Braun

Vor dem Hintergrund der politischen Umwälzungen in Europa erhielten 1798 die Basler Katholiken erstmals einen eigenen Pfarrer. Zahlenmässig zunächst sehr klein, wuchs im Laufe der Zeit der politische Einfluss ihrer Gemeinde. 1858 stimmte der reformierte Grosse Rat einer Übergabe der Clarakirche an die Katholiken zu.

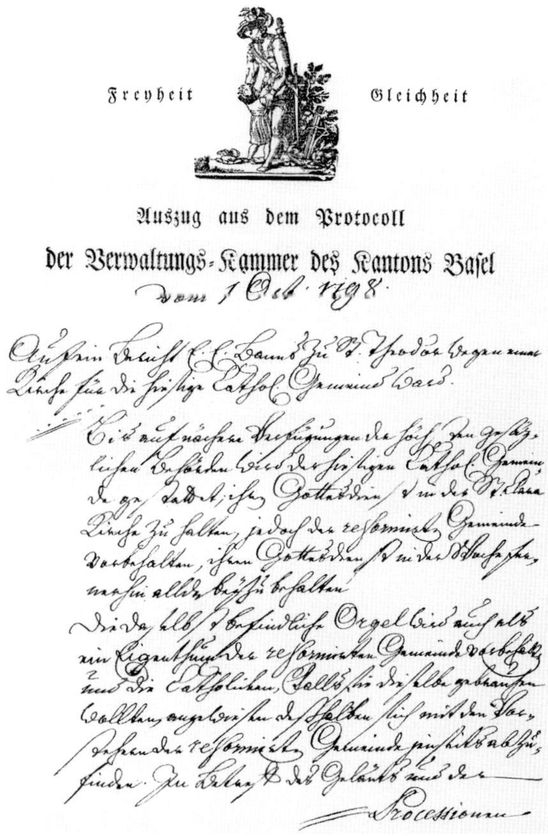
Freyheit Gleichheit

Auszug aus dem Protocoll
der Verwaltungs-Kammer des Kantons Basel
vom 1 Oct. 1798.

Laut Protokoll der Verwaltungskammer des Kantons Basel vom 1.10.1798 wird «der hiesigen kathol. Gemeinde» gestattet, «ihren Gottesdienst in der Clarakirche» zu halten.

1798 erhielten die in Basel wohnhaften Katholiken in der Person von Roman Heer einen eigenen Pfarrer, und vom 14. Oktober desselben Jahres an feierten sie ihren Gottesdienst in der Clarakirche. Dass dem so war, dass in einer vom reformierten Bekenntnis geprägten Stadt wie Basel eine katholische Gemeinde entstehen konnte, ist eine Auswirkung der Helvetik. Die vom Basler Peter Ochs entworfene helvetische Verfassung hielt im Artikel 6 erstmals den Grundsatz der religiösen Toleranz, der Gewissens- und der Kultusfreiheit fest. Die innere Organisation der Katholiken vollzog sich in diesen ersten Jahren ohne irgendeine Einmischung der Regierung. Die Gemeinde erhielt einen Vorstand, der sich um die Besoldung des Pfarrers, um den Unterhalt der Kirche und des Kirchengeräts und um die Kirchendisziplin während des Gottesdienstes kümmerte.[1]

Katholischer Bevölkerungsteil

Wie alle Industriestädte Europas erlebte Basel im 19. Jahrhundert ein starkes demografisches Wachstum. Die Einwohnerschaft der Stadt wuchs zwischen 1800 und 1860 von 15 000 auf 40 000 Personen. Ein grosser Teil der ausländischen und schweizerischen Zuzüger war katholischer Konfession; sie kamen aus dem nahen Umland, aus dem Elsass, aus dem Birseck, aus der solothurnischen und süddeutschen Nachbarschaft, zunehmend auch aus der Innerschweiz. 1797 schätzte man die Zahl der Katholiken auf rund 1000, 1822 auf rund 3000. 1860 ergab die Volkszählung über 9700 katholische Einwohner, was 24 Prozent der Einwohnerschaft ausmachte.[2] In der Zeit vom Ersten Weltkrieg bis 1950 pendelte sich der Katholikenanteil in Basel bei rund 30 Prozent der Wohnbevölkerung ein.

Die katholischen Zuwanderer waren mehrheitlich Dienstboten und Arbeiter, in bescheidenem Umfang Handwerker und Gewerbetreibende; sie übten vorerst noch keinerlei politischen Einfluss aus. Bis ins 20. Jahrhundert lebten die Katholiken in der reformierten Stadt Basel in einer gesellschaftlichen Rand- und Aussenseiterposition.[3] Zwar hatte die Bundesverfassung von 1848 mit der Niederlassungsfreiheit auch die Möglichkeit erleichtert, sich um das kantonale Bürgerrecht zu bewerben. Doch die Erteilung des Basler Bürgerrechts war an verschiedene Auflagen gebunden, so bis 1866 an jene, die Kinder protestantisch erziehen zu lassen. Wegen dieser Einschränkungen wurden vorerst nur wenige Zugewanderte Basler Bürger.[4]

Der Hattstätterhof am Lindenberg, das Pfarrhaus von St. Clara. Vor 1900.

Einrichtung des kirchlichen Lebens

Für die katholische Seelsorge in städtisch-reformierter Umgebung gab es im 19. Jahrhundert noch kein praktisch erprobtes Vorbild. Um 1850 war wohl über die Hälfte der Katholiken jung, ledig und vermutlich Kurzaufenthalter; die Zuzüger sprachen Schriftdeutsch oder Französisch und nur vereinzelt die Basler Mundart.

Die finanziellen Mittel beschaffte sich die mehrheitlich aus Mitgliedern der unteren und untersten Einkommensgruppen bestehende Gemeinde nach dem Schema: sonntägliches Türopfer und zweimal jährlich, zu Johanni und zu Weihnachten, Haussammlungen durch die Vorsteher. Dazu kamen die Schulgelder der Eltern mit schulpflichtigen Kindern und die nicht unbedeutenden Eingänge aufgrund von Bittbriefen und aus Bettelpredigten des Pfarrers.[5] Die Seelsorge wurde zunächst ähnlich wie in einer Landpfarrei organisiert, und dass die Pfarrei in der reformierten Stadt eine eigene katholische Schule haben musste, war selbstverständlich und bis zur Zeit des Kulturkampfs allseits unbestritten. Wichtigstes Informationsmedium war über Jahrzehnte hinweg die ‹Verkündigung› zu Beginn der Sonntagsmesse. Sie umfasste, schriftlich vorbereitet, das ganze Pfarreileben: Taufen, Hochzeiten und Beerdigungen, Gedächtnismessen, Schulnachrichten sowie die Mitteilungen der Gemeindeverwaltung.[6]

Haltung der Regierung

Auch wenn in vielen Dokumenten vom bloss geduldeten Status der Katholiken die Rede ist, so zeigen die Tatsachen, dass sich das Basler Ratsherren-Regiment den niedergelassenen Katholiken gegenüber gerecht, bisweilen sogar wohlwollend verhielt. Als die katholische Gemeinde 1835 den Kauf des Hattstätterhofes plante, gewährte die Regierung einen namhaften finanziellen Beitrag. Von 1798 bis 1858 benützten Katholiken und Protestanten abwechselnd gemeinsam die Clarakirche. Im Februar 1858 stimmte der ausschliesslich reformierte Grosse Rat der Übergabe der Clarakirche an die katholischen Einwohner zu. Damals wurde die Clarakirche auf Staatskosten erweitert und ausgebaut.[7] Sache der katholischen Gemeinde hingegen war es, für die innere Einrichtung wie die Bestuhlung, die Anschaffung einer Orgel und der Altäre aufzukommen.

Den auch in Basel stattfindenden Kulturkampf empfand man als herben Rückschlag.[8] Auf seinem Höhepunkt 1884 wurde die katholische Schule, welche die Marianisten und die Schwestern von der Vorsehung am Lindenberg führten, durch Volksentscheid geschlossen.[9] So schmerzhaft die Massnahme war, bedeutete sie doch einen Schritt auf dem Weg zur Integration der Katholiken.[10]

Von den Kirchenbauten bis zum gegenwärtigen Status

Im Jahre 1910 machten die 45 000 römisch-katholischen Gläubigen im Kanton Basel-Stadt ein Drittel der Gesamtbevölkerung aus. Schon längst hatte die Clarakirche nicht mehr ausgereicht, und es waren eigene Bauanstrengungen notwendig geworden. Ende 1885 stand die Marienkirche und 1902 St. Joseph zur Verfügung, 1912 die Heiliggeistkirche. 1914 wurde in Riehen die Herz-Jesu-Pfarrei errichtet (sie heisst seit dem Kirchenbau von 1950

Die St. Clarakirche nach dem Umbau von 1858. Der mittelalterliche, hintere Teil der Kirche war zuvor nur halb so gross gewesen.

St. Franziskus). Die Basler Katholiken bildeten bis 1918 eine einzige Pfarrei; als Pfarrer amtete der Hauptgeistliche von St. Clara, an den neu errichteten Kirchen wurden Pfarr-Rektoren eingesetzt. Mit Dekret von 1918 erhob Bischof Jakobus Stammler (1906–1925) die Pfarr-Rektorate zu selbständigen Pfarreien. 1927 folgte St. Anton, 1937 Don Bosco, 1950 St. Michael, 1951 Allerheiligen, 1960 St. Christophorus (Pfarr-Rektorat seit 1937), zuletzt 1961 Bruder Klaus. Eigene neue Kirchen erhielten 1956 die Mission catholique française und 1963 die Missione cattolica italiana.[11]

In rechtlicher Hinsicht war die katholische Gemeinde seit 1876 als privater Verein organisiert. Nach mehreren Anläufen gelang es 1972, die öffentlich-rechtliche Anerkennung vorzubereiten. Die Verfassung der Römisch-katholischen Kirche Basel-Stadt wurde im Januar 1974 durch deren Stimmberechtigte angenommen.[12] Die Einrichtungen der Römisch-katholischen Kirche waren nun finanziell auf eine neue Basis gestellt. Wer seine rechtliche Zugehörigkeit zur Kirche – aus welchen Gründen auch immer – in dieser öffentlichen Form nicht mehr bejahte, gab in der Folge den Austritt.

Gegenwärtig (1998) zählt die Römisch-katholische Kirche Basel-Stadt rund 40 000 Mitglieder.[13] Der Anteil der Katholiken an der Gesamtbevölkerung liegt bei weniger als 20 Prozent. Ironie der Geschichte: Derselbe proportionale Wert wurde unter ganz anderen Bedingungen erstmals um die Mitte des letzten Jahrhunderts erreicht.

Anmerkungen

1 Licht und Schatten. 200 Jahre Römisch-katholische Kirche Basel-Stadt, hg. im Auftrag des Kirchenrats der Römisch-katholischen Kirche Basel-Stadt, Red. Peter Meier u.a., Basel 1997, S. 11–14.

2 Licht und Schatten, S. 17.

3 Aram Mattioli/Charles Stirnimann, Die Rückeroberung der Strasse für Gott. Innenansichten zur Sozial- und Mentalitätsgeschichte der Basler Katholiken in der Epoche des Ersten Weltkrieges, in: Fenster zur Geschichte. 20 Quellen – 20 Interpretationen, Festschrift für Markus Mattmüller, Basel/Frankfurt a.M. 1992, S. 281–284.

4 Theo Gantner, Volkskundliche Probleme einer konfessionellen Minderheit. Dargestellt an der römisch-katholischen Diaspora der Stadt Basel, Winterthur 1970, S. 140–142.

5 Licht und Schatten, S. 18–20.

6 Gantner, S. 119–121.

7 Gantner, S. 50, 60–62, 77–82.

8 Paul Meier-Kern, Zwischen Isolation und Integration. Geschichte der Katholischen Volkspartei Basel-Stadt 1870–1914, 175. Neujahrsblatt, hg. von der Gesellschaft für das Gute und Gemeinnützige, Basel 1997, S. 23–47.

9 Helvetia Sacra VIII/2, Die Kongregationen in der Schweiz, 19. und 20. Jahrhundert, Basel/Frankfurt a.M. 1998, S. 256–259, 445–448.

10 Meier-Kern, S. 40.

11 Gantner, S. 169–170.

12 Johannes G. Fuchs, Die Basler Katholiken auf dem Weg zur Gleichberechtigung, in: Basler Stadtbuch 1973, S. 120–126; Licht und Schatten, S. 62–66.

13 Licht und Schatten, S. 10, 172–177.

Die Kirche gehört zu Basel

Xaver Pfister

Münsterplatz, Clarakirche und Kloster Mariastein waren die zentralen Orte für die Feier des Jubiläums 200 Jahre Römisch-katholische Kirche Basel-Stadt. Sie stehen für die Aussagen, die das Jubiläum zur Frage machen wollte: welchen Herausforderungen sich die Kirche heute stellen muss.

Wo damals der Freiheitsbaum stand

Der Münsterplatz liegt im Herzen der Stadt, etwas zurückversetzt, wenn man den Strom der Passantinnen und Passanten an den Samstagen in der Stadt beobachtet. Dort fand vom 28. bis zum 30. August 1998 das grosse Stadtfest im Rahmen des Jubiläumsjahres statt. Es sollte ein Fest der Kirche mit der ganzen Bevölkerung sein, kein Insiderfest, sondern eben ein Stadtfest. Damit wollte man deutlich machen, dass die Kirche zu Basel gehört wie der Zolli oder die Chemie, die BVB oder der FCB. Das von Hans Peter Hort geschaffene Jubiläumssignet unterstrich diesen Gedanken: Der Baslerstab war ursprünglich Bischofsstab. Elio Tomasetti, der so manches Fest und Festchen in Basel organisiert, konnte als OK-Präsident gewonnen werden und garantierte für ein vielfältiges Unterhaltungsprogramm.

Seinen besonderen Akzent erhielt das Fest durch das begleitende Gottesdienstprogramm. Im Münster fanden vier Gottesdienste statt, Zeichen dafür, dass die katholische Kirche ökumenisch ausgerichtet bleiben will. Das Fest auf dem Münsterplatz wollte nicht als eine Belagerung des Münsters verstanden werden, gleichsam als Vorbereitung zur Rückeroberung dieser zentralen Kirche Basels (Es gab Zeiten, da Katholiken in dieser Weise vom Münster dachten). Im Gegenteil, es war ein Bekenntnis zur Vielfalt der Kirchen, die gemeinsam auf dem Weg zur Einheit sind. Das Fest wurde zum ganz grossen Ereignis im Jubiläumsjahr. Der Ansturm der Besucher war über alles Erwarten gross, die Stimmung offen und herzlich, ohne Berührungsängste.

Auf dem Münsterplatz liess sich aber auch an die politische Geschichte Basels anknüpfen, stand doch da im Jahre der Gründung der Römisch-katholischen Gemeinde 1798 der Freiheitsbaum, der auf die Ideale der französischen Revolution hinwies. Das Jubiläumsjahr erinnerte daran, dass die französische Revolution mit ihren Freiheitsidealen, insbesondere mit dem Recht auf Religionsfreiheit, und ihren sozialen Postulaten gleichsam zur Mutter der katholischen Kirche in Basel wurde. Diese Ideale wurden von ebendieser Kirche allerdings bis weit ins 20. Jahrhundert bekämpft. Erst das zweite Vatikanische Konzil hat hier eine Trendwende eingeleitet. Papst Johannes XXIII. formulierte damals in seiner Eröffnungsrede einen Grundsatz, der das Verhältnis der RKK zur Gesellschaft bestimmen soll: «Es gibt Menschen, die zwar vor religiösem Eifer brennen, aber nicht genügend Sinn für die rechte Beurteilung der Dinge noch ein kluges Urteil walten lassen. Sie meinen nämlich, in den heutigen Verhältnissen der menschlichen Gesellschaft nur Untergang und Unheil zu erkennen. Sie reden unablässig davon, dass unsere Zeit im Vergleich zur Vergangenheit dauernd zum Schlechteren abgeglitten ist. Sie benehmen sich, als hätten sie nichts aus der Geschichte gelernt, die eine Lehrmeisterin des Lebens ist… Wir sind völlig anderer Meinung als diese Unglücksprofeten, die immer das Unheil voraussagen, als ob die Welt vor dem Untergang stünde.»

Das Revolutionsideal der Brüderlichkeit wurde zum Kriterium bei der Auswahl des Festzweckes. Das Fest sollte einen Gewinn abwerfen, aber nicht für die Kirche – obwohl sie infolge des anhaltenden Mitgliederschwundes zunehmend mit finanziellen Problemen zu kämpfen hat. Eine Kirche, die sich um sich selber dreht und sich in die Sakristei zurückzieht, hat keine Daseinsberechtigung. Das Fest sollte ein Zeichen setzen für ihr soziales Engagement. Mit dem erwirtschafteten Geld wird ein

Festgottesdienst in der St. Clarakirche mit Bischof Kurt Koch und Weihbischof Martin Gächter…

Assistenzdienst für Langzeitarbeitslose und behinderte Menschen geschaffen. Als Startkapital konnte der Betrag von 80 000 Franken überreicht werden.

In der Clarakirche, mitten im Glaibasel

In der Clarakirche wurde am 25. Oktober zusammen mit dem Bischof von Basel, Dr. Kurt Koch, ein festlicher Gottesdienst gefeiert, zu dem Behörden und befreundete Kirchen miteingeladen waren. In diesem Gotteshaus hat 1798 die Geschichte der katholischen Gemeinde Basels angefangen, hier sollte sichtbar werden, aus welchen Wurzeln die Kirche lebt: Es ist die Feier der Eucharistie, die an das Leben, Sterben und Auferwecktwerden Jesu Christi erinnert. Es ist der Gottesdienst, in dem die Kirche als Gemeinschaft der Gläubigen gestärkt wird für ihr Zeugnis im Alltag. Bischof Kurt Koch hat in seinem Grusswort zum Jubiläum darauf hingewiesen: «Diese Solidarität ist der Römisch-katholischen Kirche jedoch nur möglich, weil sich ihre Mitglieder im Hören auf das Wort Gottes und im Feiern der Liturgie immer wieder darauf besinnen, aus welchen Wurzeln heraus sie sich gerufen und gesendet wissen, ihren Beitrag zur Lösung gegenwärtiger Probleme in unserer Gesellschaft zu leisten, nämlich im Glauben an Jesus Christus, den Auferstandenen.»

Mitten im Glaibasel wurde dieser Gottesdienst gefeiert, im Schmelztiegel verschiedenster Nationen. Mehrsprachig war der Gottesdienst, der von TeleBasel live übertragen wurde, gestaltet, um die Universalität der katholischen Kirche sichtbar zu machen. Die RKZ, der Zusammenschluss aller schweizerischen katholischen kantonalkirchlichen Organisationen, überreichte dabei der RKK einen ‹Baum der Hoffnung›. Tausend Kinderzeichnungen

... sowie mit Vertretern der Schwesterkirchen und der Basler Regierung.

zum Thema Kirche, die in einem vom Rektorat für den Religionsunterricht organisierten Wettbewerb entstanden sind, wurden beim Eingang zum Festbankett im Kongresszentrum präsentiert.

200 Johr Katholisch Basel unterwägs

Eröffnet wurde das Jubiläumsjahr mit einer eindrücklichen Wallfahrt nach Mariastein am 3. Mai. Mehr als 1500 Personen folgten der Einladung des Seelsorgerates, der unter der Leitung von Hanspeter Roth und Margrit Fischer dieses grosse Ereignis sorgfältig vorbereitet hatte. Weihbischof Martin Gächter, der in Basel aufgewachsen ist, in St. Joseph als Vikar und in der grossen Heiliggeistpfarrei als Pfarrer gewirkt hatte, stand dem Gottesdienst vor. Der Kirchenratspräsident der Evangelisch-reformierten Kirche (ERK), Georg Vischer, überbrachte die Segenswünsche der anderen Kirchen.

‹200 Johr Katholisch Basel unterwägs› hiess das Motto der Wallfahrt. Zu Fuss, mit dem Velo, in kleinen und grösseren Gruppen kamen die Gläubigen nach Mariastein. Die Pfarreien brachten kunstvoll gestaltete Wanderstäbe mit, Ministranten boten geschnitzte Wanderstecken zum Verkauf an. Der Gottesdienst begann in einem grossen, neben dem Kurhaus Kreuz aufgestellen Zelt. Zusammen zog man dann in die Basilika ein. – ‹Kirche ist das Volk Gottes unterwegs›, diese Kernaussage des zweiten Vatikanischen Konzils wurde hier handgreiflich. Wie vor 200 Jahren jene Gründergeneration, so sind die Gläubigen auch heute in einer schwierigen Situation unterwegs, um die Kirche in Basel zu gestalten und auch kommenden Generationen die Botschaft des Evangeliums weiterzugeben. Erinnerung und Dank, Rückschau und Schuldbekenntnis, Besinnung und Bitte, Hoffnung und Zuversicht waren denn auch die Stichworte in der Predigt des Weihbischofs.

Die RKK ist Teil der katholischen Weltkirche, und umgekehrt prägen katholische Ausländerinnen und Ausländer das kirchliche Leben in Basel.

Ein bunter Reigen von Veranstaltungen

Dem unermüdlichen Präsidenten des Organisationskomitees für das Jubiläumsjahr, Kirchenrat Anton Schorer, war es ein besonderes Anliegen, das Jahr nicht bloss mit einmaligen Grossanlässen zu gestalten. Ihm ging es darum, im Reigen der unzähligen Veranstaltungen zum Ausdruck zu bringen, in welcher Vielfalt und an wieviel unterschiedlichen Orten die römisch-katholische Kirche präsent ist, und zu zeigen, welche Dienstleistungen die Kirche anbietet. Sie sollte Rechenschaft über ihr Wirken geben und bekräftigen, dass sie auch in der Zukunft ihren Auftrag in Basel erfüllen will.

Diesem Zweck diente einmal das Buch zum Jubiläum. ‹Licht und Schatten› ist sein programmatischer Titel. Ungeschminkt und ehrlich wird darin über das Leben der Kirche damals, aber vor allem auch heute berichtet. Gegenwartsbilder, in denen Basler Journalistinnen und Journalisten Einblick in das Leben von katholisch Basel geben, stehen im Zentrum des Buches. ‹Spiegelbilder› lautet die Überschrift über dem Abschnitt, in dem 17 Basler

Persönlichkeiten offen und kritisch darüber Auskunft geben, wie sie Kirche wahrnehmen. Die Aussenansicht, die Fremdwahrnehmung deutlich sichtbar zu machen war ein wichtiges Anliegen der Redaktionsgruppe, die von Peter Meier geleitet wurde. ‹Geschichtsbilder› und ‹Zukunftsbilder› heissen zwei weitere Kapitel, in denen Anmerkungen aus 200 Jahren Geschichte, eine Gegenwartsanalyse und einige Überlegungen des Basler Bischofs zur Zukunft der Kirche präsentiert werden. Besondere Beachtung verdient auch das Kapitel ‹Kunstbilder›, in dem Robert Th. Stoll durch die katholischen Kirchen Basels führt. Er zeigt, welch einmaliges architektonisches und künstlerisches Schaffen die Basler Kirchenlandschaft prägt.[1]

‹Kreuz, Kreis und Kugel› war der Titel der Ausstellung, in der Peter Fierz auf eine gekonnte Art Kult- und Kunstgegenstände der RKK im Kleinen Klingental präsentierte. In der Regel nicht oder nur selten sichtbare liturgische Geräte und andere Objekte konnten aus der Nähe betrachtet werden. Die Ikonografie, also Deutung und Bedeutung von Kreuz, Kreis und Kugel als Zeichen und ihre Verwendung in der christlichen Kunst, waren Auswahl- und Ordnungsprinzip der Ausstellung.[2]

In sieben eindrücklichen Konzerten und einer zusammen mit Radio DRS produzierten CD[3] zeigten Kirchenmusikerinnen und Kirchenmusiker die hohe Qualität ihrer Arbeit. ‹Architektur und Orgelführungen› hiess eine dritte Veranstaltungsreihe, in der die Architektur der dreizehn Pfarrkirchen von Markus Fürstenberger und Robert Th. Stoll präsentiert und die jeweilige Orgel vorgeführt wurde. Auf Anregung von Pater Hansjörg Gächter

Gehören zu Katholisch-Basel: die Italiener, Spanier, Franzosen, Polen, Ungarn, Kroaten, Portugiesen, die Afrikaner und Lateinamerikaner.

studierten Jugendliche mit dem Regisseur Dieter Zimmer und unter der musikalischen Leitung von Chester Gill das Musical ‹Godspell› ein.

‹RKK weltoffen. Die Basler Pfarreien und ihre Verbindung zu Menschen in anderen Kulturen und Kontinenten› lautete der Titel der Wanderausstellung, die in allen Pfarreien gezeigt wurde. Sie gewährte Einblick in das Schaffen der Missionarinnen und Missionare und machte sichtbar, in welch weltweites Netz von Solidarität und Begegnung die Kirche in Basel verküpft ist. Diesem Anliegen diente auch das Fastenopfer im Jubiläumsjahr. Unter dem Slogan ‹SolidarBasel / Solidarcity› wurde für acht Projekte in vier Kontinenten gesammelt. In Erinnerung daran, dass vor 200 Jahren die internationale Solidarität spielte und die Basler Kirche in ihrer Gründerzeit Spendengelder erhielt, sollten Menschen in vergleichbaren Herausforderungen unterstützt werden. Die Sammlung erbrachte 550 000 Franken. Martha Vera Belleza, die im Projekt in Lima mitarbeitet, und Bischof Gregory aus Brasilien waren während dieser Aktion Gäste der Basler Kirche.

Öffentlich wahrnehmbar bleiben

Mit einer Vortragsreihe zur Geschichte der RKK und Veranstaltungen, in welchen die Gegenwart der Kirche und der Religion analysiert und nach deren Zukunft gefragt wurde, leistete die katholische Erwachsenenbildung auf die ihr angemessene Art ihren Beitrag zum Jubiläumsjahr. Gut besucht waren die beiden Hearings, in denen Wirtschaftskapitäne, Politiker und Politikerinnen, Medienleute und der Theaterdirektor zu ihrer Kirchenwahrnehmung befragt wurden. Deutlich wurde damit einmal mehr, dass das Jubiläum keine Insiderfeier am wärmenden Feuer in der Wagenburg sein sollte, sondern der Versuch der Kirche, sich in der Öffentlichkeit zu präsentieren und dem Urteil der Gesellschaft auszusetzen: Seht, wir sind da, wir suchen das Gespräch, wir sind bereit, unseren spezifischen Beitrag zum Wohl dieser Stadt zu leisten – das war das Anliegen des Jubiläumsjahres und bleibt Anspruch und Herausforderung auch für die Zukunft.

Anmerkungen

1 Licht und Schatten. 200 Jahre Römisch-katholische Kirche, Basel 1997.

2 Eine kleine Schrift liegt vor, in der die wichtigsten Ausstellungsgegenstände in Bild und Wort dokumentiert sind. Sie kann bei der Kirchenverwaltung bezogen werden.

3 Orgeln in Basler katholischen Kirchen und Gregorianischer Choral; Koproduktion mit Schweizer Radio DRS.

Kirche und Migration

Peter Gessler

Die Einwohnerschaft der Agglomeration Basel hat sich in den letzten Jahrzehnten stark geändert. Gruppen von ganz unterschiedlicher kultureller und religiöser Herkunft leben nebeneinander und prägen in ihrer Vielfalt das Bild unserer Stadt. Die Kirchen nehmen die sozialen und kulturellen Veränderungen wahr und engagieren sich.

Kirchenratspräsident Pfr. Georg Vischer sagte in der Synode der Evangelisch-reformierten Kirche am 17. Juni 1998: «Längst ist es nicht mehr so, dass bloss irgendwelche zugezogenen Gruppen in die ansässige Bevölkerung und ihre Kultur integriert werden müssen. Vielmehr ist der Kulturwandel aufgrund der gestiegenen Mobilität und Diversität so, dass Integration eine Aufgabe für alle ist. Auch wir lang eingesessenen Basler müssen uns heute integrieren in eine Gesellschaft, deren Kennzeichen und Codes wir nicht mehr einseitig bestimmen können. Diese Situation fordert die christliche Gemeinde heraus, ihren Glauben in neuer Weise zu bekennen. Wir sind nicht mehr die Hüter der selbstverständlich geltenden und dominierenden Tradition. Wir müssen unsern Glauben an den dreieinigen Gott bekennen und bewähren im engen Zusammenleben mit Menschen ganz anderen Glaubens. Wir müssen uns ihnen im offenen Gespräch stellen und ihnen gegenüber unsere Nächstenliebe bewähren, indem wir uns für ihr Lebensrecht einsetzen wie für unser eigenes.»

Die Probleme haben sich nicht geändert

Seit dem Ende der 60er Jahre traten die Kirchen gegen die Auswirkungen der Überfremdungsinitiativen ein und unterstützten die von der Schweiz angeworbenen Arbeitsmigranten und -migrantinnen aus dem europäischen Mittelmeerraum in ihren Integrationsbemühungen.

Seit den 80er Jahren suchen kriegsvertriebene, politisch verfolgte, in ihren Menschenrechten verletzte Menschen aus Ländern des Südens und des Ostens Zuflucht, Schutz und ein Bleiberecht in unserem Land. Die Kirchen und ihre Hilfswerke setzen sich für die Würde und Rechte, für die Beratung und Begleitung Asylsuchender ein.

Seit den 90er Jahren kommt dazu eine wachsende Anzahl von Menschen ohne geregelten Aufenthalt, mehrheitlich Frauen. Die zunehmende Globalisierung und Deregulierung der Wirtschaft fördert die ungeregelte Auswanderung, und der ungeregelte Aufenthalt nimmt zu, je mehr der Zuzug aus armen Ländern unterbunden wird.

Trotz dieser Unterschiede sind die Probleme heute nicht grösser als vor dreissig Jahren. Viele Schweizer hielten damals zu den Süditalienern ebenso grosse Distanz wie heute zu den Kosovo-Albanern, die als jugoslawische Bauarbeiter oder als Gewaltflüchtlinge zu uns gekommen sind. Auch damals gab es ausgrenzende Rechtsungleichheiten, und auch damals setzten die Bundesbehörden viel mehr Mittel für die Kontrolle von Ausländern ein als für ihre Integration.

Immerhin, einiges hat sich positiv verändert: dank den Schulen, in denen eine ganze Generation das Zusammenleben verschiedener Kulturen gelernt und geübt hat; dank vielen privaten Initiativen, aus denen ein Netz von Kontakten und gemeinsamen Projekten entstanden ist; und vor allem dank den Organisationen von Migranten und Migrantinnen, die ihren Mitgliedern helfen, hier besser Fuss zu fassen. Zwei Drittel der ausländischen Bevölkerung leben mehr als zehn Jahre in der Schweiz, und 69% der ausländischen Kinder und Jugendlichen sind hier geboren.[1]

Die Kirche engagiert sich

Die Evangelisch-reformierte Kirche hat sich in Basel in der Hilfe für Flüchtlinge und Asylsuchende

Die Kirchen engagieren sich bei der Hilfe für Flüchtlinge und Asylsuchende.

engagiert: sie unterstützt den Flüchtlingsdienst des kirchlichen Hilfswerks (HEKS) an der Socinstrasse 13, die Beratungsstelle für Asylsuchende (BAS) an der Schützenmattstrasse 16a, das regionale Schul- und Integrationsprojekt für Flüchtlingskinder und -eltern aus der Türkei (AKEP) an der Solothurnerstrasse 68, das Kurs- und Begegnungszentrum für Flüchtlinge und Fremdsprachige (KFZ) an der Gundeldingerstrasse 161 und die Ausländerberatung der Gesellschaft für das Gute und Gemeinnützige (GGG) an der Eulerstrasse 26. Sie hat im Kleinbasel ein teilzeitliches Ausländerpfarramt eingerichtet: das Pfarrhaus von Klaus und Ilma Fürst an der Müllheimerstrasse 83 ist zu einer stark frequentierten Anlaufstelle für Menschen in Schwierigkeiten geworden. Zum vielsprachigen ‹Mitenand-Gottesdienst› in der Matthäuskirche kommen jeden Sonntag um 18.30 Uhr Menschen aller Kontinente, um gemeinsam zu singen, zu beten und ihre Sorgen und Hoffnungen zu teilen.

Als der Bund an der Freiburgerstrasse in Basel eine sogenannte Empfangsstelle für Asylsuchende einrichtete, zeigte sich bald, dass diese neuankommenden Menschen gerade in den ersten Wochen der Unsicherheit – bis über ihre Aufnahme ins Asylverfahren entschieden wird – Beratung und seelsorgerliche Begleitung brauchen. Auf Initiative der Evangelisch-reformierten Kirche wurde der heute von mehreren Kirchen gemeinsam getragene Ökumenische Seelsorgedienst für Asylsuchende (OeSA) an der Schützenmattstrasse 16a aufgebaut. In persönlichen Gesprächen gehen die Mitarbeitenden auf Erwartungen und Ängste der Zuflucht Suchenden ein, geben Auskunft über die Lebens-

Der Schritt von der Immigration zur Integration ist für junge Frauen besonders schwierig.

verhältnisse in der Schweiz und vermitteln ihnen rechtliche Beratung.

Ein Schicksal unter vielen

So trafen sie an der Empfangsstelle im Dezember 1997 eine junge Frau. Ija ist 26 Jahre alt, Architekturstudentin. Ihr Vater sitzt seit 1996 als politischer Häftling im Gefängnis von Tiflis, Georgien. Ihr Ehemann war früher Milizchef des ehemaligen Ministerpräsidenten Gamsachurdia. Mehrmals wird das Ehepaar verhaftet, befragt und auch geschlagen. Die beiden tauchen unter und beschliessen, Georgien zu verlassen. Da sie aber polizeilich registriert sind, können sie nicht einfach zusammen ausreisen. Ija schafft es, unter ihrem Mädchennamen eine Stelle als Au-pair-Mädchen in Deutschland zu bekommen. Sie verheimlicht ihren Zivilstand, weil es ein Au-pair-Visum nur für unverheiratete Frauen gibt. Einige Monate später kann ihr Mann ausreisen. Die beiden reichen im Dezember 1997 in der Empfangsstelle Basel ein Asylgesuch ein. Bei ihrer Anhörung sagt Ija wahrheitsgetreu, dass sie sich vor ihrer Einreise in die Schweiz in Deutschland aufgehalten hat. Das Bundesamt für Flüchtlinge glaubt Ija und ihrem Mann nicht, dass sie verheiratet sind. Der Mann wird ins Asylverfahren aufgenommen und in den Kanton Solothurn geschickt. Ija erhält einen Nichteintretensentscheid und die Aufforderung, nach Deutschland zu gehen. Ija versteht den behördlichen Entscheid nicht und wendet sich an den OeSA. Der OeSA hört ihre Geschichte an und unternimmt dreierlei: er bietet eine persönliche Begleitung an; er ermöglicht ihr, ihren Mann in Solothurn zu besuchen; und er hilft ihr, eine Beschwerde gegen den Nichteintretensentscheid einzulegen. Gegen den Entscheid der Abschiebung nach Deutschland kann rechtlich nichts mehr unternommen werden. Der OeSA hilft Ija, per Fax den Eheschein aus Tiflis anzufordern. Eine Fax-Kopie des Ehescheins, die umgehend eintrifft, wird der Beschwerde nachgereicht. Aber am Weihnachtstag wird Ija nach Deutschland abgeschoben. Es gelingt ihr nicht, den OeSA zu benachrichtigen. Sie schlägt sich einige Tage allein durch. Hilfe bekommt sie von einer Bahnhofsmission und von einer Kirche in Deutschland. Der Zollbeamte lässt sie, als sie ihre Geschichte erzählt, wieder in die Schweiz einreisen. Der OeSA bittet dann die Empfangsstelle, Ija bis zum Entscheid über die Beschwerde ausnahmsweise aufzunehmen. Anfang Januar 1998 beantragt das Bundesamt für Flüchtlinge, die Beschwerde abzuweisen. Es bleibt bei seiner Annahme, dass Ija die Ehe mit einem Mann, den sie vor der Empfangsstelle kennengelernt habe, vortäusche. Am 12. Januar trifft endlich das Original des Ehescheins ein. Am 21. Januar entscheidet die Asylrekurskommission über die Beschwerde: Ija darf zu ihrem Mann nach Solothurn gehen.

Eine weitere Aufgabe für den OeSA stellte sich 1996 mit der Einführung von Zwangsmassnahmen im Ausländerrecht. Aufgrund der Rückübernahmeabkommen der Schweiz mit den Nachbarstaaten werden seither in Basel Hunderte von Menschen, die ohne Visum von Süden nach Norden reisen, inhaftiert und ausgeschafft. Für diese Menschen, die ohne Anklage und ohne Verurteilung im Untersuchungsgefängnis Schällemätteli in Administrativhaft sitzen, richtete der OeSA einen Besuchs- und Begleitdienst ein.

Koordination der Migrationsarbeit

Die verschiedenen Engagements im Migrationsbereich veranlassten den Kirchenrat, ein Konzept für kirchliche Migrationsarbeit in Basel ausarbeiten zu lassen. Das Ergebnis stützt sich auf die lokalen Erfahrungen und auf die ‹Migrationspolitischen Leitlinien› des Schweizerischen Evangelischen Kirchenbundes vom Dezember 1996[2]. Sie gehen von den christlich-ethischen Grundsätzen aus, dass alle Menschen gleichwertig sind und ein Anrecht auf Gleichbehandlung haben; dass christlicher Beistand allen benachteiligten Menschen gilt, ungeachtet ihrer Nationalität, ihrer Religion und ihres Geschlechts; und dass Rechtlose und Marginalisierte besonderer Solidarität bedürfen. Für die kirchliche Migrationsarbeit wird eine ökumenische, von allen Kirchen der Region getragene Form angestrebt. Sie zu realisieren wird aber einige Zeit brauchen. Deshalb wählte der Kirchenrat Anfang 1998 eine Leitungskommission für Ausländerseelsorge und Migration, mit dem Auftrag, die Migrationsarbeit im Bereich der Evangelisch-reformierten Kirche zu planen und zu koordinieren und dabei mit den zuständigen Stellen der andern Kirchen und mit nicht-kirchlichen Stellen zusammenzuarbeiten. Ferner beauftragte er die HEKS-Regionalstelle, eine ‹Kirchliche Koordinationsstelle› im Migrationsbereich aufzubauen. Im November 1998 befassten sich die kirchlichen Sozialarbeitenden in der Diakoniekonferenz mit der kirchlichen Migrationsarbeit; gleichzeitig waren erstmals alle Kirchgemeinden und Pfarreien in der Schweiz eingeladen, den ‹Tag der Völker› gemeinsam als interkulturelle Begegnung zu feiern, zum Zeichen eines friedlichen und solidarischen Zusammenlebens aller Menschen.

Eine Gesellschaft für alle

Was bedeutet Integration? Integriert sein heisst dazugehören, nicht ‹dereguliert› und ausgegrenzt werden. Wir müssen viel tun, damit unsere Gesellschaft nicht zu einer Apartheids-Gesellschaft wird, in der privilegierte und diskriminierte Gruppen nebeneinander leben wie früher im Ancien régime: Bürger mit vollen Rechten neben unmündigen ‹Hintersassen› und ausgegrenzten, illegalisierten ‹Fremden›. Die schweizerische Gesellschaft umfasst alle Menschen, die ihr Lebenszentrum in der Schweiz haben. Sie alle können und sollen am gesellschaftlichen und innenpolitischen Diskurs teilnehmen, gleich, ob sie Schweizer Bürger/Bürgerinnen sind oder nicht.

Dazu können die Kirchen einen Beitrag leisten. Als erstes haben auch sie das Gespräch mit verschiedenen Ausländergruppen und deren Organisationen zu suchen, und zwar nicht nur zu Flüchtlingen, sondern auch zu den schon lange Ansässigen und den in den letzten Jahren Zugezogenen. Ansätze dazu gibt es da und dort, etwa im Zwinglihaus mit multikulturellen Sommerfesten, in

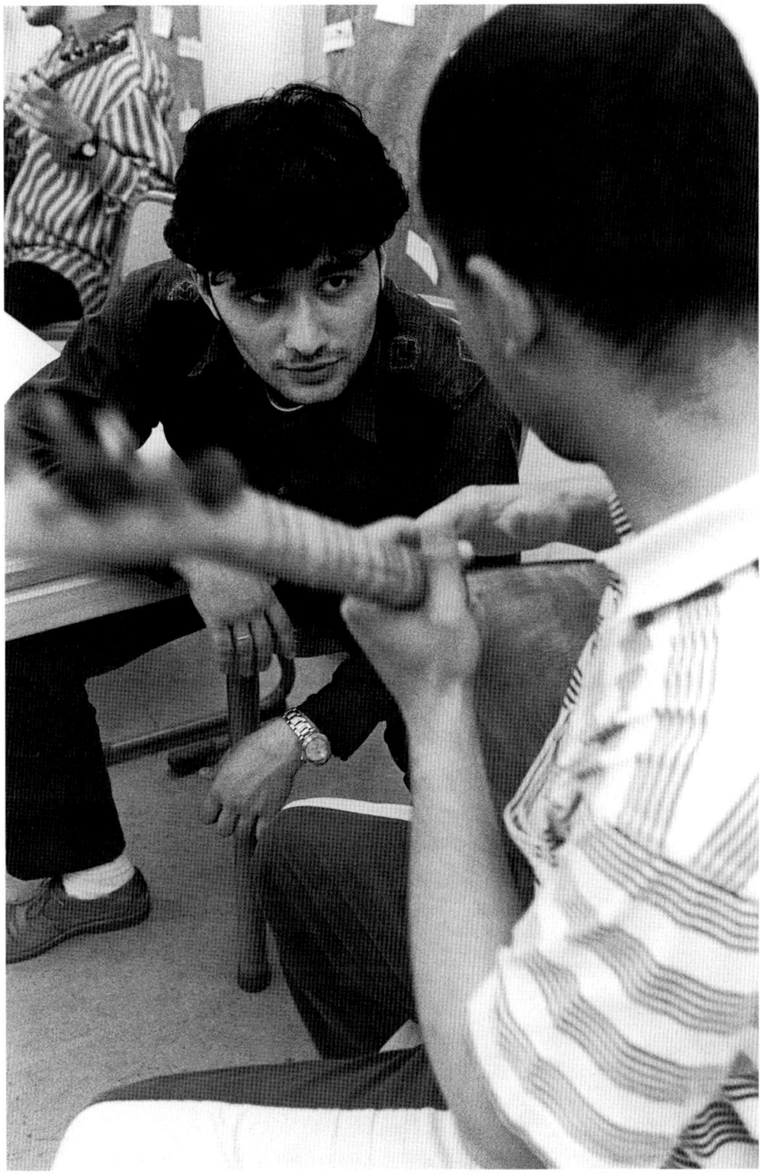

Integriert sein heisst dazugehören, ohne seine Kultur verleugnen zu müssen.

der Offenen Kirche Elisabethen, in Leuenberg-Tagungen; auch im Grusswort, das die christlichen Kirchen und die Israelitische Gemeinde am 20. Januar 1998 zum Ende des Fastenmonats Ramadan an die Muslime in Basel richteten.[3] Wie sehen Zugezogene ihre Situation in der Schweiz? Was sind ihre Erwartungen und Ansprüche? Wie nehmen sie ihre Interessen wahr? «Es ist höchste Zeit, dass die Einheimischen *mit* den Eingewanderten sprechen und nicht nur *über* oder *für* sie», sagt uns eine Migrantin.[4] «Schliesslich ist es wichtig, dass sich die Migranten und Migrantinnen für ihr Leben und ihr Schicksal in der Schweiz verantwortlich fühlen. Dadurch können sie an eine gemeinsame Zukunft denken und entsprechend handeln.»

Anmerkungen

1 Manuel Etter, in: ‹Offene Kirche› Nr. 3, Juli 1998: ‹Integration, (k)eine Erfolgsgeschichte›.

2 Schweizerischer Evangelischer Kirchenbund, Migrationspolitische Leitlinien. Standortbestimmung und Handlungsperspektiven, Dezember 1996.

3 Siehe auch: Xaver Pfister-Schölch, Das Phantom zum Gegenüber machen, Basler Stadtbuch 1997, Basel 1998.

4 Beatriz Paiva Keller, in: ‹Schritte ins Offene› Nr. 6/97: ‹Migration›.

Solidarität und Vertrauen tragen Früchte

Heidi Rudolf

Die ‹Islamische König Faysal-Stiftung›, ihre Rettung und ihre Zukunft

Im März 1998 war die Basler Moschee im Amtsblatt zur Versteigerung ausgeschrieben. VertreterInnen der christlichen und jüdischen Gemeinschaften war klar: Die Kulturstadt Basel müsste die Versteigerung verhindern.

Blick in den einfachen, aber ‹mit Gebeten erfüllten› Gebetsraum, das Zentrum der Moschee.

Die 1985 von türkischen Muslimen an der Friedensgasse 18 in Basel ins Leben gerufene Moschee war 1989 samt Hypotheken unter dem Namen ‹Islamische König Faysal-Stiftung› von einer saudi-arabischen Stiftung übernommen worden, die jedoch über längere Zeit die Hypothekarzinsen nicht mehr bezahlte. Die Moschee-Besucher ihrerseits waren finanziell nicht in der Lage, neben den hohen Unterhalts- und Betriebskosten auch noch für die Hypothekarzinsen aufzukommen.

Die Androhung der Versteigerung versetzte den Gläubigen einen Schock. Ein Mitglied der Gemeinschaft, der Nationalökonom Samir E. Shafy, nahm daraufhin nicht nur mit mir Kontakt auf, er suchte sofort auch das Gespräch mit der Gläubigerin (Crédit Suisse), mit Behörden und Vertretern der Stiftung. Zusammen mit einer Gruppe von Muslimen in Basel bemühte er sich, durch verschiedene konkrete Schritte die amtliche Versteigerung zu verhindern. Trotz beschränkter finanzieller Mittel trat die Gruppe als mögliche neue Trägerin auf und unterbreitete dem Vertreter der Crédit Suisse, Daniel Tomex, ein Kaufangebot in der Höhe des vom offiziellen Schätzungsbeamten festgelegten Wertes. Mitglieder dieser Gruppe waren: Dr. Ali El-Sahy, Apotheker (Ägypter), Khalid El-Assal (Palästinenser) und andere, nicht genannt sein wollende Muslime. Es gelang ihnen, rechtzeitig vor der amtlichen Versteigerung mit Hilfe von Sponsoren in der Schweiz den Kaufbetrag zu sichern. Der Kauf selbst aber sollte im Einvernehmen mit der aktuellen Trägerschaft (der Stiftung) getätigt werden. Beratung und Unterstützung erhielt die Moschee in dieser nicht leichten Übergangszeit durch Cheik Youssuf Ibram, Imam in der ‹Stiftung Islamische Glaubensgemeinschaft› in Zürich, und Hassan Abo Youssef, Vorstandsmitglied der IRAS (Interreligiöse Arbeitsgemeinschaft in der Schweiz). Regierungsrat Ueli Vischer und andere Persönlichkeiten standen der Gruppe bezüglich der Modalitäten eines möglichen Eigentumstransfers ebenfalls mit Rat und Tat bei.

Ein breites öffentliches Interesse

Die Veröffentlichung im Amtsblatt hatte auch Regierungsmitglieder und VertreterInnen der christlichen und jüdischen Gemeinschaften auf den Plan gerufen. Ihnen allen war klar: Die Kulturstadt Basel mit ihrem Erbe an Aufgeschlossenheit und Toleranz musste die Versteigerung der ‹Friedensgasse-Moschee› verhindern. Im Bewusstsein der gemeinsamen Wurzeln aller Religionen und der in der Verfassung verbrieften Freiheit aller Menschen, ihre Religion zu leben, waren sie davon überzeugt, dass die grösste muslimische Gemeinschaft in der Regio (rund 600 regelmässige und 3000 sporadische Besucher) ihr Zentrum und ihre Moschee behalten sollte.

Das islamische Zentrum an der Friedensgasse ist mehr als ‹nur› ein Ort des Gebetes. Seit seiner Gründung bietet es Raum für ein reges kulturelles und soziales Gemeindeleben. Dieser psychosoziale und gesellschaftspolitische Aspekt ist äusserst wichtig, denn die Gemeindemitglieder stammen aus rund fünfundzwanzig verschiedenen islamischen Staaten. Ihr sozialer und kultureller Hintergrund ist somit sehr unterschiedlich. Die interkulturelle Moschee ist in den vergangenen Jahren auch zu einem wichtigen Gesprächspartner für die andern Religionsgemeinschaften und die Behörden geworden. Das solidarische Handeln war dringend notwendig, um immer wieder auftauchenden Tendenzen zur Abgrenzung und Ausgrenzung entgegenzuwirken.

Solidarität konkret

Als Geschäftsführerin der Interreligiösen Arbeitsgemeinschaft in der Schweiz, deren Mitglied die ‹Islamische König Faysal-Stiftung› ist, wollte ich versuchen, die in den vergangenen Jahren vertieften interreligiösen Kontakte fruchtbar zu machen für die Muslime in der Stadt. Die breite solidarische Unterstützung, die sich schon nach wenigen Tagen zeigte, berührte mich zutiefst und erfreute mich. So kam bald ein Solidaritätskomitee von 30 Unterzeichnenden zustande. Darunter waren: alle vier Dekane der Römisch-katholischen Kirche; die Zentralleiterin des St. Katharina-Werks; der Kirchenratspräsident und Kirchenräte der Evangelisch-reformierten Kirche; Theologieprofessoren; Präsident, Vizepräsident und Vorstandsmitglieder der Israelitischen Gemeinde und der Vizepräsident des Schweizerischen Israelitischen Gemeindebundes (SIG); National- und StänderätInnen und GrossrätInnen. Mehrere Regierungsräte boten auf verschiedenen Ebenen falls notwendig ihre Hilfe an. Presse, Radio und Fernsehen wurden auf die Friedensgasse-Moschee aufmerksam. Die grosse Publizität brachte der Moschee nicht nur den verbalen Goodwill vieler Nicht-Muslime ein. Am 13. Februar teilte die Crédit Suisse mit, dass ein gläubiger Muslim, saudischer Staatsbürger, seine Bank in Genf angewiesen habe, die Hypothek von 1,6 Mio. Franken zu übernehmen, um damit die Moschee vor der Versteigerung zu retten! In der Moschee gab es einen Freudentanz: Ein Wunder Gottes war geschehen!

Mit dieser Zufallsrettung durch die Übernahme der Hypothek ist das Überleben der Moschee vorerst gesichert. Es bleiben der Gemeinschaft jedoch noch verschiedene finanzielle Probleme zu lösen:

die Betriebskosten, der Bauunterhalt, der Lohn für den Hauswart (der bis jetzt nicht bezahlt werden konnte), die Anstellung eines Imam. Dazu kommen immaterielle Schwierigkeiten: die Spannungen zwischen den verschiedenen Nationalitäten, die Integration in die Gesellschaft, Differenzen mit Nachbarn. Zur Lösung all dieser Probleme braucht es u. a. Kontakte zur Bank, zu den Stiftern in Saudi-Arabien, zur Regierung in Basel, zu den Unterzeichnern der Solidaritätsadresse – und demokratische Strukturen innerhalb der Moschee.

Probleme hinter den Finanzen

Die skizzierte Situation zeigt, dass die finanziellen Nöte nur ein Symptom sind für tiefer greifende Probleme:

- Für die anstehende Integration in die schweizerische Gesellschaft und eine echte Partnerschaft mit schweizerischen Institutionen, politischen und religiösen, muss die Verantwortung für die Moschee in die Hände von in Basel lebenden Muslimen übergeben werden. Dafür braucht das Zentrum neue Strukturen, neue Verantwortliche und neue rechtliche Grundlagen. Der inzwischen gegründete Verein ‹Al Ahd› ist ein erster Schritt.
- Die Entscheidungsprozesse für das Leben innerhalb des Zentrums müssen konkretisiert und die Strukturen demokratisch erneuert werden. Die alten Hierarchien, mit Entscheidungsträgern in andern Ländern oder Kantonen, entsprechen nicht mehr den Bedürfnissen einer Gemeinschaft, die durch schwierige Situationen vieler ihrer Mitglieder gefordert ist (Arbeitslosigkeit, ungeklärter Status innerhalb der schweizerischen Gesellschaft usw.).

Der Schock, den die Versteigerungandrohung ausgelöst hat, führte nicht nur zu einer inneren und äusseren Solidaritätswelle. Er brachte auch die Ungereimtheiten zwischen und die unterschiedlichen Interessen von verschiedenen kulturellen, sprachlichen, ethnischen Gruppen ans Licht sowie Konflikte zwischen der Stiftung und den Gläubigen in Basel.

Die Gebetsbücher im Gebetsraum und die Uhr, welche die Gebetszeiten ankündigt.

Ein halbes Jahr nach der Rettung

Inzwischen hat die Stiftung den ehemaligen Vorstand ausgewechselt. Ihre Vetreter in Genf ernannten Repräsentanten der verschiedenen in der Moschee aktiven Nationalitäten als neue Vorstandsmitglieder: einen Libyer als Präsident, einen Ägypter, einen Syrer und einen Tunesier (die letztgenannten mit Schweizer Pass), einen Algerier und je einen Vertreter der Kurden und der Albaner. Ausser dem Präsidenten, einem Asylbewerber, der erst zwei Jahre in der Schweiz ist, und den Vertretern der Kurden und Albaner, haben die Ernannten wegen der ungeklärten Situation und der fehlenden Strukturen abgelehnt.

Deshalb ist der religiöse und als Mensch allseits geachtete Präsident, von der Stiftung zu wenig unterstützt, mit einigen Landsleuten allein gelassen. Es ist eine Art Pattsituation entstanden, die es fast unmöglich macht, ein fruchtbares Gemeindeleben zu führen.

Notwendige Schritte in die Zukunft

Damit die Moschee in Zukunft auf einer gesunden Basis arbeiten kann, braucht es:

- eine Klärung der Strukturen und deren Abstimmung auf die schweizerische Sitation;
- verbindliche Festlegung der Zuständigkeiten, Kompetenzen und Verantwortungen;
- ein gut durchdachtes, unter Berücksichtigung aller Nationalitäten erarbeitetes, breit verankertes Nutzungskonzept für die Räumlichkeiten. Dazu gehört die Schaffung der technischen Voraussetzungen für die Sicherheit von Gebäude und Menschen, für eine genügende Entlüftung etc.;
- ein mit allen Interessengruppen durchbesprochenes und von möglichst vielen Gläubigen mitgetragenes religiöses, kulturelles und soziales Programm.

Um den Stiftern ein neues, tragfähiges Konzept vorlegen zu können, sind Kontakte zur Stiftungsaufsicht in Bern ebenso notwendig wie zu den Behörden von Basel.

Ein Blick in den Waschraum, in dem die Gläubigen die rituelle Reinigung vor dem Gebet vornehmen.

Seelsorge und Psychiatrie

Erwin Anderegg

Das Bemühen, die soziale Situation von psychisch Kranken zu verbessern, ist beiden gemeinsam: der Seelsorge wie der Psychiatrie. Häufiger denn je arbeiten Vertreter der beiden Arbeitsfelder miteinander, getragen von der Einsicht, dass Kooperation dabei ebenso wichtig ist wie Abgrenzung.

Während meines Wirkens als Pfarrer an der Psychiatrischen Universitätsklinik (PUK) konnte ich mir immer wieder Gedanken machen über das grundsätzliche Verhältnis zwischen kirchlicher Seelsorge und Psychiatrie, über positive Möglichkeiten der Zusammenarbeit und über notwendige Abgrenzungen. Eine Vorbemerkung ist mir wichtig: Es gibt weder *die* Seelsorge noch *die* Psychiatrie. Im Hintergrund der Seelsorge stehen Vorstellungen von Erfahrungen mit Gott, die in verschiedenster Weise konfessionell geprägt, aber auch sehr persönlich sind. Die Psychiatrie ihrerseits orientiert sich an wissenschaftlichen Deutungen des Krankheitsgeschehens und an Therapieformen, die sich voneinander auch unterscheiden können. Sowohl innerhalb der Seelsorge wie in der Psychiatrie gibt es kein einheitliches Bild von der Seele. Doch ist in beiden Begriffen das Wort ‹Seele› vorhanden, als deutsches in ‹Seelsorge›, als griechisches ‹φυχη› in ‹Psychiatrie›. Im zweiten Wortteil tritt aber ein Unterschied zutage: ‹Sorge› meint ursprünglich die Sorge um das ‹Seelenheil›, während in ‹iatrie› das ärztliche Bemühen um Heilung zum Ausdruck kommt (‹ιατρος›).

Die heutige Situation stellt sich differenzierter dar. Die Seelsorge möchte auch ihren Teil an die Heilung von psychischer Krankheit leisten, während die Psychiatrie, insofern sie den Ganzheitscharakter psychischen Leidens wahrnimmt, auch die religiöse Dimension des Menschen nicht ausser acht lassen sollte. Beiden gemeinsam ist heute auch das Bemühen, die soziale Situation der psychisch Kranken zu verbessern. Aus diesem Selbstverständnis heraus kann sich sowohl die Notwendigkeit zur Zusammenarbeit als auch zur Abgrenzung ergeben. Gerade in einer psychiatrischen Klinik, auf gedrängtem Raum, auf die gleichen Menschen bezogen, hat beides seine Berechtigung.

Beziehungs- und Spannungsfeld

So besteht zwischen Seelsorge und Psychiatrie sowohl ein Beziehungs- wie auch ein Spannungsfeld. Diese werden nicht nur durch objektive Gegebenheiten geprägt, sondern auch durch subjektive positive oder negative Erfahrungen, welche die Beteiligten allseits gemacht haben und die oft bis in die Kindheit und Jugend zurückreichen. Für die Patientinnen und Patienten und ihre Angehörigen kann es wichtig sein zu wissen und zu spüren, dass zwischen der Seelsorge und der Psychiatrie und den darin tätigen Personen eine Verbindung besteht, auch wenn sich die Sichtweisen der Seelsorge und der Psychiatrie nicht in jeder Situation decken. Oft wenden sich Patienten, die nicht freiwillig in die Klinik eingetreten sind, an den Klinikpfarrer, weil sie ihn als von der Kirche und nicht von der Klinik beauftragten Gesprächspartner eher akzeptieren können. Hier muss jedoch der Klinikseelsorger klarstellen, dass im Spital die therapeutische Entscheidungskompetenz nicht bei ihm liegt. Er kann sich aber in die Diskussion um die Therapie einschalten, zum Beispiel indem er die religiöse Dimension einer Problematik einbringt. So ist der Seelsorger oft Klagemauer und Vermittler in schwierigen Situationen. Es ist sinnvoll, dass er für die Patienten sowohl das Draussen wie das Drinnen zugleich verkörpert.

Ich war bestrebt, diese gewissermassen dialektische Position in vielen Gesprächen, Artikeln und Vorträgen offen darzulegen. Dazu gehört auch mein klares Bekenntnis zur Ökumene. Gerade in einer psychiatrischen Klinik, wo viele Menschen an seelischer Spaltung leiden, hat die Ökumene auch therapeutisch eine positive Wirkung. Die in der PUK tätigen katholischen Seelsorger (es waren dies die Pfarrer B. Roos, W. Steiger, W. Vogt, W. Rosch, H.M. Huwyler) haben diese Ökumene in tiefer

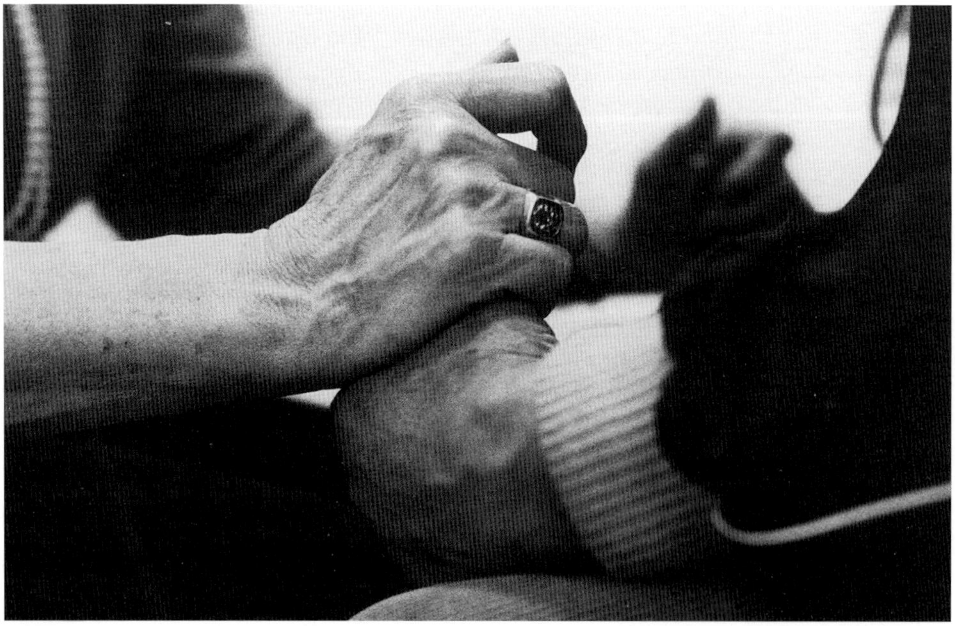

In Seelsorge und Psychiatrie gibt es kein einheitliches Bild von der Seele. Doch in beiden Begriffen ist das Wort ‹Seele› enthalten.

Weise mitgetragen. Es war nicht nur Kollegialität, sondern auch Freundschaft, die unsere Zusammenarbeit prägte.

Das Gottes- und Menschenbild

Seelsorge für leidende Menschen geht aus von einem Gottes- und Menschenbild, das nicht aus einer Lehre, sondern nur aus der lebendigen Schilderung der Beziehung zwischen Gott und Mensch und umgekehrt in der Hl. Schrift erschlossen werden kann. Dass Gott selbst den Menschen sucht, auch wenn dieser sich von ihm verlassen wähnt, ist Grundlage meines Seelsorgewirkens. Gott schenkt dem Menschen seine heilende Nähe, aber er kann ihn auch ‹heimsuchen› in einer für ihn vorerst unverständlichen Weise. Die leidenden Menschen bringen oft zum Ausdruck, dass der Glaube für sie ein Problem darstellt. Als Seelsorger habe ich diese Problematik nicht zu bagatellisieren. Voreilige Tröstungen und Harmonisierungen sind unwirksam.

Im Leiden kann der Mensch religiöse Wandlungsprozesse durchlaufen. Ihn dabei zu begleiten und mit ihm zusammen seine geistigen Erfahrungen zu deuten gehört zu den wichtigsten Aufgaben meiner Seelsorge.

Mitmenschlichkeit

In der Seelsorge geht es auch um die Sinnfrage einer Existenz in leidvollen Krisen und Grenzsituationen. Dem Klinikseelsorger vertrauen sich oft Menschen mit suizidalen Gedanken an. Das Ringen um ein Menschenleben im Schutzraum des Seelsorgegeheimnisses verlangt von ihm ein vor dem Hilfesuchenden, seinen Nächsten, den Therapeuten und vor Gott verantwortetes Handeln, Sprechen und Schweigen. So wird er manchmal zum nächsten Mitmensch des Verzweifelten.

Wir alle können im Alter Patienten oder Patientinnen der Klinik werden, von Alzheimerkrankheit oder Depressionen heimgesucht. Lange Leidenszeiten werfen viele Fragen auf in den Leidenden, ihren Angehörigen und in den Pflegenden. Die Begegnung mit ihnen hat mich immer zu den Wurzeln meiner Aufgabe geführt: die Würde des leidenden Menschen ernst zu nehmen.

Leidende mit religiösen Wahnvorstellungen

Sie zählen für mich zu den sowohl in der Psychiatrie als auch in den Kirchen am wenigsten verstandenen Menschen. Für die einen sind solche Wahnvorstellungen eine Bestätigung für krankmachende Wirkungen des Religiösen, für die anderen Anzeichen einer unechten Religiosität. Theologen erkennen darin oft nur noch das Pathologische und schieben solche Leidende verunsichert an die Psychiatrie ab, ohne ihre eigene Aufgabe an ihnen zu erkennen. Im wahnhaften Erleben nehmen religiöse Vorstellungen einen auffallend grossen Raum ein. Die Angst vor der Desintegration der Person schliesst auch die Angst vor dem Verlust der Beziehung zu Gott ein. Wir können zahlreiche religiöse Wahnvorstellungen als Ausdruck und gleichzeitig tragisch gescheiterten Überwindungsversuch solcher Ängste erkennen, so zum Beispiel die nachstehende Schilderung eines Patienten: «Ich sehe die heilige Dreifaltigkeit. Sie ist ein Dreieck, dessen Seiten mit bengalischem Feuer angezündet sind. Ich bin mitten drin und das Feuer will mich verbrennen.» Dieser Leidende kann als echt religiöser Mensch verstanden werden: Er sucht die seine Seele wärmende Geborgenheit in Gott. Durch die Krankheit bedingt, kann er sie jedoch nur in der Umkehrung erfahren: als Feuer, das ihn verbrennen will.

Depression und Glaube

Gerade weil die Depression ein mehrdimensionales, psychosomatisches Geschehen ist, trifft sie den Menschen auch in seiner Ganzheit. Sie greift seine körperlichen, seelischen und geistigen Kräfte an – auch seinen Glauben. Ich stelle fest, dass von psychiatrischer Seite oft nicht erkannt wird, wie zentral diese Not für einen glaubenden Menschen ist. Verdrängt, spielt sie sich als verschwiegenes Seelendrama ab, das den Verlauf der Krankheit und Therapie wesentlich mitprägt. Auch Angehörige, Freundinnen und Freunde stehen diesem Erleben oft sehr hilflos gegenüber, was Aussagen bezeugen wie: «Du warst doch ein gläubiger Mensch, wie ist so etwas möglich, dass du dich von Gott verlassen fühlst?» Oder: «Du hast zu wenig oder falsch geglaubt, sonst würde dein Glaube jetzt nicht angegriffen.» Und zuletzt wird sogar der Vorwurf gemacht: «Dein zu wenig starker Glaube ist die Ursache deiner Krankheit.»

Solche direkten oder indirekten Vorwürfe erzeugen im depressiven Menschen meist keine Abwehrhaltung, im Gegenteil: Er gibt den anderen recht. Zu sehr ist er bereit, sich zu entwerten, als dass er zur Integrität seines Glaubens, auch wenn dieser tiefe Fragen erzeugt, vor Gott, sich selbst und den Mitmenschen stehen kann. Meine Erfahrung zeigt mir, dass auch ein glaubender Mensch depressiv werden kann. Und ich erwarte, dass ihm ein besonderer Anspruch auf verstehende und theologisch kundige Seelsorge zugebilligt wird – eine Seelsorge, die sein Glaubensproblem ernst nimmt und darin Ansätze zu einem neuen Verständnis des Glaubens erkennt, in dem auch die Erfahrung der Depression integrierbar ist.

Wendung des Glaubens

Im 126. Psalm finden sich die Gebetsworte einer leidenden Gemeinschaft: «Herr, wende unser Geschick!» Solcher Glaube widerspricht der Zufälligkeit und Endgültigkeit der Leiden. Sie sind zwar nicht abwendbar, aber vielleicht wendbar. Dies hat tiefe Konsequenzen für Menschen in Leidenszuständen. Manch schwere Krankheit mit Zeiten trostloser Leere ist, im Rückblick gesehen, nicht sinnlos durchlitten worden. Ein in die Suchtkrankheit geratener Mensch, der dadurch oft sich selbst entwürdigt oder von anderen Menschen erniedrigt wird, ist nicht nur dem Selbstmord auf Raten preisgegeben, sondern darf sich den Wandlungsmöglichkeiten der Therapie und den Kräften des göttlichen Geistes anvertrauen. Es ist mein Glaube: Der Mensch fällt durch das Leiden nicht aus der Ordnung Gottes. Er verliert die ‹imago Dei› – dass er nach Gottes Bild geschaffen ist – nie, auch wenn sein Wesen von der Resignation so verdunkelt sein kann, dass manchmal nur noch ein Rest vom ursprünglichen Goldgrund sichtbar ist. Ich betrachte es als eine der wichtigsten Aufgaben der Seelsorge, Resignation abtragen zu helfen, damit die Samenkörner der Hoffnung darunter nicht zugrunde gehen, sondern wieder zum Keimen kommen.

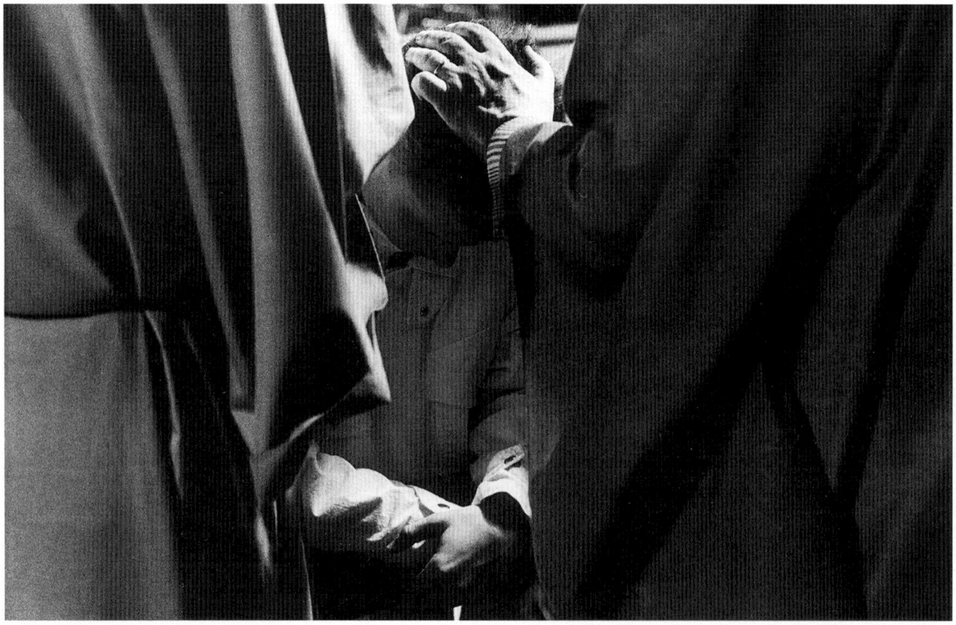

Der Mensch fällt durch das Leiden nicht aus der Ordnung Gottes. Seelsorge für Leidende Menschen basiert auf der lebendigen Schilderung der Beziehung zwischen Gott und Mensch.

Architektur und Urbanismus

Der mysteriöse Nachklang

Lutz Windhöfel

Bauen verändert die Stadt. Eine Binsenweisheit mit mysteriösem Nachklang. Die Tatsache, dass irgendwo in Basel neue Kubaturen aus Stein, Metall, Glas oder Holz entstehen, dass dazu über Monate, manchmal auch Jahre Menschen und Maschinen tätig sind, dass an diesen Orten später andere oder mehr Menschen wohnen, arbeiten und im Alltag zirkulieren: all das verändert eine Stadt.

Die Nordtangente im Blick von Westen, kurz vor dem St. Johann-Quartier.

Beim mysteriösen Nachklang dieser Binsenwahrheit ist es etwas komplizierter, denn er wirkt subkutan: unter der Haut. Und er entzieht sich meist dem ersten Blick. Häufig auch den folgenden. Das Bauen ist nicht nur die morphologische Veränderung einer Strasse, eines Platzes, einer Häuserzeile oder Freifläche, ist nicht nur das Errichten eines neuen Wohn-, Verwaltungs-, Gewerbe- oder Fabrikhauses, sondern auch der Umgang mit einem fragilen Aussen- und Innenraum. Nach aussen ist jede neue Architektur ein Gesicht, mit dem Benutzer oder Passantinnen leben müssen – nach innen ist ein neues Haus Teil einer privaten, intimen Situation beim Wohnen und ein halböffentlicher Raum bei der Arbeit, der Freizeit und deren Dingwelt. Das Bauwerk einer Brücke, eines Tunnels oder einer Strasse ist Teil der öffentlichen Organisation des Alltags. Ob eine neue Architektur als schön oder hässlich empfunden wird, ist dabei eine Frage des Geschmacks, betrifft die Ästhetik und bleibt eine philosophische Kategorie. Ob jedoch etwas schön durch die

Praxis der Anwendung ist, ob ein neues Bauwerk Distanzen oder Nutzungen optimiert, ob es Annehmlichkeiten ausstrahlt oder die störenden, technischen Begleiterscheinungen des modernen Lebens erträglicher macht, entscheiden erst der Gebrauch und die Zeit. Dies ist der mysteriöse Nachklang, und diese Eigenschaft von Architektur sollte jedes Urteilen in der Gegenwart nachdenklicher machen. Eine schwierige Angelegenheit, denn schon jede Baustelle fordert uns zu einer spontanen Reaktion heraus.

Nehmen wir vier davon, die derzeit das Basler Stadtbild beherrschen und für die meisten Menschen der Stadt Konsequenzen haben werden: das Strassen-, Tunnel- und Brückenprojekt der Nordtangente, das Bürohaus und der neue Postbahnhof-Ost, die neue Halle der Messe und eine Wohnüberbauung – fast – vis-à-vis des Badischen Bahnhofs.

Eingriffe in die Stadt

Die Nordtangente greift auf 3,18 Kilometern Länge in das Stadtbild zwischen den Quartieren Horburg (im Norden) und St. Johann (im Südwesten) ein. Der Bahnhof-Ost tut dies auf knapp 500 Metern zwischen Peter Merian- und Münchensteiner-Brücke, wobei ein grosses Bürohaus mit 46 800 Quadratmetern Nutzfläche entsteht. Mit 36 000 Quadratmetern sind die beiden Stockwerke der neuen Halle der Messe zwischen Riehenring und Isteinerstrasse nur wenig kleiner und auch nur geringfügig niedriger als der Koloss am Bahnhof mit seinen fünf Geschossen. Bei einem Raumvolumen von 400 000 Kubikmetern wird das neue ausstellerische Herz der Messe einen Raum von 215 Metern Länge, 10 Metern Höhe und nahezu 90 Metern Breite erhalten. Kaum eine Industriearchitektur der Stadt wird damit konkurrieren können.

Die Tunneleinfahrt auf dem heutigen DB-Areal mit dem Entlüftungskamin.

Auch die Wohnüberbauung zwischen Schönau- und Erlenstrasse ist mit einer Nutzfläche von 18 000 Quadratmetern imposant. Allerdings entsteht neben der Schwarzwaldallee und dem Badischen Bahnhof mit über 160 Wohnungen, Ateliers, einem Kindergarten und einem Café ein vielgliedriger Baukörper mit kleinteiligerer Nutzung. Hier reduziert sich die monumentale Form des öffentlichen und halböffentlichen Bauens auf die private Dimension des menschlichen Lebens.

Neubau der Messe Basel

Bei der Baustelle der Messe jagen sich die Rekorde. Projektleiter Pierre Dietziker weiss, dass ein Haus dieser Grösse in der Schweiz noch nie in so kurzer Zeit errichtet worden ist. Insgesamt verbaut man 11 000 Tonnen Stahl und 30 000 Kubikmeter Beton. Dem Vorhaben stehen zehn Monate zur Verfügung. Nach dem Abriss des Vorgängerbaues waren es noch acht. In zwei Schichten wird gearbeitet, um die elegante Stahl-Glas-Konstruktion zu realisieren. Damit der Eröffnungstermin im März 1999 eingehalten werden kann, muss der Bauprozess nach einer exakten Logistik ablaufen. Das gezeichnete Zeitdiagramm für die Baustelle gleicht einer Treppe und die Arbeitsetappen auf dem Bau einer sanften Welle. Kaum haben die ausführenden Bauhandwerksfirmen ihre Arbeit in einem Segment beendet, folgt an gleicher Stelle ein ergänzender Bau- oder Ausbauabschnitt. Dem Fortschritt der Baustelle kann man fast zuschauen.

Verkehrsader Nordtangente

Solche Zahlen für die Baustelle der Nordtangente zu nennen, macht wenig Sinn, denn die Volumina sind so gewaltig, dass sie sich dem normalen menschlichen Vorstellungsvermögen entziehen. Die Riesenkubatur wird zudem mehrheitlich unter der

An den beiden Längsseiten der Messehalle (rechts die Isteinerstrasse) befinden sich je drei Lift- und Treppentürme.

Durch die Glasfassade wird die Helligkeit der Halle hier auf den Riehenring ausstrahlen.

Erde entstehen: Auf Grossbasler Seite beginnt der neue Strassentunnel kurz nach der französisch-schweizerischen Zollanlage und wird 1432 Meter lang, auf Kleinbasler Seite führt die unterirdische Autobahn vom Riehenring Richtung Rhein und taucht nach 1092 Metern wieder auf. Die doppelstöckige neue Dreirosenbrücke ist mit 266 Metern Länge das Verbindungsstück. Die Logistik dieses Bauprojektes ist noch komplexer, da der enorme Strom des Nah- und Fernverkehrs aufrechterhalten werden muss; dies erfordert an den Kopfbaustellen der Brücke (insbesondere an jener im Klybeck) bis zur Fertigstellung sieben bis acht provisorische Bauzustände. 1994 wurde mit der Nordtangente begonnen. Im Juli 1999 schliesst man die Dreirosenbrücke für drei Tage, verschiebt die alte Konstruktion um 15 Meter flussaufwärts und beginnt anschliessend mit dem Bau des neuen Rheinübergangs. Am 6. Dezember 1999 soll die Tunnelröhre-Süd für den Verkehr freigegeben werden. Dann ist das Werk in einer Richtung in seiner ganzen Länge befahrbar.

Business-Center/Bahnhof-Ost

Der Neubau Bahnhof-Ost entsteht auf bisherigem Brachland. Gewiss waren dort zuvor Lok-Remisen, Abstell- und Transportgeleise, aber die Fläche zwischen dem Gundeldinger- und dem südlichen Gellertquartier wirkte weitgehend unbelebt. Dies wird sich durch das neue, sechsteilige Haus ändern. Über dem neuen PTT-Bahnhof im untersten Geschoss, wo man mit drei Bahngeleisen und einer LKW-Verladestation künftig den postalischen Gütertransport der Stadt abwickeln wird, liegt die Tiefgarage; darüber folgen sieben Geschosse für Büros oder analog genutzte Räume. Der Bau war besonders durch den hallenartigen PTT-Bahnhof auf der untersten Ebene statisch

Die obere Ebene hat eine Tiefe von 215 und eine Breite von 90 Metern.

heikel, und die weit kleinteiligere Nutzung über der Erde machte eine raffinierte Konstruktion notwendig. 16 Tonnen schwere Stahlträger fangen nun im Erdgeschoss das enorme Gewicht der Kubatur auf und leiten es in die Fundation. Das über 150 Meter lange, rund 60 Meter breite und über 20 Meter hohe Gebäude ist so rhythmisch in serielle Baukörper gegliedert, dass es den Ort stark verdichtet, aber nie massiv wirkt. Der Komplex wird ab Sommer 1999 mehrheitlich von Dienstleistungsbetrieben bezogen.

Ein Haus wie ein Quartier

Bei der Wohnüberbauung zwischen Schönau- und Erlenstrasse, die ab Herbst 1999 bezugsbereit sein soll, steht man (Oktober 1998) mit der Mietersuche gerade am Beginn. Mit 40 Zwei-, 74 Drei- und 33 Vierzimmer-Wohnungen lässt die Pensionskasse des Basler Staatspersonals Mietraum für mehrere hundert Menschen errichten. Die 12 integrierten Maisonette-Wohnungen werden als Eigentumswohnungen verkauft. Mit 4 Ateliers, einem Kindergarten und weiteren ebenerdigen, zu Verkaufszwecken nutzbaren Räumen erhält die mehrteilige Kubatur den Charakter eines neuen Quartiers. Die Hauptbauten bilden einen Innenhof, der mit 60 auf 50 Metern die Qualität eines dicht begrünten Platzes haben wird. Auffallendstes Kriterium ist eine grossflächige Durchfensterung, die überall – wo möglich – Licht- und Blickachsen über die ganze Tiefe der fünfgeschossigen Wohnkubatur schafft.

Basels neues Gesicht

Und wie ‹stehen› diese künftigen Bauten in der Stadt? Das neue ‹Business Center/Bahnhof-Ost› aus dem Büro Zwimpfer Partner urbanisiert ein grosses, innerstädtisches Grundstück mit einem mächti-

An der Nauenstrasse betont die grünliche Glasfassade des neuen Business-Center/Bahnhof-Ost die urbane Gestaltung.

gen Haus, dessen vorgeblendete, leicht grünliche Glasfassade einen sachlichen und sinnlichen Eindruck machen wird. Mit dem Lonza-Hochhaus (Suter & Suter, 1960–62) und dem neuen Stellwerksturm von Herzog & de Meuron (direkt neben der Münchensteinerbrücke im Bau) entsteht mit dem neuen Haus im Gebiet des Bahnhofs ein sehr beachtenswertes architektonisches Dreieck. Da die grosse Kubatur für Fussgänger von Süden her mit einem Weg zwischen Gundeldinger-Passerelle und Peter Merian-Brücke erschlossen ist und die BVB-Linien 10 und 11 hier eine neue Haltestelle haben werden, kann dies ein lebendiger Ort im städtischen Nahverkehr werden. Für die Bahnreisenden aus der Schweiz oder Deutschland entsteht eine neue Visitenkarte der Stadt.

Dies wird auch bei der Messe der Fall sein, denn die elegante und transparente neue Halle des Architekturbüros von Theo Hotz wird das Repräsentationsbedürfnis des Unternehmens befriedigen und zudem das Quartier am Riehenring heller und freundlicher machen. Der Bau wird, wie ‹Euregio› von Richard Meier, ein Zeichen kosmopolitischer Offenheit in Basel setzen. Die neue Architektur ist integrierend und solistisch zugleich. Denn die äussere Kontur der Messe bleibt nahezu unverändert, aber mit der Sprache des Materials und den heutigen Möglichkeiten von Technik und Industrie wird das Haus so auffällig wie eine freistehende Kubatur. Hans Hofmanns Rundhofgebäude (von 1953/54) erhält damit edle Nachbarschaft.

Die Konsequenzen, die die vollendete Nordtangente haben wird, sind heute kaum abzusehen. Alle Formen des Verkehrs, des Wohnens und des Alltags auf beiden Seiten des Rheins werden davon betroffen sein. Der augenscheinlichste Teil des Bauwerks wird die doppelstöckige Brücke, wo die Architekten Wilfrid und Katharina Steib eine ge-

Die Dächer der Überbauung Schönaustrasse/ Erlenstrasse werden extensiv begrünt, der Innenhof erhält grosse Bäume.

stalterische Hand in der komplexen Sache der Ingenieure im Spiel haben. Glaubt man den Computersimulationen, so wird ein sanfter Bogen der Brücke einen japonistischen Charakter geben. Sie wird wesentlich leichter wirken als die heutige Konstruktion, die wie ein Brett über dem Wasser liegt.

Häuser mit grossen Fenstern sind hell und strahlen Offenheit aus. Bei neu erstellten Wohnhäusern an der Sevogelstrasse (von Bürgin, Nissen, Wentzlaff) wurde dies gerade realisiert – bei der neuen Wohnüberbauung von Proplaning zwischen Schönau- und Erlenstrasse wird es ähnlich sein. Das Kleinbasler Quartier am – noch existierenden – grossen Güterbahnhof der Deutschen Bahn wurde in den letzten Jahrzehnten von der Stadtentwicklung nicht verwöhnt; die Stümpfe der Nordtangente symbolisierten die Stagnation. Der Bahnhof soll nun geschlossen werden. Ein 1997 entschiedener Ideenwettbewerb sieht für das 18 Hektaren grosse Grundstück eine Wohn-, Gewerbe- und Grünzone vor. Die Realisierung ist völlig offen, aber die Wohnqualität dieser Ecke der Stadt würde enorm aufgewertet. Und die Wohnhäuser von Proplaning lägen dann direkt daneben.

An der Horburgstrasse erhält man einen Eindruck, wie der Strassenraum nach dem Bau der Nordtangente aussehen kann. Der Tunnel ist hier zugedeckt, die Tramgeleise sind verlegt, die Fahrbahnen und die Trottoirs geteert. Auf den wesentlich breiteren Streifen der Fussgänger sind die Plätze erkennbar, wo bald im Rhythmus einer Allee auf beiden Strassenseiten Bäume gepflanzt werden. So soll es später auch in der Voltastrasse aussehen. Im Jahr 2005, wenn das ganze Bauwerk fertig sein wird, werden diese Bäume schon mehrere Jahre alt sein. Und das gehört beim Bauen in der Stadt zum mysteriösen Nachklang.

Der Lohnhof – neu untersucht

Christoph Ph. Matt
Daniel Reicke

Archäologisch-baugeschichtliche Mosaiksteine

Lange Jahre war der Name ‹Lohnhof› gleichbedeutend mit ‹Gefängnis› – abgeschlossen von der Umwelt, gesichert, unzugänglich. Ursprünglich, so ein weit verbreiteter Glaube, habe hier sogar eine Burg gestanden. Dieser Glaube wurde im Zuge neuer archäologischer Untersuchungen erschüttert.

Der Basler Lohnhof – über Jahrzehnte als Gefängnis Inbegriff eines unzugänglichen Ortes – hat seine Türen und Tore geöffnet. Die Lage auf dem Leonhardssporn hoch über dem Barfüsserplatz und der durch ein Pförtnerhaus bewachte Zugang waren der Nutzung als Gefängnis entgegengekommen. Noch heute wirken die mit Zinnen verzierten Bauten des Lohnhofs wie eine Burg. Entsprechendes klingt schon in den spätmittelalterlichen Quellen an: Hier, heisst es, habe einst die Burg ‹Wildeck im Leimental› oder ‹Tanneck› gestanden. – Nach der Verlegung der Gefangenen Ende 1995 an die Heuwaage[1] haben die Archäologische Bodenforschung und die Denkmalpflege den Lohnhof untersucht. Dabei konnte allerdings keine Burg nachgewiesen werden.

Die erste Bestimmung des Komplexes war die eines Klosters bzw. Stifts. Im Jahr 1133/35 wurde hier ein Augustinerchorherrenstift gegründet. Aber schon vorher ist eine Kirche und vielleicht schon eine klösterliche Gemeinschaft anzunehmen. Wann genau die erste Gründung erfolgte, wird durch widersprüchliche Schriftquellen mehr verdunkelt als erhellt. Eines steht aber fest: Der Stifter der ersten Kirche starb schon im Jahr 1082. – Die Nutzung als Kloster fand 1525 mit der Reformation ein Ende. Die Stadt bestimmte 1668 die Räumlichkeiten zur Wohnung des ‹Lohnherrn›, des städtischen Bauherrn, der Tagelöhner zum Unterhalt der Mauern und Plätze anheuerte. Der Name ‹Lohnhof› ist dem Gebäudekomplex bis heute geblieben. 1821 verlegte man die städtischen Gefangenen hierhin. 1855 folgte die bauliche Einrichtung des Gefängnisses nebst der Herrichtung von Räumen für Polizei und Staatsanwaltschaft in den alten Wohnhäusern im hinteren, südlichen Flügel des Komplexes. 1897 wurde das Gefängnis zwischen der Kirche und dem südlichen

Hof weitgehend neu gebaut. Bei den Untersuchungen nach dem Auszug des Gefängnisses ab 1996 mussten somit die älteren Teile des Komplexes hinter den 1897 eingefügten Teilen herausgeschält werden.

Die mittelalterlichen Stadtbefestigungen beim Lohnhof

Basel war im Mittelalter nacheinander von drei, immer weiter angelegten Stadtmauern umgeben. Die jüngste, die sogenannte ‹Äussere Stadtmauer› wurde in den Jahren 1361–1398 erbaut und umschloss die schon früher entstandenen Vorstädte. Sie verlief gut 150 m weiter westlich des Lohnhofs am Steinengraben. – Die nächstältere, die sogenannte ‹Innere Stadtmauer› entlang der ‹Graben-Strassen (Peters- und Leonhardsgraben, Kohlenberg, Steinenberg und St. Alban-Graben) wurde in der 1. Hälfte des 13. Jahrhunderts erbaut. Sie umschloss die eigentliche Stadt (‹civitas›). – Die älteste Stadtmauer wurde in den unruhigen Zeiten des Investiturstreites im ausgehenden 11. Jahrhundert errichtet. Ihr Bauherr war der Bischof und Stadtherr Burkhard aus der Familie der Grafen von Fenis (Vinelz am Bielersee, um 1040–1107). Diese Mauer lag meist nur wenige Meter hinter der Inneren Stadtmauer; sie umschloss also nur unwesentlich weniger Fläche als die Mauer des 13. Jahrhunderts. – Der hier besprochene Leonhardssporn zwischen dem Birsigtal (Barfüsserplatz) und dem Kohlenberg war bereits von der ältesten, der sogenannten ‹Burkhardschen Stadtmauer› umfasst.

Verschiedene Grabungen der letzten Jahre haben die Kenntnis der Burkhardschen Stadtmauer wesentlich erweitert. Zur Höhe der Mauer und über allfällige Wehrtürme konnte bisher aber noch nichts gesagt werden. Hier haben die Untersuchungen im Lohnhof neue Ergebnisse gebracht: Es konnte ein noch bis zirka 3,5 m über dem Boden erhaltener Stadtmauerteil mit einer Zinne bzw. einem Zinnenfenster nachgewiesen werden. Wir dürfen uns glücklich schätzen, dass sich ein solcher Befund im Lohnhof erhalten hat. Die besondere, gewissermassen durch Stiftsbauten geschützte Situation verhinderte offensichtlich eine Zerstörung der Stadtmauer, wie dies andernorts in der Stadt der Fall war.

Die zweite grundlegende Erkenntnis unserer Untersuchungen besteht darin, dass der Eckturm auf dem Leonhardssporn zusammen mit der Burkhardschen Stadtmauer errichtet worden ist. Möglicherweise waren auch die andern Eckpunkte der Burkhardschen Stadtmauer durch Türme gesichert, beispielsweise oben am Steinenberg im Bereich des heutigen Schilthofs. Hinweise auf einen weiteren Eckturm gibt es am rheinseitigen Ende der Mauer im Seidenhof (Blumenrain 34). – Dass die Stadtmauer mit weiteren Türmen befestigt war, zeigt der in den letzten Jahren im Hotelrestaurant Teufelhof festgestellte Turm am Leonhardsgraben 47/49. Er ist zwar im Bauvorgang jünger als die Burkhardsche Mauer – seine Mauern sind ange-

Übersichtsplan Lohnhof:
rot: 11. Jahrhundert
blau: 13. Jahrhundert
A Kirche St. Leonhard
B romanische Stiftsgebäude (11./12. Jh.)
C Kreuzgang (11./12.Jh.)
D Burkhardsche Stadtmauer (um/nach 1080)
E Eckturm (mit archäologischem Informationsraum)
F Innere Stadtmauer (1. Hälfte 13. Jh.)
G Gewölbekeller
H Pförtnerhaus

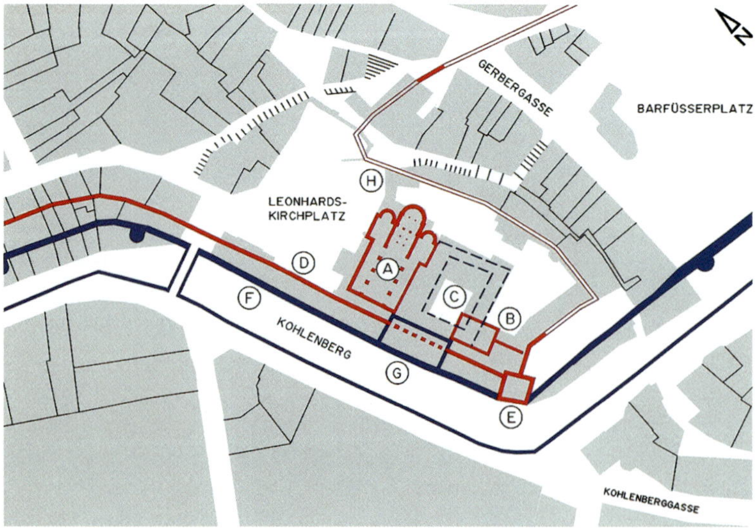

baut, nicht verzahnt –, doch er muss aufgrund der ähnlichen Bautechnik und der Art des Steinmaterials zur Burkhardschen Stadtmauer gerechnet werden. Es gibt Indizien für das Vorhandensein weiterer solcher Mauertürme am Peters- und am Leonhardsgraben.

Den Kern der heute mächtig hohen Lohnhof-Fassade am Kohlenberg bildet die Innere Stadtmauer. Wie archäologische Befunde am Leonhardsgraben zeigen, wurde sie in den auf 1200 folgenden Jahrzehnten erbaut. Die Mauer endete mit einer Zinnenreihe mehr als elf Meter über dem Graben- bzw. Strassenniveau, d.h. im unteren Teil des heutigen ersten Stocks im Lohnhof.

Der Eckturm am Kohlenberg

Der alte Eckturm in der Biegung des Kohlenbergs hebt sich zwar aufgrund der Höhe kaum von den Lohnhof-Gebäuden ab, aber durch die Hervorhebung seiner Ecken mit Sandsteinquadern, seine Mächtigkeit und sein hohes Pyramidendach ist er als Turm klar erkenntlich. Da er wie erwähnt unten mit der Burkhardschen Stadtmauer verzahnt ist, dürfen wir ihn als Befestigungsturm des ausgehenden 11. Jahrhunderts ansehen. In Anbetracht seines hohen Alters ist der Eckturm mit den Aussenmassen von 8,2 bis 6 x 9,8 m und den 1,3 m dicken Mauern im Laufe der Zeit mehrfach umgebaut worden: Er wurde noch im Mittelalter bis auf die Fundamente abgetragen und neu erbaut (siehe unten). Wir wollen hier kurz darlegen, wie er um 1100 ausgesehen haben dürfte.

Der Eckturm stand halb im Abhang des Sporns über dem natürlichen Kohlenberg-Tälchen. An der Aussenseite war er wohl wie die von Norden her anschliessende Burkhardsche Stadtmauer mit einem sparsam aufgetragenen Putz versehen, der die Steinköpfe frei liess. Horizontale, mit der Maurerkelle gezogene Striche auf den Putzstreifen über den Steinfugen bildeten ein Zierelement, gleichzeitig aber auch eine technisch erwünschte Verdichtung des Putzes mit Tropfnase (sogenannter Fugenstrich-Verputz). – Der Eckturm stand der Stadtmauer um 4 bis 6 m vor, wohl aus wehr-

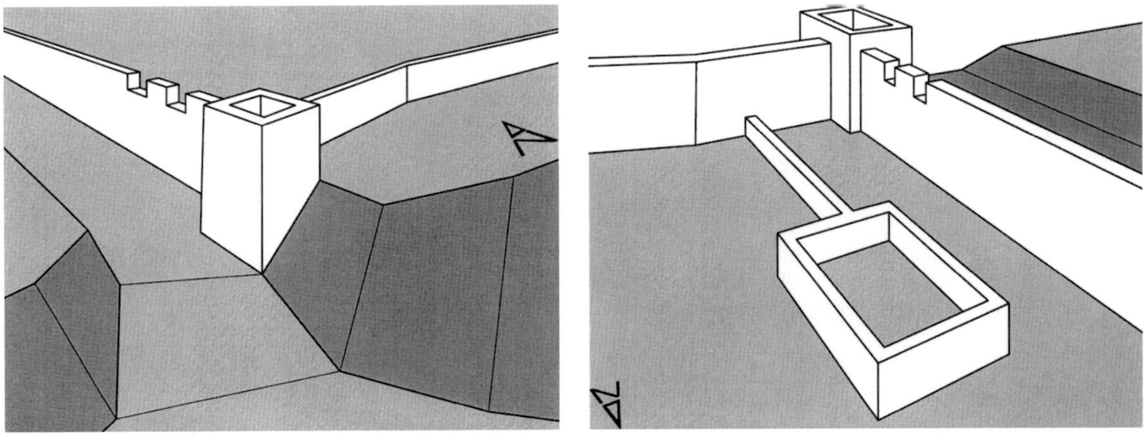

Burkhardsche Stadtmauer und Eckturm am Kohlenberg (innen).

Innerhalb der Stadtbefestigungen: Grundmauern des romanischen Stiftsgebäudes (aussen).

Der Lichthof im Westtrakt während der Ausgrabungen: links romanischer Kernbau (mit späterem Spitzbogenportal), Mitte hinten der Eckturm der Burkhardschen Stadtmauer, daran anschliessend die Burkhardsche Stadtmauer.

technischen Gründen. Da der Turm bis aufs frühere Gehniveau abgebrochen worden ist, lassen sich über seine ehemalige Höhe nur Vermutungen anstellen. Er wird die bis rund 3,5 m über dem Boden erhaltene Stadtmauer vielleicht etwas überragt haben. Über Tür- und Fensteröffnungen ist ebenso wenig bekannt wie über eine Wehrplattform, Zinnen oder ein allfälliges Dach. – Bei den Umbauten wurde im Eckturm ein ‹Archäologischer Keller› ausgehoben, ursprünglich war der Turmschaft bis zur Höhe des Bodens im Lohnhof mit Bauschutt verfüllt.

Der Eckturm wurde beim Basler Erdbeben 1356 so sehr beschädigt, dass er bis auf den untersten Teil abgebrochen und vom Erdgeschoss an neu aufgebaut werden musste. Die Balken im Erdgeschoss und im ersten Stock hat man jetzt dendrochronologisch untersucht. Diese in alten Bauten oft angewendete Auswertung der Jahrringbreiten von Holzbalken ergab für beide Decken ein übereinstimmendes Baudatum im Jahr 1358, d.h. kurz nach dem Erdbeben. Der Saal im ersten Stock wurde damals offenbar zu einem der zentralen Räume des Klosters hergerichtet, denn in der Wand war ein mit einer Eisentüre verschlossener Tresor für die wichtigen Dokumente und Wertsachen eingelassen. Der Raum war auch später, zur Zeit des Lohnherrn, der repräsentativste des Hauses: Jedenfalls wurde hier im 18. Jahrhundert ein schönes Cheminee eingerichtet, das heute noch erhalten ist; diesem gegenüber stand früher ein grüner Kachelofen (17. Jahrhundert).

Der älteste Zeuge des St. Leonhards-Stifts

Die historisch widersprüchlich überlieferte Frühgeschichte von Kirche und Stift St. Leonhard wurde bereits eingangs angesprochen. Der für 1133/35 urkundlich festgehaltenen Errichtung eines der Augustinus-Regel unterstellten Kanonikerstiftes dürfte nach Meinung der Historiker die Einrichtung eines wohl weltlichen Stiftes vorangegangen sein. Die Untersuchungen von 1996/97 ergänzen nun das bisher Bekannte wesentlich durch den Nachweis eines Kernbaus im Kloster. Wir deuten dieses romanische Gebäude als Teil eines solchen frühen

Stiftes. Der Bau war stellenweise bis ins erste Obergeschoss erhalten. Ausmasse und Qualität weisen ihm eine herausragende Bedeutung zu.

Das rechteckige romanische Gebäude mit leicht verzogenem Grundriss und einer Länge von rund 13,4 bis 14,2 m sowie einer Breite von um die 9,5 m erhebt sich auf einem qualitativ hervorragenden Fundament aus Kieselwacken und hartem Mörtel (Gesamtfläche: ca. 132 m²). Die aufgehenden Mauern weisen Reste von Fugenstrichputz ähnlich wie beim Eckturm sowie eine Eckquaderung aus Sandsteinen auf. Eine zugehörige, in der gleichen Bautechnik errichtete Hofmauer trennte das Areal zwischen dem Eckturm, den davon abzweigenden Stadtmauern und dem Stiftsgebäude ab und legt die Zusammengehörigkeit von Hof, Gebäude und Stadtmauer nahe. Die westliche Längsseite des zweifellos als Stiftsgebäude zu interpretierenden Hauses verläuft parallel zur Burkhardschen Stadtmauer auf der Flucht des Westgiebels der damaligen Leonhardskirche. Dieser architektonische Bezug unterstreicht den Zusammenhang mit der Kirche und schliesst eine rein profane Verwendung des Gebäudes aus.

Weil von den aufgehenden Mauern des romanischen Stiftsgebäudes nur Fragmente der Süd- und Westmauer erhalten sind, bleibt die Kenntnis dieses Bauwerks rudimentär. Nachgewiesen sind ein Nebenausgang im Süden, zum Hof, ein nur etwa 2,25 m hohes Erdgeschoss und schmale Fenster im oberen Stock. Ganz in die Südostecke gedrückt, bestand im oberen Geschoss ein Ausgang gegen Süden, eventuell zu einer Laube. Diese Öffnungen können auch erst nachträglich geschaffen worden sein.

Dieser romanische Bau wurde wahrscheinlich schon im 13. Jahrhundert bis zur Unkenntlichkeit umgebaut: Ein gotisches Masswerkfenster des 13. Jahrhunderts zeigt, dass die Fläche des ursprünglichen Baus damals zum Innenhof geworden ist. Dieses schöne Fenster dürfte einst zu einer Kapelle im Kloster gehört haben, die später wiederum umgebaut und zu einem Lichthof umgestaltet worden ist. Bauliche Veränderungen haben sich also hier sehr tiefgreifend ausgewirkt. Der Teil des ehemaligen Stiftsgebäudes vom Masswerkfenster an gegen Süden wurde gemäss Dendro-Datierung im Jahr 1330 zu einem Turm, dem heutigen ‹Uhrenturm›, umgebaut bzw. neu aufgeführt. Dessen westlicher Ausgang in den Lichthof ist als Spitzbogenportal heute noch erhalten und in Gebrauch. Der Turm hat das Erdbeben im Jahr 1356 einigermassen schadlos überstanden.

Weitere Ergebnisse zur Baugeschichte

Ein weiterer im Hochmittelalter angelegter Bauteil ist der Flügel am Kohlenberg, die ‹Liberei›, d.h. die Klosterbibliothek, also jener Teil, in dem jetzt das Musikmuseum untergebracht wird. Im Untergeschoss findet sich hier ein Gewölbekeller, der aus der Bauzeit des 13. Jahrhunderts überliefert ist

Der Gründungsbau des St. Leonhards-Stifts. Rot: Kernbau und Hofmauer, 11./frühes 12. Jh.; blau: im späten 13. Jh. im 1. Stock eingebautes Masswerkfenster; grün: Umbau des Südteils zum sog. Uhrenturm (Dendrodatum: 1330).

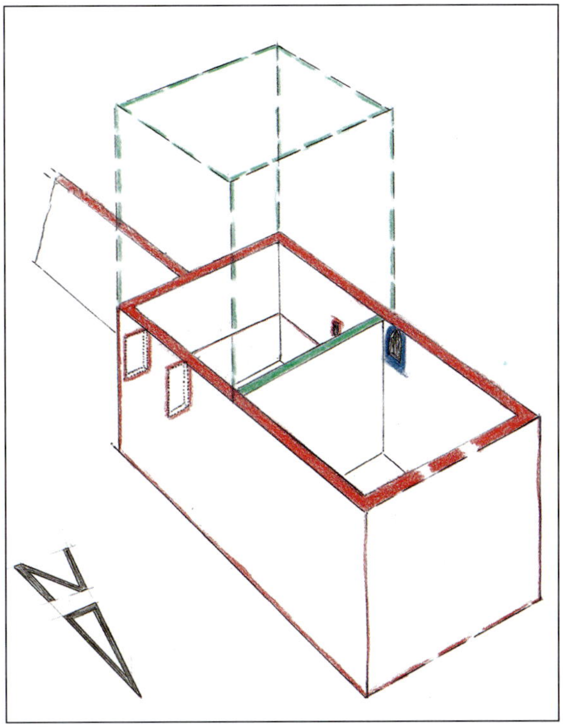

Wappenmalerei des 15. Jahrhunderts, im 1. Stock beim Eckturm: unidentifiziertes Wappen eines Kanonikers, im restaurierten Zustand (links).

Rest eines Masswerkfensters, 13. Jh. (rechts).

(künftiger Jazzkeller). Darüber wurde das Haus gemäss dem dendrochronologischen Datum des Dachstuhls im Jahr 1440 erneuert/ergänzt. Dieselben Baudaten müssen wir für den Kreuzgang annehmen, jedenfalls wurde er im 15. Jahrhundert gleichzeitig mit dem Bibliotheksbau erneuert. Der Ursprung des Kreuzgangs ist aber älter: Beim Neubau des Gefängnisses 1897 wurden an dieser Stelle romanische Reliefs des 12. Jahrhunderts gefunden (heute im Historischen Museum). Ab 1492 hatte der Bau der heutigen Kirche, einer breiteren Hallenkirche, wiederum Korrekturen an Kreuzgang und Bibliothek zur Folge.

Im ganzen Leonhardskloster wurde im 15. Jahrhundert viel gebaut und erneuert. Dies erstaunt, weil die finanzielle Lage des Klosters in jener Zeit oft sehr schlecht war. Aus der Mitte des 15. Jahrhunderts stammen Reste eines gemalten Wappenfrieses, die im ersten Stock im Vorraum des Eckturms zum Vorschein kamen.

Der Lohnhof heute

Der Lohnhof ist in der heutigen Erscheinung immer noch vom Einbau des Gefängnisses geprägt (um 1855 und ab 1897). Am Torbogen des Zugangs findet sich jedoch noch das Datum 1505 als Zeichen einer baulichen Teilerneuerung kurz vor der Reformation, im Gefolge des Kirchenneubaus. Die Datumsinschrift wiederholt sich am Pförtnerhaus, einem originellen spätgotischen Häuschen, das künftig als Kinderhort genutzt wird.

Die ältesten Teile der Anlage finden sich heute mehrheitlich im Untergeschoss, u. a. in der Krypta unter der Kirche. Im südlichen Lohnhofteil ist romanisches Mauerwerk ebenfalls im Keller sichtbar: Teile der Stadtmauern, aber auch Fundamente des ersten Stiftsgebäudes. Nach dem jetzigen Umbau sind im Lichthof hinter dem ‹Uhrenturm› sogar die originalen Eckquader der südwestlichen Ecke des Gründungsbaus bis in den ersten Stock zu sehen. Obwohl die baulichen Veränderungen zugunsten der jetzt eingerichteten Wohnungen tiefgreifend waren, darf gesagt werden, dass die neuen Eingriffe geschickt entworfen und plaziert wurden, so dass die historische Bedeutung des Bauwerks zur Geltung kommt.

Archäologie und Baugeschichte sichtbar gemacht

Während der archäologisch-baugeschichtlichen Untersuchungen werden viele Befunde im Boden und an den Mauern vorübergehend freigelegt. Bei Abschluss der Bauarbeiten verschwinden sie jedoch meist wieder. Gewiss sind die oben dargestellten mittelalterlichen Elemente auch nachher am Bau noch ablesbar, doch dem Laien erschliessen sie sich nicht ohne weiteres. Es ist deshalb ein wichtiges Anliegen der Denkmalpflege und der Archäologischen Bodenforschung, die Ergebnisse ihrer Arbeit für die Öffentlichkeit sichtbar zu machen. – Im Falle des Lohnhofs soll dessen Geschichte im Musikmuseum auf einer Informationstafel dargestellt werden. Die Tafel im Eingangsbereich wird auf die wechselvolle Geschichte des Gebäudekomplexes hinweisen. Sie wird an der südlichen Kirchenwand nahe bei der schönen Bauinschrift von 1492 hängen, die schon mehr als 500 Jahre früher über den Bau der spätgotischen Hallenkirche orientiert hat.

Die stadtgeschichtlich wichtige Abfolge der Stadtmauern wird dagegen in einem ‹Archäologischen Keller› dargestellt. Im Sockelgeschoss des Eckturms konnte eine archäologische Informationsstelle[2] eingerichtet werden. Es musste lediglich eine alte, verschüttete Verbindungstreppe freigelegt und das Sockelgeschoss ausgehoben werden. Der Zugang erfolgt von aussen her über die Treppe in der Biegung des Kohlenbergs. Im Raum sind die unverputzten, originalen Fundamentmauern des ältesten Basler Stadtmauerturms aus dem aus-

Der archäologische Informationsraum im Eckturm am Kohlenberg.

gehenden 11. Jahrhundert und die jüngere, nach dem Erdbeben von 1356 erfolgte Aufmauerung zu sehen. Informationstafeln und -blätter orientieren über Geschichte und Archäologie des Lohnhofs und seine Umgebung sowie über Basels Entwicklung von keltischer Zeit bis zum Fall der Stadtmauern.

Die archäologisch-baugeschichtlichen Untersuchungen im Lohnhof haben uns um den Glauben an die Sage der ‹Burg Wildeck› oder ‹Tanneck› gebracht. Dafür sind wir um abgesichertes Wissen reicher: Die Erkenntnis, dass die schon lange bekannte Burkhardsche Stadtmauer durch Türme verstärkt war, und der neu geschaffene archäologische Informationsraum wiegen den ‹Verlust› einer nicht existierenden Burg bei weitem auf.

Anmerkungen

1 Siehe auch: Dieter Wüthrich, Erneuerung im Gefängnis- und Strafvollzug. Der Waaghof löst den Lohnhof ab, in: Basler Stadtbuch 1995, Basel 1996, S. 94–97.

2 Archäologischer Informationsraum im Lohnhof-Eckturm. Der Informationsraum kann von Gruppen und Schulklassen auf schriftliche Anfrage bei der Archäologischen Bodenforschung des Kantons Basel-Stadt hin besucht oder für kleinere Anlässe gemietet werden.

Literatur

Christoph Ph. Matt, Christian Bing, Vorbericht zu den Ausgrabungen im Teufelhof und im Lohnhof, in: Jahresbericht der Archäologischen Bodenforschung des Kantons Basel-Stadt 1996, S. 59–67.

François Maurer, Das ehemalige Kloster und die Pfarrkirche St. Leonhard, in: Die Kunstdenkmäler des Kantons Basel-Stadt, Bd. IV, Basel 1961, S. 141–294.

Beat Matthias von Scarpatetti, Die Kirche und das Augustiner-Chorherrenstift St. Leonhard in Basel (11./12. Jh.–1525). Basler Beiträge zur Geschichtswissenschaft, Bd. 131, Basel und Stuttgart 1974.

Dieter Wüthrich, Erneuerung im Gefängnis- und Strafvollzug. Der Waaghof löst den Lohnhof ab, in: Basler Stadtbuch 1995, Basel 1996.

Geschichte

Basel 1648

Bildnis Johann Rudolf Wettsteins (1594–1666) von Samuel Hofmann, dat. 1639.

1648 gelang es dem Basler Johann Rudolf Wettstein bei den Verhandlungen zum Westfälischen Frieden, die formelle Unabhängigkeit der Eidgenossenschaft vom Deutschen Reich durchzusetzen. Als grosser eidgenössischer Diplomat und als Basler Bürgermeister ist Wettstein zu einer der grossen Figuren der Basler Geschichte geworden. Franz Egger stellt Persönlichkeit und Wirken Wettsteins vor und beschreibt die Anstrengungen des Historischen Museums Basel, neben den allseits gefeierten Daten 1798 und 1848 auch das Jubiläum 1648/1998 mit Ausstellung und Publikation zu kommemorieren. Stefan Hess geht auf einen rezeptionsgeschichtlichen Aspekt ein: nicht nur eine Brücke und ein beliebter Marsch sind nach Wettstein benannt, es gibt auch ein Denkmal – allerdings erst seit 1955.
Red.

Johann Rudolf Wettstein und der Westfälische Frieden

Franz Egger

Die Unterzeichnung der Westfälischen Friedensverträge vor 350 Jahren beendete den Dreissigjährigen Krieg und brachte Europa eine Neuordnung der politischen Verhältnisse. Dabei erwirkte der Basler Bürgermeister Johann Rudolf Wettstein die juristische Loslösung der Eidgenossenschaft aus dem Deutschen Reich und die völkerrechtliche Anerkennung des Landes als europäischer Staat.

Mit einer Beglaubigung und mit einem Instruktionsschreiben der vier evangelischen Stände Zürich, Bern, Schaffhausen und Basel, aber ohne Legitimation der ganzen Eidgenossenschaft und ohne Einladung des Westfälischen Friedenskongresses, bestieg Johann Rudolf Wettstein (1594–1666) am 4. Dezember 1646 an der Basler Schifflände das Schiff und trat die Reise nach Westfalen an. Was bewog den Basler Bürgermeister, unter derart ungünstigen Verhältnissen an einen Kongress zu reisen, an dem die diplomatische und juristische Elite Europas über einen Friedensschluss und über die politische Zukunft Europas verhandelte? Wettsteins Engagement wird nur verständlich, wenn man die Vorgeschichte kennt. Nicht staatstheoretische Überlegungen oder der Wille, an einer internationalen Konferenz teilzunehmen, hatten nämlich zur Präsenz der Schweiz am Westfälischen Friedenskongress geführt, sondern eine Bagatelle, die sich zur Prinzipienfrage entwickelt hatte.

Ein Zwischenfall wird zur Grundsatzfrage

Seit 1628 war Basel in Rechtsstreitigkeiten mit dem Reichskammergericht in Speyer verwickelt, weil zwei lokale, baslerische Rechtsfälle vor das oberste Gericht des Deutschen Reiches gezogen worden waren. Basel verweigerte die Anerkennung der Speyrer Gerichtsurteile mit dem Argument, es handle sich um die Einmischung eines fremden Gerichtes in die inneren Angelegenheiten eines freien Standes. Solange die Auseinandersetzungen nur auf theoretischer und verbaler Ebene ausgefochten wurden, hatten sie für Basel keine direkten Folgen. Das Reichskammergericht wandte zur Durchsetzung jedoch handfeste Mittel an und gestattete im Reich die Beschlagnahme von Basler Handelsgütern. Damit war die Rheinstadt, seit eh und je ein ausgesprochenes Handelszentrum, am Lebensnerv getroffen. Aus der Bagatelle war die Prinzipienfrage entstanden, ob Basel als eidgenössischer Stand einem fremden Gericht unterworfen sei, ja, ob Basel und die Eidgenossenschaft noch Teil des Deutschen Reiches seien oder eben nicht. Die Stadt wandte sich 1643 an die Tagsatzung und bat sie um Hilfe. Proteste bei Kaiser Ferdinand III. blieben erfolglos. Da sich das Reichsoberhaupt ausschwieg, schlug Basel im Juli 1645 – einen Monat zuvor war Wettstein zum Bürgermeister gewählt worden – den evangelischen Ständen vor, die eidgenössische Freiheit am Westfälischen Friedenskongress sichern zu lassen, um damit den lästigen Handelskrieg zu beenden. Selbst die evangelischen Stände zeigten vorerst wenig Interesse am Plan, die katholischen Orte sprachen sich gar noch im März 1646 entschieden gegen das Vorhaben aus. Die Zusage der französischen Regierung, die Wünsche der Eidgenossen in Westfalen zu unterstützen, gab dem Plan schliesslich neuen Aufwind. Am 19. November 1646 beschlossen die evangelischen Stände, eine Abordnung nach Westfalen zu schicken und den Auftrag einer geeigneten Persönlichkeit der Stadt Basel – es konnte nur Wettstein gemeint sein – zu übertragen.

Die Instruktion

Das Instruktionsschreiben wurde am 30. November 1646 von der Zürcher Kanzlei im Namen der reformierten Orte Zürich, Bern, Glarus, Basel, Schaffhausen, Appenzell-Ausserrhoden und der zugewandten Städte Biel und St. Gallen ausgestellt. Zürich siegelte für die genannten Orte. Die Instruktion steckte die Ziele der Mission ab, umschrieb das Vorgehen und formulierte, was zu unterlassen war. Das Schriftstück kann als befristetes Pflichtenheft oder als Leistungsauftrag bezeichnet werden. Selbstverständlich war es nicht zur Einsichtnahme Dritter bestimmt, der Gesandte behielt es bei sich

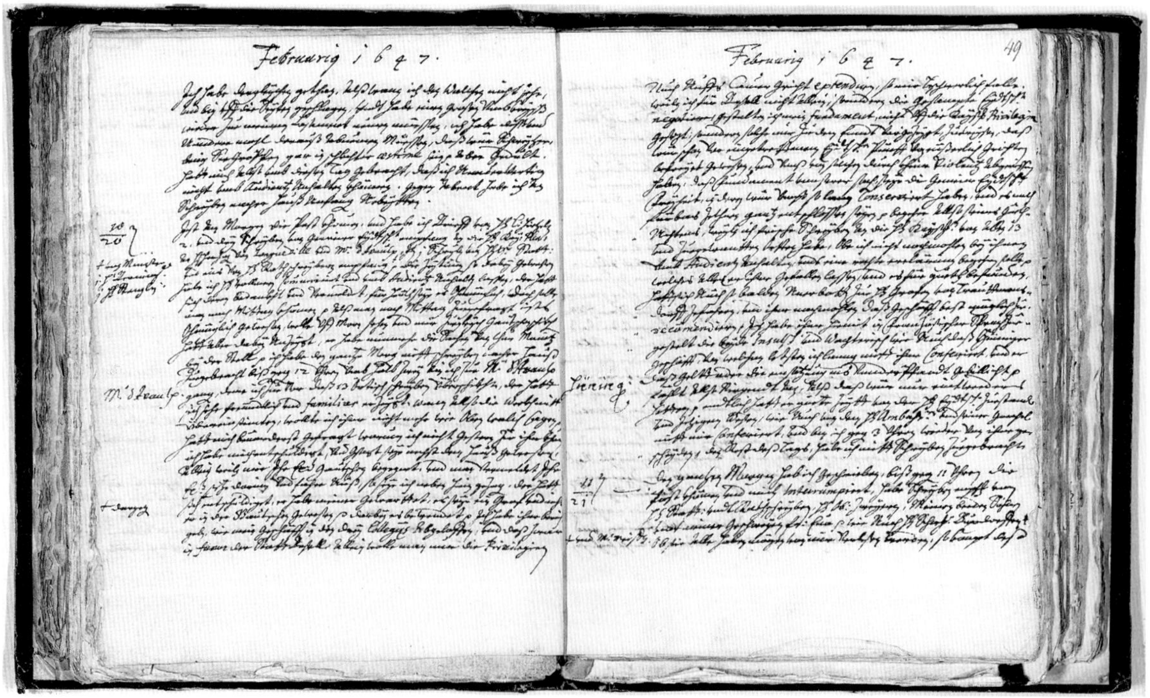

Johann Rudolf Wettsteins Tagebuch 1646/47. Am 10./20. Februar 1647 notierte Wettstein den Erhalt des eidgenössischen Beglaubigungsschreibens (linke Seite).

und wies es am Kongress, diplomatischen Gepflogenheiten entsprechend, nicht vor. Das Original hat sich deshalb bis heute in den Nachlasspapieren Wettsteins erhalten.

Das Schriftstück bietet einen vorzüglichen Einblick in die Absichten der Auftraggeber. Der Gesandte wurde aufgefordert, sich in Westfalen an die Vertreter des Kaisers und des französischen Königs zu wenden, ihnen darzulegen, dass das Kammergericht gegen die vom Kaiser eingeräumten Privilegien und die Freiheit des eidgenössischen Standes Basel verstossen habe. Man sei genötigt, «die Sach in fernere Deliberation zu ziehen, und were man gentzlich gesinnet und intentioniert, solche loblich hargebrachten Freyheiten auch wyters mit Gottes Hilf bestmöglichst zu handhaben und zu erhalten.» Der Gesandte müsse dahin arbeiten, dass «man eine gemeine lobliche Eidtgnosschaft auch wyters bey ihren loblichen hargebrachten Freyheiten ruhig, ohnangefochten und ohnbekümmert lassen wolle.»[1] Das Begehren dürfe nicht vor die Versammlung gebracht, sondern solle mit Hilfe der Franzosen erfüllt werden. Überhaupt dürfe sich der Gesandte in keine Grundsatzdiskussion einlassen. Wenn die Freiheit als solche angezweifelt würde, müsse der Gesandte sofort abreisen. Als weitere Aufgabe wurde der Einschluss der Eidgenossenschaft in den Friedensschluss genannt. Drei Ziele waren also zu erreichen: Abwehr der Ansprüche des Reichskammergerichtes an Basel, Garantie der schweizerischen Freiheiten und Einschluss des Landes in den allgemeinen Frieden.

Wettsteins Leistung

Freiheit lautete der Begriff, den die Zeitgenossen in der Eidgenossenschaft immer wieder verwendeten, nicht Exemtio, nicht Souveränität. Was verstanden sie darunter und wie bewiesen sie ihren Besitz? Mit Freiheit meinten sie die von den Kaisern gewährten Privilegien. Aus den Privilegienbriefen, auch Freiheitsbriefe genannt, leiteten sie das Recht auf Selbstverwaltung, auf Autonomie, oder, um einen modernen Begriff zu verwenden, auf Eigenstaatlichkeit ab. Um den rechtmässigen Besitz der Freiheit belegen zu können, liess man Kopien der Privilegienbriefe anfertigen und gab diese dem Gesandten mit. Die Auftraggeber wollten kein neues Verhältnis zum Reich schaffen, sondern lediglich die alte Freiheit erneut bestätigen lassen. Kein einziger Privilegienbrief hatte jedoch den Austritt der eidgenössischen Orte aus dem Reichsverband ausgesprochen. Auch Wettstein hatte zu diesem Zeitpunkt noch nicht bemerkt, dass ein weiterer Privilegienbrief aus der Hand des Kaisers einmal mehr gerade die Anerkennung der kaiserlichen Herrschaft über die Eidgenossen bedeutet hätte.

Die Zeitgenossen, und mit ihnen auch Wettstein, waren dem alten, mittelalterlichen Rechtsdenken verhaftet und glaubten, mit einem weiteren Privilegienbrief die Ansprüche des Reichskammergerichtes abwehren zu können. Wettstein erkannte erst in Westfalen, dass die alten Rechtstitel viel zu schwach waren, um die mittlerweile fortgeschrittene Eigenstaatlichkeit der eidgenössischen Orte legitimieren zu können.

Der Wandel in Wettsteins Rechtsanschauung lässt sich verfolgen. Es waren die Franzosen, die ihm rieten, die Privilegienbriefe stillschweigend zu übergehen, die eidgenössische Freiheit nicht mehr aus kaiserlichen Rechten abzuleiten, sondern sich auf den Besitz dieser Freiheit zu berufen. Es war die neue, von Jean Bodin begründete Lehre, dass der Staat sich nicht durch eine Rechtsverleihung von oben nach unten, sondern aus sich selbst legitimiert. Der Staat – damit sind in unserem Fall die dreizehn eidgenössischen Orte gemeint – benötigt keine kaiserlichen Privilegien mehr, er rechtfertigt sich durch seine Existenz und durch seine Macht. Wettstein hatte vermutlich nie Bodin gelesen, aber er nahm dessen Lehre auf. Nachdem am 20. Februar 1646 das gesamteidgenössische Beglaubigungsschreiben doch noch eingetroffen war, trat er selbstbewusst auf, liess die alten Privilegienbriefe aus dem Spiel und forderte kurzerhand die Bestätigung der vollständigen Unabhängigkeit der Eidgenossenschaft vom Deutschen Reich. Die Schweizer seien bereit, sich mit Hilfe Gottes selbst zu schirmen und Gewalt mit Gewalt abzutun.

Wettstein erreichte das Ziel, weil er geschickt die europäische Mächtekonstellation ausnützte. Die

Franzosen und die Schweden begünstigten seine Forderung, da ihnen jede Schwächung des Kaisers und der Habsburger gelegen kam. Dass auch der Kaiser einlenkte, mag überraschen. Aber die Habsburger hatten ihr Herrschaftszentrum schon lange in das Donaubecken verlegt und im Südwesten des Reiches keine besonderen territorialen Ambitionen mehr. Für sie war es politisch klüger, das Alpenland mit seinen wichtigen Pässen zu neutralisieren und sich die Sympathie der Eidgenossen zu bewahren, als mit Machtansprüchen die ohnehin verlorene Eidgenossenschaft ganz in die Arme der Franzosen zu treiben. So war die Schweiz in einem wichtigen Augenblick ihrer Staatswerdung mehr Objekt der Grossmächte denn handelndes Subjekt gewesen. Die Bestätigung der Unabhängigkeit war kein Gnadenerweis des Kaisers, sondern ein internationaler, völkerrechtlich verbindlicher Akt. Mit

Der Wettstein-Pokal von 1649. Sieben Basler Handelsfirmen bedankten sich mit diesem Geschenk beim Basler Bürgermeister für dessen Erfolge.

der juristischen Loslösung vom Deutschen Reich stieg die Schweiz zu einem europäischen Staat auf. Aus einem Randgebiet des Reiches war ein völkerrechtlich anerkannter Staat geworden. Dass sich in der Folgezeit die juristische Unabhängigkeit politisch nicht verwirklichen liess und die Eidgenossenschaft mehr und mehr in französische Abhängigkeit geriet, kann nicht Wettstein angelastet werden. Die Regelung von 1648 war eine wichtige Voraussetzung für die Schaffung der modernen Schweiz von 1848.

Wettstein hatte als einer der wenigen Zeitgenossen erkannt, dass die alten Rechtstitel unbrauchbar geworden waren. Als Bürgermeister von Basel kämpfte er zunächst für die «Freyheit der Commercien» seiner Stadt. Um die Handelsfreiheit wiederherzustellen, liess er das Verhältnis Basels und der Eidgenossenschaft zum Deutschen Reich juristisch definieren und auf eine neue, völkerrechtlich abgesicherte Grundlage stellen. Wie sehr ihm als Politiker an der Sache gelegen war, zeigt sich darin, dass er der Westfälischen Mission ein Jahr und zwei Tage seines Lebens widmete.

Die Zeitgenossen erblickten in Wettstein vor allem den Retter der Handelsfreiheit. Im Jahre 1649 schenkten ihm sieben Basler Handelsfirmen einen grossen, silbervergoldeten Pokal.[2] Der Reichsadler bekrönt das Trinkgefäss. In der rechten Klaue hält er als Friedenssymbol einen Palmzweig und die gesiegelte Urkunde mit der Inschrift ‹Privilegia›. Auf der Rückseite der Urkunde ist der Name des Kaisers eingraviert: ‹Ferdinand III.›. So haben also die Zeitgenossen Wettsteins Mission als traditionelle Privilegienbestätigung verstanden. Für sie stand nicht die Staatsunabhängigkeit im Vordergrund, sondern die wiedererlangte Handelsfreiheit. Mit welchen Mitteln Wettstein die Handelsfreiheit erwirkt hatte, war für sie ziemlich belanglos. Erst das nationalstaatliche Denken des 19. und frühen 20. Jahrhunderts rückte Wettsteins Verdienste um die Unabhängigkeit in den Vordergrund. Nicht zufällig widerfuhr ihm bis in die Zeit nach dem Zweiten Weltkrieg die höchste Wertschätzung.

Anmerkungen

1 Das Instruktionsschreiben ist publiziert in: Jakob Vogel/Daniel Albert Fechter (Bearb.), Amtliche Sammlung der ältern Eidgenössischen Abschiede, Bd. V,2 (1618–1648), Basel 1875, S. 1402–1403.

2 Siehe dazu den Aufsatz von Ulrich Barth, ‹Der Wettstein-Pokal›, in: Historisches Museum Basel (Hg.), Wettstein – Die Schweiz und Europa 1648, Basel 1998, S. 260–269.

Weiterführende Literatur

Frieda Gallati, Die Eidgenossenschaft und der Kaiserhof zur Zeit Ferdinands II. und Ferdinands III. 1619–1657, Geschichte der formellen Lostrennung der Schweiz vom Deutschen Reich am Westfälischen Frieden, Zürich 1932.

Julia Gauss, Die Westfälische Mission Wettsteins im Widerstreit zwischen Reichstradition und Souveränitätslehre, in: Zeitschrift für Schweizerische Geschichte, Bd. 28, Bern 1948, S. 177–190.

Julia Gauss/Alfred Stöcklin, Bürgermeister Wettstein, der Mann, das Werk, die Zeit, Basel 1953.

Historisches Museum Basel (Hg.), Wettstein – Die Schweiz und Europa 1648, Basel 1998 (vergriffen), Katalog zur gleichnamigen Ausstellung mit mehreren Beiträgen zur diplomatischen Mission Wettsteins, siehe besonders: Bernhard Christ, Die Loslösung der Alten Eidgenossenschaft vom Heiligen Römischen Reich Deutscher Nation, S. 34–45.

Wettstein –
Die Schweiz und Europa 1648

Ausstellung im Historischen Museum Basel, 4.9.1998 bis 21.2.1999

Am 3. September eröffneten Bundesrätin Ruth Dreifuss und Regierungspräsidentin Veronica Schaller die unter dem Patronat des Bundesrates stehende Ausstellung zum Jubiläum 350 Jahre Westfälischer Frieden. Am Lebenslauf des Basler Politikers Johann Rudolf Wettstein orientiert, vermittelten Exponate aus dem In- und Ausland – vereint in einer begehbaren, doppelstöckigen Vitrine – im Schiff der Barfüsserkirche ein Bild des Lebens in der ersten Hälfte des 17. Jahrhunderts, einer durch Konfessionalismus einerseits und den beginnenden Absolutismus andererseits geprägten Epoche.

Die von Christian Stauffenegger und Ruedi Stutz gestaltete Ausstellung war in drei Teile gegliedert:

- Die regionale Geschichte Basels und der Nordwestschweiz mit Themen wie Städtisches Bürgertum, Untertanenverhältnis der Landschaft, exponierte geografische und konfessionelle Lage Basels, wirtschaftliche Verflechtung mit dem nahen Ausland, Einfluss der Zünfte, Verhältnis zwischen Kirche und Staat, religiöse Orthodoxie, Pest und Bedrohung durch den Dreissigjährigen Krieg;
- die Biografie Wettsteins (1594–1666), seine politische Laufbahn, sein politisches Handeln bei wichtigen Zeitereignissen;
- Wettsteins grosse Leistung als Gesandter der Eidgenossenschaft am Westfälischen Friedenskongress, dank welcher die Schweiz die vollständige Unabhängigkeit vom Deutschen Reich erlangte.

Zur Ausstellung erschien im Christoph Merian Verlag eine Begleitpublikation gleichen Titels (vergriffen). Für die Schulen stand ein ausführliches didaktisches Dossier von Markus Bolliger zur Verfügung. Führungen und ein reichhaltiges Begleitprogramm mit literarisch-musikalischen Darbietungen des Theater Basel und einer dreiteiligen Veranstaltungsreihe zu Fragen der Vergangenheit, Gegenwart und Zukunft rundeten die Ausstellung ab.

«Oben steht der Mann & unten kommt das Wasser heraus»

Stefan Hess

1898 stimmten die Basler Männer gegen ein Wettstein-Denkmal

Zwar hat Johann Rudolf Wettstein entscheidend beigetragen zur endgültigen Loslösung der Eidgenossenschaft aus dem Deutschen Reich. Doch zu einem eigenen Denkmal für ihren früheren Bürgermeister konnten sich die Basler im ganzen 19. Jahrhundert nicht entschliessen.

Karikatur von Emil Beurmann zu den Kontroversen um den Standort des geplanten Wettstein-Denkmals (1898).

Der Gedanke, den Bürgermeister Johann Rudolf Wettstein durch ein Denkmal zu ehren, lässt sich ziemlich weit zurückverfolgen. Bereits 1794 unterbreitete der aus dem Wallis stammende Architekt und Bildhauer Aubert Parent der Basler Regierung den Plan zu einem solchen Monument.[1] Auch im Laufe des 19. Jahrhunderts wurde wiederholt die Meinung geäussert, dass dem früheren Bürgermeister ein Denkmal gebühre,[2] doch sollten von der ersten Initiative an nochmals mehr als 100 Jahre verstreichen, bis konkrete Schritte in diese Richtung unternommen wurden.

Wettstein statt Holbein

Der Anstoss dazu ging vom Kunstverein aus, der schon in den 1880er Jahren ein Ehrenmal für Hans Holbein d.J. ins Auge gefasst hatte.[3] 1895 sah er jedoch trotz bereits ausgearbeiteter Entwürfe davon ab und verfiel statt dessen auf die Idee eines Wettstein-Standbildes, das 1901 im Rahmen der Säkularfeier des Eintritts Basels in die Eidgenossenschaft enthüllt werden sollte.

Dieser Neuorientierung lag zweifellos die Überlegung zugrunde, dass beim Vorhaben, «unserem berühmten Bürgermeister und Staatsmanne»[4] ein Denkmal zu errichten, eher mit der Unterstützung der freisinnig dominierten Regierung gerechnet werden konnte. Damals brachten nämlich viele Freisinnige Wettstein offene Sympathien entgegen, da sie in ihm einen Wegbereiter des Bundesstaates sahen.[5] Der Regierungsrat stellte sich denn auch sofort hinter das Anliegen des Kunstvereins und signalisierte seine Bereitschaft, einen namhaften Beitrag an die Kosten zu leisten.[6]

Das Anfang 1896 gebildete ‹Comité zur Errichtung eines Wettsteindenkmals› hatte sich zuerst mit der Standortfrage zu beschäftigen. Nach eingehenden Beratungen, in welchen auch der Münsterplatz, die Schifflände und der Wettsteinplatz in Erwägung gezogen worden waren, einigte es sich schliesslich auf den Marktplatz, der seit seiner Erweiterung in den 1880er Jahren jeglichen künstlerischen Schmuckes entbehrte.

Bronzeguss nach dem ersten Bozzetto für ein Wettstein-Denkmal von Max Leu im Basler Rathaus. Die Gipsvorlage von 1896/97 befindet sich an der Wand der Campari-Bar (neben der Kunsthalle).

Zur Erlangung eines geeigneten Entwurfes wählte man den Weg einer Konkurrenz, an der sich schweizerische oder in der Schweiz niedergelassene Künstler beteiligen durften. Von den 12 Modellen, die bis zum Stichdatum, dem 30. April 1897, eingingen, konnte jedoch keines die Jury restlos überzeugen, so dass nur drei zweite und ein dritter Preis vergeben wurden. Aus einem zweiten, engeren Wettbewerb ging schliesslich der solothurnische Bildhauer Max Leu als Sieger hervor, der seinen ersten Entwurf eines von vier Tugendallegorien begleiteten Standbildes zu einer opulenten Brunnenanlage umgearbeitet hatte.[7] Darauf ersuchte die Denkmal-Kommission die Regierung um einen Staatsbeitrag von 40 000 Franken, wobei sie die restlichen Mittel zur Bestreitung der auf 130 000 Franken veranschlagten Gesamtkosten durch private Spenden sowie durch eine Bundessubvention aufzubringen hoffte.

Das Wettstein-Denkmal vor dem Grossen Rat

Der Regierungsrat war mit diesem Vorgehen grundsätzlich einverstanden, es schien ihm jedoch ratsam, mit dem «Entscheid über die finanzielle Beteiligung des Staates bis nach dem Entschluss des Grossen Rats über die Platzfrage» zuzuwarten.[8] In der Zwischenzeit war nämlich in der Öffentlichkeit eine Kontroverse um den geeigneten Standort für das projektierte Wettstein-Denkmal entbrannt, die auch an der Fasnacht ihren Widerhall fand. Im Kantonsparlament waren die Meinungen in dieser Frage ebenfalls geteilt, so dass hier der Entscheid für den Marktplatz mit 41 gegen 40 Stimmen denkbar knapp ausfiel. Nachdem diese erste Hürde genommen war, stimmte der Grosse Rat am 14. April 1898 auch dem Denkmalprojekt als Ganzes zu, beschloss aber gleichzeitig, die Vorlage dem Stimmvolk zu unterbreiten.

Das Veto der Kleinbasler

Im Vorfeld des Urnenganges, der auf den 4./5. Juni angesetzt war, kamen Gegner und Befürworter des geplanten Denkmals in den diversen Tageszeitungen nochmals ausgiebig zu Wort. Trotz der Ja-Parolen der beiden grössten Parteien, der Freisinnigen und der Liberalkonservativen, wurde die Vorlage vom Souverän mit 2248 Nein- gegen 1912 Ja-Stimmen verworfen. Den Ausschlag gab dabei das Ergebnis in Kleinbasel, wo 73 Prozent der Stimmenden ein Nein in die Urnen legten. Diese deutliche Ablehnung lag vor allem darin begründet, dass die Kleinbasler den Wettsteinbrunnen für sich selber beanspruchten, nachdem der ihnen 1892 versprochene ‹Vereinigungsbrunnen› auf dem Claraplatz immer noch nicht realisiert worden war.[9]

Der mit 44 Prozent ebenfalls relativ hohe Nein-Stimmen-Anteil in Grossbasel hatte neben der umstrittenen Standortfrage ganz unterschiedliche Ursachen. Der sozialdemokratische ‹Vorwärts› vertrat die Meinung, dass die für das Denkmal vorgesehenen staatlichen Mittel sinnvoller eingesetzt werden könnten, andere äusserten ästhetische Bedenken gegen das Projekt von Leu oder waren «der allgemeinen Denkmals- und Jubiläums-Epidemie»[10] überdrüssig. Ein Nachkomme des Bürgermeisters machte auf seinem Stimmzettel gar sittliche Gründe geltend: «Wenn man nichts gescheidteres weiß als auf den Marktplatz einen Wettstein zu stellen der auf einem Brunnen steht wie wenn er darin seine Nothdurft verrichten müßte so soll man es lieber bleiben laßen … Oben steht der Mann & unten kommt das Wasser heraus & dies soll ein Kunstwerk sein!»

Der Schatten Winkelrieds

Mitentscheidend für den Ausgang der Denkmal-Abstimmung war jedoch auch der Umstand, dass sich ein Grossteil der Bevölkerung nicht mit Wettstein identifizieren konnte.[11] Dies zeigt nicht zuletzt die äusserst schwache Stimmbeteiligung, die im ganzen Kanton bei 27 Prozent, in Grossbasel gar noch tiefer lag.

Die geringe Popularität des früheren Bürgermeisters lässt sich zunächst damit erklären, dass die Kenntnisse über dessen Person und Wirken bei den meisten Einwohnern des Kantons offenbar eher bescheiden waren. So begründete der ‹Vorwärts› seine Nein-Parole zur Vorlage auch damit, dass er kein Denkmal wolle, «das eine Person darstellt, von der wir weiter nichts interessantes wissen, als daß sie schweizerischer Gesandter war und infolge dessen in deutschen Reichsadelstand erhoben wurde».[12]

Dazu kam, dass sich die Person Wettsteins kaum dazu eignete, das damals durchaus vorhandene Bedürfnis nach nationalen Heroen zu befriedigen. Wettstein war «im Rat ein Held»[13]; der Sinn der damaligen Bevölkerung stand jedoch weit eher nach ‹Kriegshelden› vom Schlage eines Winkelried.[14]

Diesem Sachverhalt versuchte offenbar auch Max Leu Rechnung zu tragen, als er sein ursprüngliches Modell für die zweite Konkurrenz überarbeitete. Während sich der Wettstein des ersten Entwurfes noch auf einen Stock stützt, ist dieser im

Gipsfigur des zweiten Entwurfs für ein Wettstein-Denkmal von Max Leu von 1897. Nach diesem Bozzetto hätte die Bronzestatue des geplanten Brunnens auf dem Marktplatz ausgeführt werden sollen.

zweiten Projekt verschwunden. Gleichzeitig ist auch der Körper etwas schlanker ausgeführt, so dass nun der Bürgermeister «fast mehr einen Feldherrn als einen Staatsmann vorstellt»[15].

Angesichts dieser Stimmungslage mag es wenig erstaunen, dass man bloss drei Jahre nach der Denkmal-Abstimmung die ungegliederte Südwand des soeben fertiggebauten Rathausturmes mit einer monumentalen Kriegerfigur bemalen liess. Diese wird durch eine Inschrift als Hans Bär, Basler Fähnrich in der Schlacht bei Marignano 1515, ausgewiesen.[16] Somit erhielt der Marktplatz gerade rechtzeitig auf die ‹Basler Bundesfeier› von 1901 doch noch ein Ehrenmal. Von den Kleinbaslern, die mit ihren Nein-Stimmen das ursprünglich für diesen Ort vorgesehene plastische Denkmal verhindert hatten, war es dagegen nur den wenigsten vergönnt, 1955 der Enthüllung des Wettsteinbrunnens in ihrem Stadtteil beizuwohnen.[17]

Anmerkungen

1 Aubert Parent, Mémoire sur les antiquités d'Augusta Rauracorum, dédié et présenté à LL. EE. Mrs. les Bourguemaitres et conseils de la ville et répub. de Basle, 1794 (Staatsarchiv Basel-Land in Liestal, Altes Archiv II., F 14).

2 Vgl. Christlicher Volksbote aus Basel 23. November 1842, S. 69; Basler Kunst-Verein, Vortrag nebst Berichterstattung über das Jahr 1882, Basel 1883, S. 7; Basler Nachrichten 13. August 1895.

3 Vgl. Basler Kunst-Verein, Berichterstattung über das Jahr 1889, Basel 1890, S. 11.

4 Basler Kunst-Verein, Berichterstattung über das Jahr 1895, Basel 1896, S. 7.

5 Vgl. Stefan Hess, Basels grosser Bürgermeister. Das Nachleben von Johann Rudolf Wettstein, in: Wettstein – Die Schweiz und Europa 1648, hg. v. Historischen Museum Basel, Basel 1998 (vergriffen), S. 132–141.

6 Für das Folgende siehe vor allem Staatsarchiv Basel-Stadt, Bau CC 118.

7 Die Entwürfe wurden 1912 zusammen mit den übrigen Unterlagen zu den beiden Konkurrenzen vom Kunstverein an das Baudepartement abgetreten und sind heute verschollen. Weiterhin im Besitz des Kunstvereins sind die fünf prämierten Gipsmodelle für die Wettsteinfigur.

8 Beschluss des Regierungsrates des Kantons Basel-Stadt vom 29. Dezember 1897.

9 Staatsarchiv Basel-Stadt, Feste 3,34. Diesem Umstand war insofern Rechnung getragen worden, als man in die Vorlage zum Wettstein-Denkmal auch einen Monumentalbrunnen auf dem Wettsteinplatz aufgenommen hatte.

10 Basler Vorwärts 4. Juni 1898.

11 Vgl. Allgemeine Schweizer Zeitung 28. Mai 1898; Basler Volksblatt 7. und 8. Juni 1898.

12 Basler Vorwärts 5. Juni 1898.

13 National-Zeitung 10. Juni 1898.

14 Vgl. Beat Suter, Arnold Winkelried, der Heros von Sempach. Die Ruhmesgeschichte eines Nationalhelden, Stans 1977, S. 335–388.

15 Allgemeine Schweizer Zeitung 25. November 1897.

16 Vgl. Das Basler Rathaus, hg. v. Staatskanzlei des Kantons Basel-Stadt, Basel 1983, S. 73.

17 Vgl. Gustav Adolf Wanner, Rund um Basels Denkmäler, Basel 1975, S. 36–39.

Basel 1798

1798 verabschiedete sich Basel mit einer unblutigen Revolution vom Ancien régime und schaffte die Untertanenverhältnisse auf der Landschaft ab. Damit gab die Stadt den Anstoss für die ‹Helvetische Revolution›. Wie gedachte Basel 200 Jahre danach der Gleichstellung seiner Untertanen auf der Landschaft, seiner eigenen Rolle in der Helvetik und des wichtigsten Protagonisten der damaligen Ereignisse, Peter Ochs?
Red.

Allegorie auf die Basler Revolution. Peter Birmann, 1798.

Kann ein Jubiläum Geschichtsbewusstsein ändern?

Markus Kutter

Wenn man die Leute fragt, was das Jahr 1798 für die Schweiz bedeutet, lautet die Antwort meist: Untergang der alten Eidgenossenschaft. Gleichzeitig jedoch – und das ist mindestens ebenso wichtig – begann 1798 der Aufbau der modernen Schweiz.

Was ist Geschichtsbewusstsein? Entsteht es aufgrund genauer Quellenlektüre, wird es geschaffen durch poetische oder visuelle Bilder (der Freiheitsbaum auf dem Basler Münsterplatz von 1798)? Ist es ein Ergebnis der sich gegenseitig verwebenden und ergänzenden Berichte in den Medien, die – nach einem journalistischen Trägheitsgesetz – auf Jubiläen zu reagieren haben? Sind es diese und jene Bücher oder Bilderbände, die man sich anschafft, um sie dann, später einmal, genauer zu lesen? Oder ist es vor allem der Schulunterricht, der mit dem – meistens nicht gerade geliebten – Geschichtsunterricht das Fundament für ein historisches Bewusstsein schafft, auf dem bei vielen Leuten später trotzdem nie ein Haus gebaut wird?

Ende und Neubeginn

Wenn man die Leute fragt, was das Jahr 1798 für die Schweiz bedeutet, erhält man als häufigste Antwort: Untergang der alten Eidgenossenschaft. Also das Ende von etwas. Das Ende einer seit 1291 langsam herangewachsenen, merkwürdig kleinräumigen und komplexen Grösse, die wir als Eidgenossenschaft bezeichnen. Ausgehend vom heutigen Territorialbestand der Schweiz war es ein Gebilde mit permanenten Bürgerkriegen – bei Sempach fielen weniger die Österreicher als die damals österreichische Aargauer und Basler Ritterschaft. Der Ausdruck ‹alteidgenössisch› bedeutete vom 13. bis zum 18. Jahrhundert immer wieder etwas ein wenig anderes, bezeichnete mehr einen Stil als eine politische Orientierung. Mit dem Einmarsch der Franzosen 1798 war dieser Stil an seine Grenzen gelangt.

Doch das Ende von etwas ist in der Regel auch der Anfang von etwas: Was begann 1798? Es begann die moderne Schweiz: ein erstmaliger Gesamtstaat mit gleichberechtigten Bürgern auf der Grundlage einer Verfassung mit vom ganzen (männlichen) Volk gewählten Behörden. Er entstand auf militärischen Druck, funktionierte mehr schlecht als recht, verlor schon Anfang 1800 seine innere, das heisst verfassungsrechtliche Legitimität, löste sich im Hader zwischen Föderalisten und Unitariern sichtbar auf, verriet seine festgeschriebenen Ziele und wurde von Napoleon nach fünf Jahren liquidiert. Das heisst, er war ein Anfang, der missriet.

Aber er zeitigte Folgen. Er setzte Dinge in Bewegung, schuf neue Sensibilitäten und Mentalitäten, weckte das Gefühl für einen Gesamtstaat Schweiz und hinterliess auf der politischen und gesetzgeberischen Ebene eine solche Fülle von Ideen und Entwürfen, dass die Schweiz fünfzig Jahre lang von ihnen zehren konnte. Vieles, das der Bundesstaat von 1848 verwirklichte, stammte aus dem helvetischen Erbe (auch wenn man es so nicht deklarieren wollte); manches, das schon die Helvetik als Ziel ins Auge gefasst hatte, musste über das Jahr 1848 hinaus auf seine Verwirklichung warten, ein gesamtschweizerisches Strafrecht sogar bis ins 20. Jahrhundert.

Die Helvetik also als Anfang der modernen Schweiz. Da ist keine Glorifizierung möglich; die Umstände waren, alles in allem, eher schmählich. Aber es müsste Einsicht entstehen, Verständnis für einen Vorgang, dessen Verworrenheit nicht nur auf die politischen Machtkämpfe zurückging, sondern zu entscheidenden Teilen in der Komplexität des ganzen Vorhabens, das sich aus seinem erstaunlichen Ehrgeiz erklärt, enthalten war. Das Wort ‹Satellitenrepublik› hat keinen schönen Klang, doch die Schweiz von 1798 bis 1815 war tatsächlich ein Satellitenstaat Frankreichs. Auch Hitler schuf im Osten Europas vor bald sechzig Jahren Satellitenstaaten (Republiken in unserem Sinn waren es nicht). Damit geriet die helvetische Satellitenrepublik in der Geschichtsschreibung noch einmal in einen unrühmlichen Verdacht. Doch die helvetische Satellitenrepublik war ein Staatsentwurf, der die Ideen des Naturrechts, die religiös formulierte Gleichheit der Menschen, die von Montesquieu definierte Gewaltentrennung, das amerikanische und dann französische Verfassungsdenken, überhaupt den damals und immer noch modernen Staatsaufbau verwirklichte oder zu verwirklichen suchte; von daher war die Helvetische Republik – und jetzt im kategorischen Unterschied zu den Satellitenstaaten unseres Jahrhunderts – ein Aufbruch in ganz neue Dimensionen, in Dimensionen, die für uns noch immer die bestimmenden sind.

Aus den Akten der helvetischen Zeit erfahren wir mehr über die heutige Schweiz als aus sämtlichen Tagsatzungsabschieden aus der Zeit vor 1798. Natürlich wurde die Helvetische Republik auf Befehl Frankreichs als Einheitsstaat geschaffen. Aber wie dieser Staat dann eingerichtet wurde, wie

Ausser den offiziellen Darstellungen des Freiheitsbaumes vom 22. Januar 1798 gab es auch ironische Kritik: In ‹L'arbre des Démocrates› tanzen fünf kostümierte Affen um einen dekorierten Maibaum.

er seine Mechanismen verstand und was für Ziele er sich setzte – da hatten Frankreich und dessen häufig ahnungslose Generäle kaum mehr etwas zu sagen. Ich erwähne zwei Details, die mir auch in der Literatur noch wenig aufgehellt erscheinen.

Die Schweiz schafft ihre eigene Realität

Johann Lukas Legrand, Riehener Landvogt unter dem alten Regiment, brachte im Basler Grossen Rat vor dem 20. Januar 1798 eine ‹Übergangsverfassung für den Canton Basel› durch, die eine geordnete Überführung der revolutionierten Republik Basel in die spätere Helvetische Republik vorsah. Sie ist ein klassischer Beleg dafür, dass sich die politischen Ereignisse in dem am weitesten gegen Frankreich und Süddeutschland vorgeschobenen eidgenössischen Stand Basel aus eigener Einsicht vollzogen. Die Basler Staatsumwälzung hat mit dem Einmarsch der Franzosen nicht unmittelbar zu tun, auch wenn sie der erheblichen Verunsicherung über die vorauseilenden Signale entsprang.

Die französische Direktorialverfassung kannte einen Rat der 500 und daneben, als zweite Kammer, einen Conseil des anciens. Die helvetische Verfassung folgte diesem Modell, aber aus dem Conseil des anciens wurde der Senat (ein bisher in der Schweiz kaum gebrauchter, hingegen in den USA etablierter Begriff), und dieser Senat sollte sich aus jeweils vier Delegierten pro Kanton sowie den zurückgetretenen Direktoren zusammensetzen. Die Helvetik führte also das erste Zweikammersystem auf nationaler Ebene ein; der Ständerat von 1848 kann sogar als eine Wiederauflage dieses helvetischen Modells verstanden werden. (Damit wäre das amerikanische Modell nicht nur 1848, sondern schon 1798 wirksam gewesen.)

Bei allem faktischen Misslingen löste die helvetische Epoche eine politische und verfassungsrechtliche Gedankenarbeit aus, deren Reichtum die Schweiz mehr als ein halbes Jahrhundert beflügelte. Sie schuf zugleich die Themen, deren Betrachtungsweise und einen Stil der parlamentarischen Debatte, die bis heute lebendig geblieben sind. Man muss nur eine Zeitung von damals, etwa den ‹Schweizerischen Republikaner› von Paulus Usteri, aufschlagen und nachlesen, was und wie im helvetischen Grossen Rat und im helvetischen Senat gesprochen wurde – es ist der Duktus der Bundesversammlung von heute. Wie neu und aufregend das damals war, sieht man daran, dass ganze Nummern dieser Zeitung aus nichts anderem als aus Parlamentsberichten bestehen. Etwas auch nur annähernd Vergleichbares hatte in den Jahren vor 1798 nicht stattgefunden. Hier war die Helvetik tatsächlich der Anfang der parlamentarischen Demokratie. Wir sollten vom ‹Untergang der alten Eidgenossenschaft› frohen Sinnes Abschied nehmen.

Aktive Teilnahme an der Gestaltung Europas

Es kommt etwas dazu, das man – aus Furcht vor Missverständnissen – nur zögernd formulieren möchte: Die Helvetische Republik war schon im Bewusstsein ihrer Zeitgenossen eine Satellitenrepublik Frankreichs, die militärische Lage liess kein anderes Verständnis zu. Aber dieses Frankreich war 1798 auf der Schwelle zu einer gesamteuropäischen Macht, mehr noch: zu einem französisch dominierten europäischen Gesamtsystem, England immer ausgeschlossen. Helvetisch gesinnt konnte man aus zwei Motiven sein: Man beugte verständig oder resigniert den Nacken vor der fremden Armee, oder man machte sich auf, Teil dieses sichtbar neuen Gesamtsystems Europa zu werden, das den Code civil, das Metermass, europäische Verkehrsachsen, neue Schulen und Akademien, eine neue Verwaltungstechnik und zahlreiche wissenschaftliche sowie technische Errungenschaften brachte. (Guillaume Henri Dufour zum Beispiel erfand als napoleonischer Offizier seine neue Landkartentechnik.)

Es ging also auch um das Problem der Teilnahme der Schweiz an einer gesamteuropäischen Entwicklung. Vieles, was der Grosse Rat der Helvetischen Republik beschloss, kann man als vorauseilenden Gehorsam diesem unter Napoleon heranwachsenden System gegenüber verstehen. Formuliert man die Sache so, macht sich eine Parallele zur gegenwärtigen Situation der Schweiz bemerkbar, wobei die grundsätzlichen Unterschiede (keine militärische Nötigung!) evident sind. Eine französische Satellitenrepublik waren wir einmal – welches aber müsste die Rolle eines ‹Kantons› Schweiz in einer denkbaren europäischen Föderation werden? Und inwiefern sind die Debatten über europäische Gesetzesnormen in der Bundesversammlung den helvetischen Debatten über die französischen Begehren vergleichbar?

Die Erinnerung im Jubiläumsjahr 1998 an die Basler Staatsumwälzung vom 20. Januar 1798 und die Proklamierung der Helvetischen Republik am 12. April des gleichen Jahres konnte kein spektakulärer Vorgang sein. Schon für die Zeitgenossen selber waren die Vorgänge fast undurchschaubar verwickelt. In der historischen Rückschau sind sie es immer noch, sind vielleicht sogar noch komplexer geworden. Also gab es hier wenig zu feiern. Aber es gab einiges aufzuklären. Es gab auch Unterlassungen aus der Vergangenheit zu beheben, nach ihrem Standort schon längst bekannte Dokumente endlich greifbar zu machen, energisch die Belege für einen Mentalitätswandel im grossen Publikum zusammenzutragen.

Revision der Geschichtsschreibung

Es gibt Situationen und Umstände, die einer schlagartigen Änderung des Geschichtsbewusstseins zuträglich sind. Die plötzlich aktuelle Aufarbeitung der Rolle der Schweiz im Zweiten Weltkrieg ist ein Beispiel dafür: Hier liess sich eine Bewusstseinslage tatsächlich in kurzer Zeit und auf breiter Basis verändern. Ganz anders sind die Vorgänge, wenn eine 200jährige Geschichte, die über lange Zeiten zum Teil vorschnell, zum Teil ahnungslos, zum Teil sogar böswillig etikettiert worden ist, in Einzelheiten behutsam berichtigt und in ihrer Einschätzung mit neuen Akzenten versehen werden soll. Hier beginnt die historische Revision an einzelnen Punkten, beim Verständnis geschichtlicher Figuren und bei der Interpretation bisher unbekannter Texte. Das Helvetik-Jubiläum hat einiges ans Tageslicht gebracht, das vorher übersehen worden war.

Und so geht denn die Hoffnung dahin, dass kommende Geschichtsschreiber mit dem, was für die 200 Jahre Helvetik aufgearbeitet, berichtigt und ergänzt werden konnte, mit der gebotenen Sorgfalt umgehen werden. Es darf, um es ganz praktisch zu sagen, nicht mehr passieren, dass ein ‹Basler Heimatbuch› für die Schulen die helvetische Staatsumwälzung vollständig übersieht (letzte Ausgabe von 1974). Aus kleinen Rinnsalen, Einzeluntersuchungen, Teilpublikationen, Spezialuntersuchungen ergibt sich langsam ein kleiner Fluss, der endlich in den grösseren Strom der nationalen Geschichtsschreibung mündet und durchaus in der Lage ist, dessen Wasserqualität aufzufrischen. Vergangenheit kann nicht bewältigt werden, aber die Aufarbeitung von Geschichte ist ein kontinuierlicher Vorgang mit Spätzündung. Das breite Publikum wird durch ein Jubiläum in seinem Geschichtsbewusstsein kaum schlagartig verändert, aber was festgeschrieben worden ist, ist immer auch ein wenig für eine spätere Wirksamkeit gerettet.

Ein Jubiläum kann Geschichtsbewusstsein von einem Tag auf den andern nicht ändern, aber es kann – wird es als die Aufforderung zur ernsthaften Aufarbeitung verstanden – auf einem inzwischen verwischten Bild wieder klare Konturen schaffen und neue Hintergründe sichtbar machen. Verdunkelte Vergangenheit hellt sich auf, und langsam verstehen immer mehr Menschen, dass die alles andere als glückliche Helvetik dennoch zum Anfang der modernen Schweiz geworden ist.

Die kleine Geschichte eines grossen Geschichtsjubiläums

Markus Kutter

Lange ungeliebt, verdrängt und vergessen und heute gefeiert: die Basler Revolution von 1798. Wie damals für die ‹Staatsumwälzung›, so waren es auch heute einzelne Bürger und Bürgerinnen, die sich für die Kommemorierung, für zahlreiche Veranstaltungen und ein grosses Publikationsprogramm engagierten.

Hinter dem Jubiläumsjahr 1998 standen drei Daten: 1648 die Unabhängigkeit der Schweiz vom Reich, 1798 die Helvetische Republik, 1848 die Gründung des Bundesstaates. Es gab also Anlass genug, ein Jubiläum zu begehen, auch wenn in der Debatte der Bundesversammlung und in der Öffentlichkeit die Akzente unterschiedlich gesetzt wurden. Die Figur des absolutistisch gesinnten Schweizer Königs und Basler Bürgermeisters Johann Rudolf Wettstein, dessen Verdienste um die ganze Schweiz immens sind, passte nicht gerade nahtlos in die Vorstellung einer mit Volksrechten ausgestatteten demokratischen Schweiz; die von Kanton zu Kanton verschiedenen Ereignisse des Jahres 1798 mit dem Einmarsch der Franzosen und dem Kampf gegen sie machten eine gesamtschweizerische Erinnerung an die damaligen Vorgänge fast unmöglich. Einig aber war man sich, dass die Gründung des Bundesstaates von 1848 ein ehrendes und vielleicht sogar politisch wegweisendes Erinnern verdiente.

Die offiziellen Jubiläumsveranstalter

Der Bundesrat schlug vor, dass das Jubiläumsjahr 1998 sowohl den Daten 1798 wie 1848 gelten sollte, dasjenige von 1648 blieb im Hintergrund. Aber er hatte zuwenig damit gerechnet, dass in der Schweiz, einem europäischen Staat mit so etwas wie einem Kontinuitätsrekord, geschichtliche Bilder langlebig sind. Im Ständerat liess sich Opposition vernehmen gegen die Gleichstellung der Daten 1798 und 1848; das Jubiläumsjahr 1998 sollte in erster Linie, sogar ausschliesslich, der Gründung des Bundesstaates gelten. Dafür wurde ein Kredit in der Grössenordnung von 25 Millionen Schweizerfranken ausgesetzt, wobei es dem Bundesamt für Kultur gestattet wäre, vorsichtig auch Vorhaben mit Bezug auf 1798 zu unterstützen.

In den Kantonen ergaben sich – so ist das eben mit dem Föderalismus – extrem unterschiedliche Perspektiven. Was sollte Genf mit dem Datum 1798 anfangen, da es damals zu einer französischen Provinzstadt wurde? Wie sollte Nidwalden sich an dieses Jahr erinnern, in dem es den verzweifelten Freiheitskampf gegen Frankreich führte? Das gleiche Jahr brachte dem Tessin ein eigenes Kantonalwesen (zuerst deren zwei), St. Gallen und die beiden Appenzell aber sollten zu einem Kanton Säntis werden. Ein ähnliches Schicksal drohte den Urkantonen samt Zug, wohingegen die Waadtländer die Unabhängigkeit von Bern und die Thurgauer die Unabhängigkeit von den dreizehn alten Orten bekamen. Der Aargau gar entstand als mächtiger und zentraler Kanton aus dem bernischen Oberaargau, dem Freiamt und der Grafschaft Baden, dazu kam dann noch das Fricktal; überdies wurde Aarau 1798 die erste Hauptstadt der Schweiz. Bern sah sich rundum amputiert, aus dem Berner Oberland sollte ein eigener Kanton mit der Hauptstadt Thun werden.

Basel hingegen war der einzige Stand im alten Staatenbund, der von sich aus und freiwillig eine Revolution von oben nach unten inszenierte, in der der Grosse Rat die Gleichberechtigung der Leute auf der Landschaft mit den Stadtbürgern proklamierte, formell resignierte und die Staatsgeschäfte einer gewählten Nationalversammlung übergab.

So viele Kantone, so viele Facetten des 1798er Geschehens. Das führte dazu, dass die kantonalen Regierungen etwa im Waadtland oder im Aargau für das Jubiläumsjahr 1998 respektable Gelder zur Erinnerung an die 200 Jahre Helvetik bewilligten, sogar der kleine Kanton Zug stellte überraschenderweise Mittel für verschiedene Anlässe und eine intelligente Publikation bereit.

Und Basel? (Eigentlich müsste man sagen Basel-Stadt und Basel-Landschaft, denn diese beiden Kantone waren 1798 noch ein einziger, und für Basel-Landschaft darf die durch die Stadt freiwillig erklärte Gleichberechtigung der Bürger auf der Landschaft als ein erstrangiges Datum gelten.)

Das Jubiläum in Basel

Das Jubiläumsbudget des Kantons Basel-Stadt war im schweizerischen Vergleich eines der bescheidensten. Wer aber darüber klagen möchte, hätte den Sinn der Ereignisse von 1798 gerade *nicht* verstanden: Es waren damals nicht die Staatsorgane und nicht die Behörden, die den notwendig gewordenen Umbruch in die Wege leiteten – es waren einzelne Bürger und Bürgervereinigungen, es waren (in heutiger Terminologie) Demokraten, Intellektuelle, Handelsleute und Fabrikanten mit internationalen Beziehungen und juristisch gebildete Leute, die die Botschaft der Französischen Revolution und ihrer rechtlichen und staatsrechtlichen Dimension umsetzen wollten. Hier steht der frühere Rat- und Stadtschreiber sowie Oberstzunftmeister Peter Ochs im Zentrum der Bewegung. Von daher war es richtig und sinnvoll, dass sich für die Gestaltung des Jubiläumsjahres 200 Jahre Helvetik zuerst Privatleute aufmachten, und sinnvoll war es auch, dass grössere Stiftungen (allen voran die Christoph Merian Stiftung) sich dieser Thematik annahmen und dass – in einer intakten historischen Logik – die Behörden erst nachher ihre Unterstützung den Bürger-Vorhaben gewährten.

Das gibt so etwas wie eine kleine Geschichte der Jubiläumsaktivitäten 1998 in Basel. Sie beginnt 200 Jahre nach dem Ausbruch der Französischen Revolution 1789. Denn 1989 wurde die Peter Ochs Gesellschaft gegründet, aus einem Freundeskreis von Historikern und historisch interessierten Laien beiden Geschlechts. Ihr Ziel war es, die noch dunkeln Ecken in der Biografie des Peter Ochs auszuleuchten, die seit der Publikation der Ochs-Korrespondenz durch Gustav Steiner (1927/37) neu aufgetauchten Briefe und Dokumente laufend zu publizieren und die zentrale Figur in ihren Beziehungen zu den Ideen der Zeit, zu den Ereignissen der Epoche und zu den Zeitgenossen zu verstehen. Insofern Peter Ochs massgeblich an den Vorgängen des Jahres 1798 in Basel beteiligt war, musste die Tätigkeit dieser am Anfang bescheidenen Gesellschaft fast notwendigerweise in das Jubiläum 200 Jahre Helvetik münden. Aber vorerst waren einzelne Etappen zu schaffen.

Zuerst schuf die Gesellschaft mit dem sogenannten ‹Peter Ochs Brief› eine Jahrespublikation, die den wissenschaftlichen Recherchen, einzelnen Miszellen und den Nachrichten über die Tätigkeit der Gesellschaft gewidmet ist. Ein Mitglied des Vorstandes, Peter F. Kopp, übernahm es dann, im Auftrag der Gesellschaft ein reich illustriertes Lebensbild von Peter Ochs nach Selbstzeugnissen zu verfassen. Das Buch erschien 1992. Markus Kutter schrieb 1994 einen Essay mit dem Titel ‹Peter Ochs statt Wilhelm Tell?›, der die grundsätzliche Bedeutung des Peter Ochs für eine neue, republikanisch-demokratisch konstituierte Schweiz nachweisen wollte.

Regierungsrat und Staatskanzlei wurden aufmerksam. Als sich 1995 der Abschluss des Basler Friedens zum 200. Mal jährte, konnte auf der einen Seite dank der Initiative von Brigitte Meles im damals noch existierenden Stadt- und Münstermuseum, dem Kleinen Klingental, eine bemerkenswert informative Ausstellung über diesen Friedensschluss gezeigt werden. Auf der anderen Seite führte der Grosse Rat des Kantons Basel-Stadt auf Initiative des damaligen Präsidenten Thomas Staehelin eine offizielle Gedenkstunde im Ratsaal durch und fand nachher im Keller des Holsteinerhofes, der Residenz des Peter Ochs, ein offizielles Friedensessen mit Vertretern aus Frankreich und Deutschland sowie kantonalen und eidgenössischen Behörden statt.

Publikationen der Peter Ochs Gesellschaft

Unterdessen hatten im Rahmen der Gesellschaft erste forschungsmässige Arbeiten begonnen, zum Teil wiederum dank der Hilfe privater Stiftungen (vor allem der Sophie und Carl Binding-Stiftung). Ein eigentliches Publikations- und Quelleneditionsprogramm war absehbar geworden: Die Dissertation von Beat von Wartburg ‹Musen und Menschenrechte, Peter Ochs und seine literarischen Werke›, die bisher umfassendste geistesgeschichtliche Würdigung und Biografie des Peter Ochs, sollte für das Jahr 1998 vorliegen. André Salvisberg übernahm den Auftrag, bisher schlecht gesichtete oder ganz und gar ungelesene Manuskripte und verstreute Publikationen aus der Zeit um 1798 in Basel zu sammeln, das müsste eine mentalitätsgeschichtlich einmalige Dokumentation für das Jubiläumsjahr 1998 werden. Sie erschien unter dem Titel ‹Revolution in Basel, ein Lesebuch über Stadt und Landschaft Basel vom Beginn der Französischen Revolution bis zum Ende der Helvetischen Republik 1789–1803›. Die Quelleneditionen würden folgende Texte umfassen: Johann Jacob Müller ‹Geschichte der Provisorischen National Versammlung allhier zu Basel 1798› (Band 1); Daniel Burckhardt-Wildt: ‹Tag=buch der Merckwürdigsten Vorfällen, welche sich seit dem Jahr 1789 in diesem für unsere Stadt BASEL unvergessliche Zeiten zugetragen haben› (Band 2), beide von André Salvisberg herausgegeben; Peter Ochs: ‹Reden› (Band 3), herausgegeben von Christian Bertin; Peter Ochs: ‹Zeltner ou la Prise de Soleure, ein Nationaldrama› (Band 4), bearbeitet von Peter F. Kopp und herausgegeben von Beat von Wartburg. Das war vorerst Arbeit in der Stille.

Der Vorstand der Gesellschaft war sich klar darüber, dass diesen Quelleneditionen im Buchhandel kein grosser Erfolg beschieden sein konnte, war sich aber einig in deren Bedeutung.

Um es in knappen Worten zu sagen: Müllers Geschichte der Nationalversammlung ist insofern ein grundlegender Text, als er in der Schweiz das erste Dokument für eine parlamentarische Versammlung gewählter Volksrepräsentanten darstellt, in diesem Sinn im gesamten deutschsprachigen Raum ein Text, der in der Bedeutung den Akten des Mainzer Konventes von 1793 nicht nachsteht. Das Tagebuch von Daniel Burckhardt-Wildt, von dessen Existenz Gustav Steiner bei der Publikation der Ochs-Korrespondenz schon Kenntnis hatte, lag gedruckt bisher nicht vor, sondern war nur in einer vorläufigen Transkription durch Martin P. Steiner auf dem Staatsarchiv Basel-Stadt und der Universitätsbibliothek Basel verfügbar. Es ist ein sehr persönliches Zeugnis über die Ereignisse in Basel von 1789 bis 1798 und birgt eine Fülle von bisher übersehenen Einzelheiten. (Die zahlreichen Nachkommen des Daniel Burckhardt-Wildt im heutigen Basel halfen bei der Publikation.)

liche Regelungen so gut wie jedermann eingeladen hatte und dass der Präsident des schweizerischen Nationalrates, verschiedene Regierungsrätinnen und Regierungsräte, französische Maires und deutsche Bürgermeister untermischt mit Privatleuten und Zufallsbesucherinnen zusammentrafen. Am gleichen 20. Januar 1998 wurde auch die Ausstellung im Museum der Kulturen eröffnet, zugleich waren die 1848 gewidmeten Ausstellungs-Busse der Parlamentarischen Bundesdienste auf dem Münsterplatz aufgefahren. Ein überraschendes Detail: Der Nachbarkanton Basel-Landschaft hatte der Stadt im Andenken an die Vorgänge vor 200 Jahren eine kleine Freiheitstanne gestiftet, die ungefähr an der historisch eruierbaren Stelle aufgepflanzt, sogar mit einem eisernen Freiheitshut versehen wurde; sie fiel aber Wochen später Nachtbuben zum Opfer. Der Lotteriefonds des Kantons Basel-Landschaft schenkte an alle Anlässe, Staatsakt so gut wie Kolloquium und Ausstellungen, die revolutionäre Basler Kokarde in den Farben Rot-Weiss (für Liestal) und Weiss-Schwarz (für Basel).

Mit Hinblick auf den Tag des Staatsaktes und der Ausstellungseröffnungen publizierte die Basler Zeitung eine Separatausgabe des Basler Magazins, das vollständig den 200 Jahren Helvetik gewidmet war; wieder konnten auch jüngere Autoren und Autorinnen dafür gewonnen werden.

Aber nicht alle Pläne reiften. Ein fertig getextetes und von Georg Gruntz durchkomponiertes Festspiel, für dessen Ausarbeitung die Lotteriefonds von Basel-Stadt und Basel-Landschaft gewisse Gelder gesprochen hatten, scheiterte an der Realisierung aus finanziellen Gründen, so sehr sich die Basler Liedertafel auch bemühte. Im Augenblick, da dieser Rückblick geschrieben wird, ist es auch unsicher, wo das von Bettina Eichin begonnene Menschenrechts-Denkmal in Basel installiert werden kann. Es gilt den grossen Texten aus der amerikanischen Verfassung (des Staates Virginia), der Deklaration der Menschenrechte von 1789 und den Rechten der Frau und Bürgerin von Olympe de Gouges aus den Jahren danach. Es zeigt im Innern den Arbeitsraum des Peter Ochs, er selbst ist abwesend, wenngleich er als der wichtigste Vermittler dieser Ideen gelten muss. Dieses Denkmal im dreieckigen Grundriss wäre ein eigentliches Ideendenkmal, würde eine für die Ideen vor 200 Jahren offene und vielleicht sogar dankbare Schweiz zeigen.

Inwieweit es gelungen ist, einem breiteren Publikum die historische Bedeutung der helvetischen Staatsumwälzung mit den Jubiläumsanlässen und -publikationen näherzubringen, ist eine schwer zu beantwortende Frage. Man kann die Zeitungsleserinnen und -leser, die Käuferinnen und Käufer der einzelnen Publikationen, die Besucherinnen und Besucher in den Ausstellungen, die Gäste am Staatsakt ja nicht einfach zusammenzählen, und wieviele Jugendliche (oder sogar Lehrkräfte?) den Comic über Peter Ochs lesen und noch lesen werden, ist unbekannt.

Aber sicher ist, dass der Name und die Figur des Peter Ochs, die in der Nachkriegszeit immer mehr ins allgemeine Vergessen abzusinken drohte, zum mindesten in Basel wieder deutlichere Konturen gewonnen hat. Die Peter Ochs Gesellschaft sieht damit ihr wichtigstes Ziel erfüllt. Dass das umfangreiche Publikationsprogramm, das wohl umfassendste der ganzen Schweiz, von den Medien als solches wenig gewürdigt worden ist, wird dann erklärlich, wenn man nach dem auffälligsten Unterschied der Zeitungen von damals und der Medien von heute sucht: Ohne historisches Interesse und ohne historische Bildung war der Zeitungsschreiber vor 200 oder 150 Jahren auf verlorenem Posten; heute dominiert der Markt der Eitelkeiten und der Ahnungslosigkeit.

Baselland 1848

Noch vor dem europäischen Revolutionsjahr 1848 wurde die Schweiz im Sonderbundskrieg durch die Auseinandersetzung zwischen Konservativen und Liberalen erschüttert. Zum Jubel der Demokraten im ganzen monarchischen Europa trugen die Liberalen Kräfte in der Schweiz den Sieg davon, einigten die Eidgenossenschaft mit einer neuen Bundesverfassung und legten die Grundlagen für politische Stabilität und wirtschaftliche Prosperität. Nach der Niederschlagung der demokratischen Bewegung in Deutschland 1848/49 wurde besonders der junge Kanton Basel-Landschaft zum Zielort vieler Flüchtlinge.

Zum 150jährigen Jubiläum der Ereignisse entschloss sich das Dichtermuseum und Herwegh-Archiv Liestal, gemeinsam mit dem Museum am Burghof in Lörrach und dem Musée Historique de Mulhouse unter dem Titel ‹Freiheit verbindet – Unis par la liberté› ein trinationales Ausstellungsprojekt auf die Beine zu stellen. Am Projekt beteiligt war auch das Haus der Geschichte Baden-Württemberg in Stuttgart.

Die historischen Hintergründe der Flüchtlingswelle von 1848 beleuchtet das Autorenteam Martin Leuenberger und Hans Rudolf Schneider.
Red.

Die Freiheitsbewegung in der Nordwestschweiz übte magische Wirkung auf alle liberalen Kräfte in Europa aus. Im Bild die Beschiessung der Stadt Liestal am 21. August 1831 (Künstler unbekannt).

«Kommen Sie zu uns nach der Landschaft, in Basel ist keine Luft für Sie!»

Martin Leuenberger
Hans Rudolf Schneider

Die Revolution in Baden und die Flüchtlinge im Baselbiet

«In die Schweiz!» – Dieser Ruf hatte im 18. und 19. Jahrhundert einen zauberhaften Klang. Alles, was künstlerischen Rang und Namen hatte, lobte dieses kleine Bergland: Goethe, Schiller, Rossini. Dichter wie Wieland oder Klopstock schätzten sich glücklich, wenn sie in den literarischen Salons des Landes auftreten konnten.

Deutsche kamen schon seit einigen Jahren in die Schweiz. Erst als Reisende, dann als Wandergesellen und seit den 1830er Jahren als Demokraten und Flüchtlinge vor der Repression in den Heimatstaaten. Die Schweiz war eben die einzige Republik in Europa und daher für die zur Flucht gezwungenen Demokraten ein gutes Ziel. Darüber waren sich die Deutschen in der Schweiz einig.

Die Schweiz? Bei genauerem Hinsehen erweist sich die Eidgenossenschaft als ein Konglomerat von 24 verschiedenen Kantonen. Ein ausgeklügeltes Zollsystem trennte das Land in kleinräumige Zellen. Von der ‹einzigen und einigen Helvetischen Republik› war nicht mehr viel übrig. Die Münzsysteme, Masse und Gewichte waren fast so zahlreich wie die Kantone selbst. Die gemeinschaftliche Aussenpolitik und ein Bundesvertrag waren die einzigen Bindeglieder zwischen den Kantonen. Die 20 ganzen und vier halben Kantone – oder Stände, wie sie richtig hiessen – waren voller Gegensätze.

Ideenimport – Revolutionsexport

Schon am Eidgenössischen Schützenfest von 1842 hatte der deutsche Dichter Georg Herwegh vom Rednerpult herab den Schweizern ins Gewissen geredet. Von aussen drohe keine grosse Gefahr, aber im Innern lauere der Feind. Damit spielte Herwegh auf die konservative Allianz an, die sich der Schweiz des Liberalismus und Radikalismus, der aufkommenden Industrialisierung, den Ideen der Eisenbahn und eines neuen, nationalstaatlichen Marktes entgegenstemmte.

Als im November 1847 der konservative Sonderbund den Tagsatzungstruppen unterlag, jubelte ganz Europa, die Schweizer hätten dem Licht eine Bresche ins Dunkel der Reaktion geschlagen. Ein grosses und begeistertes Echo hallte in den

Demokratiebewegungen Europas nach. Aus allen Ecken der deutschen Fürstenstaaten kamen sogenannte ‹Adressen› bei der Tagsatzung an. Sie nannten die Schweiz ‹das Bollwerk der Freiheit›. Hier, dachten die deutschen Revolutionäre, hätten die fortschrittlichen Kräfte einen wichtigen Sieg errungen. Sie sahen die Schweiz als Brückenkopf der Demokratiebewegung. Sie bildeten sich ein, dass demokratische Verhältnisse auch in den deutschen Fürstenstaaten möglich wären. Viele kehrten aus dem Exil zurück und nahmen aktiv an den Aufständen teil. Doch der ‹Traum von der Freiheit› war rasch vorüber.

Dass dann 1848 und erst recht 1849 so viele Flüchtlinge aus den deutschen Staaten in die Schweiz kamen, hat zudem einen ganz besonderen Grund. Die Scheideck bei Kandern, wo im April des Jahres 1848 der Hecker-Zug kämpfend unterging, und Dossenbach, wo kurze Zeit später die übermüdete und abgekämpfte Schar der aus Frankreich zu Hilfe geeilten deutschen Demokraten von einem Württemberger Regiment auf dem Rückzug in die Schweiz eingeholt und niedergemacht wurde, lagen nur wenige Kilometer vom Rhein und damit von der Rettung verheissenden anderen Uferseite entfernt. Und auch Gustav Struve kam mit seinem Revolutionstrupp im September 1848 nur bis Wehr bei Stauffen. Da brach – noch in Sichtweite der Schweiz – die Republik zusammen. Die geschlagenen Revolutionäre des Hecker-Zuges, der ‹deutschen demokratischen Legion› aus Paris um Emma und Georg Herwegh sowie des sogenannten Struve-Putsches vom September 1848 fanden ganz einfach Zuflucht jenseits des Rheins. Die Grenzregion war

Das Gefecht auf der Scheideck bei Kandern im April 1848, wo der Hecker-Zug kämpfend unterging (Künstler unbekannt).

aber nicht nur Rückzugsgebiet, sondern auch ein operativ günstiges ‹Aufmarschgebiet›. Hier liessen sich Sympathisanten sammeln, mögliche Revolutionäre ‹ausheben›, und vor allem konnten auf Schweizer Seite die Aufstände vergleichsweise unbekümmert vorbereitet werden.

Basel: Land und Stadt

Dass freilich in der Nordwestschweiz Baselland, und nicht die Stadt Basel, das von den Flüchtlingen favorisierte Gebiet war, findet seine Erklärung in dessen politischer Geschichte. Die Trennungswirren der Jahre 1830 bis 1833, und vor allem deren Resultat, die Trennung der Untertanenlandschaft von der Stadt, lösten auf konservativer Seite heftige Hassgefühle aus. Die Radikalen wurden als gottlose, frevelnde Gesellen karikiert und die Angst vor ihnen geschürt. Anderseits ging von der Freiheitsbewegung und der Genese des eigenen, unabhängigen Kantons Basel-Landschaft eine geradezu magische Wirkung auf alle liberalen und erst recht auf die radikalen Kräfte aus. So schrieb etwa der aus Braunschweig stammende deutsche Flüchtling Georg Fein an seine Mutter, wie sehr er es bedauere, den Kampf und den militärischen Sieg der Baselbieter über die Truppen der Stadt bei der Hülftenschanz am 3. August 1833 verpasst zu haben.[1] Fein hatte sich kurz vorher von Liestal nach Zürich begeben und trug sich mit dem Gedanken, sich entweder in der Stadt selbst, vorzugsweise im Niederdorf, oder am Zürichsee irgendwo definitiv Arbeit und Auskommen zu suchen. Es reichte ihm in der Folge nur noch zur Siegesfeier in sein «liebes, tapferes Liestal» zurück.

‹Sieg der Basellandschaft über die Stadt-Basler am 3. August 1833›. Darstellung von Martin Disteli.

Andere hatten diesen Freiheitskampf nicht verpasst. Der Schlesier Karl Kloss machte als Artillerie-Kommandeur von sich reden. Auch er wurde Bürger des befreiten Kantons.[2] Die Mythenbildung des Baselbieter Kampfes schritt rasch voran. Gerade weil viele Flüchtlinge daran teilgenommen hatten, die dann, in alle Winde verstreut, überall die Baselbieter Sache vertraten. Ludwig Snell betrieb in der Appenzeller Zeitung eine scharfe Polemik gegen die Stadt Basel: «Mit geworbenem, fremdem Gesindel zieht die Stadt Basel jeden Morgen gegen das Land aus. Gewalthaufen von 500–800 Mann führen eine Reihe von Feuerschlünden mit sich und verwüsten die blühenden Dörfer an der Birs – besonders den katholischen Teil des Kantons. Haufen unglücklicher oder verwundeter Landleute sind die schrecklichen Denkmäler dieser Kannibalenzüge. Eine satanische Wut hat die Stadt befallen; mit ihren Reichtümern und furchtbaren Waffenvorräten arbeitet sie an der eigentlichen Vertilgung des Landvolkes. Und Eidgenossen sehen das und dulden das und schweigen.»[3]

Die Stadt Basel hatte nicht nur wegen ihres Verhaltens gegenüber der freiheitstrunkenen Landschaft eine schlechte Presse, sondern auch wegen ihrer allgemein als konservativ und patriarchalisch angesehenen Politik. Sie galt als Hochburg der Aristokraten und befand sich – obwohl erzprotestantisch – lange Zeit im Bündnis mit den katholisch-konservativen Kantonen der Innerschweiz. Der junge Friedrich Engels notierte anlässlich seiner ersten Schweizer Reise: «Gottlob, dass wir Basel im Rücken haben! Solch eine trockene Stadt,

Bekannte Treffpunkte für Flüchtlinge waren Wirtshäuser. Zeichnung: ‹Im Wirtshaus›, von Strüby, Datierung unbekannt.

voll Bratenröcke und Dreimaster, Philister und Patrizier und Methodisten, in der nichts frisch und kräftig ist als die Farben an Holbeins Passion, die hier auf der Bibliothek unter anderen Gemälden zu sehen ist. Solch ein Nest mit allen Hässlichkeiten des Mittelalters ohne die Schönheit desselben kann ein jugendliches Gemüt, dessen Phantasie mit den Schweizer Alpen und Italien vollauf zu tun hat, nicht ansprechen. Ist der Übergang aus Deutschland in die Schweiz, aus dem milden, rebenumrankten badischen Markgräflerland nach Basel vielleicht nur darum so entmutigend, damit der Eindruck der Alpen später desto tiefer sein möge?»[4] Ganz offen sympathisierten daher die fortschrittlichen Köpfe in Basel mit der Landschaft, und ganz unverschämt freuten sie sich darüber, dass die stolze Stadt «eins auf den Schnabel» bekommen hatte, wie sich der ins rebellierende Baselbiet geflohene Rudolf Kölner ausdrückte.[5]

Aber auch in der den Flüchtlingen und der Revolution so abgeneigten Stadt Basel gab es bestens bekannte Treffpunkte für die Revolutionäre aus Deutschland. Weder liessen sich die Wirtshäuser vollumfänglich überwachen noch konnten die Wirtsleute zu irgend etwas gezwungen werden. Das ‹Weisse Kreuz›, das ‹Lamm› und das ‹Maringsche Kaffeehaus› am Rheinsprung, um nur drei zu nennen, waren bekannte Flüchtlingstreffpunkte. Manche sassen eher im Wirtshaus, andere diskutierten lieber im Hinterzimmer, und Georg und Emma Herwegh bevorzugten den Salon. Die ‹Krone› und der ‹Stab› in Birsfelden, nur wenig abseits der Stadt, waren ebenfalls voll bis unters Dach, und auch vom allseits bekannten ‹Neuen Bad› in Binningen war es dorthin nur ein Sprung. Überhaupt waren die Wirtshäuser das Herz der Revolution auf Schweizer Boden.[6] Wo anders hätten sich die Flüchtlinge auch treffen sollen? Sie logierten in den Wirtshäusern, viele Wirte waren Deutsche. Hier trafen sie sich, hier debattierten sie die weiteren Aussichten, hier stritten sie, hier träumten und schrieben und dichteten sie. Gustav Struve und Georg Herwegh waren ohnehin nie ohne ihre Frauen, Amalie Struve und Emma Herwegh, unterwegs. Aber auch der weitaus ‹männerbündlerische› Friedrich Hecker erhielt im ‹Schlüssel› in Muttenz Besuch von seiner Frau und seiner ganzen Familie. Die Wirtschaften galten als der soziale Versammlungsraum des politischen Fortschritts.

Revolutionsbegeisterung – Revolutionsangst

Auf Schweizer Seite fand sich die Revolution ins Wirtshaus zurückgeworfen. Nun fand sie in überfüllten Sälen statt und bestand aus revolutionären Reden und Gesängen. Im Baselbiet waren die deutschen Flüchtlinge willkommen. Zwar war die Begeisterung für die Flüchtlinge der 30er Jahre rasch einmal verebbt. Doch als es 1848 losging, standen die Baselbieterinnen und Baselbieter wieder eindeutig auf der Seite der Revolution. Angeführt wurde das Baselbiet von seiner politischen Elite. Einer davon war Johannes Mesmer, ‹Schlüssel›-Wirt in Muttenz und Regierungsrat. Er, namhafter und einflussreicher Politiker und erst noch Vertreter der Exekutive, bot dem Freischärler Friedrich Hecker Domizil. Hecker bewegte sich auf höchstem lokalpolitischem Parkett. Er war populär wie kein zweiter. Ein Baselbieter Leutnant hatte ihn in Basel schon vorher davon überzeugt, dass die Landschaft seiner Sache ohnehin mehr gewogen sei als die Stadt: «Kommen Sie zu uns nach der Landschaft, in Basel ist keine Luft für Sie.»[7]

Was blieb?

Doch als die deutschen Revolutionen von 1848/49, oder besser die Revolutionsversuche, gescheitert waren, der Spuk vom ‹Völkerfrühling›, von der Demokratie, von Freiheit und Gleichheit vorbei war, wurde es im Baselbiet ruhiger. Hecker war schon im September 1848 nach Amerika gegangen. Der Baselbieter Bürger Herwegh lebte vorübergehend wieder in Paris. Und Wilhelm Schulz, Bürger von Baselland wie Herwegh, der im Taumel über den nahenden Sieg sein Bürgerrecht hatte zurückgeben wollen, war froh, es behalten zu können. Leben freilich tat er in Zürich. Hatte nicht Georg Herwegh von seinem alten und neuen ‹Landsmann› Wilhelm Schulz behauptet – weil der nicht nach Paris gegangen war –, sein «Horizont» sei «auf die Dimension eines frommen friedlichen Schweizertälchens eingeschrumpft».[8] Die meisten Deutschen verliessen nach und nach «das kleine Freiheitsnest».[9] So blieb denn die Revolution von 1848/49 im Baselbiet eine Episode. Immerhin eine nicht gering zu schätzende. Denn noch immer sieht der vielleicht beste und treueste Dichter, den die Revolution hatte, Georg Herwegh, in Liestal von seinem Denkmal herab. Und auf seinem Grabstein auf dem Liestaler Friedhof, auf welchem er nach dem Wunsch der Emma Herwegh (zusammen mit ihr) «in freier Schweizer Erde» bestattet liegt, steht es in Stein gemeisselt: «Von den Mächtigen verfolgt, Von den Knechten gehasst, Von den Meisten verkannt, Von den Seinen geliebt.»

Das Grabmal von Emma und Georg Herwegh auf dem Liestaler Friedhof.

Anmerkungen

Eine ausführlichere Fassung dieses Beitrags findet sich in: 1848: Drehscheibe Schweiz. Die Macht der Bilder, hg. v. Philippe Kaenel, Zürich 1998.

1 Niedersächsisches Staatsarchiv Wolfenbüttel, 211 N 15 Nachlass Georg Fein, Briefe an die Mutter: Georg Fein an seine Mutter, Zürich, 9. September 1833.

2 Staatsarchiv des Kantons Basel-Landschaft, Bürgerrecht A3 Erteilung des Ehrenbürgerrechts des Kantons Baselland 1833–1835, 1867 Entwurf «erteilen hiermit im Namen des souveränen Volkes» 18. Januar 1834. – Vgl. auch Martin Birmann. Der dritte August 1833, (Basler Jahrbuch 1888), in: Martin Birmann, Gesammelte Schriften Bd. 2, Basel 1894, S. 447.

3 Appenzeller Zeitung vom 18. Januar 1831, zitiert bei Kaspar Birkhäuser, Der Baselbieter Politiker Stephan Gutzwiller, Liestal 1983, S. 90.

4 Hier zitiert nach: Bruno Kaiser, Friedrich Engels und die Schweiz, in: ders., Vom glückhaften Finden. Essays, Berichte, Feuilletons, Berlin und Weimar 1985, S. 24.

5 Vgl. Martin Leuenberger, «Ergebenst, Kölner der Saure». Wie der junge Kanton Baselland wenig fein mit einem seiner feurigsten Verehrer umsprang, in: Basellandschaftliche Zeitung 1. Oktober 1996.

6 Vgl. dazu ‹1848: Wirtshaus, Hinterzimmer und Salon. Deutsche Demokraten im Baselbieter Exil›. Ausstellung Liestal 1998, in: Freiheit verbindet – Unis par la liberté. Trinationales Ausstellungsprojekt Museum am Burghof, Lörrach/Musée Historique de Mulhouse/Dichtermuseum und Herwegh-Archiv Liestal/Haus der Geschichte Baden-Württemberg Stuttgart (Ausstellungskatalog).

7 Friedrich Hecker, Die Erhebung des badischen Volkes, Basel 1848, S. 32.

8 Brief Georg Herwegh an Emma Herwegh, Paris, 26. Oktober 1847, über Wilhelm Schulz, in: Marcel Herwegh (Hg.), 1848, Briefe an und von Georg Herwegh, München 1896, S. 35.

9 Niedersächsisches Staatsarchiv Wolfenbüttel, 211 N 15 Nachlass Georg Fein, Briefe an die Mutter: Georg Fein an seine Mutter, Zürich, 27. Juli 1833.

Sport

Die WM, die man gar nicht wollte …

Max Pusterla

Zum dritten Mal nach 1939 und 1953 war Basel 1998 – gemeinsam mit Zürich – Austragungsort von Weltmeisterschaften im Eishockey. Hatten die beiden ersten Anlässe noch auf der Kunsteisbahn im Margarethenpark stattgefunden, mutierte diesmal die St. Jakobshalle zur Eishockey-Arena.

Die 25 Partien der WM 1939, die auf der ‹Kunschti› stattfanden, wurden damals von nicht weniger als 96 000 Zuschauern verfolgt und hatten ihren Höhepunkt in dem nach Abschluss der WM ausgetragenen Europameisterschaftsfinal zwischen der Schweiz

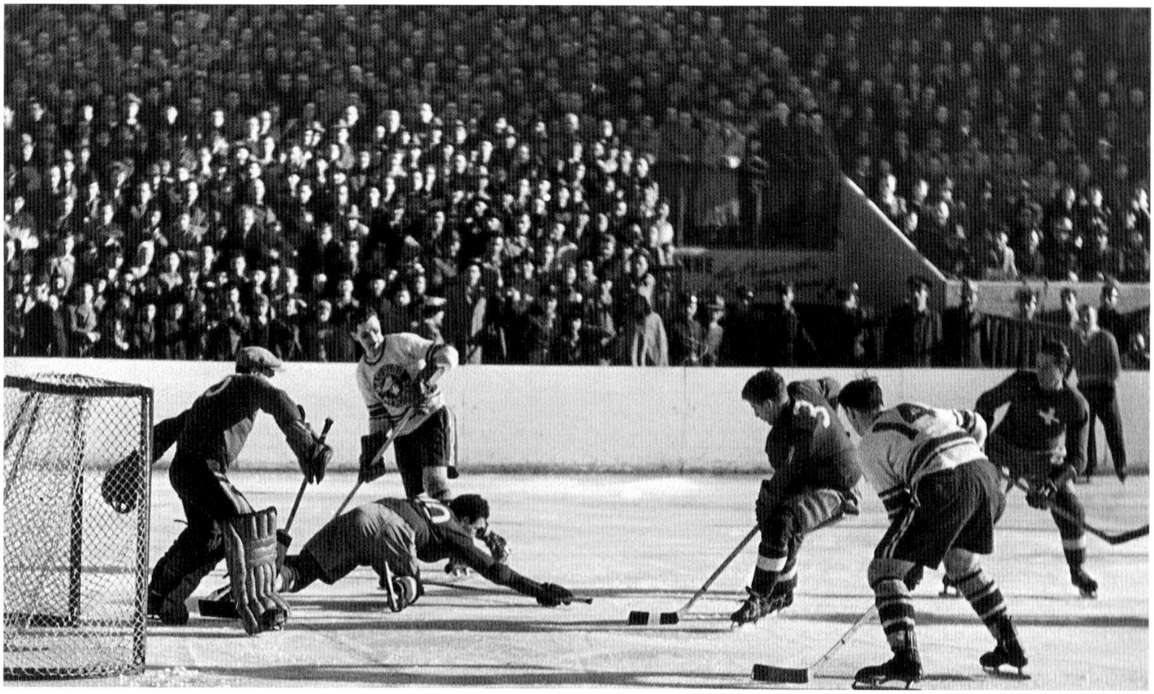

Eishockey-Match auf der Basler Kunsteisbahn anlässlich der WM 1939.

und der Tschechoslowakei. Vor rund 16 000 Zuschauern – nach wie vor Stadionrekord – gewann die Schweiz 2:0!

Die WM 1953, die auf drei Orte verteilt in Zürich-Dolder, Zürich-Hallenstadion und Basel ausgetragen wurde, war – im Vergleich zur ersten – eher eine bescheidene Veranstaltung. Von den Grossen im Eishockey fehlten Kanada, die USA und die Sowjetunion. Die favorisierten Tschechoslowaken mussten nach dem plötzlichen Hinschied von Staatspräsident Gottwald vorzeitig die Heimreise antreten. Dadurch reduzierte sich das Publikumsinteresse merklich. Nur noch insgesamt knapp 50 000 Zuschauer wohnten den 14 in Basel ausgetragenen Partien bei.

Und 45 Jahre später? Bei 5 von 19 Partien waren die 7500 in der St. Jakobshalle zur Verfügung stehenden Plätze ausverkauft, und insgesamt wohnten 74 398 Zuschauer den Spielen der Vor- und Zwischenrunde am sogenannten ‹Nebenspielort› Basel bei. – Dabei hatte man diese Weltmeisterschaft gar nicht gewollt!

Unverhofft wird Basel Austragungsort

Als der Schweizerische Eishockey-Verband (SEHV) auf die Suche nach Austragungsorten ging und dabei auch eine Anfrage an das Sportamt Basel-Stadt richtete, bekam er im Juli 1995 vom Regierungsrat eine Absage. «Wie wir feststellen mussten, fehlt zur Zeit in Basel die nötige Infrastruktur für einen solchen Grossanlass im Eishockey, da in Basel im Moment noch keine geeignete Halle vorhanden ist, die die benötigte Zuschauerkapazität von 7000 bis 10 000 Plätzen aufweist. Die einzige mögliche Halle im St. Jakob kann aus technischen Gründen nicht benutzt werden.», hiess es im regierungsrätlichen Schreiben an den SEHV.

Fast 75 000 Zuschauer liessen sich 1998 von den spannenden Begegnungen am ‹Nebenspielort› Basel faszinieren.

Auf Intervention der Verwaltungskommission der St. Jakobshalle kam die Regierung jedoch auf ihren negativen Entscheid zurück, und ein Bewerbungsdossier konnte noch fristgerecht eingereicht werden. Als Hauptspielort stand Zürich-Hallenstadion von Anfang an fest. Für den Nebenspielort, also um die Austragung von 19 der insgesamt 49 Partien, befand sich Basel in Konkurrenz zu Kloten, Davos und Lausanne. Schliesslich bekam die St. Jakobshalle den Zuschlag und konnte damit den Beweis erbringen, dass sie sich durchaus für die Durchführung von Eissportanlässen eignet. Was dokumentiert dies besser als das Kompliment von Robert Reichel, NHL-Center (National Hockey League) und Captain von Olympiasieger Tschechien, der dem Basler Eis attestierte, durchaus NHL-würdig zu sein? In Florida oder Los Angeles, wo ähnliche Temperaturen herrschen wie im heissesten Basler Mai der letzten Jahre, sei die Eisqualität deutlich schlechter, meinte Reichel, nachdem er das Eis inspiziert hatte.

Die Umwandlung der Basler Mehrzweckhalle in eine Eishockey-Arena war nicht einmal ein Hexenwerk. Es kam den Verantwortlichen zugute, dass in den Bauplänen der Sporthalle St. Jakob vor bald fünfundzwanzig Jahren vorgesehen war, sie auch als Eissport-Halle nutzen zu können. In bloss zwanzig Stunden wurde mit einem vierzehnköpfigen Team das Spielfeld aufgebaut und innerhalb von dreimal vierundzwanzig Stunden mit viel Wasser und fünf leistungsstarken Kühlgeneratoren im Nonstop-Betrieb die eigentliche Eisfläche ‹produziert›.

Sechzehn der weltbesten Eishockey-Teams hatten sich für die Weltmeisterschaften 1998 in der Schweiz qualifiziert. Sie wurden in vier Gruppen zu vier Teams aufgeteilt, die zu Beginn eine Vorrunde – jeder gegen jeden – auszutragen hatten. Zürich

Überraschend starke Leistungen des Schweizer Teams – die ‹Eisgenossen› besiegten den vielfachen Weltmeister Russland – sorgten für heisse Stimmung in der St. Jakobshalle.

mit seinem 12 000 Zuschauerplätze aufweisenden Hallenstadion wurden jene beiden Gruppen zugeteilt, in welchen die vermeintlich attraktivsten Mannschaften spielten: Kanada, die USA, Schweden und Publikumsmagnet Schweiz. Das im Februar 1998 im japanischen Nagano ausgetragene olympische Eishockey-Turnier brachte allerdings einige unerwartete Resultate, und so spielten mit Tschechien, Russland und Finnland die Olympiamedaillengewinner in Basel. Ausserdem zeigte es sich, dass Deutschland doch mehr Anhänger nach Basel zog, als ursprünglich erwartet worden war.

Sportlich top ...

In den beiden ‹Basler Gruppen› setzten sich die Olympia-Ersten souverän durch. In der Gruppe A gewann Tschechien alle seine Spiele und qualifizierte sich zusammen mit Weissrussland für die Zwischenrunde, während Deutschland bloss die Klassierungsrunde erreichte und Japan die Heimreise antreten musste. In der Gruppe B kam Finnland punktgleich, doch dank besserer Tordifferenz vor Russland eine Runde weiter. Lettland wurde in die Klassierungs-Poule verbannt, und das Team von Kasachstan hatte die Koffer zu packen.

Für die grosse Überraschung zu WM-Beginn sorgte indes die Schweiz, die sich in Zürich hervorragend schlug. Nach Niederlagen gegen die USA und Schweden gewannen die ‹Eisgenossen› das alles entscheidende Spiel gegen Angstgegner Frankreich mit 5 : 1. Da sowohl die USA als auch Frankreich in den bisherigen Partien auch nur zwei Punkte erobert hatten, entschied bei einem allfälligen Schweizersieg die Tordifferenz über die Teilnahme an der Zwischen- oder der Klassierungsrunde. Drei Minuten vor Schluss erzielten die Schweizer den ‹Gleichstand› mit den Amerikanern,

Vom Sportlichen her war die WM in Basel ein voller Erfolg; das Rahmenangebot aber muss für begeisterte Fans attraktiver werden.

und Sekunden vor dem Sirenenton fiel der kaum mehr für möglich gehaltene fünfte Treffer. Sie wurden damit vor den USA Gruppen-Zweite und mussten ihre nächsten Partien in – Basel austragen: Vom Sportlichen her war die WM für die Basler gerettet.

Über Nacht brach am Nebenspielort Basel die WM-Euphorie aus, die Eintrittskarten für die Partien der Schweizer gegen Russland, Tschechien und die Slowakei gingen ‹wie warme Weggli› weg. Und die Schweizer Eishockeyaner sorgten erst noch weiter für Furore: Sie gewannen ihr erstes Spiel gegen den vielfachen Weltmeister Russland nach einer überaus turbulenten Partie. Man durfte bereits vom Halbfinal träumen. Doch dann war der ‹Pfuus duss›…

… sonst eher flop!

Was die sportliche Seite anbetrifft, gab es an der ‹Basler WM› kaum etwas auszusetzen. Die St. Jakobshalle erwies sich als geradezu prädestiniert für weitere Anlässe ähnlichen Kalibers. Massiv kritisiert wurde indes das sogenannte ‹Umfeld›. Da sich die Organisationszentrale der WM in Zürich befand und man es verpasst hatte, in Basel rechtzeitig ein lokales Organisationskomitee auf die Beine zu stellen, blieben die zu Tausenden aus Deutschland, Lettland, Finnland und sogar aus Japan nach Basel angereisten Eishockey-Fans vorwiegend sich selbst überlassen. Eishockey-WM-Habitués sind es gewohnt, rund um die Stadien eigentliche ‹Fan-Dörfer› vorzufinden, wo sie sich vor und nach den Partien verpflegen und unterhalten können. Vor der ‹Joggeli-Halle› gab es ein einsames Zelt mit bescheidenem Verpflegungsangebot…

Basel hat die Chance verspielt, sich den ausländischen Gästen attraktiv zu machen; vom touristischen Gesichtspunkt her drängt sich für sie ein Wiedersehen mit der Stadt am Rhein nicht auf. Anders die St. Jakobshalle: Sie hat bewiesen, dass sie sich sogar als Hauptspielort für eine Eishockey-Weltmeisterschaft eignen würde.

Im Gedenken an ‹Mister Wembley› Gotti Dienst

Max Pusterla

Geschehen: 1966. Vergessen: nie. In der Verlängerung des Finals der Fussball-Weltmeisterschaft trifft der Engländer Hurst zum 3 : 2 gegen Deutschland. War der Ball drin? Drauf? Oder davor? Der Mann, der zu entscheiden hatte, hiess Gottfried Dienst.

Vielen in Erinnerung bleiben wird Gottfried ‹Gotti› Dienst – nicht nur wegen seines Entscheides an der Fussball-WM 1966 in London.

Bücher könnten gefüllt werden mit all den Anekdoten und Geschichten, die sich seit rund dreissig Jahren um den Final der Fussball-Weltmeisterschaft 1966 im Londoner Wembley-Stadion ranken. Und ein Basler spielt darin die Hauptrolle: Schiedsrichter Gottfried ‹Gotti› Dienst, der am Pfingstmontag nach kurzer, heimtückischer Krankheit verstarb.

Sozusagen als Zusammenfassung vieler blumiger Schilderungen hier ein Augenzeugenbericht über das Ereignis, das Gotti Dienst in- und ausserhalb von Fussballkreisen berühmt gemacht hat:

Im Final der Fussball-Weltmeisterschaft standen sich 1966 Gastgeber England und Deutschland gegenüber. Nach 90 Minuten war das Spiel mit 2 : 2 Toren unentschieden, nachdem die Deutschen in der letzten Minute noch ausgeglichen hatten. In der 10. Minute der Verlängerung geschah es. Der Engländer Geoff Hurst knallte einen satten Schuss an die Querlatte, von deren Unterkante der Ball vor, auf oder hinter die Torlinie prallte. Gotti Dienst, der Schweizer Finalschiedsrichter, entschied nach Konsultation seines russischen Linienrichters Tofik Bachramov auf Tor: England führte wieder und gewann den denkwürdigen Final im eigenen Land mit 4:2. Es sollte bis jetzt der letzte grosse Erfolg des Mutterlandes des Fussballs bleiben.

Da wohl nie restlos geklärt werden kann, ob der Entscheid bei diesem dritten Tor richtig oder falsch war, wird Gotti Dienst kaum je in Vergessenheit geraten. Spätestens dann, wenn wieder eine Fussball-WM-Endrunde ansteht, wird über das ‹dritte Tor› von 1966 diskutiert werden – vor allem in Deutschland.

Gotti Diensts Sportler-Karriere begann als Spieler beim Fussballclub Kleinhüningen. Eine Verletzung machte ihr aber schon bald ein Ende, und er wechselte ins Metier der Unparteiischen, wo er schliesslich bis in den fussballerischen Olymp der FIFA (Fédération International de Football Association) aufstieg. Nach 1224 Spielleitungen, alle handschriftlich fein säuberlich in schwarzgebundenen Wachstuchheften festgehalten, beendete Gotti Dienst 1968 nach der Leitung des Europameisterschafts-Finals Italien–Jugoslawien seine internationale Karriere. Seinem Hobby kehrte er allerdings nicht den Rücken zu, sondern blieb in der Region Nordwestschweiz des Schweizerischen Fussball-Verbandes weiterhin aktiv, als Schiedsrichter-Instruktor und -Inspizient, als Mitglied der Sportplatzkommission und in weitern Ämtern. Seine feurigen Interventionen anlässlich der Generalversammlungen der Genossenschaft Fussball-Stadion St. Jakob, wo er sich über den lange Zeit blamablen Zustand des Rasens im ‹Joggeli› wiederholt wortreich ereiferte, bleiben manchem in Erinnerung.

Beruflich übernahm Elekroinstallateur Gottfried Dienst 1943 eine Stelle bei der Basler Telefondirektion, die ihn zehn Jahre später zum Leiter der Kleinbasler Telefonzentrale ernannte. Von 1966 bis 1976 amtete er als FDP-Vertreter im Grossen Rat der Stadt Basel.

‹Gemeinschafts-Entscheid› beim Weltmeisterschaftsfinal von 1966 zwischen Deutschland und England: Bevor er zum Anspielpunkt zeigte, besprach sich Gotti Dienst noch mit seinem Linienrichter, dem Russen Tofik Bachramov.

Fasnacht

Mer strample!

Felix Rudolf von Rohr

Fasnacht 1998

Vorfasnachtsveranstaltungen, Sujets, Zeedel, Laternenverse und Schnitzelbänke befassten sich intensiv – und ganz dem Motto der Fasnacht 98 ‹Mer strample!› entsprechend – mit den grossen wirtschaftlichen Veränderungen: Die Fasnacht 1998 stand im Zeichen einer eher ernsten Zeitkritik.

‹Mer strample!›, von Walter Lienert gestaltete Plakette.

Das Motto der Fasnacht 1998 war einmal mehr doppelsinnig. Auf der Plakette sieht man vier Polizisten auf Velos, und tatsächlich führte das Polizeikommando im Jahr zuvor Streifen-Equipen auf Zweirädern ein, was natürlich für viel Erheiterung und Witzeleien in der Bevölkerung sorgte. Die Landjäger mit den satten Waden in ihren Strumpfhosen ähneln allerdings weniger den gestrengen Ordnungshütern als eher den pfiffigen Velokurieren… Hinter dem Motto ‹Mer strample!› steht ein weit tieferer und auch ernsterer Sinn: Grosse Firmenzusammenschlüsse, Firmenabwanderungen, Schlagworte wie ‹Globalisierung› und ‹Shareholder Value›, die weitere Zunahme der Arbeitslosen und der Sozialhilfebezüger erinnern daran, dass die wirtschaftliche Lage alles andere als rosig war. Auch Frau und Herr Basler ‹strampelten› im vergangenen Jahr, und manche mussten sich nach der Decke strecken. Dies war denn auch der tiefere Grund für die Wahl dieses Mottos und dieser Plakette, die wieder einmal von Walter Lienert gestaltet wurde. ‹Lieni› ist im übrigen zwar seit vielen Jahren ein aktiver Fasnächtler, aber mit seinem Geburtsschein immer noch ein Einsiedler, der zudem in Zürich aufgewachsen ist. Wenn das nicht ein Beweis für die Offenheit der Basler ist!

Die Vorfasnacht …

Kaum steckte die Plakette an den Mantelrevers, pirschten sich die Baslerinnen und Basler im gewohnten Reigen durch die alten traditionellen oder auch neueren Vorfasnachtsveranstaltungen. Einen besonders guten Jahrgang bot diemal das Zofinger Conzärtli mit der Expo-2001-Kulturfee Pipilotti, Task Force-Sunnyboy Thomas Borer sowie dem Münsterpfarrer und Flavio Cotti als brillant persiflierte Stiggli-Lyyche. Das Glaibasler Charivari bot einmal mehr seine musikalischen Höhepunkte nicht nur mit den traditionellen Fasnachts-Instrumenten. Diesmal wurden als besondere Attraktionen die Knabenmusik Basel mit der Ballettschule des Theater Basel kombiniert und der international bekannte Klezmer-Klarinettist Giora Feidman eingeflogen. An den Monstre-Trommelkonzerten schliesslich überwogen die ernsteren, zeitkritischen Rahmen-Stiggli; und die Stammcliquen bemühten sich einmal mehr mit bestem Erfolg um eine beeindruckende Bühnenschau, die einen Vergleich mit dem inzwischen wieder in den Dornröschenschlaf versunkenen Musical-Theater kaum zu scheuen braucht. Im Rahmen der Drummeli-Vorstellungen konnten gleich drei Stammvereine – die AGB, die Märtplatz- und die Rätz-Clique – sowie die Rumpel als Alte Garde als 75jährige ‹Veteranen› geehrt werden. Die drei genannten Stammvereine sorgten dann im Laufe des Jahres für ein Geburtstagsgeschenk besonderer Art: In Zusammenarbeit mit der Universität Basel wurde ein Fasnachtsbuch aus der Taufe gehoben, das für einmal nicht nur als weiteres nostalgisches Helgenbuch in den Bücherschaft der Basiliensia gehört. In wissenschaftlicher Arbeit wurde ein vielschichtiger gesellschaftspolitischer Abriss der vergangenen 75 Jahre erstellt

Die Bike Patrol am Drummeli.

und damit ein wertvoller Beitrag an die Geschichtsschreibung der Basler Fasnacht geleistet.

... und die drei Fasnachtstage

Wetterglück vom 2. bis 4. März 1998 und keine nennenswerten Vorfälle bei der Polizei – mit Ausnahme der üblichen liebevollen Pflege, Tröstung und Rückführung verlorengegangener Binggisse: das waren die guten Rahmenbedingungen für eine schöne, erinnerungswürdige Fasnacht; eigentlich ein ‹courant normal›. Mit Blick auf das Vorjahr war es, dem Motto ‹Mer strample!› entsprechend, leider auch ‹courant normal›, dass die lange Liste der Sujets von einem zeitkritischen, ernsten Tenor durchzogen war. Dabei ging es um die wirtschaftlichen Sorgen, das Rumoren in der Finanz- und Bankenwelt, aber auch um Reproduktionsmedizin, um die explodierenden Gesundheitskosten oder das angekratzte Image unseres Landes. Weitere beliebte Sujets lieferten die neuerliche Diskussion um Hanf und Cannabis, die Probleme um sexuelle Belästigungen, die ‹Precon›-Diät-Welle für Wohlbeleibte, die Internet-Wellenreiterei und der Drang zum Modesport Golf. Was Basel speziell betrifft, so boten die vergeblichen Bemühungen, Kulturstadt Europas zu werden, aber auch manche Aspekte der Theater- und allgemeinen Kulturszene in unserer Stadt genügend Angriffspunkte. Als besonders einfallsreich zeigte sich dieses Jahr die Stammclique der VKB mit ihrem Sujet ‹Last Minute›: Ihre Vorträbler, Pfeifer und Tambouren wurden nämlich erst nach dem Morgestraich mit einer grossangelegten Börse konfrontiert, über die sie quasi ferienhalber in alle Winde zerstreut zum Mitmarschieren in andere Cliquen vermittelt wurden.

Stabsübergabe beim Comité

Die Fasnacht 1998 stand zum letzten Mal unter den Auspizien des seit 1989 amtierenden Obmanns Ruedi Meyer. Die Amtsübergabe an einen jüngeren Kollegen gibt uns Gelegenheit, über den Verein dieser vermeintlich grauen Eminenzen wieder ein-

Das Fasnachts-Comité unter neuem Vorsitz.

mal ein paar Worte zu verlieren. 1911 formierte sich das Comité, um eine minimale Koordination unserer Fasnacht zu gewährleisten. Zum ersten Mal wurde damals ein Monstre-Trommelkonzert durchgeführt und ein Fasnachtsführer (heute der ‹Rädäbäng›) herausgegeben. Auf einen zusätzlichen Morgestraich am Mittwoch, was damals noch üblich war, wurde ab 1911 verzichtet. Und mit behördlicher Genehmigung wird seit jenem Jahr die Fasnachtsplakette herausgegeben, deren gesamter Erlös den aktiven Fasnächtlern als Subventionen zugute kommt. Mittlerweile hat unsere Fasnacht natürlich ganz andere Dimensionen angenommen. Statt der seinerzeitigen rund 40 Gruppierungen beteiligen sich heute deren über 500 an der Strassenfasnacht. Damit sind auch die Aufgaben der Koordination oder – man sagt dies zwar nicht gerne – der Organisation entsprechend angewachsen, auch wenn sich das Comité nach wie vor in erster Linie als eine Dienstleistungs-Stelle versteht, die nur so viel wie nötig, aber so wenig als möglich ‹eingreift›.

Die oft diskutierten und auch kritisierten Vorschriften betreffen fast ausschliesslich die Nachmittage am Montag und Mittwoch, also den Cortège. Hier geht es einfach darum, ein Chaos zu verhindern, was in enger Zusammenarbeit mit Vertretungen der aktiven Fasnächtler (der sogenannten Verkehrskommission) und den Behörden geschieht. Das Fasnachts-Comité dient aber auch als zentrale Anlaufstelle – und Klagemauer – für alle aktiven Fasnächtler, für Behörden, Medien und Interessierte aus fern und nah. Es veranstaltet die Monstre-Trommelkonzerte, organisiert die Laternenausstellung, veröffentlicht den bereits erwähnten, inzwischen auf 130 Seiten angewachsenen Fasnachtsführer ‹Rädäbäng›, um nur gerade die wichtigsten Aktivitäten zu nennen. Dass diese Arbeit nach wie vor rein ehrenamtlich verrichtet wird, erstaunt nicht selten auswärtige Gäste, die sich, aus persönlicher Neugier oder wissenschaftlich, für unsere besondere Tradition interessieren. Auch in seiner Zusammensetzung und in seinem Rollenverständnis hat sich das Comité in den vergangenen 88 Jahren gewandelt. Waren es vor nicht allzu langer Zeit noch vorwiegend distanzierte bestandene Honorable, so setzt es sich heute fast ausschliesslich aus einem Kreis aktiver Fasnächtler zusammen. In seinen Statuten – das Comité ist in juristischer Hinsicht ein Verein – ist auch eine Begrenzung des Alters auf 65 Jahre und der Zugehörigkeit auf 20 Jahre festgelegt. An diese Regelung hat sich eben auch Obmann Ruedi Meyer gehalten und sein Amt im vergangenen Frühjahr dem bisherigen Statthalter Alex Fischer überlassen.

Die Reim-Proben

Zum Schluss greifen wir wieder in die grosse Sammlung gebundener Formen der Fasnachts-Literatur. Wir zitieren aus Zetteln, Schnitzelbänken und Laternenversen. Und wir geben diese Verse wie gewohnt im Original wieder, auch wenn's – ehrlich gesagt – punkto Baseldeutsch, Schreibweise und Versform gelegentlich etwas weh tut …

Kurz und präzise zum Unbehagen des Kleinen Mannes in der heutigen Wirtschaftslage:

Zerscht hämmers beduurt, wo der Metzger im Laade
gsait het: «Rindflaisch mit Gnoche gits nimm wils kennt schaade.»
Mer hän ys dernoo aber miesse saage,
mer hän jo sunscht no gnueg, zem draa gnaage.
Schnitzelbank Betty & Bossi

Mir sin z Europa, s isch e Gruus,
s kapitalistisch Irrehuus.
Nur s Gäld isch s hailig Saggramänt
uff unserem alte Kontinänt.
Zeedel Breo

Etwas pointierter zur Bankbranche:

Im Ebner syni BZ-Bangg
Spaart sich an de Styre schlangg
Laternenvers Aagfrässeni

Rufscht du mein Vaterland,
Sieh doch die offne Hand
Für's Gold bereit!
Heil dir, Helvetia!
Hascht ja die Banken gha,
Wie sie d'Amato sah,
Zur Krisenzeit.

Heut, wo der Banken Kreis
Nicht sich zu schützen weiss,
Gnade ihm Gott –
Stehn si doch bös im Seich,
Sind sie auch noch so reich,
Heute gibt's ständig Streich
und nur noch Spott.
Zeedel Lälli-Clique

Cabiallavetta isch e ganz e scheene Namme.
Cabiallavetta ka nur us em Süde stamme.
Und zer Beschtätigung, do maint au d Dante Roosi:
So haisse doch z Italie maischtens d Mafiosi.
Schnitzelbank Käärnebigger

Dr Ospel maint – das isch e Hit:
s Gäld isch sicher – d Stelle nit!
Laternenvers AGB

Noch konnte niemand ahnen, dass D'Amatos Stunden der grossen Politik längst gezählt waren:

Am Klimagipfel, lachsch di hii,
syyg s Klima zimmlig froschtig gsii.
Jetz bietet is Amerika
dää D'Amato als Ozoonloch aa.
Schnitzelbank d Gluggersegg

Im Spitzesport do lauft zer Zyt
Ohni Naasepflaschter aifach nyt.
Bim d'Amato gsächt ych naimedure
e Pflaschter quer uff synere Schnuure.
Schnitzelbank Filzluus

Von der ‹Schnuure› zu Holyfields Ohren:

Schad isch dr Charles mit sine Ohre
nit z'Amerika und als Boxer geboore,
das hett sich au dr Tyson dänggt,
denn hätts nit nur fir d'Vorspyys glängt.
Schnitzelbank dr Pierrot

Und gleich weiter zu anderen Körperteilen, diesmal bezogen auf den klerikalen Dauerbrenner in Liechtenstein:

Es syyg dr grand old man Johannes Paul der zwait
nit nuur der wichtigscht, au der grööscht Maa wyt und brait.
Dasch loogisch, maint doo ain bim dritte Kaffi Lutz,
dää het der Kopf in Room und s Fuudi in Vaduz.
Schnitzelbank Singvogel

Das kranke Gesundheitswesen ganz allgemein – und der Basler Spitalbetten-Abbau insbesondere:

Fertig! Jetzt isch s dekretiert:
Spittel wäärde rationiert,
Zimmer, Better unverdrosse
macht me zue, het d Vroone bschlosse.
Wäär sich Grangged laischte kaa,
mues zwai diggi Bolschter haa:
s aint bruuchsch im Spidaal zem penne,
wel si Näschter nimme kenne;
s zwait isch uff dr Bangg und schwäär,
und wenn d gsund wiirsch futsch und läär.

S wäärde Operatione,
won en Uffwand nimme loone
– und nadyyrlig maine d Kasse,
alli wurde doo dryy basse –
maischtens satt noo Mitternacht
in dr Spittelkuchi gmacht;
wemme s Mässer suuber butzt,
wird s au no bim Koche gnutzt.
Niemets muult, wenn s aafoot roschte,
wichtig isch: es daarf nyt koschte.
Zeedel Schnooggekerzli

Wo grad dr Joseph trieb us syner Klinik schlyycht,
well ihn d Frau Schaller ab dr Klinik-Lischte stryycht,
Do sait är: «Gäll Dir isch es denn sicher glyych,
wenn ich bim Wääle Di ab miiner Lischte stryych.»
Schnitzelbank die Unvolländete

S Gsundhaitswääse mahnt aim ganz
an e lange Dootedanz
Laternenvers Aagfrässeni

Kultur-Stadt Basel – Kultur statt Basel…

Dr Ueli Vischer hett Beschwärde,
denn Basel sott Kulturstadt wärde.
Und wär, so froggt er voller Quale,
wär soll s Kulturenander zahle?
Zletscht froggt me schych in Lieschtel a:
«So gänd doch au e bitzli dra!»
Nur die Partei het d Naase grimpft,
wo ‹Schwyzer Dummokrat› sich schimpft.
Si kämpfe mannhaft an dr Urne
anstatt fir Kunscht fir Boodeturne.

Me hätts nit dänggt, doch s isch eso,
die Baselbieter sääge jo.

Au z Basel isch das Gäld vo Nutze:
Me ka dr Fasnachtsbrunne putze.
Vyl Klotz goht an d Orcheschter-Stiftig,
do isch e Zwägg ganz bsunders triftig,
dass in däm Muusigsaal mir nämli
au Muusig heere, nit nur s Trämli.
Rächt vyl s au fir s Theater git,
nur mache die nyt Rächts dermit.
Si maine, s miess sich do drum handle,
dr Humperdinck modärn z verschandle.
S bruucht do kai grosse Gaischtesprutz,
es längt e Bitzli Gwalt und Blutts.
Zeedel Alti Schnooggekerzli

Was doo die Rammel yneleege
git kuum e Glettere-Vermeege
Laternenvers Alti Schnooggekerzli

Dr Wält ihr Nabel isch am Rhy,
drum mien mer au Kulturstadt sy,
und baue fir e paar Millieenli
fir das änglisch Webber-Gleenli
s Jekersche Familiegrab –
und s Woppe ziert e Bättelstab.
Zeedel BMG

S Gornett macht Deen, wo kenne gruuse.
Dr Cornaz, dä griegt gar kain uuse.
Laternenvers BMG

Ihren traditionellen Trämler-Vers des ‹Haiggi Hayer› münzen d Gluggersegg diesmal auf das Gratistram der Fondation Beyeler:

Dr Waagefiehrer Haiggi Hayer
funggt dr Laitstell us sym Zwaier:
«Vo moorn aa haiss y Heyeler
und faar das Dramm vom Beyeler.»
Schnitzelbank d Gluggersegg

… und d Filzluus doppelt nach:

Herr Beyeler, ych ha zwor vo Kunscht
kai Ahnig und kai blasse Dunscht.
Doch dangg ihrem Kulturbrogramm
fahr ych jetz mindeschtens Gratisdramm!
Schnitzelbank d Filzluus

Der Vormarsch der politischen Aktivistinnen und Feministinnen sorgt für besonders spitze Glossen:

Johrhundertlang hämmer wie veruggt
unseri Fraue underdruggt.
Jetz wehrt sich d FraB ass Gott erbarm
mit Extremismus schtatt mit Charme.
Und langsam, s kas kai Maa beschtryte,
schloht s Pändel uff die ander Syte.

Me zaigt uns schoonigsloos und offe,
dr Matsch fir d Macho, dä isch gloffe.
Bisch miteme Zipfeli usschtaffiert,
denn wirsch zem Freywild deklariert.
Zeedel Basler Bebbi

Isch wirgglig jeede Mensch, wo bärtig,
grad numme mies und minderwärtig
und jeede wo e Buuse drait,
scho vo Naduur uus guet und gfrait?
Doo gäbtis no e andri Sicht.
Mer luege umme und in d Gschicht:
Dr Adam het en Epfel gnosse.
Daas hätt er gscheyter blyybe losse.
Doch wär het iire Maa verfiert
und zerscht vom Epfel degustiert?
Zeedel Barbara-Club

Die Sicherheitsvorkehrungen rund um den Jubiläums-Zionistenkongress in Basel waren tatsächlich gigantisch:

Zem d Gfährdigslaag analysiere
duet sich e Krysestab formiere,
me macht Konzäpt und stosst si um,
sobald me gmerggt hett, ei wie dumm
(s Problem schynt doch no rächt verzwiggt),
as ‹Zion› nit im Wallis ligt!

Helikopter, Bombejäger,
Taucher, Schluuchboot, Flugzygträger,
Panzer, Flab und Grenadier,
Pontonier mit Ueli-Bier,
alles fahrt in Basel y,
in, uff, üb- und underem Rhy!

De Train-Soldate us St. Galle
will s ‹do z Bäsl› zwar nit gfalle
und au d Schugger us Lozärn
hänn ys nit so schampar gärn;
d Zircher bogge, d Gämfer streigge,
nur dr Polizischt vo Eike
findet alles eländ glatt:
«Jä, ych kämpf für Basel-Stadt!»
Zeedel Schnurebegge

Der FCB darf in keinem Jahr fehlen:

Liebe FCB, mir hänn Di nid vergässe,
numme dissjoor sin mir gar nid druff versässe
vo Dyne Laischtige e Värsli miesse z'bringe.
Mir wänn doch nid uff some diefe Niveau singe!
Schnitzelbank Gasladärne

Und das Fasnachts-Comité muss natürlich auch etwas abkriegen:

Jetz gwagglet s Comité, im Glaube, s wurd sich lohne,
Maa fir Maa in d Josefsklinik – zem sich lo kloone.
Das isch jetz öbbis, wo mir aifach nid verstöhn,
denn im Comité do wimmlets scho vo Glöön.
Schnitzelbank Pfäfferschoote

Chronik

Chronik 1998

zusammengestellt von Paul Roniger

Januar **1.** Strafprozessordnung

Ab heute gilt im Kanton Basel-Stadt die neue Strafprozessordnung mit u.a. einer Ausweitung der Rechte für den Angeschuldigten im Vorverfahren.

‹Schweizer Jugend forscht›

Im Gedenken an ihren Gründer, Prof. Adolf Portmann, verlegt die Stiftung ihren Sitz vom Technorama in Winterthur (wo sie seit 1972 residierte) wieder an die Stätte ihrer Entstehung, nach Basel.

2. Theater Basel

Eine eigenwillig-realistische Inszenierung der Oper ‹Hänsel und Gretel› sorgt für Gesprächsstoff in den Medien.

Das Theater Basel eröffnet das Jahr mit einer eigenwilligen Inszenierung.

3. Volleyball

Das heuer bereits zum zehnten Male durchgeführte Internationale Frauen-Volleyballturnier in der St. Jakobshalle stösst auch diesmal wieder auf beachtliches Zuschauerinteresse.

6. BVB-Projekte

Der Regierungsrat beschliesst, ab Fahrplanwechsel 1998 die Kleinbasler ‹Äste› der Tramlinien 8 und 14 abzutauschen; durch die neue Linienführung des ‹8ers› erhalten Kleinhüningen und das Untere Kleinbasel eine direkte Verbindung zum Bahnhof SBB.

	Neujahrs-empfänge	Die Handelskammer beider Basel (in den SBV-Räumen), der Gewerbeverband Basel-Stadt (in der Elisabethenkirche) und der Grosse Rat (im Haus zum Kirschgarten) halten ihre traditionellen Neujahrsempfänge ab. Die Regierung empfängt im Rathaus den Oberhirten der Diözese Basel der Römisch-katholischen Kirche, *Bischof Kurt Koch.*
7.	Ehrung	In Würdigung seiner Tätigkeit am Biozentrum Basel wird der Mediziner und Biochemiker Prof. Dr. Walter Keller, zusammen mit zwei andern Wissenschaftern, mit dem Genfer ‹Louis-Jeantet-Preis› 1998 ausgezeichnet.
	Grosser Rat	Mit *Sanitätsdirektorin Veronica Schaller* (SP) wählt der Grosse Rat erstmals eine Frau an die Spitze der Basler Regierung. Vizepräsident wird *Hans-Martin Tschudi* (DSP). Zu seinem Präsidenten ernennt das Parlament *Peter Schai* (CVP), zum Statthalter *Rudolf Grüninger* (FDP).
8.	PUK	*Fritz Jenny* wird neuer Direktor der Psychiatrischen Universitätsklinik Basel-Stadt.
	Neues Schulhaus	An der Leonhardsstrassewird das neue, gleichnamige Schulhaus mit 24 Klassen der Weiterbildungsschule, Gymnasium-Spezialräumen und vier Turnhallen offiziell eingeweiht.
9.	Zolli	Von unbekannter Seite trifft eine 10-Mio.-Franken-Spende ein. Sie soll in die ‹Beutegreifer-Anlage› des neuen Raubtierhauses einfliessen.
	‹Basler Woche›	Die heute erstmals erscheinende ‹Basler Woche› ersetzt den früheren ‹Doppelstab›.
10.	†	*† Dr. med. Guido Herz* (67), allseits beliebter Basler Kinderarzt, der sich nebst seiner beruflichen Tätigkeit auch grosse Verdienste um die Israelitische Gemeinde Basel erwarb.
14.	‹Basel zu Fuss›	Mit 4061 gültigen Unterschriften kommt eine Initiative zustande, die gefahrlose und hindernisfreie Fusswege fordert.
	EuroAirport	Der ‹Business Traveller Award 1997› ehrt den EuroAirport Basel-Mulhouse-Freiburg als drittbesten Regionalflughafen Europas.
16.	Sportler des Jahres	*Erziehungsdirektor Stefan Cornaz* nimmt die alljährliche Sportlerehrung vor, bei welcher die Tennisspielerin Patty Schnyder, der OL-Schweizermeister Christoph Plattner und als Team die Wasserballerinnen des WSV Basel als ‹Basler Sport Champions 1997› ausgezeichnet werden.
17.	Chemie/ Pharma	1200 Beschäftigte des deutschen Pharma-Unternehmens Boehringer Mannheim protestieren vor den Roche-Gebäulichkeiten und übergeben eine Petition gegen den aus der Übernahme ihres Unternehmens durch den Basler Konzern resultierenden Stellenabbau.

	New CH-Jazz-Festival	Viel Abwechslung bietet der zum siebten, aber voraussichtlich letzten Male im ‹Atlantis› stattfindende Anlass, der vor allem Nachwuchstalenten die Möglichkeit gibt, sich zu präsentieren.
	Wirtschaft	Der Bundesrat befürwortet den Antrag der Basler Regierung und der Bankleitung, dass die aus der Fusion des Schweizerischen Bankvereins mit der Schweizerischen Bankgesellschaft hervorgehende neue ‹United Bank of Switzerland› (UBS) einen ‹doppelten Rechtssitz› in Zürich und in Basel erhält.
18.	†	*† Dr. Justus Gelzer-Miescher* (69), Spezialist in Pädiatrie und Mikrobiologie, für Ciba-Geigy im In- und Ausland tätig, Leitungsfunktionen in der Biologieforschung des Medizinischen Departements, Mitglied der Divisionsleitung.
19.	Messe Basel	1996/97 steigerte die Messe Basel ihren Umsatz um 11,8% auf 135,2 Mio. Franken, der Gewinn dagegen ging mit 1,8 Mio. Franken um 11,3% zurück infolge des Umbauaufwandes. Ingesamt 19 Messen zogen 10 184 Aussteller und 1,02 Mio. Besucherinnen und Besucher an.
	BS-Nationalrat	Nach 36 Jahren tritt *Helmut Hubacher* (SP) aus der grossen Volkskammer zurück; seine Nachfolgerin wird die Juristin *Christine Keller*, Gerichtsschreiberin am Zivilgericht BS.
20.	200 Jahre Helvetik	In Erinnerung an die vor 200 Jahren durch die Basler Räte verkündete Gleichberechtigung von Stadt- und Landbürgern und die damalige Aufrichtung eines Freiheitsbaumes auf dem Münsterplatz wird an gleicher Stätte eine mit rot-weiss-schwarzen Trikolorefarben und dem Freiheitshut geschmückte, auch diesmal von Baselland geschenkte Serbische Fichte aufgestellt, die aber leider bereits zehn Tage später von Vandalen abgesägt wird.

Der Freiheitshut auf dem Münsterplatz.

	Referenden	Die Referenden gegen einen im regierungsrätlichen Sparpaket vorgesehenen Abbau gewisser kantonaler Beihilfen und gegen die gleichzeitig geplante Erhöhung der Motorfahrzeugsteuern kommen zustande.
	Regierungsrat	Der Regierungsrat wählt *Marie-Thérèse Kuhn-Schleiniger* zur Co-Leiterin des Kantonalen Amtes für Industrie, Gewerbe und Arbeit (KIGA).
21.	200 Jahre Helvetik	In einem Zelt und in fünf Postautobussen gastiert auf dem Münsterplatz die eidgenössische Wanderausstellung ‹Geschichte für die Zukunft›. Das Museum der Kulturen eröffnet seine Sonderschau ‹Basel 1798 – Vive la République Helvètique›.
22.	Älteste Baslerin	*Lydia Hösli* feiert ihren 105. Geburtstag.
23.	Münzenmesse, Ferienmesse	Die siebentägige 27. ‹Europa-Münzenmesse› und die dreitägige ‹Basler Ferienmesse› öffnen ihre Pforten.
	Sportmuseum	Eine anonyme Sponsorengruppe garantiert den Betrieb des Sportmuseums für die nächsten drei Jahre, macht jedoch – wie auch Bund, Kanton Basel-Stadt und Schweizerischer Olympischer Verband – ihre Unterstützung von einer Reorganisation abhängig.
	†	*† Dr. Leo Fromer-Sarasin* (87), Seniorpartner des von ihm 1941 gegründeten Advokatur- und Notariatsbüros Fromer, Schultheiss & Staehelin, Initiant und langjähriger Geschäftsführer der Vereinigung der Privaten Aktiengesellschaften; nebst seiner beruflichen Tätigkeit der Erhaltung bleibender Kulturwerte verpflichtet.
	Swissbau 98	Die grösste Schweizer Baufachmesse wartet mit zwei Neuheiten auf: Sie integriert die mit ihr verbundene ‹Infrastructura› und wird inskünftig im 1-Jahres-Rhythmus abgehalten.
	70 Jahre St. Claraspital	Am 27. 1. 1928 wurde vom damaligen katholischen Spitalverein Basel das St. Claraspital gegründet. Trägerschaft ist seither die Kongregation der barmherzigen Schwestern Ingenbohl.
	Vogel Gryff	Auch Kleinbasels höchster Feiertag, bei kaltem, aber trockenem Wetter ‹zelebriert› mit *Bundespräsident Flavio Cotti* als Ehrengast, steht – in der Rede des Vorsitzenden Greifen-Meisters – im Zeichen des Helvetik-Jubiläumsjahres.
28.	Sicherheitslaboratorium	An der Kannenfeldstrasse 2 erhält Basel das erste amtliche Sicherheitslaboratorium der Schweiz, das über eine Infrastruktur zur Überwachung von gen- und biotechnologischen Anlagen verfügt.
	100 Jahre Blindenheim	Im vollbesetzten Zunftsaal zu Schmieden, wo auf den Tag genau vor 100 Jahren die Gesellschaft für das Gute und Gemeinnützige (GGG) das Blindenheim Basel gründete, überbringt *Regierungspräsident Ueli Vischer* die Glückwünsche der Regierung.

	29.	Universität	Zu Titularprofessoren und -professorinnen der Medizinischen und der Philosophisch-Naturwissenschaftlichen Fakultät werden ernannt: *Franz Frei, Edith M. L. Holsboer, Wolf A. Langewitz, J. P. Schuppisser, Alexandra Stula* und *Catherine E. Constable.*
		†	† *Dr. Paul Gutzwiller* (69), 1965–1980 Direktor des Basler Verkehrsvereins, Protagonist der 1967 erfolgreich verlaufenen Picasso-Bilder-Kredit-Abstimmung und Initiant der ‹Basler Burgerzmorge›.
	30.	Appellationsgericht	Als Nachfolgerin des verstorbenen Werner Rytz (FDP) wird die einzige Kandidatin, *Bettina Waldmann* (FDP), durch stille Wahl zur ordentlichen Richterin am Appellationsgericht ernannt.
	31.	Brysdrummlen und -pfyffe	Bei den Alten Tambouren holt sich der Sieger von 1985 und 1987, *Markus König*, wieder den Preis; bei den Jungen gewinnt, wie 1995 und 1997, *Andreas Borer.* Pfeiferkönig bei den Alten wird *René Staufenegger*, und die Jungen erküren in *Nicole Stohler* wiederum die letztjährige Pfeifer-Königin.
		Techno-Tower	3500 Techno-Freaks treffen sich zum letzten – 20stündigen! – Event im Techno-Tower im Bell-Gebäude beim Grenzübergang nach St-Louis.
		Wetter	Aufgrund ihrer Messungen sprechen die Meteorologen vom mildesten Januar in der 243 Jahre alten Geschichte der Registrierung von Temperaturwerten in Basel.
Februar	**3.**	Regierungsrat	Zum traditionellen Höflichkeitsbesuch empfängt die Basler Regierung hohe Truppenkommandanten.
	4.	Bahnhof SBB	Im Rahmen der allgemeinen Umbauarbeiten und der Erstellung eines Veloparkhauses erhalten die Ladeninhaber der U-Shop-Geschäfte per Ende 1998 die Kündigung.
	5.	Basler Börse	Mit der Liquidations-Generalversammlung der Basler Börsenkammer endet die 120jährige Geschichte der Basler Börse.
		†	† *Hans Stucki* (69), Meisterkoch und Gastwirt des durch ihn und seine Gattin zu Weltruhm geführten Restaurants ‹Bruderholz›; für seine gastronomische Kunst u. a. mit dem ‹Arts et Lettres›-Orden ausgezeichnet.

6.	Sportbeirat	Das Erziehungsdepartement schafft mit dem ‹Sportbeirat› ein aus 12 Mitgliedern bestehendes Beratungsorgan für sportpolitische Grundsatzfragen.
7.	Nachbarschaftstreffen	Die *Regierungsräte Hans-Martin Tschudi, Stefan Cornaz* und *Ralph Lewin* nehmen an einem Nachbarschaftstreffen der Stadtregierung von Mulhouse teil; Hauptgesprächspunkte sind verbesserte Bahnverbindungen Basel–Paris, die Bewerbung Basels zur Kulturstadt 2001 und eine Ausweitung der allgemeinen Kulturkontakte.
8.	Messe Basel	Die Generalversammlung reduziert die Zahl der Verwaltungsräte und setzt neue Perspektiven mit dem Ausbauprojekt ‹Messe Basel plus›, an dem sich der Kanton Basel-Stadt mit 50 Mio., der Kanton Baselland mit 20 Mio. Franken beteiligen.
11.	Ehrung	Der Basler Kunsthändler und -sammler *Ernst Beyeler* wird in Anerkennung seines Wirkens in den Ritterstand der französischen Ehrenlegion erhoben.
	Grosser Rat	Mit 61 gegen 53 Stimmen weist der Grosse Rat das 15-Mio.-Projekt für die vieldiskutierte Tramführung durch den Claragraben zur nochmaligen Ausarbeitung an den Regierungsrat zurück. Gleichzeitig bewilligt er 19 Mio. Franken für den Bau eines neuen Primarschulhauses an der Mülhauserstrasse (Volta-Schulhaus).
12.	Regierungsrat	Für Sanierungen an der Universität (inkl. Einrichtung eines Kindergartens) und für den Ersatz von Anlagen im Kantonsspital und im Theater Basel gibt der Regierungsrat gebundene Mittel von rund 13 Mio. Franken frei.
	Antikenmuseum	Dank eines von der GGG zugunsten des Antikenmuseums verwendeten Legats des Basler Arztes *Dr. August Meyer* kann das Museum ein Meisterwerk griechischer Vasenmalerei, den um 470 v. Chr. geschaffenen sogenannten Kolonettenkrater, erwerben.
13.	Intern. Hundeausstellung	An diesem Wochenende beherbergt die Messe Basel zum zehnten Male die Internationale Hundeausstellung mit 2500 zur Schau gestellten Tieren.
	2000. Vesperblasen	Das im Mittelalter von den sogenannten ‹Stadtpfeifern› ins Leben gerufene, 1958 vom Stadtposaunenchor übernommene samstägliche ‹Vesperblasen› vom Münsterturm erlebt heute seine 2000. ‹Auflage›.
15.	Musical Theater Basel	Letzter Vorhang für das Musical ‹Crazy for you› und – bis auf weiteres – auch für das Musical Theater Basel selbst.
17.	Zolli	Die ‹Chefin› der Basler Gorillagruppe, Quarta, und das ‹Familienoberhaupt› Pepe haben für weiteren männlichen Nachwuchs gesorgt: Mit ‹Vizuri› erlebt der Zolli Basel erneut eine der in einem Tierpark seltenen Gorillageburten.
18.	Pack in	381 Aussteller zeigen an der Schweizer Verpackungsmesse, wie sich die Branche auf Ansprüche der Convenience, Ökologie und Logistik einstellt.

		Sporthalle Rankhof	Mit nur 6 Gegenstimmen gibt der Grosse Rat eine dem Kanton gehörende Parzelle für das Projekt einer Sporthalle Rankhof frei. Die Erstellungskosten von max. 7,5 Mio. Franken sollen aus den kantonalen Sport-Toto-Gewinnanteilen finanziert werden.
	19.	Europäische Filmpremiere	‹Central Station›, der neuste Film des fünffachen Oscar-Preisträgers *Arthur Cohn*, erlebt in Basel in Anwesenheit zahlreicher Prominenz seine europäische Galapremiere.
	20.	Erdbeben-studie	Eine von Geologen erstellte Karte bestätigt Erdbebengefährdung für das gesamte baselstädtische Kantonsgebiet. Verschiedene bauliche Massnahmen, ein neues PMD-Informationskonzept und eine neue Alarmplanung sollen für bestmögliche Schadensprävention sorgen.
	21.	†	*† Arthur Fretz* (87), Mittelschullehrer; machte sich in Sportkreisen (FC Basel, RTV Basel) um die Nachwuchsförderung verdient.
	23.	Café Isaak	Die Differenzen zwischen der GGG und dem Wirteehepaar sind bereinigt; das Café Isaak im Reischacherhof auf dem Münsterplatz wird weitergeführt.
	24.	Spitalfusion	Mit der Unterzeichnung eines Staatsvertrags können das Basler Kinderspital und die Kinderklinik Bruderholz per 1.1.1999 zum Universitäts-Kinderspital beider Basel vereinigt werden.
	25.	†	*† Vico Torriani* (68), weit über die Grenzen hinaus bekannter Sänger und Allrounder, Ende der 50er Jahre Besitzer des vielbesuchten Feinschmecker-Restaurants ‹La Bonne Auberge› am Spalenring.
	26.	Kino-Besucher-rekord	Der bisher weltweit erfolgreichste Film ‹Titanic› bricht auch in unserer Stadt alle Rekorde: Schon nach 8 Wochen wird die 50 000. Besucherin registriert.
	28.	‹Euregio›-Bau	Das erste Bauwerk des New Yorker Stararchitekten *Richard Meier* in Basel ist bezugsbereit. Wo früher die Schlotterbeck-Garage stand, prägt heute dieser vollständig mit Aluminium verkleidete Komplex mit 35 000 m^2 Nutzfläche das Strassenbild.
		Genmais beschlagnahmt	Durch Beschlagnahme eines Frachtschiffes bei der Palmrainbrücke in Weil a. Rh. verhindert die Staatsanwaltschaft Basel-Stadt die Einfuhr einer in der Schweiz verbotenen Sorte von genverändertem Mais.
März	**1.**	FC Basel	Nach einer missglückten Saison startet der FC Basel mit einem knappen 3 : 2-Auswärtssieg gegen Solothurn in die Auf-/Abstiegsrunde der Nationalliga A.
	2.	Fasnacht	Allen pessimistischen Wetterprognosen zum Trotz wölbt sich ein wolkenloser Himmel über dem Morgestraich, und auch der gewohnt farbige Montagnachmittags-Cortège – unter dem 1998er Motto ‹Mer strample!› – zieht, mit über 12 000 Aktiven, bei schönstem Wetter durch die Strassen.

	Fachhochschule beider Basel	Die Fachhochschule beider Basel mit ihren 6 Hauptstudienrichtungen Architektur, Bau, Chemie, Elektrotechnik, Maschinenbau und Vermessung wird vom Bundesrat offiziell eidgenössisch anerkannt.
6.	Basler Moschee	Die auf heute angesetzte Zwangsversteigerung der Moschee an der Friedensgasse kann im letzten Moment verhindert werden.
	Crossair	Ihr bisher erfolgreichstes Geschäftsjahr 1997 brachte der Basler Luftfahrtgesellschaft bei einem Umsatzanstieg von 21% beinahe eine Gewinnverdoppelung. Mit ‹Euro-Cross› lanciert die Crossair am EuroAirport Basel-Mulhouse-Freiburg ein neues Umsteige-Koordinations-Konzept, welches innerhalb Europas die schnellsten Flugverbindungen anbietet.
10.	Zolli	Um die Übervölkerung der Javaneraffen-Kolonie zu beheben, verkauft der Zolli Basel 40 dieser Tiere an einen Privatzoo in Istanbul.
11.	Grosser Rat	Eineinhalb Jahre nach dem Baselbieter Souverän stimmt auch das baselstädtische Parlament der neuen Abfallvereinbarung der beiden Basler Halbkantone zu. Baselland kompensiert seine Ablieferungen an die Stadt teils mit Leistungen an die Fixkosten der städtischen Kehrichtverbrennungs-Anlagen, teils mit Landabtretungen für die Entsorgung.
	MUBA 98	*Bundesrat Moritz Leuenberger* und *Regierungspräsidentin Veronica Schaller* eröffnen die MUBA 98. An der in 7 Bereiche aufgeteilten Leistungsschau, in die auch die Schweizer Wohnmesse ‹Wohnsinn› integriert ist, präsentieren 1332 Aussteller, darunter erstmals Vertreter aus Vietnam, ihre Produkte.
14.	‹Kinderstadtbuch Basel›	Als eines der prämierten Projekte des 1996 von der Basler Kantonalbank durchgeführten Wettbewerbs ‹Ideen für Basel› erscheint das ‹Kinderstadtbuch Basel›, welches unsere Stadt aus dem Interesse-Blickwinkel von Kindern zu beschreiben versucht.
	Kosovo-Demonstration	Rund 4000 Personen versammeln sich auf dem Basler Münsterplatz zu einer friedlichen Demonstration für einen selbständigen Staat Kosovo.
17.	Badminton-Weltklasse	In der St. Jakobshalle stösst das traditionelle Internationale Badminton-Grand-Prix-Turnier wie gewohnt auf grosses Publikumsinteresse.
	Regierungsrat	Zur neuen Co-Leiterin des Gleichstellungsbüros des Kantons Basel-Stadt wählt der Regierungsrat die Juristin *Marisa Fontana*.
19.	Anzeige wegen Rassismus	Erstmals wird im Zusammenhang mit Basler Vorfasnachts-Aktivitäten eine Strafanzeige eingereicht. Grund war eine Nummer im Kleinbasler ‹Mimösli›, wo «ein Jude als geldgierig dargestellt und damit der Tatbestand eines Verstosses gegen das Antirassismus-Gesetz erreicht worden sei».

20.	Rückzug der Vollkanton-Initiative	Die im September 1994 mit 4800 Unterschriften eingereichte und im September 1997 vom Grossen Rat klar abgelehnte ‹Volksinitiative für einen Vollkanton Basel-Stadt› wird zurückgezogen.
23.	60 Jahre Verein der Museumsfreunde	An seiner Jubiläums-Generalversammlung zu seinem 60jährigen Bestehen gibt sich der Verein der Freunde des Kunstmuseums im Sinne eines Einbezugs des Museums für Gegenwartskunst den neuen Namen ‹Verein der Museumsfreunde› und wählt den Kulturberater *Cyrill Häring* zu seinem neuen Präsidenten.
	Regierungsrat	Der Regierungsrat beschliesst die Einrichtung einer Ombudsstelle, bei der im Kanton Basel-Stadt wohnhafte Personen ab 1.9.1998 ihre Beanstandungen über unzumutbaren Fluglärm vorbringen können; die vom Verkehrsclub der Schweiz lancierte Initiative für einen rücksichtsvolleren Flugverkehr wird daraufhin zurückgezogen.
	Chemie/ Pharma	Als Folge der mit 6,3 Mrd. Franken Sonderaufwendungen verbundenen Akquisition von Boehringer-Mannheim weist Roche für 1997 erstmals seit vielen Jahren einen Buchverlust von über 2 Mrd. Franken aus. Rein operativ wuchs der Konzerngewinn im letzten Jahr aber um 10%.
	GGG	Die Gesellschaft für das Gute und Gemeinnützige beschliesst den Ausbau des Bläsistifts mit drei Kindergärten, einer GGG-Bibliothek, einer Kinderkrippe und 44 Wohnungen. Die Kosten sind auf 4,5 Mio. Franken veranschlagt.
25.	Ev.-ref. Kirche	Die Synode der Evangelisch-reformierten Kirche Basel-Stadt spricht sich dafür aus, dass die Gemeinden inskünftig ihrer Mitgliederzahl entsprechende Zuschüsse erhalten.
	Universität	Auf Antrag des Universitätsrates beschliesst der Regierungsrat, für das Studienjahr 1998/99 in der Humanmedizin den Numerus Clausus einzuführen.
26.	100 Jahr Reveille-Chor	Benannt nach ihrem ersten öffentlich vorgetragenen Lied – ‹Reveille› – ging 1898 aus der Basler Liedertafel eine Kleinchorformation hervor, die in der Folge «bei passenden Gelegenheiten als kleines Ensemble bei Ausflügen und an Biertischen» eingesetzt wurde. Ihr gehören heute 30 Sänger an.
27.	100 Jahre ACS Sektion Basel	Gleichzeitig mit dem schweizerischen Dachverband wurde am 27.3.1898 auch die Sektion Basel des Automobil-Clubs der Schweiz gegründet, die derzeit 15000 Mitglieder zählt. Zum Jubiläums-Festakt sind auch die Regierungen beider Basel geladen.
	‹Velo 98›	Vom 27. bis zum 29.3. findet in der St. Jakobshalle die ‹Schau rund ums Velo› mit über siebzig Ausstellern statt. Sie lockt auch diesmal wieder eine stattliche Besucherzahl an.
30.	†	† *Ronald Patzold* (41), stellvertretender Kommandant der Kantonspolizei Basel-Stadt, fällt einem tragischen Verkehrsunfall zum Opfer.

Basler Puppenhausmuseum

Nach dem Museum Jean Tinguely und dem Museum der Fondation Beyeler erhält Basel innerhalb von drei Jahren ein weiteres privates Museum: Im ehemaligen Teppich-Mori-Haus am Steinenberg öffnet Gigi Oeri die Pforten zu ihrer Sammlung von Puppenhäusern, Puppen, Kaufläden und Teddybären.

Messe Basel

Aus einem Ideenwettbewerb für die Gestaltung des neuen Basler Messeplatzes werden vier Projekte ausgewählt, die bis zum 8. 4. besichtigt werden können.

Vier Projekte für die Gestaltung des Messeplatzes wurden ausgewählt.

31. Kulturpartnerschaft

Die Regierungen beider Basel beschliessen die Schaffung eines gemeinsamen ‹Fachausschusses Literatur BS/BL›, dessen Aufgabe es ist, die zeitgenössische Literatur zu fördern.

April **1.** Sanitätsdepartement

Mit *Monika Binkert*, Nachfolgerin des zum Spitaldirektor der Psychiatrischen Universitätsklinik berufenen *Fritz Jenny*, übernimmt erstmals eine Frau Leitungsfunktionen im Departementssekretariat.

Justizdepartement

Hannes Hermann tritt die Nachfolge von *Thomas Kessler* an, dem bisherigen Leiter der Abteilung Koordination Drogenfragen, welche gleichzeitig in ‹Abteilung Jugend, Familie und Prävention› umbenannt wird.

Basel 98 welcome

Unter diesem Slogan und mit einem Kostenaufwand von 1,5 Mio. Franken lanciert die Messe Basel, unterstützt vom Wirtschafts- und Sozialdepartement, dem Basler Gewerbeverband und weiteren Partnern, eine Stadt-Marketing-Kampagne mit dem vorrangigen Ziel, dem Standort Basel die Weltmesse für Uhren und Schmuck zu erhalten.

Hotelübernahme

Die schwedische Hotelkette Radisson SAS Hotels Worldwide übernimmt Betrieb und Personal des Hotel International Basel.

2.	MobiBâle 1998	Die zweite Auflage der vom 2. bis zum 5.4. zur Durchführung gelangenden Fahrzeugschau präsentiert fast alles, was sich auf Rädern bewegt.
3.	Universität	Der Universitätsrat wählt den Chemiker *Beat Ernst* zum Ordinarius für Molekular-Pharmazie.
	‹Lauffeuer 98›	Im Rahmen der gesamtschweizerischen Werbekampagne ‹Firejogger› des Eidgenössischen Turnverbandes führt die Sektion Basel eine Propagandaveranstaltung mit Ballonwettflug und Fackellauf am Rheinufer durch.
4.	CVP ‹Europakongress›	In der Messe Basel legt die Christlich-Demokratische Volkspartei der Schweiz ein klares Bekenntnis für einen EU-Beitritt der Schweiz ab.
	Légion d'Honneur	In Anwesenheit von *alt Bundesrat Pierre Aubert* hält die Schweizer Sektion der Légion d'Honneur ihre diesjährige Generalversammlung in Basel ab.
	Zolli	Das Antilopenhaus erlebt eine der in Gefangenschaft seltenen Geburten eines Okapifohlens.
8.	Radio X	Das Eidgenössische Departement für Umwelt erteilt der ‹Stiftung Radio X›, als drittem Basler Lokalsender nach Radio Basilisk und Radio Edelweiss, eine bis zum Jahr 2004 befristete Sendekonzession.
15.	Regierungsrat	Der Regierungsrat verabschiedet zuhanden des Grossen Rates eine Kreditvorlage über 11 Mio. Franken für ein bis ins Jahr 2000 im Kantonsspital einzurichtendes neues EDV-Informationssystem.
	Schweiz. Bankverein	Mit der in Anwesenheit von 2216 Aktionärinnen und Aktionären in der Sporthalle Basel durchgeführten letzten Generalversammlung geht die Ära der 1872 mit Rechtsdomizil Basel ins Handelsregister eingetragenen Grossbank zuende.
	†	*† Hans Peter Muster-Kaysser* (71), Antiquitätenhändler, ehemaliger Polizeibeamter, Autor zahlreicher lexigrafischer Standardwerke, langjähriger Chronist des Basler Stadtbuches.
16.	Kultur-Beirat	Auf Antrag der Ressortleitung Kultur wird von *Regierungsrat Stefan Cornaz* ein siebenköpfiger Kultur-Beirat ins Leben gerufen, welchem als wohl prominentestes Mitglied die künstlerische Leiterin der EXPO.01, *Pipilotti Rist*, angehört.
21.	Wirtschaft	Im Verlaufe weiterer Restrukturierungsmassnahmen stellt die ‹Toni›-Gruppe ihre Produktion in Basel vollständig ein. Dadurch gehen unserer Region bis zum Jahresende 145 Arbeitsplätze verloren.

Submissions-gesetz BS/BL | Die Regierungen beider Basel verabschieden zuhanden ihrer Parlamente ein inhaltlich gleichlautendes Gesetz über das öffentliche Beschaffungswesen, welches den Akzent auf Einhaltung der Gesamtarbeitsverträge setzt und Rekursmöglichkeiten gegen Auftragsvergabungen enthält.

† | *† Dr. iur. Markus Lusser* (67), 1976–1980 Direktor beim Schweizerischen Bankverein in Basel, 1988–1996 Präsident der Schweizerischen Nationalbank.

---

22. Basel 98 | Zur 26. Weltmesse für Uhren und Schmuck (22.–29.4.) finden sich 2400 Aussteller aus 39 Ländern ein; wegen ihrer herausragenden Bedeutung soll sie 1999 auf Ende März vorverlegt werden, wodurch die MUBA 99 wieder zur Frühlingsmesse wird.

Eine der wichtigsten Messen Basels ist die Weltmesse für Uhren und Schmuck.

---

24. Handball | Mit einer 23 : 26-Niederlage gegen den TV Steffisburg verabschieden sich die Handballer des RTV Basel von der Nationalliga und steigen in die 1. Liga ab.

---

25. Jazz | Das ‹Off Beat/J.S.B. Jazzfestival›, das bis zum 3. Mai im Stadtcasino, Theater Basel und Atlantis über die Bühne geht, weist diesmal ein besonders reichhaltiges Programm auf.

Basel–Drägg-wägg | Eine von 100 Jugendlichen durchgeführte Säuberungsaktion bildet den Auftakt zur von Basel Tourismus lancierten, breitangelegten Kampagne ‹Basel-Dräggwägg – mach mit!›.

---

26. Abstimmungen | Zwei der drei kantonal zur Abstimmung gelangten Vorlagen zum Sanierungspaket ‹Haushalt 2000› werden angenommen: die Erhöhung der Pflichtstundenanzahl für Lehrkräfte mit Zweidrittelsmehrheit und die Erhöhung der Motorfahrzeugsteuern mit rund 53%. Die Abschaffung der kantonalen Beihilfen hingegen wird mit rund 52% abgelehnt. Beachtlich ist die mit 45% verhältnismässig hohe Stimmbeteiligung und der neue Rekord von 91,5% (!) schriftlich Wählenden.

---

28. Bürger-gemeinderat | Der Basler Bürgergemeinderat beschliesst die Abschaffung des Beamtenstatus und führt einen umfassenden Kündigungsschutz für die Angestellten der Bürgergemeinde ein.

Pro Natura – Mit ihrem Projekt ‹Regiobogen, Trinationaler Grüngürtel› erwirbt sich die Pro Natura Basel die nationale Auszeichnung des weltweit für ausgewählte Konzepte und Innovationen im Bereich Natur- und Umweltschutz verliehenen Henry Ford Conservation Awards.

---

29. **Jäggi-Preis 1998** – Der von der Basler Buchhandlung Jäggi für besondere Verdienste um das Buch und die Verbreitung von Literatur alljährlich verliehene Preis geht für 1998 an das Ehepaar *Gertrud Antonia* und *Hans Dieter Jendreyko* für deren Lyrik-Interpretation und Theateraufführungen an verschiedenen Spielstätten.

Israelitische Gemeinde – Im Stadtcasino Basel, wo 1897 die Schaffung des Staates Israel proklamiert wurde, begeht die Israelitische Gemeinde Basel den 50. Jahrestag der Unabhängigkeit Israels. Dem Festakt wohnen von offizieller Seite der *Botschafter* Israels in der Schweiz, *Yitzchak Mayer,* und *Regierungsrat Ueli Vischer* bei.

---

30. **Staatsrechnung** – Das Defizit der Staatsrechnung 1997 liegt mit 193,7 Mio. Franken um fast 200 Mio. Franken unter dem Budget.

Medien – Mangels genügender Inserate-Einnahmen stellt der Basler Friedrich-Reinhardt-Verlag die Herausgabe der ältesten Schweizer Satire-Zeitschrift ‹Nebelspalter›, ein. Das Magazin wird von Engeli & Partner Verlag in Horn/TG fortgeführt.

Die letzten vom Reinhardt-Verlag herausgegebenen Nummern des ‹Nebelspalter›.

		†	*† Dr. Alfons Burckhardt* (83), 1963–1986 Verwaltungsrat (1978–1986 Präsident) des Basler Volkswirtschaftsbundes, 1978–1991 Präsident des Komitees Diakonissenhaus Riehen.
Mai	**1.**	Amt für Alterspflege	*Maria Blättler* tritt als neue Leiterin des Amtes für Alterspflege die Nachfolge von *Regina Dubler* an.
		Fun Park Margarethen	Dank der Unterstützung von Schweizer Jugendpresse, Stiftung Pro Sport Schweiz und Christoph Merian Stiftung steht der Fun Park auf der Kunsteisbahn ab heute als Jugendtreff wieder zur Verfügung.
		Eishockey-WM 1998	In der Basler St. Jakobshalle ist für 10 Tage als Nebenspielort für die Eishockey-Weltmeisterschaften 1998 ein Eisstadion entstanden.
		1.-Mai-Feier	Zur 1.-Mai-Kundgebung versammen sich rund 1500 Personen auf dem Marktplatz, wo als Hauptredner *Vasco Pedrina*, Co-Präsident des Schweizer Gewerkschaftsbundes, auftritt.
	3.	1. Christoph-Merian-Tag	Die Christoph Merian Stiftung lädt die Bevölkerung der Region Basel zu einem Tag der offenen Tür ein.
		†	*† Dr. Hans Theler* (94), Nationalökonom, Ehrenpräsident der Schweizerischen National-Versicherungs-Gesellschaft.
	4.	Frauen-stadtrundgang	‹Was Frauen machen, wenn Männer Staaten gründen – Baslerinnen und eine Nidwaldnerin 1798/1848› lautet das Motto des diesjährigen Frauenstadtrundgangs, der auf unterhaltsame Art an neun Stationen mit unbekannten Geschichten von Baslerinnen zur Zeit der Helvetik und der Gründung des Bundesstaates aufwartet.
	8.	Messe Basel	Mit den Abbrucharbeiten fällt der Startschuss zur Errichtung des neuen Hallenkomplexes am Riehenring, welcher Ende März 1999 in Betrieb genommen werden soll.
	11.	Basler Jugend-parlament	Die rund 60 Jugendlichen erhalten bei ihrer Tagung im Grossratssaal Besuch des schweizerischen *Finanzministers Kaspar Villiger*.
	12.	Worlddidac 98	Nachdem der Weltverband der Lehrmittelfirmen die Verlegung der Worlddidac nach Zürich beschlossen hat, findet diese Welt-Bildungsmesse – mit diesjährigem Schwerpunkt ‹Dialog Afrika–Europa, Veränderung durch globales Lernen› – voraussichtlich zum letzten Mal in Basel statt.
	13.	Fasnacht	Das Fasnachts-Comité wählt an Stelle des zurückgetretenen *Ruedi Meyer* den bisherigen Statthalter und Juristen *Alex Fischer* zu seinem neuen Obmann.

	Grosser Rat	Mit 65 gegen 37 Stimmen beschliesst das Parlament, das vom Regierungsrat im April verabschiedete 11-Millionen-Projekt für die Erneuerung des Spital-Informations-Systems an die Finanzkommission zu überweisen.
15.	Immofair	In einem Zelt auf dem Barfüsserplatz findet für drei Tage die ‹Immofair›, eine Info-Veranstaltung über den Immobilienmarkt und das dazugehörige Gewerbe, statt.
20.	Europäisches Jugendchor-Festival	Zum Sängerwettstreit treffen sich in Basel bereits zum dritten Mal Jugendchöre aus aller Herren Ländern. Über 800 junge Stimmen aus 13 europäischen Staaten und ein Gastchor aus Südafrika sind bis zum 24. Mai an verschiedenen Durchführungsorten zu hören.

International besetzt und beim Publikum beliebt: das Europäische Jugendchor-Festival.

	21.	Universität	Zum 100. Geburtstag des 1965 verstorbenen Germanistikprofessors und Literaturwissenschafters Walter Muschg findet in der Aula der Universität Basel eine feierliche Gedenkveranstaltung statt.
	22.	‹Tinguely› in Lissabon	An der heute in der portugiesischen Hauptstadt beginnenden EXPO 98 ist auch Basel vertreten: Der ‹Seechter›, eine Skulptur des ‹Fasnachtsbrunnens› von Jean Tinguely symbolisiert im Schweizer Pavillon zum Gesamtthema ‹Ozeane› den Rhein und ist zu diesem Zweck bis Ende September 1998 an die Ausstellung ausgeliehen worden.
		Polizei	Das Bundesgericht weist die Beschwerde des Polizeibeamtenverbandes Basel-Stadt ab und hält fest, dass Basler Polizistinnen und Polizisten inskünftig Namenschilder tragen müssen.
		EuroAirport	Der trinationale Flughafen Basel-Mulhouse-Freiburg und die Crossair schliessen einen Partnerschaftsvertrag, wonach sich die Fluggesellschaft mit einem 25-Mio.-Darlehen am geplanten Flughafenausbau beteiligt.
	25.	FC Basel	Dank der Gratisbillett-Aktion eines Grossverteilers finden sich mehr als 36 000 Schaulustige im ‹Joggeli› ein, wo sich der FC Basel mit einem 3:0-Sieg über Solothurn den Klassenerhalt in der Nationalliga A sichert.
	26.	Rheinschiffahrt	An ihrer Frühjahrs-Medienkonferenz teilt die Basler Personenschiffahrts-Gesellschaft AG mit, dass sie 1997 das Unternehmensdefizit gegenüber 1996 um stattliche 75 % senken konnte.
	27.	Kultur	Der *Aussenminister* des Königreichs Bhutan, *Lyonpo Dawa Tsering*, und *Regierungsrat Stefan Cornaz* eröffnen im Museum der Kulturen die Ausstellung ‹Bhutan – Festung der Götter›.
	28.	Schiffmühle auf dem Rhein	Als Rarität wird am Rheinufer beim Kleinen Klingenthal eine Schiffmühle eingeweiht, die von der Papiermühle Basel und dem Mühlerama-Museum Zürich initiiert und von Arbeitslosen erbaut wurde. Sechs Wochen lang kann die Öffentlichkeit der Papierschöpfung und Mehlgewinnung beiwohnen.
		Kulturstadt/ Kulturmonat	Die Stadt Basel wird bei der Bestimmung der europäischen Kulturstädte für die Jahre 2001 bis 2006 von der Europäischen Union nur mit einem ‹Kulturmonat› bedacht, gemeinsam mit Riga, der Hauptstadt Lettlands.
Juni	1.	Allgemeine Gewerbeschule	In der Nachfolge von Peter Pardey tritt Peter Nietlispach sein Amt als Direktor der Allgemeinen Gewerbeschule Basel an.
		Röm.-kath. Kirche	Als neuer Verwalter der RKK Basel-Stadt und Nachfolger von Sascha Bucher nimmt Robert Weller seine Arbeit auf.

	†	† *Gottfried Dienst* (78), ab 1953 Leiter der Kleinbasler Telefonzentrale, 1966–1976 FDP-Grossrat, internationaler Fussballschiedsrichter.
6.	750 Jahre E.E. Zunft zu Metzgern	Aus Anlass des Jubiläums werden auf dem Rümelinsplatz 1200 ‹Klöpfer› gratis an die Bevölkerung abgegeben. Zum Festakt in der St. Leonhardskirche finden sich die Spitzen von Regierung und Grossem Rat sowie aller Basler Zünfte und Ehrengesellschaften ein.
7.	Abstimmungs-wochenende	Im Vordergrund der eidgenössischen Volksabstimmungen steht die für die Region Basel wichtige Genschutz-Initiative, die sowohl auf Bundes- als auch auf Kantonsebene mit runder Zweidrittelsmehrheit abgelehnt wird. Noch klarer fallen – kantonal und gesamtschweizerisch – die Annahme des Bundesbeschlusses zum Haushaltsziel 2001 und die Ablehnung der ‹Schnüffelstaat›-Initiative aus.
9.	Art 29'98	Mit Schwerpunkt ‹Art Sculpture Basel› räumt die diesjährige Kunstmesse, an welcher 270 renommierte Galerien aus vier Kontinenten vertreten sind, der Skulptur eine international in diesem Ausmass bisher einmalige Bedeutung ein.
	Eidg. Wett-bewerb für freie Kunst	*Bundesrätin Ruth Dreifuss* eröffnet die Ausstellung der prämierten Arbeiten der vom Bundesamt für Kultur ausgeschriebenen Eidgenössischen Wettbewerbe für freie Kunst und Gestaltung.

Eine Skulptur von Richard Serra empfängt die Besucher der Art 29'98.

	Bürger-gemeinderat	Der Bürgergemeinderat wählt für 1998/99 *Felix Riedtmann* (FDP) zum Präsidenten und *Felix Rudolf von Rohr* (CVP) zum Statthalter.

10.	Grosser Rat	Mit 90 zu 26 Stimmen genehmigt der Grosse Rat die Flughafen-Zusammenarbeits-Vereinbarung mit dem Bund und dem Kanton Basel-Landschaft, welche die Aufteilung der schweizerischen Investitionsbeträge auf beide Basel zum Inhalt hat.
13.	Tag des offenen Bodens	Die Archäologische Bodenforschung Basel-Stadt präsentiert der Öffentlichkeit die zwischen 1995 und 1997 auf dem Areal von Teufelhof und Lohnhof gemachten Funde.
	Fussball-EM der Polizisten	Erstmals in der Schweiz gelangt in und um Basel die 12. Fussball-Europameisterschaft der Polizisten zur Austragung. Sie endet mit dem Sieg der deutschen Mannschaft. Ein Auftritt von 100 Guggemusiken gibt mit über 3000 ‹Schränzern› dem Finalspiel im St. Jakob-Stadion ein besonderes Gepräge.
16.	Batigroup übernimmt Stamm	Die Stamm Holding und die Batigroup teilen an einer Pressekonferenz ihre Fusion mit. Die Batigroup wird mit rund 1400 Beschäftigten zum Marktführer im Bauwesen der Region Basel.
17.	Kehricht-verbrennung	In Anwesenheit von *Baudirektorin Barbara Schneider* wird die neue Basler Kehrichtverbrennungsanlage in Betrieb genommen.
20.	100 Jahre Confiserie Beschle	Das bereits von der dritten Generation geführte Basler Traditionshaus, bekannt durch seinen legendär gewordenen ‹Beschle-Ring›, feiert an der Aeschenvorstadt sein 100jähriges Bestehen.
	Diplomaten-besuch aus Afrika	Eine namibische Regierungsdelegation, darunter ein entfernter Verwandter von Carl Schlettwein, dem Gründer der ‹Basler Afrika-Bibliographien›, stattet Basel einen Besuch ab und wird von *Regierungspräsidentin Veronica Schaller* empfangen.
	Basler Jugend-parlament	An ihrer Zusammenkunft im Grossratssaal können die Mitglieder des Basler Jugendparlaments mit Genugtuung die bevorstehende Realisierung des von ihnen initiierten Nachtbusprojekts zur Kenntnis nehmen.
	Neue Klein-basler Gesell-schaft	Auf Initiative von vier Kleinbasler Ärzten wird als Ergänzung zu den traditionellen Drei Ehrengesellschaften eine ‹Gesellschaft zum Bären› ins Leben gerufen, welcher auch Frauen und ausländische Personen angehören können.
	Globâle	Im St. Johann-Quartier geht erstmals ein Fest über die Bühne, welches speziell dem Versuch der Zusammenführung aller dort lebenden Kulturen gewidmet ist.
21.	Musik der Welt in Basel	Nach zehn Tagen mit verschiedensten Veranstaltungen unter dem Titel ‹AfrikAmerika› geht das Musik-Festival zu Ende.
23.	Museum der Kulturen	Die Basler Kunstmäzenin *Cathérine Oeri* schenkt dem Museum der Kulturen eine der bedeutendsten Sammlungen tibetanischer Kunst.

Am 20. Juni wird als Ergänzung zu den traditionellen Drei Ehrengesellschaften eine ‹Gesellschaft zum Bären› ins Leben gerufen.

24.	Fischsterben in der Birs	Bei Reinigungsarbeiten in einer Münchensteiner Chemikalienfirma gelangen grössere Mengen eines Leimstoffes in die Birs. Sie verursachen ein umfangreiches Fischsterben und gefährden die jahrelange Aufbauarbeit des Basler Lachsprojekts.
27.	Basler Verkehrs-Betriebe	Der Grosse Rat nimmt zur Kenntnis, dass das Betriebsdefizit 1997 der Basler Verkehrs-Betriebe von 30 Mio. Franken um 36% geringer als im Vorjahr ausgefallen ist.
	Grosser Rat	Mit grossem Mehr wird die Änderung des Ruhetags- und Ladenschlussgesetzes mit längeren Öffnungszeiten und wöchentlich einmaligem Abendverkauf verabschiedet.
28.	Goldenes Priesterjubiläum	*Andreas Cavelti*, 40 Jahre Pfarrherr zu St. Anton, ab 1971 Dekan der Römisch-katholischen Kirche Basel-Stadt, 1978 zum Domherr ernannt, begeht das Goldene Priesterjubiläum.

	30.	Kunstmuseum	Die Max-Geldner-Stiftung schenkt der Öffentlichen Kunstsammlung Basel das 1871 entstandene Bild ‹La Route› von Paul Cézanne.
		Spitex Basel	Drei Dachverbände mit insgesamt 41 Anlaufstellen für Haus- und Krankenpflege schliessen sich zur ‹Stiftung Spitex Basel› zusammen.
Juli	**1.**	Oberrhein-konferenz	Der baselstädtische *Justizdirektor Hans-Martin Tschudi* übernimmt turnusgemäss von seinem basellandschaftlichen Kollegen, *Regierungsrat Eduard Belser*, den Vorsitz der schweizerischen Oberrheinkonferenz.
		‹Schilthof›	Nach vierjährigen Renovationsarbeiten präsentiert sich der in den 1840er Jahren von Architekt J. J. Stehlin d. Ä. Ecke Steinenberg/Freie Strasse als Wohnhaus errichtete klassizistische Rundbau des Schweizerischen Bankvereins in alter Pracht.
	2.	Populäre Jubilarin	Selma Ratti, ‹s Popcorn-Selmeli›, bekannt von der Basler Herbstmesse und durch ihre zahlreichen Sammelaktionen und Aktivitäten im Dienste der Kinderbetreuung, feiert ihren 80. Geburtstag.
		Zolli	Im Rahmen einer Sendung über artgerechte Tierhaltung bringt das Schweizer Fernsehen eine ganztägige Grossreportage aus dem Basler Zolli.
	3.	Samariter-kongress	In Anwesenheit von *alt Bundesrat Hans Peter Tschudi* und mit *Regierungspräsidentin Veronica Schaller* als Co-Referentin findet in Basel erstmals ein nationaler Kongress des 110 Jahre alten Schweizerischen Samariterbundes statt.
	4.	†	*† Peter Monteverdi* (64), weit über die Grenzen der Region hinaus bekannter Automobilkonstrukteur.
		Kultur-Beirat	Der im April vom Erziehungsdepartement ins Leben gerufene Kultur-Beirat wählt *Dr. Rolf d'Aujourd'hui* zu seinem ersten Präsidenten.
	7.	Teuerung	Zum dritten Mal in diesem Jahr kann das Statistische Amt Basel-Stadt von einer monatlichen ‹Null›-Teuerung berichten: der Basler Index der Konsumentenpreise lag Ende Juli bei 104.1 Punkten und war gegenüber dem Vormonat um 0,1% leicht rückläufig.
		Wirtschaft	Der Regierungsrat, vertreten durch *Dr. Ralph Lewin* und *Staatsschreiber Dr. Robert Heuss*, empfängt im Basler Rathaus eine von *Ministerpräsident Russell MacLell* angeführte Delegation aus der kanadischen Provinz Nova Scotia, die zu Gesprächskontakten mit Handels- und Industrieunternehmungen in unserer Stadt weilt.
		Nordtangente	Im Kleinbasel erfolgt der Durchstich des Horburg-Tunnels, dessen erste Röhre im Dezember 1999 in Betrieb genommen werden soll.

	8.	Tag der Landwirtschaft	Das Wirtschafts- und Sozialdepartement lädt auf dem Bäumlihof-Areal zum ersten ‹Tag der Landwirtschaft› im Stadtkanton ein.
	12.	Joggeli-Tattoo 1998	Glänzende Musiknummern und Spitzentrommler prägen auch die dritte Auflage der VKB-Tambouren-Show in der ausverkauften St. Jakobshalle.
	13.	350 Jahre Kloster Mariastein	Das für die Region und das Bistum Basel bedeutsame Jubiläum wird im Kloster mit einer kleinen Ausstellung aus Archivbeständen begangen, die Einblick in die bewegte Geschichte der 1648 von Beinwil nach Mariastein verlegten Benediktiner-Abtei bietet.
	14.	Basler Musical Theater	Mit der Freddy Burger Management Group aus Zürich konnte für die Basler Musicalbühne am Riehenring für vorläufig fünf Jahre eine neue Trägerschaft gefunden worden, die das Theater multifunktional betreiben will.
	15.	Transplantations-Medizin	Der Pharmakonzern Roche gründet eine Forschungsstiftung für Transplantations-Medizin, die über die nächsten fünf Jahre mit insgesamt 25 Mio. Franken dotiert wird und der Suche nach Verbesserungen bei Organübertragungen dienen soll.
	17.	Botta-Bankgebäude	Das infolge der Grossfusion von SBV und SBG nicht mehr benötigte Botta-Gebäude am Aeschenplatz wird an die Bank für Internationalen Zahlungsausgleich (BIZ) verkauft.
	20.	Wetter	Nachdem sich der Sommer bisher eher vornehm-zurückhaltend gezeigt hat, kommt es heute mit 37 Grad Celsius zur höchsten Tagestemperatur seit 15 Jahren.
	21.	Baudepartement	Das bisherige Amt für Energie und technische Anlagen wird reorganisiert und per 1.1.1999 in ein neues Amt für Umweltschutz und Energie überführt.
	24.	Hohes Richteramt	Mit glänzendem Resultat wird der Basler Professor für Staats- und Völkerrecht *Dr. Luzius Wildhaber* zum neuen Präsidenten des Europäischen Gerichtshofes für Menschenrechte in Strassburg gewählt.
	27.	Sun 21	Auf dem Gelände der Messe Basel lädt erstmals die ‹Sun 21›, eine internationale Messe für Alternativenergie, zu einer Aktions- und Kongresswoche.
	28.	Spital-Kooperation	Als erstes Basler Spitalabkommen mit dem Ausland wird zwischen dem Kantonsspital Basel und der AOK Lörrach ein Kooperationsvertrag unterzeichnet, der deutschen Patienten den Zugang zur ambulanten Strahlentherapie in Basel sichert.
	31.	20 Jahre Jugendcircus	Das vor zwei Jahrzehnten in einem Garten auf dem Bruderholz begonnene Quartier-Jugendcircus-Unternehmen lädt zur Jubiläumspremiere.
August	1.	Neue Rechtschreibung	Wie vom Basler Regierungsrat im März 1997 beschlossen, tritt mit dem heutigen Tage in den Schulen und der Verwaltung Basels die neue Rechtschreibung in Kraft.

Am 27. Juli wird erstmals die ‹Sun 21› eröffnet.

6. O mein Papa

Bei der Premiere von ‹O mein Papa› auf dem WWB/Rehab-Areal, initiiert von ‹Contaction›, einem Verein zur integralen Kulturförderung, treten Stars aus der Musical- und Unterhaltungsbranche gemeinsam mit Betagten- und Behindertengruppen auf.

Regio-Tour in Basel

Bei der Claramatte erfolgt der Start zur zweiten Etappe der 14. Auflage dieses renommierten Radrennens im Dreiländereck.

10. Schulbeginn mit Änderungen

Mit Beginn des neuen Schuljahres tritt eine regierungsrätliche Verordnung in Kraft, wonach an den Basler Primarschulen das Notensystem durch Beurteilungsgespräche und Lernberichte ersetzt wird.

11. Rhein-schwimmen

Mit über 1800 Teilnehmern weist das diesjährige Rheinschwimmen bei fast tropischen Luft- und Wassertemepraturen von 34,9 resp. 24 Grad Celsius eine Rekordbeteiligung auf.

13. Genf grösser als Basel

Die vom Bundesamt für Statistik veröffentlichten Bevölkerungszahlen per Ende Juni 1998 melden, dass die Stadt Genf (mit rund 172 000 EinwohnerInnen) Basel (mit 170 916 EinwohnerInnen) bevölkerungsmässig überholt hat.

	Arbeitslosigkeit	Die per Ende Juli 1998 gemeldeten Arbeitslosenzahlen für Basel weisen mit 3,5% (3585 Personen) den niedrigsten Stand seit 1992 auf.
	Open-Air Kino	Mit einer Galavorstellung von ‹Two Bits› des Basler Filmproduzenten und fünffachen Oscar-Preisträgers *Arthur Cohn* geht in Anwesenheit von 1800 Zuschauern das diesjährige Open-Air Kino-Festival auf dem Münsterplatz zu Ende.
15.	Flüchtlinge	Vom Vorsteher des Polizei- und Militärdepartements, *Regierungsrat Jörg Schild*, werden in der St. Jakobshalle Zivilschutzräume als Notunterkünfte für Flüchtlinge aus dem Kosovo zur Verfügung gestellt.
18.	200 Jahre Kantonsblatt Basel-Stadt	Aus Anlass des 200jährigen Bestehens des Kantonsblattes, welches als ältestes Presseerzeugnis der Region gilt, wird an alle Haushaltungen von Basel-Stadt eine Jubiläumsausgabe verteilt.
19.	Baudepartement	Als Nachfolger des im Mai 1998 ausgeschiedenen Leiters des Tiefbauamtes, *Hans Ruedi Ramseier*, wählt der Regierungsrat *Marco Piatti* zum neuen Kantonsingenieur.
20.	Messe Basel	Die Vorsteherin des Baudepartements, *Regierungsrätin Barbara Schneider*, und der Verwaltungsratspräsident der Messe Basel, *Robert A. Jeker*, legen den Grundstein zum Messehalle-Neubau am Riehenring.
21.	Antikenmuseum	An der Eröffnung der Sonderausstellung ‹Ägyptische Kunst› wird bekanntgegeben, dass das Antikenmuseum dank Sponsorengeldern aus der Wirtschaft bis ins Jahr 2000 um eine permanente Ägypten-Abteilung erweitert werden kann.
23.	Sport	Der Grand Prix Suisse, das einzige Schweizer Weltcup-Radrennen, startet vom Messeplatz Basel aus zu seiner 1. Etappe nach Zürich.
27.	Parteien	Das Präsidium der Basler Liberalen (LDP) geht von *Christine Wirz-von Planta* an *Rudolf Vonder Mühll* über. Die Basler *Nationalrätin Margrith von Felten* tritt aus der Sozialdemokratischen Partei aus; sie will bei den nächsten Wahlen als Parteilose auf der Liste eines neuen feministisch-grün-roten Bündnisses kandidieren.
29.	200 Jahre Röm.-kath. Kirche, 100 Jahre Blindenheim	An diesem Wochenende steht die ganze Innenstadt im Festtaumel. Gefeiert wird auf dem Münsterplatz ‹200 Jahre Römisch-katholische Kirche Basel-Stadt›, am Kohlenberg ‹100 Jahre Blindenheim Basel› und am Klosterberg, bereits zum 24. Mal, das traditionelle Klosterbergfest.
30.	40 Joor Bluemefritz	Fritz Holderried, mit seinen träfen Sprüchen und schönen Rosen schon längst zu einem Basler Original geworden, wird mit einem kleinen Quartierfest im Gundeli gefeiert.

Am 30. August wird ‹Bluemefritz› im Gundeli gefeiert.

September	**1.**	Swiss Automation Week	Bis zum 4.9. zeigt die bedeutendste nationale Fachmesse für industrielle Automation Branchenneuheiten.
	3.	350 Jahre Westfälischer Friede	Im Foyer der Grossen Bühne der Theater Basel findet, in Anwesenheit von *Bundesrätin Ruth Dreifuss*, die Eröffnungsfeier für die im Historischen Museum zur Erinnerung an den Westfälischen Frieden gestaltete Ausstellung ‹Wettstein – Die Schweiz und Europa 1648› statt.
	4.	75 Jahre Bethesda-Spital	Mit einem offiziellen Akt, einem Quartierfest und einem abschliessenden ökumenischen Gottesdienst in der Don-Bosco-Kirche gedenkt das Bethesda-Spital seines 75jährigen Bestehens.
		Stadtkino	Das seit 1982 vom Kanton subventionierte und bisher im ‹Camera› am Claraplatz untergebrachte Stadtkino (ehemals ‹Le Bon Film›) kann im umgebauten Skulpturensaal der Kunsthalle seine eigenen Räumlichkeiten beziehen.

9.	Grosser Rat	Nach mehrstündiger Debatte spricht sich der Grosse Rat mit deutlichem Mehr für ein neues Engergiegesetz aus, welches sparbewusste Stromverbraucher mit einem Bonus belohnen soll.
10.	Theater Basel	Mit einer gelungenen Aufführung des von ihm für die Salzburger Festspiele und die Theater Basel inszenierten Shakespeare-Stücks ‹Troilus und Cressida› stellt sich der neue Leiter des Schauspiels, *Stefan Bachmann*, dem Basler Publikum vor.
11.	150 Jahre Bundesstaat	Aus Anlass des Jubiläums ‹150 Jahre Bundesstaat› geht unter Einbezug des ‹Oberrheintages '98› unter dem Motto ‹Zämme läbe – zämme feschte› in den Zentren Gross- und Kleinbasels ein vom Umfang her noch nie dagewesenes Volksfest über die Bühne.
12.	Freimaurer	Internationales Freimaurertreffen auf dem Rheinschiff ‹Christoph Merian›, organisiert von den sechs Basler Bauhütten (der Schweizer Grossloge ‹Alpina›). Der Freimaurer-Kulturpreis wird an das Basler Projekt ‹Regio-Museums-Pass› vergeben.
15.	Regierungsrat	Aus dem erstmals in dieser Form dem Parlament präsentierten Wirtschaftsbericht der Basler Regierung geht hervor, dass in unserer Region trotz hoher wirtschaftlicher Leistungsfähigkeit und guter Entwicklungschancen zum Erhalt des Wirtschaftsstandorts Basel vermehrte Anstrengungen nötig sind.
16.	Grosser Rat	Im Zusammenhang mit einer Interpellation betreffend Praktiken der ‹Scientology Church› bringt das Basler Parlament fast einmütig einen neuen Paragraphen in das Übertretungsstrafrecht ein, wonach Anwerbung auf der Allmend dann ungesetzlich ist, wenn dazu täuschende und unlautere Methoden angewandt werden.
17.	Lohnhof	In den renovierten Gebäulichkeiten des Lohnhofs werden die ersten Eigentumswohnungen bezogen.
	Budget 1999	Das Budget 1999 des Kantons Basel-Stadt weist bei Einnahmen von 3276,5 Mio. und Ausgaben von 3359,0 Mio. Franken ein Defizit von 170,4 Mio. Franken aus, welches damit um 129,2 Mio. Franken unter dem für 1998 budgetierten Betrag liegt.
	Regierungsrat, Universität	Der Regierungsrat wählt *PD Dr. med. Dietrich von Schweinitz* per 1.1.1999 zum Chefarzt der Kinderchirurgischen Universitätsklinik und -poliklinik; gleichzeitig beruft ihn der Universitätsrat zum Ordinarius der Medizinischen Fakultät.
24.	80 Jahre Pro Senectute BS	Aus Anlass ihres 80jährigen Bestehens weiht die Pro Senectute Basel-Stadt auf dem Kasernenareal einen neuen Seniorentreffpunkt ein.
25.	Multiplexkino	Die Behörden erteilen dem Zürcher Kinounternehmen Kitag die Betriebsbewilligung für ein am ehemaligen Domizil der Bank Sarasin an der Freien Strasse geplantes Kinocenter mit 9 Sälen und 1900 Plätzen.

26. ORBIT '98

Die vom 22. bis zum 26.9. mit den Schwerpunkten Telefonie/Internet durchgeführte Schweizer Fachmesse für Informations- und Computertechnologien verzeichnet erstmals über 100 000 Besucherinnen und Besucher und rückt damit weltweit auf Platz 6 der Informatikmessen vor.

750 Jahre E.E. Zunft zu Spinnwettern

Mit einem Festakt in der Martinskirche und einem Bankett in der Messe Basel gedenkt E.E. Zunft zu Spinnwettern ihrer Gründung am 23. September 1248.

Gundeli-Clique

Anlässlich ihrer Toscana-Fahrt ‹gässelet› die Gundeli-Clique (alte Garde) in Siena. Einem Konzert auf dem Campo folgen der offizielle Empfang durch die Stadtregierung im Palazzo Publico sowie eine Einladung der ‹Contrade del Leocorno› (Quartiergesellschaft zum Einhorn). Die Begegnung soll den Kulturaustausch zwischen Basel und Siena anregen.

Die Gundeli-Clique besucht Siena.

27. Spitalfusion

Der Baselbieter Souverän stimmt mit einer überwältigenden Mehrheit von 85% der Fusion der Kinderspitäler BS/BL zu einer Universitätsklinik beider Basel zu, die nun per 1.1.1999 realisiert werden kann.

Abstimmungen

Bei den drei eidgenössischen Abstimmungen liegen die Baslerinnen und Basler mit 58,5% Neinstimmen zur Volksinitiative für eine 10. AHV-Revision ohne Rentenaltererhöhung für Frauen und mit 69,1% Neinstimmen zur Kleinbauern-Initiative im Bundestrend, während sie die leistungsabhängige Schwerverkehrsabgabe mit 72,5% klar über dem Bundesdurchschnitt von 57,2% annehmen.

Oktober	**1.**	Universität	Mit *Prof. Ulrich Gäbler* übernimmt erstmals ein Theologe als Rektor das Szepter der Universität.
	7.	Polizei-departement	Der Beauftragte für spezielle Departementsangelegenheiten im Polizei und Militärdepartement, *Alfredo Fabbri*, geht vorzeitig in Pension.
	11.	Swiss Indoors	Das bereits seit 29 Jahren durchgeführte Weltklasse-Tennisturnier in der Basler St. Jakobshalle endet mit einem neuen Zuschauerrekord von 59 600 Personen und einem Sieg des Briten *Tim Henman* über den favorisierten Amerikaner *Andre Agassi*.
	12.	Innovations-preis beider Basel	Die aus Regierungs-, Wirtschafts- und Wissenschaftsvertretern beider Basel zusammengesetzte Jury verleiht den Innovationspreis beider Basel für 1998 der Firma Nanosurf AG in Liestal für die Entwicklung eines computerisierten Raster-Tunnelmikroskops.
	13.	Sicherheit in Basel	Auf Initiative von *Polizeidirektor Jörg Schild* ergreift die Basler Regierung Sofortmassnahmen zur Entschärfung der Drogenszene und der illegalen Einwanderung.
		BioValley Oberrhein	An einer ersten ‹Basel BioBusiness-Konferenz› zwischen Vertretern der Biotech-Regionen Oberrhein und des Biovalleys Maryland USA wird eine Allianz zur Förderung von Firmenkontakten vereinbart.
	14.	Holz 98	Im Rundhofgebäude der Messe Basel öffnet die Schweizer Fachmesse für Holzbearbeitung als wichtigster Treffpunkt der Schweizer Holzbranche für 7 Tage ihre Pforten.
		Grosser Rat	Mit grossem Mehr heisst die Legislative veränderte Bauvorschriften für den Neubau des Fussballstadions St. Jakob gut, womit, vorbehältlich eines Referendums, dem Bau des neuen Stadionkomplexes nichts mehr im Wege steht.
	15.	Regierungsrat	Die Basler Regierung entscheidet sich für das Ganthaus-Areal als Standort des neuen Schauspielhauses. Die Gesamtkosten des Neubaus belaufen sich auf 22,4 Mio. Franken, die Hälfte davon muss aus Beiträgen Dritter finanziert werden.
		Gesund 98	Die heute zu Ende gegangene erste Gesundheitsmesse zur Präsentation der Bereiche Schul- und Komplementärmedizin verzeichnet mit fast 20 000 Besuchern einen Publikumserfolg.
	21.	Grosser Rat	Die Geschäftsprüfungskommission des Grossen Rates veröffentlicht ihren Jahresbericht für 1997, der sich diesmal vor allem mit ‹Wahrnehmungen und Stimmungen im staatlichen Verwaltungsbereich› befasst. Zur Erreichung der Spar- und Regierungsziele sind in allen Bereichen bessere Koordination und Transparenz nötig.
	24.	Basler Herbstmesse	Die Glocke der Martinskirche läutet die 528. Basler Herbstmesse ein. Das durch den Umbau der Messe fehlende Hallenangebot führt zu einer stärkeren Belegung der übrigen Messeplätze, insbesondere des Kasernenareals.

	‹Unser Bier›	Unter diesem Firmennamen startet im Rahmen eines dreitägigen Festes im Gundeldingerquartier die neuste Basler Brauerei ihre Aktivitäten.
28.	Medien	Anstelle des aus wirtschaftlichen Gründen aufgegebenen Gratisanzeigers ‹Basler Bebbi› erscheint erstmals die ‹Rhy-Zytig›, ein neues, regionales Gratis-Wochenblatt.
30.	Musikrestaurant Atlantis	Das Musikrestaurant am Klosterberg, Treffpunkt der Jazz-Szene Basel, wird auf Gerictsbeschluss geräumt.
31.	100 Jahre Turnverein Gundeldingen	Der 1898 gegründete Basler Quartier-Turnverein – durch einige Spitzenathleten national und international bekannt geworden – gedenkt an diesem Wochenende mit einem Fest seines 100jährigen Bestehens.
	Schiffsunfall	Die Kollision eines Tankschiffs mit einem Tor der Kembser Schleuse zieht dreiwöchige Reparaturarbeiten und Blockade des Schiffsverkehrs von und nach Basel nach sich.
	Cliquen jubilieren	Zu ihrem 75-Jahr-Jubiläum geben die vier Fasnachtscliquen Rätz, Alti Glaibasler, Märtplatz und Sans-Gêne unter dem Titel ‹Zwischentöne› gemeinsam ein Buch heraus, das sich mit der Entwicklung der Basler Fasnacht seit 1923 befasst.

Signete der vier Fasnachtscliquen.

November 3.	Solarpreise 1998	Für die Zusammenarbeit von Staat und Wirtschaft bei der Förderung der Solarenergie und die Einführung von Strom-Lenkungsabgaben im Kanton Basel-Stadt erhalten *Baudirektorin Barbara Schneider* und der Direktor des Gewerbeverbandes Basel-Stadt, *Christoph Eymann,* von der Arbeitsgemeinschaft ‹Solar 91› zwei der vom Bund ausgesetzten Schweizer Solarpreise 1998.
4.	Theater Basel	Eine sich ‹Schauspielhaus Ladies First› nennende Frauengruppe stiftet für das neue Schauspielhaus auf dem Ganthaus-Areal 7,3 Mio. Franken.
5.	AVO Session	Als Nachfolgeveranstaltung der beliebten Rheinknie-Sessions geht bis zum 15.11. die ‹AVO Session› in Szene, mit einem breiten Musikangebot von Gospel über Jazz bis hin zu Pop und Rock.
7.	TEFAF	Die vierte Internationale Kunst- und Antiquitätenmesse ‹The European Fine Art Fair›, diesmal mit 115 Ausstellern aus 14 Ländern, wird eröffnet.

	75 Jahre Geographisch-Ethnologische Gesellschaft	Die seit 1923 bestehende Institution kann heute auf 75 Jahre Tätigkeit zurückblicken; sie hat sich zur Aufgabe gemacht, der Öffentlichkeit durch Vortragsreihen die Geheimnisse der Natur und des Lebens in fernen Ländern näherzubringen.
9.	Chemie/ Pharma	An einer gemeinsamen Pressekonferenz teilen die Geschäftsleitungen der Firmen Clariant und Ciba-Spezialitätenchemie ihren Zusammenschluss mit.
11.	BVB	Mit nur acht Gegenstimmen heisst der Grosse Rat die Beschaffung von 28 Niederflur-Tramwagen, sogenannte ‹Combino-Tramzüge›, für rund 100 Mio. Franken gut.
17.	Gewerbe-verband	Die Delegiertenversammlung des Gewerbeverbandes Basel-Stadt wählt *Werner Schmid* anstelle des zurücktretenden *Werner Oser* zu ihrem Präsidenten.
21.	Wrapped Trees – Magie der Bäume	Auf dem Areal der Fondation Beyeler in Riehen hat das Künstlerpaar Christo und Jeanne-Claude, begleitet von der Ausstellung ‹Magie der Bäume›, unter dem Titel ‹Wrapped Trees› 178 Bäume mit insgesamt über 50 000 m^2 Polyestertuch verhüllt. Das weit über die Region hinaus beachtete Kunstspektakel lockt schon am ersten Wochenende über 30 000 Besucher an.
22.	Wetter	Der feuchte und unfreundliche Herbst wartet heute mit minus 10,6 Grad Celsius, dem kältesten Novembertag seit zehn Jahren, auf.
25.	Luft-verschmutzung	Die Universität Basel veröffentlicht erstmals eine Studie, wonach die Luft in der Agglomeration Basel bis zu 60% zuviel Staubpartikel aufweist.
	Kirchen-synoden	Die Synode der Evangelisch-reformierten Kirche Basel-Stadt bewilligt 2,9 Mio. Franken für die Sanierung der Pauluskirche; die Synode der Römisch-katholischen Kirche wählt mit *Gabriele Manetsch* zum ersten Mal eine Frau ins Präsidentenamt.
	Wirtschafts-gymnasium	Der Regierungsrat wählt den bisherigen Konrektor der Kantonalen Handelsschule Basel, *Dr. oec. Roman Geeser*, zum Rektor des Wirtschaftsgymnasiums und der Wirtschaftsmittelschule.
26.	Neue Kantons-verfassung	An einer Medienkonferenz legen Mitglieder der 22köpfigen Prospektivkommission die Gründe dar für die Notwendigkeit einer Revision der Basler Kantonsverfassung.
27.	Basler Psi-Tage	Geistheilen steht erneut im Mittelpunkt des heute beginnenden, bereits zum 16. Male durchgeführten dreitägigen Fachkongresses von Parapsychologen und Ärzten aus aller Welt.
	Dies academicus	Am Ehrentag der Basler Universität befasst sich Rector magnificus *Professor Dr. Ulrich Gäbler* in seiner Rede mit dem Thema ‹Religion und Schweizer Eidgenossenschaft›. Mit Ehrendoktoraten werden ausgezeichnet: von der Juristischen Fakultät *Dr. iur. René Blattmann Bauer* für die Modernisierung des Rechtwesens in Bolivien (1994–1997)

sowie *Prof. Dr. iur. h.c. Peter Landau*, Professor an der Juristischen Fakultät der Universität München, für seine Verdienste um Rechtsgeschichte, Rechtsphilosophie und Grundrechte; von der Medizinischen Fakultät *Susi Gaillard-Hofmann* für die Betreuung brustkrebserkrankter und -operierter Frauen in von ihr gegründeten regionalen und nationalen Organisationen sowie *Prof. Dr. med. A.K. Azad Khan* für den Aufbau der weitherum bekannten Diabetesklinik ‹Birdem› in Dhaka/Bangladesh und seine Kooperation mit der Universität Basel; von der Philosophisch-Historischen Fakultät *Dr. phil. I Heinrich Krämer*, Verleger, für die Vermittlung und Bewahrung kultureller Werte und für Verdienste um die Altertumswissenschaft sowie *Mariella Mehr*, Schriftstellerin, für ihr Engagement in der Bekämpfung von Rassismus und Antisemitismus; von der Philosophisch-Naturwissenschaftlichen Fakultät *Jürgen Gebhard* für sein Wirken als zoologischer Präparator am Naturhistorischen Museum Basel und seine Bemühungen zum Schutz der Fledermäuse in Mitteleuropa sowie *Peter Grogg* für seine wissenschaftliche Förderung der Peptidchemie im Dienste von Pharmaindustrie und universitären Forschungslabors; von der Theologischen Fakultät *Marga Bührig*, Theologin, für ihren Einsatz für gleichberechtigte Partnerschaft von Frauen und Männern in der Kirche.

---

28. 75 Jahre Baslerstab

Am 28. November 1923 erschien in Basel, herausgegeben von der damaligen Inserate AG, zum ersten Mal ein reines Annoncen- und Inserateblatt: der Baslerstab, der heute mit einer Sonderausgabe auf sein 75jähriges Bestehen zurückblickt.

Kantonsspital

Der durch eine grüne Glasfassade auffallende Neubau an der Spitalgasse, welcher das Institut für Spitalpharmazie beherbergt, wird offiziell eröffnet.

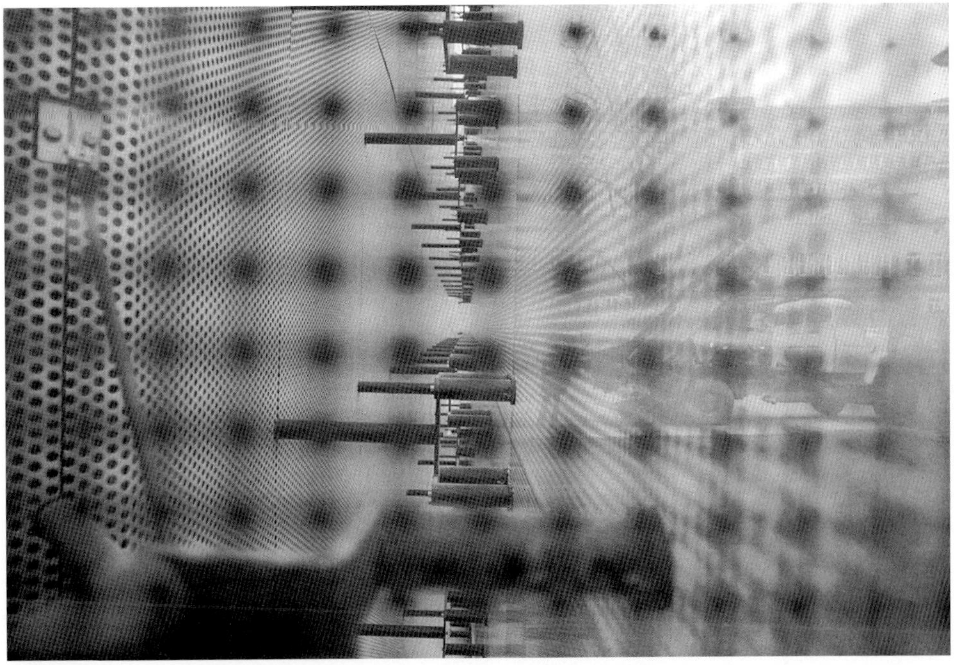

Glasfassade am Neubau des Instituts für Spitalpharmazie.

	Sport	Mit 4259 Teilnehmern verzeichnet der diesjährige Basler Stadtlauf einen neuerlichen Rekord; der Sieger und die Siegerin der Elitekategorien, *Sammy Kipruto* und *Leah Malot*, stammen beide aus Kenya.
	Fawem und Swisstech	Die heute zu Ende gehenden, erstmals gemeinsam durchgeführten Fachmessen ‹Fawem› für Werkzeugmaschinen und Werkzeuge und ‹Swisstech› für die Zulieferindustrie vermelden je rund 19 000 Eintritte.
29.	Museum der Kulturen	45 000 Besucher in sechs Monaten hat die heute schliessende Ausstellung ‹Bhutan – Festung der Götter› ins Museum der Kulturen gelockt.
30.	Abstimmungen	Mit dem zweithöchsten Ja-Stimmen-Anteil in der Schweiz (75,2%) nimmt der Kanton Basel-Stadt die Vorlage zur Finanzierung des Öffentlichen Verkehrs (FinöV) an; er sagt Ja zum neuen Arbeitsgesetz (65,5%) und zum neuen Getreideartikel (86,3%) und lehnt mit 66,1% die Initiative ‹Für eine vernünftige Drogenpolitik› (Droleg) ab; die Stimmbeteiligung beträgt 45%.
	Ständerat	Aus Anlass seiner Wahl zum Präsidenten des Ständerats für 1999 wird der Freisinnige Baselbieter Politiker und Basler Stadtbürger *René Rhinow* vom Regierungsrat mit einem Empfang im Rathaus geehrt.
Dezember 2.	65 Jahre Schola Cantorum Basiliensis	Mit einem Fest im grossen Saal der Musik-Akademie feiert die Schola Cantorum Basiliensis in Anwesenheit ihres Gründers *Dr. h.c. Paul Sacher* ihr 65jähriges Bestehen.
4.	Wehrpflicht erfüllt	Mit dem traditionellen Schüblig-Essen werden 460 baselstädtische Armeeangehörige, darunter zwei Frauen, in den Hallen der Messe Basel aus der Wehrpflicht entlassen.
6.	Mineralien-Rarität	An der Mineralien- und Fossilienschau im Kongresszentrum der Messe Basel wartet der Basler Mineraloge *Tassilo Deyer* mit einer Weltneuheit auf: den querzerlegten Turmalin-Steinen aus Madagaskar.
	Bürger-gemeinderat	Der Bürgergemeinderat verabschiedet die Budgets 1999, darunter dasjenige des Fürsorgeamtes mit einem Defizit von 93 Mio. Franken.
	Eisenbahn	Mit der 5. Internationalen Messe für Eisenbahntechnologie und der 4. Internationalen Ausstellung für Tunnelbau, Maschinen, Ausrüstungen und Dienstleistungen steht die Messe Basel für drei Tage ganz im Zeichen der Eisenbahn.
	EuroAirport	Ein vom Nationalrat bewilligter Verpflichtungskredit von 66,7 Mio. Franken sichert den schweizerischen Finanzierungsanteil am Ausbau des EuroAirports Basel-Mulhouse-Freiburg ab für den Fall, dass die von den beiden Basler Halbkantonen zugesagten je 34 Mio. Franken die parlamentarischen Hürden nicht schaffen sollten.

	Messe Basel	An der Spitze des Unternehmensbereichs Messe II wird der bisherige Leiter der Uhren- und Schmuckmesse, *Tilman Hengevoss*, von *Michel Mamie* abgelöst.
9.	Chemie/ Pharma	Einen Monat nach Ankündigung der Fusionsabsichten teilen die Geschäftsleitungen von Clariant und Ciba Spezialitätenchemie mit, dass die Gespräche abgebrochen worden seien: Es hätten sich neue Risiken ergeben, welche den geplanten Zusammenschluss verunmöglichten.
	36. Festival de Bâle	Das dreitägige Seminar für Fernsehschaffende, welches sich mit Multimedia und Bildungsfernsehen befasste, findet mit der Vergabe von drei ‹Branchen-Oscars› seinen Abschluss.
	Bundesgericht	Die Vereinigte Bundesversammlung wählt den Basler Sozialdemokraten *Martin Schubarth* für die Jahre 1999 und 2000 zum Präsidenten des Bundesgerichtes, welchem er seit 1982 angehört.
10.	Grosser Rat	Mit grossem Mehr spricht sich das Parlament für das vom Regierungsrat vorgelegte Projekt eines neuen Schauspielhauses auf dem Ganthaus-Areal aus und bewilligt den staatlichen Finanzierungsanteil von 11,4 Mio. Franken. Mit Kürzungen von insgesamt 400 000 Franken wird das Budget der Industriellen Werke Basel genehmigt.
	Menschen-rechte	Aus Anlass des 50. Jahrestages der Verabschiedung der Allgemeinen Erklärung der Menschenrechte nehmen 200 Personen an einem Fackelzug teil, der auf dem Marktplatz mit einer Ansprache von *Regierungspräsidentin Veronica Schaller* endet.
	Wirtschaft	Die Deutsche Post AG und das Basler Speditionsunternehmen Danzas AG teilen ihre Absicht zur Fusion mit. Die Deutsche Post AG will die Danzas-Gruppe übernehmen, wobei der Firmenname und die Arbeitsplätze in Basel erhalten bleiben.
11.	†	*† Willi Eidenbenz-Hoppe* (90), Grafiker und Fotograf, Mitinhaber des grafischen Betriebs Gebr. Eidenbenz.
12.	Europäischer Kultur-Projektpreis	Die Kultur-Fördergemeinschaft der Europäischen Wirtschaft, 1985 als trinationale Kulturgruppe entstanden, verleiht einen der beiden Europäischen Kultur-Projektpreise dem Basler Galeristen und Museumsgründer *Ernst Beyeler*.
13.	Stadion St. Jakob	Mit dem letzten Spiel der NL-A-Qualifikationsrunde FC Basel – FC Lugano nehmen bei Gratiseintritt 36 500 Zuschauer Abschied vom ‹Joggeli›, dem am 25. April 1954 eröffneten Fussballstadion St. Jakob. Gleichzeitig erfolgt der erste Spatenstich für den Neubau des ‹St. Jakob-Parks›.
14.	Wrapped Trees	Früher als geplant setzt das Künstlerpaar *Christo* und *Jeanne-Claude* ihrem temporären Kunstwerk ‹Wrapped Trees› auf dem Areal der Fondation Beyeler in Riehen ein Ende. Das Kunstspektakel lockte rund 300 000 Besucher an.

	Wissenschafts-preis	Die Historikerin *Regina Wecker*, Professorin für Frauen- und Geschlechtergeschichte an der Universität Basel, wird für ihre wegbereitende Forschung mit dem Wissenschaftspreis der Stadt Basel für 1998 geehrt.
16.	Regierungsrat	Der Regierungsrat wählt auf 1.4.1999 *Daniela Kohler* zur neuen Co-Leiterin des zum Justizdepartement gehörenden Basler Gleichstellungsbüros.
	Grosser Rat	Der Grosse Rat genehmigt die Globalbudgets für das neue Universitäts-Kinderspital beider Basel, die Universität und die acht Pilot-Dienststellen für wirkungsorientierte Verwaltungsführung (New Public Management).
17.	Grosser Rat	Das Parlament verabschiedet ohne Gegenstimme den Voranschlag des Gesamtbudgets, welches für 1999 einen Finanzierungs-Fehlbetrag von 185 Mio. Franken aufweist.
20.	Zolli	Mit der Geburt von Viatu sorgt die Gorillamutter Feddama für weiteren männlichen Nachwuchs.
21.	Auszeichnung	Für seine erfolgreiche Tätigkeit als Gründer und Chef der Basler Fluggesellschaft Crossair wird *Moritz Suter* mit dem ‹Basler Stern› für das Jahr 1998 ausgezeichnet.
	Kleinbasler Kunstpreis	Der an der Vernissage seiner Weihnachtsausstellung vom Verein Ausstellungssraum Klingental erstmals verliehene Kleinbasler Kunstpreis geht an die Zeichnerin *Linda Sue Heydegger* für ihre ‹Eis-Skulpturen›.
28.	Basler Fasnacht	Das Fasnachtscomité präsentiert die Plakette zur Basler Fasnacht 1999, die unter das von der Baumverhüllungsaktion ‹Wrapped Trees› inspirierte Motto ‹Mer paggen us› gestellt ist.
31.	Silvester-konzerte	Zum musikalischen Jahresausklang laden das Sinfonieorchester Basel ins Theater Basel, das Basler Festival-Orchester ins Stadtcasino und die Turmbläser des Stadt-Posaunenchors auf den Münsterplatz.

Rubriken

Premieren am Theater Basel im Kalenderjahr 1998

GB	= Grosse Bühne
K	= Komödie
KB	= Kleine Bühne
A	= Andere Spielorte
FGB	= Foyer Grosse Bühne
FK	= Foyer Komödie
U	= Uraufführung
SE	= Schweizer Erstaufführung
DEA	= Deutschspr. Erstaufführung
ML	= Musikalische Leitung
I	= Inszenierung
BB	= Bühnenbild
K	= Kostüme
Ch	= Choreographie
Chor	= Chorleitung

16.1.	K	*Clavigo* von Johann Wolfgang von Goethe I: Hermann Schmidt-Rahmer; BB: Herbert Neubecker; K: Gabriele Sterz
17.1.	GB	*Lissabon-Projekt* von Joachim Schlömer Ch: Joachim Schlömer; BB und K: Frank Leimbach
21.1.	KB	*Tätowierung* von Dea Loher I: Inga Helfrich; BB und K: Katja Salzbrenner
14.2.	GB	*Die Entführung aus dem Serail* von Wolfgang Amadeus Mozart ML: Julia Jones; I: Jossi Wieler; BB: Hugo Gretler; K: Heide Kastler; Chor: Henryk Polus
20.2.	K	*Onkel Wanja* von Anton P. Tschechow I: Peter Palitzsch; BB und K: Karl Kneidl; Musik: Robert Hermann
14.3.	KB	*Das irre Lachen der Liliputaner* (U) von Fernando Arrabal I: Michael Thalheimer; BB und K: Olaf Altmann
19.3.	A	*Der Strand* (U) nach Alex Garland I: Hermann Schmidt-Rahmer; BB: Herbert Neubecker; K: Mischa Sieberock-Serafimowitsch
22.3.	GB	*Jenufa* von Leos Janácek ML: Stefan Lano/Baldo Podic; I: Hans Hollmann; BB und K: Yvonne Lötz; Chor: Henryk Polus
26.3.	K	*Der nackte Wahnsinn* von Michael Frayn I: Joachim Siebenschuh; BB und K: A. Christian Steiof
27.3.	KB	*Kammertanzabend* Ch: div. Mitglieder aus dem Tanztheater-Ensemble; BB: Marion A. Menziger; K: Silvia Raggi; Musik: Ensemble Tetra Basel
5.4.	KB	*Tagebuch eines Verschollenen* von Leos Janácek ML: Wolfgang Götz; I: Udo van Ooyen BB und K: Stefanie Pasterkamp

3.4.	A	*Wege und Markierungen (Projekt I)* ML: Jürg Henneberger; Ch und I: Joachim Schlömer; BB und K: Frank Leimbach
24.4.	GB	*Das Leben ist Traum* von Pedro Calderon de la Barca I: Jürgen Gosch; BB: Johannes Schütz; K: Dorothea Katzer
18.5.	A	*Wege und Markierungen (Projekt II)* ML: Peter Kowald; Ch und I: Joachim Schlömer; BB und K: Frank Leimbach
20.5.	K	*Moskau-Petuschki* nach Wenedikt Jerofejew I: Barbara Bilabel; BB: Barbara Bilabel/Claudia Rüll; K: Heide Kastler; Musik: Ernst Bechert, Jim Meneses
21.5.	KB	*Satyricon* von Bruno Maderna ML: Jürg Henneberger; I, BB und K: Herbert Wernicke
27.5.	A	*Philoktet* von Heiner Müller I: Hildburg Schmidt; BB und K: Peter A. Schulz
29.5.	GB	*Maria Stuarda* von Gaëtano Donizetti ML: David Parry; I: Tim Hopkins; BB und K: Nigel Lowery; Chor: Henryk Polus
10.9.	FGB	*Troilus und Cressida* von William Shakespeare I: Stefan Bachmann; BB: Ricarda Beilharz; K: Annabelle Witt; Musik: Stimmhorn
11.9.	K	*Maria Magdalene* von Christian Friedrich Hebbel I: Andreas Kriegenburg; BB und K: Robert Ebeling; Musik: Clemens Sienknecht
13.9.	GB	*Otello* von Giuseppe Verdi ML: Julia Jones; I: Frank Castorf; BB und K: Bert Neumann; Chor: Henryk Polus
23.9.	KB	*Einfach unwiderstehlich* von Bret Easton Ellis I: Nicolas Stemann; BB: Katrin Nottrodt; K: Esther Bialas; Musik: Thomas Kürstner, Sebastian Vogel
27.9.	K	*Das Geheimnis der Irma Vep* von Charles Ludlam I: Matthias Brenner; BB: Horst Vogelgesang; K: Katja Schröder; Musik: Lorenz von den Driesch
10.10.	GB	*may day* von Joachim Schlömer/Kol Simcha Ch: Joachim Schlömer; BB: Frank Leimbach; K: Gesine Völlm; Musik: Kol Simcha
23.10.	KB	*Magic Afternoon* von Wolfgang Bauer I: Stefan Bachmann; BB und K: Hugo Gretler

6.11.	K	*Das Beste aus: Menschliches Versagen (Folge 1)* von Ruedi Häusermann I: Ruedi Häusermann; BB: Bettina Meyer; K: Barbara Maier
20.11.	GB	*Die Soldaten (SEA)* von Bernd Alois Zimmermann ML: Jürg Henneberger/Johannes Harneit; I: Barbara Beyer; BB und K: Hermann Feuchter; Chor: Henryk Polus
25.11.	KB	*Der Tod und das Mädchen* von Joachim Schlömer Ch: Joachim Schlömer; BB: Frank Leimbach; K: Doris Lamatsch; Musik: Tavok-Quartett
27.11.	K	*Biene Maja* nach Waldemar Bonsels I: Peter Lund; BB und K: Ulrike Reinhard; Musik: Wolfgang Boehmer
21.12.	GB	*Giulio Cesare in Egitto* von Georg Friedrich Händel ML: Michael Hofstetter; I, BB und K: Herbert Wernicke; Chor: Henryk Polus

(Quelle: Theater Basel)

Ausstellungen in Basler Museen

Kulturgeschichte

Antikenmuseum und Sammlung Ludwig	Das Lexicon Iconographicum Mythologiae Classicae (LIMC). Blick in die Zukunft Kostproben aus alten Kulturen rund um das Mittelmeer Ägyptische Kunst: Die neue Abteilung. Leihgaben, Schenkungen und Ankäufe in provisorischer Aufstellung Basler Ausgrabungen in Petra/Jordanien
Skulpturhalle des Antikenmuseums	Recycling der Vergangenheit. Die Antike und das heutige Marketing Der perfekte Body oder der coole Typ. Männerbilder
Historisches Museum Basel: Barfüsserkirche	Im Zeichen der Nelke. Maler und ihre Werke um 1500 Wettstein – Die Schweiz und Europa 1648
Historisches Museum Basel: Haus zum Kirschgarten	Meissener Porzellan aus der Sammlung Pauls Eisenbeiss und aus Privatbesitz Stoffdruck in Basel um 1800 Mode für die Leinwand. Filmkostüme von 1750 bis 1920
Museum der Kulturen Basel	Basel 1798 – Vive la République Helvétique
Basler Papiermühle	Basel 1798: Technik und Politik – Wilhelm Haas in seiner Zeit
Karikatur & Cartoon Museum Basel	Immer diese Revolutionen ... und wo bleibt der Alltag?
Museum Kleines Klingental	Entdeckt – vergessen – wiederentdeckt. Ein spätromanischer Freskenzyklus in St. Leonhard Kreuz Kreis Kugel. Kult- und Kunstgegenstände der Römisch-katholischen Kirche Basel-Stadt seit 1798
Öffentliche Bibliothek der Universität Basel	Wolfgang Borchert: Leben – Werk – Wirkung Der Dramatiker Cäsar von Arx Die Schweiz und die Fremden. 150 Jahre Bundesstaat
Schweizer Sportmuseum	Jubiläumsausstellung: 50 Jahre Schweizer Sportmuseum
Schweizerisches Pharmazie-Historisches Museum	Keramikausstellung

Spielzeugmuseum, Dorf- und Rebbaumuseum Riehen	Das Wettsteinhaus und seine Bewohner: Von Johann Rudolf Wettstein bis Anna Catharina Heusler

Kunst und Gestaltung

Skulpturhalle des Antikenmuseums	Touche-moi. Pneumatische Skulpturen von D. Schneider Abwesenheit der Seele. Installation ‹Seele messen› von Monica Studer und Christoph vd Berg
Fondation Beyeler	Jasper Johns. Werke aus dem Besitz des Künstlers Renzo Piano – Workshop Farben – Klänge: Wassily Kandinsky, Bilder 1908 bis 1914, und Arnold Schönberg, Konzerte und Dokumentation Roy Lichtenstein Magie der Bäume Christo und Jeanne-Claude: Wrapped Trees. Baumverhüllung im Berowerpark
Historisches Museum Basel: Haus zum Kirschgarten	Posamento – Videoinstallation im Gartenpavillon
Kunsthalle	Jahresausstellung 1997 der Basler Künstlerinnen und Künstler Gerda Steiner Tobias Rehberger – Dan Peterman Mona Hatoum Donald Baechler Martin Kippenberger Jahresausstellung 1998 ‹Skulptur und Installation› der Basler Künstlerinnen und Künstler
Kunstmuseum der Öffentlichen Kunstsammlung Basel	Peter und Samuel Birmann – Künstler, Sammler, Händler, Stifter Stiften und Sammeln für die Öffentliche Kunstsammlung Basel – Emilie Linder und Jacob Burckhardt 111 Zeichnungen von Künstlern und Künstlerinnen Adolf Wölfli – Die Schenkung Ernst und Maria Elisabeth Mumenthaler-Fischer A Guest of Honor: Cézanne Picasso Braque Andy Warhol – Zeichnungen 1942–1987 Ein Haus für den Kubismus: Die Sammlung Raoul La Roche Ins Licht gerückt IV: Was man selten ansieht: Rückseiten Tiberius und Marquard Wocher. Die Schenkung H. A. Steiger-Bay

Museum für Gegenwartskunst der Öffentlichen Kunstsammlung Basel und der Emanuel Hoffmann-Stiftung	check in! Eine Reise im Museum für Gegenwartskunst Matthew Barney. CREMASTER 1 Elizabeth Peyton Roni Horn: You are the Weather Carsten Höller – Neue Welt Joseph Beuys. Laboratorien der Imagination – 11 Vitrinen
Museum Jean Tinguely	Jean Tinguely: Retrospektive Mario Botta und das Museum Jean Tinguely ‹...aus der sammlung theo und elsa hotz› – von alexander calder bis dieter roth Von Meisterhand: Zeichnungen, Partituren und Autographen aus der Morgan Library, New York
Architekturmuseum	Basler Projekte I. Centralbahnplatz – Von der Drehscheibe zum Arboretum Junge Basler Architekturbüros II Le regard sur le lieu. Studentische Arbeiten des Lehrstuhls Arduino Cantafora, EPF Lausanne Fehling + Gogel. Ein Berliner Architekturbüro 1953–1990 il Kalender d'architecture im Museum Mart Stam (1899–1986) Architekt – Visionär – Gestalter
Ausstellungsraum Klingental	Weihnachtsausstellung: Menschliche Figuren und Porträts Ildikò Csapò – René Egli – Eugen Willi ‹Sojourner's Gallery› von trio fatale vision. Jopo, Ingeborg Poffet, Heinz Schäublin Caspar Abt – Peter Brubacher Fotoausstellung Schweiz–Russland: ‹Die Hoffnung stirbt zuletzt› Balz Tschopp – Bruno Seitz – Hanspeter Hoffmann Karl Glatt Weihnachtsausstellung ‹Wasser – Schnee – Eis›
Karikatur & Cartoon Museum Basel	Fürchtet Euch nicht! Gerd Glück Cartoons Ab in den Raum! Cartoon-Objekte von Kamm, Maltry, Nydegger & Steger
Kunst Raum Riehen	Gustav Stettler Pierre Haubensak Kurt Fahrner Christo und Jeanne-Claude: Realisierte Projekte
Museum für Gestaltung Basel in Weil	Knoten – Die Lösung ist das Problem

Schule für Gestaltung Basel	Textilfachklasse Körper + Kleid Sun 21. Mit aller Energie etwas bewegen Zigarettenwerbung in der Schweiz. Plakatausstellung Verdammt positiv. Ein Kapitel schwule Geschichte Weltbilder – Bilderwelten. Images of Africa – images of Europe Fachklasse für Innenarchitektur: Diplomarbeiten 1998 Basler Plakatsammlung: Celestino Piatti – Plakate

Naturwissenschaft und Technik

Naturhistorisches Museum	Kristallform – Kristallgestaltung Lebende Giftschlangen im Museum 3 Künstler – drei Welten Die Tagebücher des Bruno Manser Pantanal fragil – Fifo Stricker
Anatomisches Museum	Einatmen – Ausatmen. Keine Ausstellung zum Gähnen! Herzklopfen – Vom Herzen und den Adern
Basler Papiermühle	Schiffmühle auf dem Rhein Bücher und Holzschnitte – Hanns Studer

Völker- und Volkskunde

Museum der Kulturen Basel	Szopki, Santons, Pyramiden – Weihnachtskrippen im Museum Im Kreislauf der Zeiten: Indonesien – Wenn Glauben Kunst wird Im Kreislauf der Zeiten: Catur Yuga Ingwerwurzel und Sesamöl Bhutan – Festung der Götter Wienachtskindli. Krippenausstellung
Jüdisches Museum der Schweiz	Gemalte Holztafeln aus dem sowjetischen Interniertenlager Kok-Usek, Provinz Kasachstan, 1942–1947 von Bella Alder
Spielzeugmuseum, Dorf- und Rebbaumuseum Riehen	Geschenkt, gekauft und ausgestellt. Neuzugänge der Jahre 1992–1996 Roboter – Faszination in der Spielzeug-Welt

(Quelle: Erziehungsdepartement Basel-Stadt, Museumsdienste Basel)

Abstimmungen 1998

Eidgenössische Voksabstimmungen 1998 – Ergebnisse

		Kanton Basel-Stadt				Bund	
Datum der Abstimmung	Vorlage	Stimmbeteiligung in %	Ja	Nein	Annehmende Stimmen in %	Annehmende Stimmen in %	Annehmende Stände
7.06.1998	Bundesbeschluss: ‹Haushaltsziel 2001›	53,7	45 567	18 510	71,2	70,7	23
7.06.1998	Volksinitiative: ‹Gen-Schutz›	54,4	21 661	44 656	32,7	33,4	–
7.06.1998	Volksinitiative: ‹S.o.S. – Schweiz ohne Schnüffelpolizei›	53,9	20 266	44 735	31,2	24,9	–
27.09.1998	Bundesbeschluss: ‹Leistungsabhängige Schwerverkehrsabgabe›	55,7	49 313	18 711	72,5	57,2	(16)
27.09.1998	Volksinitiative: ‹Für preisgünstige Nahrungsmittel und ökologische Bauernhöfe›	55,3	20 289	45 443	30,9	23,0	0
27.09.1998	Volksinitiative: ‹AHV Revision›	55,6	29 518	37 862	43,8	41,5	5
29.11.1998	Bundesbeschluss: ‹Finanzierung des öffentlichen Verkehrs›	44,8	40 795	13 522	75,1	63,6	20½
29.11.1998	Bundesbeschluss: ‹Getreideartikel›	44,4	44 792	7 159	86,2	79,5	23
29.11.1998	Volksinitiative: ‹für eine vernünftige Drogenpolitik›	45,0	18 462	36 069	33,9	26,1	0
29.11.1998	Änderung des Arbeitsgesetzes	44,6	34 698	18 283	65,5	63,4	(21)

(Zahlen in Klammern: kein Ständemehr erforderlich)

Kantonale Volksabstimmungen 1998 – Ergebnisse

Datum der Abstimmung	Vorlage	Stimmbeteiligung in %	Ja	Nein	Annehmende Stimmen in %
26.04.1998	Pflichtstundenzahl für Lehrkräfte	44,7	35 749	17 211	67,5
26.04.1998	Kantonale Beihilfen	44,8	25 555	27 321	48,3
26.04.1998	Erhöhung der Motorfahrzeugsteuer	44,9	28 310	25 175	52,9

(Quellen: Kantonsblatt Basel-Stadt, Basler Zeitung)

Abbildungsnachweis

S. 12–21, 23 Beat Ernst. S. 24 Gwenaël Knichel. S. 25 X-Ray. S. 27 IMSAT. S. 31 Eberhard Parlow/ Universität Basel. S. 33 Centre de Management Européen. S. 34, 36 Dieter Wronsky. S. 35 (1) Comet Photo AG Zürich. S. 35 (2) Burghof Lörrach. S. 35 (3), 278 Thomas Meyer. S. 37 Stefan Kreutel. S. 38 Regionalplanungsstelle beider Basel. S. 39 Regio Basiliensis. S. 42 (l.) Archäologische Bodenforschung Basel. S. 42 (r.), 43 Vermessungsamt des Kantons Basel-Stadt. S. 44–46 Landeskarte von 1997/Reproduziert mit Bewilligung des Bundesamtes für Landestopographie. S. 47 (o.) Martin Schulte-Kellinghaus. S. 47 (u.), 83, 85, 264, 269 Hannes Dirk Flury. S. 48–59 Hans Jörg Walter. S. 63–68 Alois Bischof. S. 70–73 Christoph Markwalder. S. 74 Istvan Akos. S. 75 Lukas Gysin. S. 77 zVg. S. 79 G. Pinsker. S. 80 Dieter Wüthrich. S. 81 J. Fischer. S. 91–101 Ruedi Weber. S. 106, 108, 109, 184, 185, 187, 194, 196 Claude Giger. S. 113–115 Schule für Gestaltung/Plakatsammlung. S. 118 Buser & Loeb Kommunikation. S. 120, 159, 189, 191, 192 Andre Muelhaupt. S. 122, 271 Pino Covino. S. 125 Pharma Information. S. 138–150 Julian Salinas. S. 153, 155 Ruedi Walti. S. 160 Museum der Kulturen. S. 161, 214 Öff. Kunstsammlung, Kunstmuseum/Foto Martin Bühler. S. 162, 276, 283, 289 Kurt Wyss. S. 163–166 Christian Lichtenberg/© der Werke: Christo und Jeanne-Claude. S. 168, 170 Verband schweiz. Literaturfreunde. S. 173, 174 Staatsarchiv BS. S. 175 Gebr. Varady/Sammlung Ruth und Peter Herzog. S. 178, 179 Edgar Gilgen. S. 180, 181 Informationsstelle RKK. S. 198–203 Andreas F. Voegelin. S. 206–211 Archäolog. Bodenforschung/Basler Denkmalpflege. S. 216 Universitätsbibliothek Basel. S. 218, 220, 221, 222 Historisches Museum Basel. S. 223 Basler Kunstverein. S. 225 Öff. Kunstsammlung, Kupferstichkabinett Basel/Martin Bühler. S. 227 Privatbesitz/Christian Baur. S. 233 Peter Ochs Gesellschaft. S. 236, 239, 242 Dichtermuseum/Herwegh-Archiv Liestal. S. 238 Museum am Burghof Lörrach. S. 240 Kantonsmuseum Baselland Liestal. S. 244 Lothar Jeck. S. 245–247 Michael Würtenberg. S. 249 A.S.L. S. 250 Fotoagentur Hartung. S. 252, 253, 262, 274 Peter Armbruster. S. 254 Heiner Schmitt. S. 260 Christian Schnur. S. 272 Karikatur & Cartoon Museum. S. 281 Nicole Zimmer. S. 285 Werner Gallusser. S. 287 zVg.

EuroAirport Basel-Mulhouse-Freiburg

Das Jahr 1998 geht für den EuroAirport als Meilenstein in die Geschichte ein: Die Zusammenarbeits-Vereinbarung zwischen der Eidgenossenschaft und den beiden Kantonen Basel-Stadt und Basel-Landschaft wurde rechtsgültig, die Vorbereitungen für den überfälligen Ausbau des Passagier-Terminals konnten abgeschlossen werden, und das Ausbauprogramm bis 2004 wurde formell genehmigt. Erstmals wurden über 3 Mio. Passagiere und mehr als 100 000 Tonnen Luftfracht in einem Jahr abgefertigt. Der Home-Carrier Crossair verzeichnete einen durchschlagenden Erfolg mit seinem Euro-Cross-Umsteige-Konzept, und seit Mitte Dezember fliegt Swissair täglich nonstop vom EuroAirport nach New York.

Die Bewältigung des rasch wachsenden Verkehrsaufkommens mit einer seit langem ungenügenden Infrastruktur stellte an alle am Flughafen tätigen Mitarbeiter grosse Anforderungen. Zusätzlich verlangten die Information über den EuroAirport und seine Bedeutung sowie die Aufklärung der Bevölkerung über die tatsächlichen Auswirkungen des Flugverkehrs und über die umweltrelevanten Massnahmen der Flughafendirektion und der Fluggesellschaften einen enormen Einsatz. Es galt nicht nur zu zeigen, was bereits realisiert wurde, um die Emissionen zu reduzieren; der Flughafen stellte sich auch der Diskussion mit den Kritikern und bewies in der Arbeit mit der baselstädtischen Fluglärmkommission, der französischen Umweltkommission und der trinationalen Begleitkommission zur Flughafen-Umweltcharta, dass er die berechtigten Anliegen der Nachbarn ernst nimmt und gemeinsam mit ihnen Verbesserungen sucht, die in allen Nachbargebieten rund um den Flughafen auf Akzeptanz stossen.

Aktuelle Informationen zum EuroAirport sind auf Internet verfügbar: *www.euroairport.com.*

(Quelle: EuroAirport Basel-Mulhouse-Freiburg)

Rheinhafen-Umschlag

Im Jahr 1998 wurden in den Rheinhäfen beider Basel insgesamt 8 108 747 Tonnen Güter umgeschlagen; an diesem Ergebnis partizipierten die baselstädtischen Anlagen mit 3 389 901 Tonnen, was einem Anteil von 41,81% entspricht (Vorjahr: 43,17%, 1996: 44,48%). Bezogen auf das Gesamtergebnis ist damit eine Zunahme von 268 818 Tonnen oder 3,4% zu verzeichnen. Die seit Jahren anhaltende Aufwärtsentwicklung des Containerverkehrs brachte mit 68 660 umgeschlagenen TEU (Twenty foot equivalent units) erneut einen Rekord, auch wenn sich die prozentuale Zunahme gegenüber dem Vorjahr in diesem Transportsegment verflachte und 7,24% erreichte.

(Quelle: Rheinschiffahrtsdirektion Basel)

Index der Konsumentenpreise

Der vom Statistischen Amt des Kantons Basel-Stadt ermittelte Basler Index der Konsumentenpreise ist während des Jahres 1998 um 0,1 Prozent auf 104,1 Punkte (Mai 1993 = 100) gesunken.

(Quelle: Statistisches Amt des Kantons Basel-Stadt)

Monats- und Jahresmittelwerte der meteorologischen Elemente im Jahre 1998

	Januar	Februar	März	April	Mai	Juni	Juli
Temperatur in °C	+3,5	+4,6	+7,1	+ 9,7	15,5	18,1	19,3
Monatsminimum absolut	–7,8	–8,4	–4,3	-1,5	2,0	4,0	8,9
Monatsmaximum absolut	15,2	17,6	24,0	23,0	30,5	33,5	35,6
Anzahl Hitzetage	–	–	–	0	3	4	4
Anzahl Sommertage	–	–	0	0	9	13	14
Anzahl Frosttage	15	14	10	1	0	–	–
Anzahl Eistage	1	2	0	–	–	–	–
Luftdruck hPa	981,7	989,0	985,7	970,0	978,9	980,9	978,9
Luftdruck tiefster	962,3	972,8	970,4	952,5	969,0	970,2	971,0
Luftdruck höchster	995,0	998,1	999,5	984,0	987,8	989,4	986,1
Niederschlag in mm	56,2	25,8	39,1	104,2	47,8	76,4	102,9
Anzahl Tage mind. 0,1 mm	12	5	15	21	10	12	16
Anzahl Tage mind. 0,3 mm	12	5	11	20	9	11	12
Anzahl Tage mind. 1,0 mm	11	4	8	18	8	9	9
Maximale Tagesmenge in mm	12,8	14,4	8,6	24,3	19,2	17,0	41,8
Tage mit Schneefall	3	0	3	2	–	–	–
Tage mit Schneedecke	4	0	1	0	–	–	–
Tage mit Reif	9	17	9	3	0	0	–
Tage mit Hagel	0	0	0	0	0	1	0
Tage mit Nahgewitter	0	0	0	1	2	3	3
Tage mit Gewitter, alle	0	0	0	2	5	9	9
Bewölkung in %	72	45	69	80	50	68	64
Helle Tage	4	8	3	1	7	0	2
Trübe Tage	16	5	15	17	7	14	11
Tage mit Nebel	0	3	0	1	1	0	0
Sonnenscheindauer in Std,	77,0	149,4	143,4	137,8	259,5	235,8	214,1
Globalstrahlung Wh/m^2	896	2084	2806	3368	5616	5739	5040
Maximum Tag	1728	3000	5146	6387	7738 57	8170	7858
Rel. Feuchte %	77	75	67	72	63	65	65
Dampfdruck hPa	6,3	6,7	7,0	9,1	11,6	14,3	15,1
Schwüle Tage	–	–	–	–	0	7	5
Windgeschwindigkeit mittl. m/s	3,3	2,1	2,7	2,6	2,0	2,2	2,5
Windmaximum m/s	29,2	16,6	21,5	21,0	21,0	16,5	13,5
aus Richtung	WSW	WSW	SW	SSW	W	W	W

(Quelle: Lufthygieneamt beider Basel)

August	September	Oktober	November	Dezember	Summe	Mittelwert	Extremwert	Abw. v. Mittel	Mittel 1961-90
18,9	14,5	10,9	2,9	2,1		10,59		+0,85	+9,74
4,6	4,0	2,1	-9,6	-5,8			-9,6	+3,3	-12,9
35,5	27,7	23,6	14,9	13,9			35,6	+2,1	33,5
7	0	0	–	–	18			+ 8	10
14	3	0	–	–	53			+ 3	50
–	–	0	15	19	74			+2	72
–	–	–	4	1	8			–6	14
981,6	976,5	979,3	981,9	985,1		980,8		+1,3	979,5
974,5	962,3	964,7	960,7	968,8			952,5		
991,2	992,6	989,7	996,4	997,4			999,5		
73,8	119,8	91,8	68,4	25,3	831,5			+44	788
7	20	20	19	11	168			+1	167
7	18	18	16	8	147			–4	151
6	15	15	13	4	120			–1	121
25,9	20,5	11,8	22,8	9,7			41,8		
–	–	0	4	5	17			-12	29
–	–	0	3	11	19			-11	30
–	0	0	10	11	59			+16	43
0	0	0	0	0	1			–1	2
2	0	1	0	0	12			–2	14
3	3	4	0	0	35			–3	38
48	71	80	71	67		65		–2	67
7	3	0	1	6	42			0	42
8	16	19	15	13	156			–7	163
0	3	3	2	2	15			–19	34
272,0	124,9	72,2	77,4	80,2	1843,7			165	1679
4922	3042	1612	1165	1814		3175			
7162	4856	3113	2502	1630			8170		
66	78	79	82	83		73		–5	78
15,0	13,6	10,6	6,6	6,1		10,2		+0,1	10,1
6	4	–	–	–	22			–3	25
2,0	2,2	2,4	2,3	2,7		2,4		0	2,4
16,2	18,5	25,3	20,6	17,2			29,2		
W	WSW	WSW	SW	W					

Überblick Wohnbevölkerung

Jahr	Kantons-bürger	Übrige Schweizer	Ausländer	Stadt Basel	Riehen	Bettingen	Männlich	Weiblich	Kanton BS
Mittlere Zahlen									
1989	79155	75582	43137	176612	20164	1098	93668	104206	197874
1990	78181	74731	44710	176412	20118	1092	93687	103935	197622
1991	77195	74692	47205	177855	20122	1115	94508	104584	199092
1992	76420	74534	48827	178573	20086	1122	94625	105156	199781
1993	75544	74434	50175	178777	20238	1138	94632	105521	200153
1994	74647	74211	51210	178513	20403	1152	94491	105577	200068
1995	73576	73534	52063	177395	20616	1162	94130	105043	199173
1996	72420	72881	52720	175911	20946	1164	93578	104443	198021
1997	71457	72114	52401	173876	20935	1161	92546	103426	195972
1998*	70317	70891	51969	171219	20789	1169	91155	102022	193177
Zahlen am Jahresende									
1989	78706	75002	42151	174679	20095	1085	91961	103898	195859
1990	77632	74522	44265	175257	20071	1091	92399	104020	196419
1991	76773	74627	46694	176902	20076	1116	93229	104865	198094
1992	75852	74288	48316	177181	20154	1121	93374	105082	198456
1993	75054	74236	49896	177835	20200	1151	93740	105446	199186
1994	74072	73701	50956	177106	20461	1162	93548	105181	198729
1995	72916	73025	51861	175855	20788	1159	93172	104630	197802
1996	71885	72490	52114	174350	20986	1153	92599	103890	196489
1997	70816	71463	51974	172235	20858	1160	91597	102656	194253
1998*	69881	70263	51760	170033	20691	1180	90596	101308	191904

* provisorische Zahlen

(Quelle: Statistisches Amt des Kantons Basel-Stadt)

Autorinnen und Autoren in diesem Buch

Istvan Akos

Geboren 1949 in Budapest. Studium der Soziologie und Ökonomie in Basel; 1974 Lizentiat. Inhaber der Kommunikationsagentur ‹Akos & Partner/innen AG› in Basel. Initiant der Brauerei ‹Unser Bier›.

Erwin Anderegg

Geboren 1933 in Trimbach. Aufgewachsen in Olten. Maturität an der Kantonsschule Solothurn. Studium der Theologie an den Universitäten von Basel und Bern und der Philosophie an der Sorbonne Paris. 1958–1998 Pfarrer an der Psychiatrischen Universitätsklinik Basel. 1968–1980 Mitglied des Grossen Rates des Kantons Basel-Stadt. 1985 Ehrendoktor der Medizin der Universität Basel. Diverse Publikationen.

Alois Bischof

Geboren 1951 am Bodensee. Studium der Germanistik, Philosophie und Geschichte. Journalistische und literarische Arbeiten für Zeitungen, Zeitschriften, Bücher und Radio. 1986 Internationaler Pressepreis ‹Targa d'oro› der Stadt Rom, 1989 Zürcher Journalistenpreis. Lebt als freier Autor in Basel.

Peter Bläuer

Geboren 1952 in Basel. Studium der Kunstgeschichte in Basel und Berlin. Seit 1980 freischaffender Ausstellungsmacher und Kunstvermittler. Mitbegründer und Leiter der ‹Liste–The Young Art Fair› in Basel.

Mathis Brauchbar

Geboren 1964 in Liestal. Studium der Philosophie und später der Zellbiologie an der Universität Basel; 1988 Diplom. 1988–1990 freier Wissenschaftsjournalist bei verschiedenen Schweizer Zeitungen und Zeitschriften (u. a. Bilanz, Weltwoche, Basler Zeitung, Tages-Anzeiger und Das Magazin). Seit 1989 Mitinhaber eines Büros für Kommunikationsberatung. Thematische Schwerpunkte: Bio- und Gentechnik, Medizin, Gesundheitswesen, Gesundheitsförderung, Soziale Sicherheit. Seit 1993 Mitautor verschiedener Studien zur Technikfolgenabschätzung.

Patrick Braun

Geboren 1945 in Basel. Maturität am Jesuitengymnasium Stella Matutina in Feldkirch/A. 1967–1971 Studium an der Universität Fribourg in den Fächern Geschichte, Deutsch und Französisch. Schultätigkeit in Basel. Anschliessend Promotion. Seit 1977 Redaktor bei der ‹Helvetia Sacra›. Verheiratet, vier Kinder.

Franz Egger

Geboren 1952 in Eggersriet/SG. Studium der Geschichte und Kunstgeschichte an der Universität Basel; 1978 Lizentiat. 1978–1982 Mitarbeiter bei der Herausgabe der diplomatischen Dokumente der Schweiz im Bundesarchiv Bern. 1985–1989 Assistent am Historischen Seminar der Universität Basel. Promotion 1987. Seit 1989 Konservator am Historischen Museum Basel.

Carl Fingerhuth

Geboren 1936 in Zürich. Studium der Architektur an der ETH Zürich. 1960–1961 am Schweiz. Institut für ägyptische Bauforschung in Kairo. 1964–1979 eigenes Büro für Raumplanung und Städtebau in Zürich. 1979–1992 Kantonsbaumeister Basel-Stadt. Seit 1992 eigenes Büro für Städtebau in Basel. Gastprofessor an den Universitäten Darmstadt und Genf.

Urs Frei

Geboren 1967 in Basel. Studium der Geschichte und Germanistik in Basel, Freiburg i. Br. und Berkeley/USA. Seit 1986 Freier Journalist, Kommunikationsberater, Buchautor, Auftrags- und Dokumentarfilmer, u. a. für Basler Zeitung, Tages-Anzeiger, Weltwoche, Radio DRS und SF DRS.

Peter Gessler

Geboren 1928 in Basel. Studium der Geschichte und Germanistik in Basel und Paris, Dr. phil. Erwachsenenbildner. 1988–1993 Lateinamerika-Referent der Basler Mission. Seit 1994 Kirchenrat der Evangelisch-reformierten Kirche Basel-Stadt.

Ruth Greiner-Gutzwiller

Geboren 1943 in Basel. Phil.-I-Studium an der Universität Basel. 1967 Mittellehrer-Diplom. Viele Jahre engagiert in der Erwachsenenbildung mit Ausländern und Ausländerinnen. Ab 1980 aktiv in der Kommunal- und Kantonalpolitik des Kantons Basel-Landschaft. Seit 1992 Gemeindepräsidentin von Allschwil. Seit 1996 Vertreterin der Nordwestschweizer Gemeinden im Vorstand des Regio TriRhena-Rates.

Christoph Grolimund

Geboren 1961 in Basel. Schulen in Allschwil und Basel, Studium der Englischen und Deutschen Philologie an der Universität Basel. 1988 Lizentiat. 1989–1998 Assistent für Deutsche Sprachwissenschaft am Deutschen Seminar der Universität Basel. 1993 Promotion über die Briefe der Stadt Basel im 15. Jahrhundert. Seit 1995 Koordinator für Weiterbildung an der Universität Basel.

Edgar Hagen

Geboren 1958 in Basel. Studium der Philosophie und Germanistik in Basel und an der Freien Universität Berlin. Autor und Regisseur diverser Dokumentarfilme. 1998 Kulturpreis des Kantons Basellandschaft/Förderpreis.

Hanspeter Hammel, dit: -minu

Geboren 1947 in Basel. Realgymnasium. Journalisten-Schule der National-Zeitung. Studienaufenthalt in Rom: Diplom Dante Alighieri. Verfasser von über sechzig Büchern. Arbeitet als Redaktor bei der Basler Zeitung, schreibt für diverse deutsche und Schweizer Zeitungen. Lebt halbjährlich in Italien.

Stefan Hess

Geboren 1965 in Basel. Studium an der Universität Basel in den Fächern Geschichte, Deutsche Literaturwissenschaft und Kunstgeschichte. Seit dem Lizentiat Arbeit an einer Dissertation.

Gudrun Heute-Bluhm

Geboren 1957 in Herne/Westfalen. 1975–1981 Studium der Rechtswissenschaften an der Universität Konstanz. Anschliessend Verwaltungsrichterin am Verwaltungsgericht Freiburg i. Br.; ab Mai 1987 Stellvertreterin des Landrats beim Landratsamt Breisgau-Hochschwarzwald. 1995 Wahl zur Oberbürgermeisterin der Stadt Lörrach. Gleichzeitig Verwaltungsratsvorsitzende der Sparkasse Lörrach-Rheinfelden und Aufsichtsratsvorsitzende der Badischen Gas AG; Mitglied des Landesvorstandes der CDU Baden-Württemberg und der Zukunftskommission ‹Gesellschaft 2000›; Mitglied des Hauptausschusses des Deutschen Städtetages; Vizepräsidentin des Deutschen Roten Kreuzes.

Heidi Hügli

Geboren 1940 in Kestenholz/SO. Ausbildung zur Primarlehrerin, 1960–1972 Unterricht. 1973–1981 langjährige Aufenthalte in Oxford/GB und Münster/Westfalen. Weiterbildung in Erwachsenenbildung und Beratung (SGGT). Seit 1992 im Grossen Rat Basel-Stadt. Arbeitet als Erwachsenenbildnerin; hat zwei erwachsene Töchter.

Esther Maria Jenny

Geboren 1952 in Basel. Schul- und Studienjahre in der Ostschweiz, in Frankreich und in Irland. Erste berufliche Stationen als Privatsekretärin und Direktionsassistentin. 1979 Beginn der journalistischen Laufbahn bei der Neuen Zürcher Zeitung. Publikationen in in- und ausländischen Medien.

Markus Kutter

Geboren 1925. Lebt seit 1940 in Basel. Humanistisches Gymnasium, danach Studium der Geschichte in Paris, Genf, Rom und Basel. Abschluss in Basel mit einer Dissertation über einen italienischen Refugianten des 16. Jahrhunderts. Redaktor in der Chemischen Industrie, 1959 Gründung der Werbeagentur GGK. Seit 1975 als Publizist, Schriftsteller und Medienberater tätig. Verschiedene literarische, historische und fachspezifische Publikationen. Inhaber der Alphaville AG, Agentur für Publizität, in Basel.

Martin Leuenberger

Geboren 1954. Dr. phil. 1989–1998 Leiter der Forschungsstelle Baselbieter Geschichte in Liestal. 1995–1998 Mitarbeit an der Ausstellung ‹1848: Wirtshaus, Hinterzimmer und Salon. Deutsche Demokraten im Baselbieter Exil› des Dichtermuseums/Herwegh-Archivs Liestal. Seit 1998 Direktionssekretär der Erziehungs- und Kulturdirektion des Kantons Basel-Landschaft.

Maria Lezzi

Geboren 1963 in Zürich. Studium mit Hauptfach Wirtschaftsgeografie an der Universität Zürich; 1989 Diplom. 1989–1995 Assistenz und Mitarbeit im Rahmen eines Nationalfondsprojektes an der Universität Zürich. Promotion 1994 mit der Arbeit ‹Raumordnungspolitik in europäischen Grenzregionen zwischen Konkurrenz und Zusammenarbeit. Untersuchung an der EG-Aussengrenze Deutschland–Schweiz›. 1995 Schweizer Mitarbeiterin bei der Infobest Palmrain in Village-Neuf/F. Seit 1996 stellvertretende Geschäftsführerin der Regio Basiliensis, zuständig für das Schweizer Delegationssekretariat der D-F-CH-Oberrheinkonferenz und die Dreiländer-Kongresse.

Christian Lichtenberg

Geboren 1953 in Basel. Auslandaufenthalte in Japan, Brasilien, den USA und auf Bali. Arbeitet seit 1982 als freischaffenden Fotograf, Grafiker und Videokünstler. Zahlreiche Publikationen, darunter mehrere Architekturbücher für die Stadt Basel sowie Veröffentlichungen in Du, NZZ. Gestaltung von Plattenhüllen (ECM), Kunstführern, Broschüren für Stiftungen und die Privatwirtschaft. Künstlerische Auszeichnungen, u. a. Grosser Preis der Biennale für Fotografie in São Paulo; Stipendien, Teilnahme an Austauschprogrammen, Werkankäufe durch Museen und Sammlungen.

Christoph Marbach

Geboren 1949. 1971–1977 Studium der Humangeografie, Soziologie und Ökonomie in Basel, Projektmitarbeiter in der Abteilung Stadtentwicklung und Regionalplanung der Prognos AG. 1978–1983 Regionalplaner in der Direktion für Wohnungsbau in Maputo/Moçambique und in der Provinz Gaza. 1983–1986 Hausmann und Nachdiplomstudium in Stadtplanung an der Development Planning Unit, University College London, später Assistent mit Lehrauftrag. 1987–1988 teilzeitlich Sekretär der ‹Erklärung von Bern›. 1989 freier Mitarbeiter der Regionalplanungsstelle beider Basel in Liestal. 1990–1996 Projektleiter Volkszählung im Statistischen Amt des Kantons Basel-Landschaft, u.a. Untersuchung zur Situation der Betagten zusammen mit der Höheren Fachschule für Soziale Arbeit beider Basel. Seit 1996 Adjunkt und Vorsteher-Stellvertreter im Amt für Berufsbildung und Berufsberatung Basel-Stadt, Leiter Lehrstellenkampagne.

Christoph Philipp Matt

Geboren 1953. Schulen in Birsfelden und Basel. Studium der Ur- und Frühgeschichte, Schweizer Geschichte und Volkskunde in Basel; 1980 Lizentiat. Seither Wissenschaftlicher Mitarbeiter an der Archäologischen Bodenforschung des Kantons Basel-Stadt.

Xaver Pfister

Geboren 1947 in Basel. Maturität am Humanistischen Gymnasium in Basel. Studium der Theologie in Luzern, Freiburg i. Br. und Paris. Anschliessend Promotion. Leiter der katholischen Erwachsenenbildung sowie Informationsbeauftragter der Römisch-katholischen Kirche. Co-Dekanatsleiter. Verheiratet, vier Kinder.

Max Pusterla

Geboren 1942 in Basel. Schulen und kaufmännische Ausbildung in Basel. Während eines Aufenthaltes in London Wechsel zum Journalismus. Ab 1966 Redaktor beim Sportmagazin ‹Tip› der Sport-Toto-Gesellschaft, ab 1974 Chefredaktor, später Verlagsleiter. Ab 1992 Geschäftsführer der Basler FDP. Seit 1990 Grossrat.

Michael Raith

Geboren 1944 in Basel. Schulen in Riehen und Basel. Buchhändlerlehre in Berlin. Studium der Theologie und Geschichte in Basel und Zürich. 1973–1993 Leiter der Telefonseelsorge Basel, 1983–1998 Waffenplatzfeldprediger Liestal, 1993–1998 Gefängnisseelsorger Basel. Lehrer an der Kirchlich-Theologischen Schule. Publizist u.a. zu Themen der Regional- und Kirchengeschichte. Träger des Kulturpreises Riehen und des Hebeldanks Lörrach. 1970–1994 Mitglied des Einwohnerrates Riehen (1990/1992 Präsident), 1973–1979 und 1988–1998 Mitglied des Grossen Rates des Kantons Basel-Stadt (1995/1997 Präsident), seit 1994 Mitglied des Gemeinderates Riehen (seit 1998 Gemeindepräsident).

Daniel Reicke

Geboren 1953 in Upsala/Schweden. Studium der Kunstwissenschaft, Geschichte und Klassischen Archäologie an den Universitäten Basel und Zürich, 1987 Dokorat. Seit 1982 Wissenschaftlicher Leiter der Baugeschichtlichen Untersuchungen der Basler Denkmalpflege.

Dora Renfer

Geboren 1939 in Chur. Seit 1959 in Basel wohnhaft. Studium der Jurisprudenz; 1968 Lizentiat. Verschiedene Tätigkeiten als Bibliothekarin am Institut für Rechtswissenschaft, Bildredaktorin bei der National Zeitung, redaktionelle Mitarbeiterin der Basler AZ; seit sechs Jahren Sekretärin und Assistentin im Botanischen Garten in Brüglingen.

Paul Roniger

Geboren 1940 in Basel. Daselbst alle Schulen durchlaufen. ‹Allround-Banking›-Ausbildung und Kadermitglied bei A. Sarasin + Cie. und der Schweizerischen Volksbank (heute Credit Suisse), seit 1986 Leiter der Stadtfiliale im Gundeldinger-Quartier. KV-Prüfungsexperte, Vorstandsmitglied bei der IG Gundeldingen, seit 1958 aktiver Sänger, Vorstandsmitglied der Knabenmusik Basel. ‹Värslibrinzler› für Glaibasler Charivari, Mimösli und Drummeli. Mitglied ‹Wurzengraber› und Zunft zu Hausgenossen.

Heidi Rudolf

Geboren 1946 in Zürich. Mitglied des St. Katharina-Werks Basel. Journalistin. Einige Jahre Redaktion einer Wochenzeitschrift und des (ökumenischen) Missionsjahrbuchs der Schweiz. 1991 verantwortlich für interreligiöse Projekte anlässlich der 700-Jahr-Feier der Eidgenossenschaft. Drei Jahre Vorstandsmitglied des Vereins Tribunal Ex-Jugoslawien (ständiges Tribunal der Völker). Seit 1992 Geschäftsführerin der Interreligiösen Arbeitsgemeinschaft in der Schweiz (IRAS).

Felix Rudolf von Rohr

Geboren 1944 in Basel. Schulen und kaufmännische Lehre in Basel. Bankangestellter. 1986–1987 Grossratspräsident. Seit 1993 Bürgerrat. Vorgesetzter E. E. Zunft zum Schlüssel. Seit 1987 Mitglied des Fasnachts-Comités.

Julian Salinas

Geboren 1967 in Düsseldorf. Bürger von Oberwil/BL. Ausbildung zum Fotografen in Basel. Seit 1993 als freischaffender Fotograf mit Arbeitsschwergewicht ‹People› in Basel und Zürich tätig. Zahlreiche Ausstellungen und Projekte im In- und Ausland.

Peter Schai

Geboren 1938 in Basel. Studium der Jurisprudenz, Abschluss mit einer rechtsvergleichenden Dissertation bei Prof. Dr. H. P. Tschudi; Advokatenexamen. Ab 1967 Leitung des Besoldungsrevisionsprojektes, ab 1971 Delegierter des Regierungsrates für Planungskoordination (unter anderem Bearbeitung der Zielvorstellungen ‹Basel 75›), Betreuung zahlreicher Spezialaufträge für die Regierung. Ab 1982 teilzeitlich Tätigkeit als freiberuflicher Berater, Übernahme von Verwaltungsratsmandaten. 1989–1991 baselstädtischer Delegierter für die 700-Jahr-Feier der Eidgenossenschaft. Wahrnehmung verschiedener ‹Milizaufgaben›, u.a. Präsidium des Stiftungsrates der Basler Papiermühle. Mitte Mai 1992 planmässiger Abschluss des Engagements für den Regierungsrat, Mitglied des Grossen Rates (CVP), Präsident der Petitionskommission bis Anfang 1997; 1997 Wahl zum Statthalter des Grossen Rates, 1998 zum Präsidenten für das Amtsjahr 1998/1999.

Hans Rudolf Schneider

Geboren 1943. Dr. phil. Seit 1986 verantwortlich für das Dichtermuseum/Herwegh-Archiv in Liestal, Lehrer für Geschichte und Italienisch am Gymnasium Liestal, 1995–1998 Leiter des Projekts und der Ausstellung ‹1848: Wirtshaus, Hinterzimmer und Salon. Deutsche Demokraten im Baselbieter Exil›.

Paul Schorno

Geboren 1930 in Seewen bei Schwyz. Lehrerpatent. Lehr- und Wanderjahre als Organist, Bibliothekar, Lehrer und Heimerzieher in der Innerschweiz. Musikstudien an den Konservatorien in Luzern und Zürich. Ab 1959 Lehrer an der baselstädtischen Sekundarschule. Studien an der Universität Basel. Ab 1961 Theaterkritiker beim Basler Volksblatt, später Nordschweiz, ab 1993 Musikkritiker bei der Basellandschaftlichen Zeitung. 1963–1971 Mitabreiter der Schweizerischen Theaterzeitung. Im Verlagsteam des GS- & Janus-Verlages tätig. Seit 1995 Präsident des Vereins Schweiz. Literaturfreunde Basel (VSL). Zusammen mit Ruth Schneider Herausgeber verschiedener Theaterhandbücher für Schulen und Theaterpädagogen. Verfasser diverser Manuskripte für die ‹Montagabende› des Theater Basel.

Michael Sennhauser

Geboren 1961 in Basel. Maturität am Gymnasium Liestal. Studium der Germanistik und Anglistik an der Universität Basel. Arbeit als Filmkritiker für die Basellandschaftliche Zeitung. Lizentiat 1991. Eröffnung eines Pressebüros für Film in Basel. Kritiken und freie journalistische Arbeiten für Ciné-Bulletin, Filmbulletin, Neue Zürcher Zeitung u. a. 1992–1995 Redaktion einer wöchentlichen Filmseite für die Basellandschaftliche Zeitung. 1993–1995 Redaktor des Ciné-Bulletins des Schweizerischen Filmzentrums. 1995–1997 Kulturredaktor bei der Sonntags-Zeitung in Zürich. Seit 1997 Redaktor bei der Stiftung trigon-film und freier Journalist.

Dominique Spirgi

Geboren 1960 in Basel. Schauspielausbildung in München. 1985–1993 Redaktor bei der ‹Basler AZ›. 1993–1996 journalistische Tätigkeit für Radio DRS und diverse Zeitungen und Zeitschriften. 1996–1998 Leiter Öffentlichkeitsarbeit am Theater Basel. Seit August 1998 Mitinhaber des Medienbüros in.f.a.m. in Basel.

Rudolf Suter

Geboren 1920. Bürger von Basel. 1949 Dissertation über frühe Basler Mundartdichtung. 1945–1955 Mitarbeiter von Radio Basel. 1956–1971 Redaktor bei den Basler Nachrichten. 1972–1977 Dozent an der Ingenieurschule beider Basel. 1978–1988 Mitarbeiter der Christoph Merian Stiftung und Redaktor des Basler Stadtbuchs. Publikationen zur Basler Geschichte, Kultur, Sprache und Fasnacht. 1970–1985 Obmann des Schnitzelbank-Comités.

Jean Ueberschlag

Geboren 1935 in Folgensbourg/F. Besuch des Gymnasiums in Zillisheim, danach Studium an der Medizinischen Fakultät der Universität Strassbourg, Abschluss mit dem Diplom der Zahnmedizin. Ab 1964 als Zahnmediziner in Saint Louis praktizierend. 1977 Wahl zum Gemeinderat von Saint Louis, Abgeordneter, seit 1989 Bürgermeister von Saint Louis.

Rudolf Velhagen

Geboren 1962 in Basel. Studium der Kunstgeschichte und italienischen Philologie an der Universität Basel. 1998 Promotion über die Chorumgangs-Verglasung der Kathedrale von Bourges. 1990–1995 im Kupferstichkabinett der Öffentlichen Kunstsammlung Basel. Lebt seit Frühjahr 1995 in Paris. Zur Zeit als wissenschaftlicher Mitarbeiter im ‹Département des Arts Graphiques› des Musée du Louvre tätig.

Ruedi Weber

Geboren 1956, aufgewachsen in der Schweiz. Lehre als Tiefdruckretoucheur. Studium der Theologie in Basel, Berlin und San Francisco. 1987–1996 Arbeit im Bereich Aids. Fotografische Arbeiten seit 1987. 1991 Beginn der Arbeit am Fotoprojekt ‹Verdammt positiv›. Lebt in Basel.

Lutz Windhöfel

Geboren 1954 in Wuppertal-Elberfeld. Studium der Kunstgeschichte und der politischen Geschichte in Heidelberg und Basel. 1989 Promotion. 1980–1993 Tätigkeit im Theater (Basler Theater), einem Museum (Museum für Gestaltung, Basel) und bei einer Zeitung (Bündner Zeitung, Chur). Arbeitet als Publizist und Kritiker. Lebt in Basel.

Dieter Wronsky

Geboren 1934 in Berlin. Studium der Architektur und des Städtebaus an der TH Darmstadt und der TU Berlin. 1960 Abschluss als Diplomingenieur. Architekt bei Otto H. Senn in Basel. 1965 Leiter der Schweizerischen Industriestandortstudie am ORL-Institut der ETH Zürich. Eigenes Architekturbüro. 1967 Aufbau und Leitung der Regionalplanungsstelle beider Basel. 1984 zusätzlich Kantonsplaner Baselland und Leiter des Amtes für Orts- und Regionalplanung. 1998 Freier Architekt und Planer.

Beda Zweifel

Geboren 1938 in Schänis/SG. Schulen im Kanton St. Gallen. Schreinerlehre in Reichenburg/SZ. 1959/1960 Schweizergarde in Rom. Kaufmännische Ausbildung und Weiterbildung in Rom und Basel. 1962 Übernahme einer Abteilung im Sanitärgrosshandel in Basel. 1978 Wahl zum Leiter der Zentralstelle für Nachwuchsförderung und Unternehmerschulung im Gewerbe und zum Leiter der Gewerblich-industriellen Lehrabschlussprüfungen im Kanton Basel-Stadt.

Alphabetisches Inhaltsverzeichnis